4

비트겐슈타인 선집

철학적 탐구

비트겐슈타인 선집 4

철학적 탐구

Philosophische Untersuchungen

루트비히 비트겐슈타인 이영철 옮김

책세상

일러두기

1. 이 책은 루트비히 비트겐슈타인(Ludwig Wittgenstein)의 *Philosophische Untersuchungen*(초판 1953, 개정판 1958, 개정3판 2007, 개정4판 2009)를 완역했다. 본문 번역은 P. M. S. Hacker와 J. Schulte에 의해 새로 편집된 Wiley-Blackwell사의 개정4판 독일어 원문을 텍스트로 했으나, 책의 I, II부 구분이나 II부의 절 번호 표시 방식과 같은 것은 J. Schulte가 2001년 Suhrkamp사에서 펴낸 《철학적 탐구》의 비평적-발생적 편집본(Kritisch-genetische Edition)이나 최근에 해외에서 나온 몇몇 다른 번역본들의 경우까지 참조해서 옮긴이가 결정했다.
2. 이 책 I부의 일부 절들에서 '□' 표시 다음에 있는 글들은 비트겐슈타인이 이 책 타자 원고의 해당 부분에—그 정확한 위치는 언급하지 않은 채—삽입한 쪽지들의 내용이다. 이 번역에서 이 쪽지들의 위치는 개정4판에 따랐으나, 그중 하나(§556에 딸린 쪽지)의 위치는 J. Schulte의 비평적-발생적 편집본에 따랐다.
3. 고딕체로 표시한 말은 원문에서 강조된 말이다.
4. 맞춤법과 외래어 표기는 1989년 3월 1일부터 시행된 〈한글 맞춤법 규정〉과 《문교부 편수자료》, 《표준국어대사전》(국립국어연구원, 1999)에 따랐다.

차례 | 철학적 탐구

옮긴이의 말·7

모토·15

머리말·17

I·21

II·319

부록 : 1. 초판 편집자들의 말·426

2.《철학적 탐구》의 구조·428

비트겐슈타인 연보·435

찾아보기·445

*

옮긴이의 말

《철학적 탐구》는 《논리-철학 논고》와 더불어 비트겐슈타인의 대표작이다. 후자는 그의 전기 사상을 대표하고, 전자는 그의 후기 사상을 대표한다. 비트겐슈타인에 의하면, 그의 후기 사상은 전기의 사고방식을 배경으로 그것과 대조함으로써만 올바로 이해될 수 있다. 이 점에서 그의 전후기 사상에는 중요한 연관이 존재한다. 그러나 그의 후기 사상은 그의 전기 사상의 한계를 드러내고 이를 비판적으로 극복한다는 점에서, 《철학적 탐구》는 그의 사상 편력에서 가장 중요한 저서라고 해야 할 것이다.

이 책은 비트겐슈타인이 《논리-철학 논고》를 완성한 후 10여 년의 공백기를 거쳐 1929년 다시 철학계에 복귀한 후 나머지 거의 전 생애에 걸친 사고의 결실이다. 그는 여러 번의 시도 끝에 1945년 말 또는 1946년 초에 비로소 《철학적 탐구》의 이른바 'I부'에 해당되는 부분을 완성한다. 이른바 'II부'는 1949년에 그 최종판에 해당하는 내용의 타자 원고가 완성된다. 이 원고들은 그의 사후에 최초의 편집자인 앤스콤(G. E. M. Anscombe)과 리스(R. Rhees)에 의해 현재의 형태로 묶여 출판되었는데, 이들에 의하면 비트겐슈타인은 I부 후반부의 상당 부분을 폐기하고 II부의 내용을 대신 넣으려 했다고 한다(부록의 '초판 편집자들의 말' 참조). 이 일은 수행되지 못했고, 따라서 엄밀히 말해서 이 책은 미완성작인 셈이다. 그러나 최근 이 책의 개정4판 편집자인 해커(P. M. S. Hacker)와 슐테(J. Schulte)는 '철학적 탐구'라는 작품은 이른바 'I부'로써 완성되었다고 본다. 그리고 이른바 'II부'는 별개의 독립된—아직 진행 중이었던—작업으로 보아야 한다고 본다. (그러나 그럼 왜 이 후자가 전자의 완성된 작품에 함께 묶이게 됐는지는 이들의 설명에서 불분명하다.) 이들은 'I부'라는 표현은 삭제하고, 'II부'라는 표시가 있던 자리에는 대신 "심리학의 철학–하나의 단편"이라는 새로운 제목을 달았다.

현재 우리에게 주어진 대로의 이 책이 전체로서 하나의 (미완의) 작품이든 아니든, 이 책에는 세계 철학사상 가장 독창적인 것에 속하는 사상이 담겨 있다. 이 책에서 비트겐슈타인은 그동안 철학의 어깨에 알게 모르게 들어가 있던 힘을 빼고 바른 자세로 철학하는 법을 보여 준다. 철학의 어깨에 들어가 있던 힘은 실은 허장성세(일종의 병)일 뿐이었으며, 따라서 그 힘을 뺀다고 해서 철학은 무력해지는 것이 아니라 오히려 유연한 활력을 되찾을 수 있다. 우리는 비로소 정직하면서도 경직되지 않은 자세로 자연스럽고 건강한 사유를 할 수 있는 길을 보게 된다.

비트겐슈타인의 진단에 의하면, 철학의 문제들은 언어의 문법에 대한 오해에서 비롯된다. 우리의 언어에는 어떤 신화적 그림들이 들어 있는데, 우리들은 (철학을 할 때) 이것들에 사로잡혀 특정한 방식으로만 보게 되고 결국 길을 잃는다. 그러므로 진정한 철학은 "우리의 언어 수단에 의해 우리의 지성(知性)에 걸린 마법에 맞서는 하나의 투쟁"이 되어야 한다. 즉, 철학은 우리의 언어에 나 있는 길들을 일목요연하게 조망할 수 있게 함으로써 우리가 길을 잃었던 막다른 개념적 골목에서 벗어날 수 있게 해야 한다. 따라서 철학적 투쟁은 문법적 고찰을 통해 이루어지며, 그 결과는 우리를 사로잡았던 그림에서 벗어나 우리의 보는 방식, '직관 방식'을 바꾸는 것을 본질적으로 포함한다. 그리고 이러한 변화야말로 우리의 사고방식과 삶의 방식의 변화—비트겐슈타인이 다른 곳에서 말하는 바에 따르면, 이것만이 철학적 문제들의 병을 근원적으로 치유할 수 있다—를 가져오는 촉매제가 된다.

한편, 우리가 철학할 때 길을 잃게 되는 주요한 이유는 우리가 늘 일상적인 것보다 높은 것 또는 깊은 것을 추구하는 경향과 연결되어 있다. 이 경향은—과학과는 다르지만 비슷하게—숨겨진 어떤 것을 어떤 식으로 발견하고 그것이야말로 진정한 실재라고 설명하려고 한다. 이러한 경향이 서양철학에서 오래된 뿌리를 가지고 《논리-철학 논고》에 이르기까지 근절되지 않았다. 그러나 비트겐슈타인에 의하면, "실로 아무것도 숨겨져 있지 않다". 철학의 문제들을 풀기 위해 필요한 것은 새로운 진리를 발견하여 우리의 지식을 늘리는 데 있지 않고, 우리가 일상적으로 친숙하게 알고 있는 것들을 적절히 배열하고 기술하는 데 있다. 그러므로 중요한 것은 어디까지나 일상 언어의 질서에 대한 명료한 이해이다. 이러한 '문법적 탐구'를 통해 철학은 일상 언어를 떠나 길 잃은 (형이상학적) 언어 사용을 그것의 고향인 일상 언어에서의 사용으로 되돌려 놓아야 한다.

일상 언어의 질서는 그러나 가령 《논리-철학 논고》의 생각과는 달리 획일적이지가 않다. 우리의 언어는 매우 다양하게 사용되고, 상이한 일들을 한다. 문법적 탐구의 요체는 그 다양한 역할 또는 '직무'의 차이를 올바로 드러내는 것이다. 비트겐슈타인은 이를 위해 '언어놀이'라는 개념을 도입한다. 언어놀이란 어린아이들이 모국어를 배울 때 하는 놀이나 어떤 원초적 언어, 또는 언어와 그 언어가 얽혀 있는 활동들의 전체를 가리키는데, 언어를 말한다는 것이 실천적 활동의 일부, 또는 삶의 형태의 일부임을 부각하고자 의도된 것이다. 이 언어놀이의 개념을 중심으로 해서 그는 이 책에서 '의미, 이해, 명제/문장, 논리의 개념, 수학의 기초, 의식의 상태 및 그 밖의 많은 주제들'을 다루고 있다. (보다 자세한 주제들은 옮긴이가 부록으로 실은 '《철학적 탐구》의 구조' 참조.)

이 책의 원리적인 부분에서 비트겐슈타인은 먼저 《논리-철학 논고》로 대표되는 언어관의 문제점들을 비판적으로 고찰하면서, 그것이 언어의 본질로 본 것이 본질이 아닐 뿐 아니라, 언어에 어떤 하나의 공통적 본질이 있다는 생각 자체가 문제가 있음을 지적한다. 언어(놀이)는 다양한 방식으로 '서로 겹치고 교차하는 유사성들의 복잡한 그물', 즉 그가 '가족 유사성'이라고 부르는 근친 관계를 이룰 뿐이다. 본질이 있다면, 이 가족 유사성을 이루는 언어 현상들의 배후에 숨겨져 있지 않고, 이 현상들이 서로 복잡하게 맺고 있는 그 그물 관계 자체에서 드러난다. 즉, "본질은 문법에서 언표된다".

비슷하게, 낱말의 의미는 우리가 말을 이해할 때 머릿속에 떠오르는 그림(이미지)으로 숨어 있지 않고, 사용에서 드러난다. 그림은 이런저런 쓰임을 암시할 수 있지만, 스스로 적용 방식을 지니고 있지 않다. 따라서 이해는 그런 그림을 소유하고 있는 심리학적이거나 생리학적인 내적 상태나 성향, 과정, 또는 체험에 있지 않다. 이해와 의미를 결정하는 것은 어디까지나 상황에 맞는 언어 사용이다.

그러나 비트겐슈타인에 의하면, 상황에 맞는 언어 사용, 또는 규칙을 따르는 언어놀이가 가능하기 위해서는 일반적인 자연 사실들의 정상성과 함께 어떤 것이 규칙을 따라 행해졌는지에 대한 무언의 판단들(또는 반응들)에서의 일반적 일치도 요구된다. 그는 말한다: "만일 사물들의 상태가 실제의 상태와 아주 다르다면……우리의 정상적인 언어놀이는 그로써 그 요점을 상실할 것이다." 또: "언어에 의한 의사소통을 위해서는 정의들에서의 일치뿐 아니라,……판단들에서의 일치도 필요하다". 만일 어떤 것이 규칙에 따라 행해졌는지에 대해 매번 논쟁이 벌어진다면, 우리는 언어로 소통할 수 없다. 여기서 요구되는 일치는 의견들의 일치가 아니라 말하자면 '삶의 형태의 일치'이다.

이러한 원리적 고찰들은 이른바 '사적 언어'의 불가능성 논증 등 이 책에서 그 이후에 전개되는 모든 고찰에 적용된다. 또 이 고찰들은 비트겐슈타인의 수리철학, 심리철학 등 이 책 이외의 곳에서 더 본격적으로 다루어지는 여러 고찰의 기초를 이루며, 또 한편으로는 그 고찰들의 결과 추려진 어떤 핵심들을 포함하고 있다. 이런 점들이 이 책을 그의 대표작으로 꼽는 이유이다.

*

원서 개정4판에 따른 개정판을 펴내며

《철학적 탐구》는 원래 영국 블랙웰 출판사에서 1953년에 독-영 대역으로 초판이 나왔고, 1958년에 재판(1967년에 찾아보기 추가), 2001년에 비트겐슈타인 서거 50주기 기념판으로 나온 개정3판, 그리고 2009년에는 P. M. S. 해커와 J. 슐테에 의해 새로 편집된 개정4판이 나왔다. 옮긴이의 이번 수정 번역은 이 개정4판에 따라 이루어졌다.

이 수정 작업은 원래 옮긴이가 이 번역서의 초판 2쇄를 펴내며 원본 개정 4판의 일부밖에 반영하지 못한 채 언젠가 기회가 오면 충분히 할 수 있기를 기대한다고 언급했던 것을 이번에야 비로소 할 수 있게 된 것이다. 그러나 이 수정 작업에서 옮긴이는 단순히 원본의 개정 사항들만 모두 반영하는 데 그치지 않고, 번역 자체를 처음부터 다시 일일이 검토하여 전면적으로 수정했다. 이전 번역도 그동안 쇄를 거듭할 때마다 그때까지 발견된 잘못이나 미흡한 점들을 바로잡아 오긴 했지만, 이번처럼 전면적이고 철저한 수정에 이르지는 못했다. 이번 수정으로 번역의 정확성은 물론 가독성 등 모든 면에서 확실한 개선이 이루어졌기를 기대한다.

그런데 이미 앞에서 언급했듯이, 이 책은 원래 편집과 관련된 해석 문제가 있다. 본 번역은 텍스트의 내용에서는 개정4판을 충실히 따르고 있지만, 그 이외의 것들, 가령 책의 I, II부 구분이나 이전 판까지 절 번호가 없던 II부의 소견들에 번호를 붙이는 방식과 같은 것에 대해서는 2001년 J. 슐테가 펴낸 《철학적 탐구》의 비평적-발생적 편집본이나 최근에 해외에서 개정4판에 따라 새로 나온 영어 번역 이외의 몇몇 번역들의 경우를 참조해서 나름으로 결정했다.

I부의 일부 절들에서 '□' 표시 다음에 있는 글들은 비트겐슈타인이 이 책 타자 원고의 해당 부분에—그 정확한 위치는 언급하지 않은 채—삽입한 쪽지들이다. (이 쪽지들은 개정4판에서는 본문 다음에 박스 처리하여 배치되었다.) 이 번역에서 이 쪽지들의 위치는 개정4판에 따랐으나, 그중 하나(§556에 딸린 쪽지)의 위치는 슐테의 비평적-발생적 편집본에 따라 배치했다.

이번 본문 번역의 수정 작업을 위해 옮긴이는 개정4판에 맞춰 새로 나온 영어 번역이나 불어 번역 등의 번역과 함께, 그동안 우리말로 나온 다른 번역도 비교하며 참고했다. 또한 지금까지 나온 주요 주석서들과 기타 일일이 번거롭게 밝힐 수 없는 많은 문헌들을 본문 해석과 각주를 위해 참고했다. 그러나 각주는—이전보다 상당히 늘었지만—여전히 최소한으로 한정했는데, 이는 이 번역서가 주석서가 아닐 뿐더러, 이 책은 《논리-철학 논고》의 경우와는 달리 일상 언어로 되어 있어, 번역만 정확하다면 독해를 위해 사실 그리 많은 주석이 필요하지도 않기 때문이다. (물론 이 책을 깊이 이해하려면 별도의 많은 연구가 필요하다. 옮긴이는 몇몇 까다로운 대목에서 나름의 주석을 달았다.) 비트겐슈타인은 이 책 머리말에서 그의 글이 "다른 사람들이 생각하는 수고를 면하게 했으면 하지 않는다"라고 말했거니와, 이 책의 독해를 위해 필요한 것은 오히려 독자 스스로 생각하는 수고를 아끼지 않는 것이다. 옮긴이는 가능한 한 독자 스스로 할 수 있을 것은 독자에게 맡겼다.

개정판 3쇄를 펴내며

본문의 일부 표현들과 옮긴이주 일부를 수정·보완했다.

무릇 진보란 그 실제보다 훨씬 더 크게 보이는 법이다.

—네스트로이*

* (옮긴이주) 네스트로이(J. Nestroy; 1801~1862): 오스트리아의 극작가. 이 책의 모토로 인용된 이 말은 그의 작품 〈피보호자〉(Der Schützling) 4막 10장에 나오는 말이다.

*

머리말

이하에서 나는 지난 16년 동안 내가 몰두해 왔던 사고들, 철학적 탐구의 침전물을 출판한다. 그것들은 의미, 이해, 명제/문장[1], 논리의 개념, 수학의 기초, 의식의 상태 및 그 밖의 많은 주제들과 관계하고 있다. 나는 이 모든 사고들을 소견들로, 즉 짧은 단락들로 적어 놓았다. 그것들은 어떤 때는 같은 주제에 관해 꽤 긴 사슬을 이루고, 어떤 때는 한 영역으로부터 다른 한 영역으로 건너뛰면서 재빠르게 변화한다.—나의 의도는 처음부터 이 모든 것을 언젠가 하나의 책으로 총괄하려는 것이었다. 나는 그 책의 형태에 관해 여러 시기에 여러 가지 상상들을 했다. 그러나 나에게 본질적으로 보인 것은, 거기서 사고들은 한 주제로부터 다른 한 주제로 자연스럽고 틈새 없는 순서로 진척되어야 한다는 것이었다.

1 (옮긴이주) 원말은 'Satz'인데, 맥락에 따라 '명제', 또는 '문장'으로 번역한다.

나의 결과들을 그러한 하나의 전체 속에 모두 용접하려는 여러 번의 시도가 실패한 후에, 나는 이것이 나에게는 결코 잘 되지 않으리라는 것을 깨달았다. 즉, 내가 쓸 수 있었던 최선의 것은 언제나 단지 철학적 소견들로서만 남아 있을 것이라는 것, 만일 내가 나의 사고들을 그 자연스런 경향에 반(反)하여 하나의 방향으로 더 강요한다면 나의 사고들은 곧 절름발이가 될 것이라는 것을 말이다. ——그런데 이것은 물론 탐구 자체의 본성과 연관되어 있었다. 왜냐하면 이 탐구는 광대한 사고 영역을 종횡무진으로, 모든 방향으로 편력하도록 우리에게 강요하기 때문이다. ——이 책의 철학적 소견들은 말하자면 이 길고 얽히고설킨 여행에서 생겨난 다수의 풍경 스케치이다.

같은 논점들이, 또는 거의 같은 논점들이, 상이한 방향에서 끊임없이 새롭게 다루어졌으며, 늘 새로운 그림들이 그려졌다. 이것들 중 부지기수가 소질이 없는 소묘가의 모든 결점을 지닌 채로 잘못 그려져 있거나 특색이 없는 것들이었다. 그리고 이런 것들이 제거되었을 때는, 이제 관찰자에게 하나의 풍경을 이루는 그림을 줄 수 있도록 배열되고 종종 가위질되어야 하는 다수의 어중간한 것들이 남아 있었다.—그러므로 이 책은 실은 하나의 앨범일 뿐이다.

나는 원래 얼마 전까지는 나의 작업을 내 생전에 출판하려는 생각을 포기하고 있었다. 물론 때때로 그런 생각이 일어나곤 했는데, 그 이유는 주로, 내가 강의와 원고와 토론들 속에서 전개했던 사색의 결과들이 자주 오해되고, 다소 희석되거나 훼손되어서 유포되고 있는 것을 내가 경험해야 했기 때문이다. 이로 인해 나의 허영심은 자극되었고, 나는 그것을 진정시키기 위해 애를 썼다.

그러나 4년 전에 나는 나의 최초의 저서(《논리-철학 논고》)를 다시 읽고 그 사고들을 설명할 기회가 있었다.[2] 그때 갑자기 나에게 이런 생각이 들었다. 즉, 나는 그 옛 사고들과 새로운 사고들을 함께 출판해야 할 것이라고;

후자는 오직 나의 옛 사고방식의 배경 위에서 그것과의 대조를 통해서만 올바른 조명을 받을 수 있을 것이라고 말이다.

왜냐하면 내가 16년 전에 다시 철학에 몰두하기 시작한 이래, 나는 내가 저 첫 번째 책에 수록해 두었던 것 속에서 중대한 오류들을 인식하지 않으면 안 되었기 때문이다. 내가 이 오류들을 깨닫는 데는 프랭크 램지[3]가 내 생각들에 대해 행한 비판이—나 스스로는 평가할 수 없을 정도로—도움이 되었다. (그의 생애 마지막 2년 동안 나는 그와 함께 나의 생각들을 수많은 대화 속에서 토론했다.)—이러한 램지의—언제나 강력하고 확실한—비판보다도 내가 훨씬 더 신세를 지고 있는 것은 이 대학교의 선생인 피에로 스라파[4] 씨가 여러 해 동안 나의 사고에 대해 끊임없이 가해 온 비판들이다. 이 책의 가장 성과 있는 생각들은 이 자극 덕택이다.

내가 여기에 출판하는 것은, 하나 이상의 이유에서, 오늘날 다른 사람들의 글과 일맥상통하게 될 것이다.—나의 소견들에 이건 내 것이라고 특징지을 아무런 도장도 찍혀 있지 않다면,—나는 더 이상 그것들을 나의 소유물로 요구하고 싶지도 않다.

나는 나의 소견들을 미심쩍은 느낌으로 세상에 공개한다. 이 작업의 빈약함과 이 시대의 어둠 속에서, 이런저런 사람의 머리에 빛을 던지는 것이 이

2 (옮긴이주) 러시아의 저명한 문예비평가인 미하일 바흐친(Michail M. Bachtin)의 동생 니콜라스(Nicholas)와 같이 읽었으며, 그 정확한 시기는 폰 브리크트(G. H. von Wright)에 따르면 '4년 전'이 아니라 '2년 전'(1943년)이 옳다고 한다.

3 (옮긴이주) 램지(Frank P. Ramsey, 1903~1930): 영국 케임브리지 대학의 수학자이자 철학자. C. K. 옥덴의 이름으로 번역된 《논리-철학 논고》의 최초의 영어 번역에서 실질적인 역할을 했고 또 《논고》에 대한 비판적 서평을 썼다. 논문집으로 《수학의 기초》(*Foundations of Mathematics and Other Logical Essays*, 1931)가 있다.

4 (옮긴이주) 스라파(Pierro Sraffa, 1898~1983): 이탈리아 출신의 경제학자로 무솔리니 치하에서 영국으로 망명하여 케임브리지 대학에서 가르쳤다. 저서로 《상품에 의한 상품 생산》(*Production of Commodities by Means of Commodities*, 1960)이 있다.

작업에 부여된 몫이어야 한다는 것은 불가능하지는 않다; 그러나 물론 그럴 법하지 않다.

나는 나의 글로써 다른 사람들이 생각하는 수고를 면하게 했으면 하지 않는다. 오히려, 가능하다면, 누군가로 하여금 자신의 사고에 이르도록 북돋아 주었으면 한다.

나는 좋은 책을 만들어 내고 싶었다. 결과는 그렇게 되지 않았다; 그러나 내가 이것을 개선할 수 있을 만한 시간은 지났다.

1945년 1월

케임브리지에서

I*

* 개정4판에는 여기에 아무런 표시도 없고, 비트겐슈타인의 머리말 다음 쪽에서 바로 본문으로 들어간다. 그 이전 판까지는 여기에 '제1부'라고 표시되어 있었다. 즉, 개정4판은 비트겐슈타인의 《철학적 탐구》가 1, 2부로 나뉜 (미완의) 작품이 아니라 여기 I에 해당되는 부분만으로 이루어진 작품으로—그리고 뒤의 II는 이에 독립적인 것으로—간주하고 있다.

1. 아우구스티누스의 《고백》 I. 8.: "그들(어른들)이 어떤 대상을 이름하면서 동시에 그것을 향해 몸을 돌렸을 때, 나는 이를 인지했고, 그들이 그것을 지시하고자 했을 때 낸 소리로 그 대상이 지칭되었음을 파악했다. 그러나 나는 이것을 그들의 몸짓으로부터, 즉 모든 사람들의 자연언어, 영혼이 그 어떤 것인가를 열망하거나 고수하거나 거부하거나 기피할 때 그 감정을 얼굴 표정과 눈짓으로, 손발의 움직임과 목소리의 울림으로 나타내는 언어로부터 추측하였다. 그렇게 해서 나는 여러 가지 문장들 속의 정해진 자리에서 되풀이하여 말해지는 것을 내가 들은 낱말들이 어떤 사물들을 지칭하는지 이해하는 법을 점차 배웠다. 그리고 나의 입이 이제 이러한 기호들에 익숙해졌을 때, 나는 그것들을 통해 나의 소망들을 표현해 내었다."[1]

내가 보기에, 우리는 이러한 말 속에서 인간 언어의 본질에 대한 하나의 특정한 그림을 얻는다. 즉, 언어의 낱말들은 대상들을 명명하며, 문장들은 그러한 명칭들의 결합이라는 것이 그것이다. ―― 언어에 대한 이러한 그림 속에서 우리는 다음과 같은 생각의 뿌리들을 발견한다: 모든 낱말은 각각 어떤 하나의 의미를 지닌다. 이 의미는 낱말에 짝지어진다. 그것은 낱말이 나타내는 대상이다.

아우구스티누스는 낱말 종류의 차이에 관해서는 말하고 있지 않다. 언어의 학습을 이렇게 기술하는 사람은―나는 이렇게 믿고 싶은데―우선 "책상", "의자", "빵"과 같은 명사들과 사람 이름들을 생각하고, 두 번째에야 비로소 어떤 활동들과 속성들의 이름들을, 그리고 그 밖의 낱말 종류들을, 발견될 어떤 것으로서 생각한다.[2]

자, 이제 다음과 같은 언어 사용을 생각하라: 내가 누군가를 보내 어떤 것을 사오라고 시킨다. 나는 그에게 "다섯 개의 붉은 사과"라는 기호가 적힌 쪽지 하나를 준다. 그는 그 쪽지를 상인에게 가지고 간다. 상인은 "사과"라는 기호가 붙은 궤짝을 연다; 그다음 그는 한 일람표에서 "붉은"이란 낱말을 찾으며, 그 맞은편에서 색 견본을 발견한다. 이제 그는 "다섯"이란 낱말까지 기본수의 낱말 열(列)을 말하며―나는 그가 그것들을 외고 있다고 가정한다―그 각각의 숫자마다 그 견본의 색깔을 지닌 사과 하나를 궤짝에서 꺼낸다. ―― 우리들은 이렇게, 그리고 그 비슷하게 말들을 가지고 일을 처리한다. ―― "그러나 그가 '붉은'이란 낱말을 어디에서, 그리고 어떻게 참조해야 하는지, 그리고 그가 '다섯'이란 낱말을 가지고 무엇을 해야 하는지를 그는 어떻게 아는가?" ―― 자, 나는 그가 내가 기술한 것처럼 행위한다고 가정한

---

1 (옮긴이주) 원문에는 이 인용문의 라틴어 텍스트와 (비트겐슈타인 자신이 번역한 것으로 판단되는) 독일어 번역이 함께 실려 있다. 우리말 번역은 이 독일어 번역에 따랐다.

2 (옮긴이주) 즉, 아우구스티누스에게 모든 낱말은 이름이지만, 그 종류로는 우선 명사들이 생각되고, 동사와 형용사, 그리고 부사 등 그 나머지 것들은 그다음에야 비로소 '이름들'로―활동들의 이름, 속성들의 이름, 그리고 그 밖의 종류의 이름들로―생각된다는 것이다. 비트겐슈타인의 《철학적 문법》(*Philosophische Grammatik*) I부 §19에 따르면, 이 비슷한 언어관은 이미 플라톤에서도 발견된다.

다. 설명들은 어딘가에서 끝이 난다.—그러나 "다섯"이란 낱말의 의미는 무엇인가?—그런 것은 여기서 전혀 이야기되지 않았다[3]; 여기서 이야기된 것은 단지, "다섯"이란 낱말이 어떻게 사용되는가 하는 것이었을 뿐이다.

2. 의미의 저 철학적인 개념은 언어가 기능하는 방식에 관한 원초적 표상(表象)에 거주하고 있다. 그러나 우리들[4]은 또한, 그것은 우리[4]의 언어보다 더 원초적인 어떤 언어에 관한 표상이라고도 말할 수 있다.

아우구스티누스가 기술한 바에 어울리는 어떤 한 언어를 생각해 보자. 그 언어는 어떤 건축가 A와 조수 B의 의사소통을 위해 쓰인다고 해두자. A는 건축용 석재들을 가지고 건물을 짓는다; 벽돌들, 기둥들, 석판들, 들보들이 있다. B는 그에게 그 석재들을 건네주어야 하고, 게다가 A가 그것들을 필요로 하는 순서에 따라서 건네주어야 한다. 그 목적을 위해서 그들은 "벽돌", "기둥", "석판", "들보"란 낱말들로 이루어져 있는 어떤 한 언어를 사용한다. A가 그 낱말들을 외친다;—B는 이렇게 외치면 가져오도록 배운 석재를 가져간다. ——이것을 완전한 원초적 언어라고 생각하라.

3. 우리는 아우구스티누스가 의사소통의 한 체계를 기술하고 있다고 말할 수 있을 것이다. 다만, 우리가 언어라고 부르는 것 모두가 이러한 체계는 아니

---

3 (옮긴이주) 어떤 독립체로서의 의미—'의미체(Bedeutungskörper)'—가 이야기되지 않았다는 말이다. 《철학적 탐구》의 초기 버전을 영어로 번역한 러시 리스의 번역문에서 비트겐슈타인은 이 문장의 번역을 다음과 같이 고쳤다: "there was no question of such an entity 'meaning' here.")

4 (옮긴이주) 이하에서 '우리들'은 독일어 'man'의 번역이고, '우리'는 'wir'의 번역이다. 후자가 화자(비트겐슈타인) 및 그와 같은 입장에 있거나 있을 특정한 사람들(잠재적 독자)을 가리키는 데 반해, 전자는 화자를 포함할 수도 포함하지 않을 수도 있는 불특정의 사람들, 많은 경우 그저 화자의 관찰 또는 비평 대상이 되는 세상사람 일반을 가리킨다고 할 수 있다. (그러므로 때에 따라 그 말의 번역은 생략 가능하다.) 이러한 구분이 우리말의 용법에 정확히 대응한다고 할 수는 없지만, 이 책을 포함한 이 선집의 나머지 번역에서 그 구분은 일관되게 적용된다.

다. 그리고 "이러한 묘사는 알맞은가, 알맞지 않은가?"라는 물음이 일어나는 매우 많은 경우에 우리들은 그렇게 말해야 한다. 그 경우 대답은 이러하다: "그렇다, 알맞다. 그러나 오직 이 좁게 한정된 영역에 대해서 뿐이고, 당신이 묘사하고 있다고 주장한 그 전체에 대해서는 아니다."

그것은 마치 누군가가 "놀이들은 어떤 한 평면 위에서 사물들을 어떤 규칙들에 따라서 움직이는 데 있다……"라고 설명하고,—우리는 그에게 다음과 같이 대답하는 것과 같다: 당신은 장기 류(類)의 놀이들을 생각하고 있는 것으로 보이는데, 그러나 모든 놀이가 그런 것은 아니다. 당신은 당신의 설명을 이러한 놀이들에 명확히 한정함으로써 당신의 설명을 바로잡을 수 있다.

4. 그 자모(字母)들이 소리들을 나타내기 위해 사용되지만, 또한 강세(强勢)를 나타내기 위해서, 그리고 구두점으로서도 사용되는 어떤 한 문자를 생각하라. (문자란 음상(音像)들을 기술하기 위한 언어라고 파악될 수 있다.) 그런데 어떤 사람이 그 각각의 자모에는 단순히 어떤 소리가 대응하는 듯이, 그리고 그 자모들에는 또한 아주 다른 기능들이 있지 않은 듯이, 그렇게 그 문자를 이해한다고 생각해 보라. 언어에 대한 아우구스티누스의 파악은 문자에 대한 그런 너무 단순한 파악과 같다.[5]

5. §1에서의 예를 고찰한다면, 아마 우리들은 말들의 의미에 대한 일반적 개념이 어느 정도까지 언어의 기능을 안개로 둘러싸는지, 그리하여 명료하게 보는 것을 불가능하게 만드는지를 예감할 것이다.—그 안개는 우리가 언어 현상들을 그것들의 원초적인 사용 방식에서 연구한다면 사라진다. 거기서는

5 (옮긴이주) 이 절과 관련하여, 비트겐슈타인의 《철학적 문법》 I부 §20 참조.

낱말들의 목적과 기능이 명료하게 조망될 수 있다.

말하는 법을 배울 때, 어린아이는 그러한 원초적 형식의 언어를 사용한다. 여기서 언어를 가르치는 일은 설명이 아니라, 훈육이다.[6]

6. 우리는 §2에서의 언어가 A와 B의 전체 언어라고, 그뿐 아니라 어떤 한 종족의 전체 언어라고 상상할 수 있을 것이다. 어린아이들은 이러한 활동들을 하고 그와 동시에 이러한 낱말들을 사용하도록, 그리고 다른 사람의 말들에 이렇게 반응하도록 교육받는다.

그 훈련의 중요한 일부는, 선생이 대상들을 가리키고, 어린아이의 주의를 그것들로 돌리며, 그와 동시에 어떤 한 낱말을 발화하는 데 있을 것이다; 예컨대 석판 형태를 보이면서 "석판"이란 낱말을 발화하는 것이다. (나는 이것을 "지시적 설명" 또는 "정의(定義)"라고 부르고 싶지 않다. 왜냐하면 실로 어린아이는 아직 이름이 무엇이냐고 물을 수 없기 때문이다. 나는 그것을 "낱말의 지시적 가르침"이라고 부르고자 한다. ―― 내가 그것이 훈련의 중요한 일부라고 말하는 것은, 그것이 인간들의 경우에 사실 그러하기 때문이지, 달리 상상될 수 없을 것이기 때문은 아니다.) 낱말들의 이러한 지시적 가르침은 낱말과 사물 사이에 연상적(聯想的) 결합을 수립한다고 할 수 있다. 그러나 이는 무엇을 뜻하는가? 자, 그것은 여러 가지를 뜻할 수 있다. 그러나 아마 우리들은 어린아이가 낱말을 들을 때 그 어린아이의 마음속에 그 사물의 심상(心象)이 떠오르는 것을 우선 생각할 것이다. 그러나 이제 그런 일이 일어난다면,―그것은 그 낱말의 목적인가?―그렇다, 그것은 목적일 수 있다.―나는 낱말들(소리 열(列)들)의 그러한 사용을 생각할 수 있다.

6 (옮긴이주) 비트겐슈타인의 《쪽지》(*Zettel*) §419 참조: "모든 설명의 기초는 훈육이다. (이 점을 교육자는 염두에 두어야 할 것이다.)"

(한 낱말을 발화하는 것은 말하자면 표상 피아노[7]의 한 건반을 두드리는 것이다.) 그러나 §2에서의 언어에서는, 표상들을 불러일으키는 것은 낱말들의 목적이 아니다. (물론, 그것이 본래적 목적에 유익하다는 것이 또한 발견될 수는 있다.)

그러나 그런 일이 지시적 가르침으로 인해 생긴다면,—나는 낱말의 이해가 그것으로 인해 생긴다고 말해야 할까? "석판!"이라는 외침에 따라 이러이러하게 행위하는 사람은 그 외침을 이해하지 않는가?—그러나 지시적 가르침은 이러한 이해를 일으키도록 돕기는 했지만, 그럼에도 불구하고 오직 어떤 특정한 교육과 함께 해서 그리 한 것이다. 다른 교육과 함께라면, 이 낱말들에 대한 동일한 지시적 가르침으로 인해 전혀 다른 이해가 생겼을 것이다.

"나는 연접봉과 레버를 결합함으로써 브레이크를 작동시킨다."—그렇다, 나머지 기계 장치 전체가 주어져 있다면 말이다. 오직 이것과 더불어서만 그것은 브레이크 레버이다. 그리고 그것을 떠받쳐 주는 것으로부터 분리되면, 그것은 레버조차도 아니다. 그것은 가능한 모든 것이 될 수 있거나, 아무것도 아닐 수 있다.

7. 언어 (2)[8]의 쓰임이라는 실천에서 한쪽 편은 낱말들을 외치고, 다른 편은 그 낱말들에 따라 행위한다. 그러나 그 언어의 교육에서는, 배우는 사람이 대상들을 명명한다고 하는 과정이 발견될 것이다. 즉, 그는 선생이 석재를 가리킬 때 낱말을 말한다.—그뿐 아니라, 여기서는 학생이 선생이 불러 주는 말들을 따라 말한다고 하는 더욱 단순한 연습이 발견될 것인데——둘 다 언

7 (옮긴이주) '표상 피아노': 낱말들을 발화하여 '심적 요소들'로서의 심상(Bild, Vorstellungsbild) 혹은 표상(Vorstellung)들을 불러일으키는 것을, 피아노 건반을 두드려 어떤 음들을 얻는 것에 비유한 것이다.
8 (옮긴이주) 앞 §2에서 언급된 원초적 언어를 말한다.

어 비슷한 과정들이다.

우리는 또한 (2)에서 말들의 쓰임의 전체 과정은 어린아이들이 모국어를 배우는 놀이의 하나라고도 생각할 수 있다. 나는 이러한 놀이들을 "언어놀이"라고 부르고자 한다. 그리고 때때로 원초적 언어를 언어놀이로서 이야기하고자 한다.

그리고 석재를 명명하는 과정과 불러 준 낱말을 따라 말하는 과정도 역시 언어놀이라고 불릴 수 있을 것이다. 윤무(輪舞)놀이에서 행해지는 말들의 여러 쓰임을 생각하라.

나는 또한 언어와 그 언어가 얽혀 있는 활동들의 전체도 "언어놀이"라고 부를 것이다.

8. 언어 (2)의 한 확장을 관찰하자. "벽돌", "기둥" 등의 네 낱말 외에 그것은 (1)[9]에서의 상인이 숫자들을 사용하는 것처럼 사용되는 일련의 낱말들을 포함한다고 하자. (그것은 일련의 알파벳 문자들일 수 있다.) 그리고 또한 두 개의 낱말이 포함된다고 하자. 그것은 "저기에"와 "이것"이라고 해도 좋다. (왜냐하면 이것은 이미 그 목적을 대략 암시하고 있기 때문이다.) 이 두 낱말은 뭔가를 가리키는 손동작과 결합되어 사용된다. 그리고 마지막으로, 약간의 색 견본들이 포함된다. A는 "석판-d-저기에"라는 종류의 명령을 한다. 그와 동시에 그는 조수로 하여금 색 견본을 보게 한다. 그리고 "저기에"라는 말을 할 적에 그는 건축 현장의 어떤 한 장소를 가리킨다. B는 비축된 석판들로부터 견본 색깔을 지닌 석판을 "d"까지의 모든 알파벳 문자에 대해 하나씩 집어서, 그것들을 A가 가리키는 장소에 가져간다.—다른 경우에는 A는 "이것-저기에"라는 명령을 한다. "이것"이라고 말할 적에 그는 석재를 가리

9 (옮긴이주) 앞의 §1을 가리킨다.

킨다. 등등.

9. 어린아이가 이러한 언어를 배울 때, 아이는 a, b, c, ……라는 일련의 '숫자들'을 외워야 한다. 그리고 아이는 그것들의 쓰임을 배워야 한다.—이러한 교육에 그 낱말들의 지시적 가르침도 나타날까? —자, 예컨대 석판들을 가리키며 "석판 a, b, c"라고 세는 일이 행해질 것이다.—수를 세기 위해서가 아니라 눈으로 파악 가능한 집단의 사물들을 지칭하기 위해 쓰이는 숫자들의 지시적 가르침은 "벽돌", "기둥" 등의 낱말들을 지시적으로 가르치는 것과 더 유사성을 지닐 것이다. 어린아이는 실로 그렇게 해서 처음의 대여섯 개 기본수를 나타내는 낱말들의 쓰임을 배운다.

"저기에"와 "이것"도 역시 지시적으로 가르쳐지는가?—우리들이 그것들의 쓰임을 가령 어떻게 가르칠 수 있을지를 상상해 보라! 동시에 장소들과 사물들을 가리킬 것이다,—그러나 여기서 이러한 가리킴은 실로 쓰임의 학습에서만이 아니라, 그 낱말들의 쓰임에서도 일어난다.—

10. 그런데 이 언어의 낱말들은 무엇을 지칭하는가?—그것들의 쓰임의 방식에서가 아니라면, 그것들이 지칭하는 것이 어떻게 드러난단 말인가? 그리고 우리는 실로 그 낱말들의 쓰임을 기술했다. "이 낱말은 이것을 지칭한다"란 표현은 그러니까 이러한 기술의 일부라야 할 것이다. 또는 그 기술은 "낱말 ……은 ……을 지칭한다"라는 형식으로 되어야 할 것이다.

자, 과연 "석판"이란 낱말의 쓰임에 대한 기술은, 이 낱말은 이 대상을 지칭한다고 하는 말로 단축될 수 있다. 이러한 단축은, 예컨대, "석판"이라는 낱말이 사실은 "벽돌"이라고 불리는 석재 형태와 관련된다고 하는 오해를 제거하는 것만이 문제가 되는 경우에—그러나 이러한 '관련'의 방식, 즉 이 말들의 그 밖의 쓰임은 알려져 있는 경우에—행해질 것이다.

그리고 그와 똑같이, “a”, “b” 등의 기호들은 수(數)를 지칭한다고 할 수 있다; 이것이 가령 “a”, “b”, “c”는 그 언어에서 “벽돌”, “석판”, “기둥”이 실제 하고 있는 역할을 한다는 오해를 제거한다면 말이다. 그리고 또한 “c”는 저 수가 아니라 이 수를 지칭한다고도 할 수 있다; 그것으로 가령 그 문자들은 a, b, c, d 등의 순서로 사용되어야지, a, b, d, c의 순서로 사용되어서는 안 된다는 것이 설명된다면 말이다.

그러나 낱말들의 쓰임에 관한 기술들이 그렇게 서로 유사하게 만들어짐에도 불구하고, 이러한 쓰임이 그 때문에 더 유사해질 수는 없다! 왜냐하면 우리가 보다시피, 그것은 전혀 다른 종류의 쓰임이기 때문이다.

11. 도구 상자에 있는 도구들을 생각하라. 거기에는 망치, 집게, 톱, 나사돌리개, 자, 아교 단지, 아교, 못과 나사들이 있다.—이들 대상의 기능들이 다르듯이, 낱말들의 기능도 다르다. (그리고 여기저기에 유사성들이 존재한다.)

물론, 우리를 혼란시키는 것은 낱말들이 우리에게 말해지거나 원고 또는 인쇄물에서 우리가 그것들과 마주칠 때 그것들이 지니는 겉모습의 획일성이다. 왜냐하면 그것들의 사용은 우리 앞에 그렇게 똑똑히 있지 않기 때문이다. 특히 우리가 철학을 할 때는 말이다!

12. 그것은 우리가 기관차의 운전석을 들여다 볼 때와 같다. 거기에는 모두가 다소 같아 보이는 손잡이들이 있다. (이것은 이해될 수 있는 일인데, 왜냐하면 그것들은 모두 손으로 잡혀야 할 것이기 때문이다.) 그러나 하나는 계속해서 움직일 수 있는 크랭크의 손잡이이다(그것은 밸브의 구멍을 조절한다). 다른 하나는 스위치의 손잡이이다. 그것은 끄거나 켜는 오직 두 가지 일을 하도록 배치되어 있다. 제3의 하나는 브레이크 레버의 손잡이로, 더 강하

게 잡아당길수록 더 강하게 브레이크가 걸린다. 제4의 하나는 펌프 손잡이인데, 그것은 왕복운동을 하는 한에서만 작용을 한다.

13. "언어의 모든 낱말은 각각 어떤 것을 지칭한다"라고 우리가 말할 때, 우리가 어떤 구별을 하기를 원하는지가 정확히 설명되지 않는다면, 그로써 당장은 아직 전혀 아무것도 말해진 것이 없다. (물론 우리는 언어 (8)의 낱말들을 루이스 캐럴[10]의 시들 속에 나오는 '의미 없는' 낱말들과, 혹은 어떤 노래 속의 "유비발레라"[11]와 같은 말과 구별하고자 한 것일 수 있을 것이다.)

14. 누군가 이렇게 말했다고 생각해 보라: "모든 도구들은 어떤 것을 변경하기 위해서 쓰인다. 이를테면 망치는 못의 위치를, 톱은 판자의 형태를 변경하기 위해서 등등."—그런데 자와 아교 단지, 그리고 못들은 무엇을 변경하는가?—"사물의 길이에 대한 우리의 지식, 아교의 온도, 그리고 상자의 굳기를 변경한다."——표현을 이렇게 동화(同化)시킨다고 무엇인가가 얻어질까?—

15. 가장 직접적으로는, "지칭하다"란 낱말은 아마도 기호가 그것이 지칭하는 대상에 놓여 있는 경우에 적용될 것이다. A가 집을 지으면서 사용하는 도구들이 모종의 기호들을 지니고 있다고 가정하자. A가 조수에게 그러한 기호를 보이면, 조수는 그 기호가 주어져 있는 도구를 가지고 온다.

---

10 (옮긴이주) 루이스 캐럴(Lewis Carroll, 1832~1898): 영국의 수학자이자 동화작가로, 본명은 Charles Lutwidge Dodgson. 《이상한 나라의 앨리스》(*Alice's Adventures in Wonderland*), 《거울 나라의 앨리스》(*Through the Looking-Glass*)(이 작품 1장에는 '재버워키'라는 유명한 무의미시가 실려 있는데, 비트겐슈타인은 1930년의 강의에서 그 첫 부분을 인용한 바 있다), 《스나크 사냥》(*The Hunting of the Snark*), 《실비와 브루노》(*Sylvie and Bruno*) 등의 작품을 남겼다.

11 (옮긴이주) '유비발레라(juwiwallera)': 익살스러운 또는 활기찬 느낌으로 부르는 뜻 없는 노랫말.

이렇게 해서, 그리고 이와 다소 비슷한 방식으로, 한 이름이 한 사물을 지칭하며, 한 이름이 한 사물에 주어진다.—철학을 할 적에 우리가 우리 자신에게 다음과 같이 말한다면 종종 유익한 것으로 실증될 것이다. 즉, 어떤 것을 명명한다는 것은 사물에 이름표를 붙이는 것과 비슷한 것이라고 말이다.

16. A가 B에게 보여 주는 색 견본들은 어떠한가,—그것들은 언어에 속하는가? 자, 좋으실 대로. 그것들은 낱말 언어에는 속하지 않는다. 그러나 내가 누군가에게 "그 '그'라는 낱말을 발음하라"라고 말한다면, 당신은 어쨌든 이 두 번째 "'그'"도 역시 문장에 포함시킬 것이다. 그럼에도 불구하고 그것은 언어놀이 (8)에서의 색 견본과 전적으로 비슷한 역할을 한다. 즉, 그것은 다른 사람이 말해야 할 것의 견본이다.

우리가 그 견본들을 언어의 도구들에 포함시키는 것이 가장 자연스러운 것이며, 가장 적은 혼란을 초래한다.

((재귀 대명사 "이 문장"에 관한 소견.))[12]

17. 우리는 언어 (8)에는 상이한 낱말 종류들이 있다고 말할 수 있을 것이다. 왜냐하면 "석판"이란 낱말의 기능과 "벽돌"이란 낱말의 기능은 "석판"의 기능과 "d"의 기능보다 서로 더 가깝기 때문이다. 그러나 우리가 말들을 종류에 따라 어떻게 총괄하느냐 하는 것은 분류의 목적에—그리고 우리의 성향에—좌우될 것이다.

도구들을 도구의 종류에서 분류할 수 있는 상이한 관점들을 생각하라. 또는 장기 알들을 말(馬)의 종류에서 분류할 수 있는 상이한 관점

---

12 (옮긴이주) 비트겐슈타인의 《철학적 소견들》(*Philosophische Bemerkungen*) XV §170과 《쪽지》 §691에 나오는 ('거짓말쟁이' 역설의 변형으로서의) "이 문장은 거짓이다"에 관한 고찰 참조.

들을 생각하라.

18. 언어 (2)와 (8)이 오직 명령들만으로 이루어져 있다는 점 때문에 신경 쓰지 말라. 그 언어들은 그 때문에 완전하지 않다고 말하고 싶다면, 우리의 언어는 완전한지 자문해 보라; 우리의 언어가 화학의 기호 체계와 미적분 표기법을 합병하기 전에는 완전했는지 당신 자신에게 물어 보라; 왜냐하면 이것들은 말하자면 우리 언어의 변두리들이기 때문이다. (그리고 얼마나 많은 집 또는 거리들이 있어야 하나의 도시는 하나의 도시이기 시작하는가?) 우리의 언어는 하나의 오래된 도시로 간주될 수 있다. 즉, 골목길들과 광장들, 오래된 집들과 새 집들, 그리고 상이한 시기에 증축된 집들로 이루어진 하나의 미로(迷路); 그리고 이것을 둘러싼, 곧고 규칙적인 거리들과 획일적인 집들이 있는 다수의 새로운 변두리들.

19. 우리들은 오직 전투에서의 명령들과 보고들로만 이루어진 어떤 한 언어를 쉽게 상상할 수 있다.—또는 오직 물음들과 긍정 및 부정의 한 표현으로만 이루어진 어떤 한 언어를. 그리고 다른 무수한 언어들을. ——그리고 어떤 하나의 언어를 상상한다는 것은 어떤 하나의 삶의 형태[13]를 상상하는 것이다.

그러나 어떤가, 예 (2)에서의 "석판!"이라는 외침은 하나의 문장인가 아니

13 (옮긴이주) '삶의 형태': 원말은 'Lebensform'. '삶의 내용'과 대조되는 '삶의 형식'이라기보다는—비트겐슈타인은 '삶의 내용'이란 표현은 쓰지 않는다—일치된 반응과 어느 정도 규칙적인 행동들을 내용적으로 이미 포함하는 삶의 다양한 방식, 관습화된 패턴을 가리킨다. (그러므로 '삶의 형태'라는 말은 '삶의 방식(Lebensweise)'이나 '삶의 패턴 (Lebensmuster)'이란 말과 통한다.) 여기에는 단순하고 원초적인 것들과 이로부터 유래하는 복잡하고 세련된 것들이 있는데, 우리의 언어는 이러한 삶의 형태들에 기반을 두고 성장하며, 또한 부분적으로 삶의 형태를 세련된 형태로 구성한다. 비트겐슈타인의 《소품집》 252쪽 참조.

면 낱말인가?—하나의 낱말이라면, 그것은 우리의 일상 언어에서 그것과 같은 소리를 내는 낱말과 동일한 의미를 지니지 않을 것이다. 왜냐하면 §2에서 그것은 실로 하나의 외침이기 때문이다. 그러나 하나의 문장이라면, 그것은 우리 언어의 "석판!"이라는 생략된 문장은 아니다. ——첫 번째 물음에 관해서는, 당신은 "석판!"을 하나의 낱말이라고 부를 수 있으며, 하나의 문장이라고도 부를 수 있다. 적절하게는 아마도 (퇴화된 쌍곡선에 관해서 이야기하듯이) '퇴화된 문장'이라고 부를 수 있을 것이다. 그리고 사실 그것은 바로 우리의 '생략된' 문장이다.—그렇지만 우리의 '생략된' 문장은 "나에게 석판을 하나 가져오라!"라는 문장의 단지 단축된 형태일 뿐이다. 그리고 이 문장은 아무튼 예 (2)에는 존재하지 않는다.—그러나 거꾸로, 왜 나는 "나에게 석판을 하나 가져오라!"라는 문장을 "석판!"이란 문장의 연장이라고 불러서는 안 될까?—왜냐하면 "석판!"이라고 외치는 사람은 본래, "나에게 석판을 하나 가져오라!"를 뜻하기 때문이다.—그러나 이것을 뜻하는 일을 당신은 어떻게 "석판!"이라고 말하면서 하는가? 당신은 단축되지 않은 그 문장을 속으로 말하는가? 그리고 "석판!"이라는 외침으로 어떤 사람이 뜻하는 것을 말하기 위해서 왜 나는 이 표현을 다른 표현으로 옮겨야 할까? 그리고 그것들이 같은 것을 의미한다면,—"그가 '석판!'이라고 말할 때, 그는 '석판!'을 뜻한다"라고 내가 말해서는 왜 안 될까? 또는, 당신이 "나에게 석판을 가져오라!"를 뜻할 수 있다면, 당신이 "석판!"을 뜻할 수는 왜 없을까? ——그러나 내가 "석판!"이라고 외칠 때, 어쨌든 나는 그가 나에게 석판 하나를 가져오기를 원한다! ——그렇고말고. 그러나 '이것을 원한다'는 것이, 당신이 말하는 문장과는 다른 한 문장을 당신이 그 어떤 형식으로 생각하는 데 있는가?—

20. 자, 그러나 어떤 사람이 "나에게 석판 하나를 가져오라!"라고 말한다면, 실로 이제 그는 이 표현을 하나의 긴 낱말로 뜻할 수 있을 것처럼 보인다. 즉,

"석판!"이라는 하나의 낱말에 대응하는 하나의 긴 낱말로서 말이다. ―― 그러니까 우리들은 그것을 한번은 하나의 낱말로서, 한번은 네 개의 낱말로서 뜻할 수 있는가? 그리고 그것은 통상적으로는 어떻게 뜻해지는가? ―― 우리는 다음과 같이 말하는 경향이 있을 것이라고 나는 믿는다. 즉, 우리가 그것을 "나에게 석판 하나를 건네어다오", "그에게 석판 하나를 가져가라", "석판 둘을 가져오라" 등등과 같은 다른 문장들과 대조적으로 사용할 때는, 그러니까 우리의 명령의 낱말들을 다르게 결합하여 포함하는 문장들과 대조적으로 사용할 때는, 우리는 그 문장을 네 개의 낱말로 된 하나의 문장으로서 뜻한다고 말이다. ―― 그러나 어떤 한 문장을 다른 문장들과 대조적으로 사용한다는 것은 무엇에 있는가? 그때 가령 이 다른 문장들이 눈앞에 어른거리는가? 그리고 이 문장들 모두가? 그리고 그 하나의 문장을 말하는 동안에? 아니면 이전 또는 이후에?―아니다! 그러한 설명에 우리가 약간의 유혹을 받을지라도, 우리가 여기서 잘못된 길에 들어서 있다는 것을 보기 위해서는, 우리는 실제 일어나는 것을 그저 한순간만 숙고해 보면 된다. 우리가 명령을 다른 문장들과 대조적으로 사용한다고 말하는 것은, 우리의 언어가 이런 다른 문장들의 가능성을 포함하고 있기 때문이다. "나에게 석판 하나를 가져오라!"라는 명령을 누군가가 하는 것을 여러 차례 들은 적이 있으면서도 우리의 언어를 이해하지는 못하는 사람, 즉 외국인은, 이 전체 소리 열이 하나의 낱말이며, 자신의 언어에서 가령 "석재"를 나타내는 낱말에 해당한다는 생각을 할 수 있을 것이다. 그리고 나서 만일 그 자신이 이러한 명령을 했다면, 그는 아마 그것을 달리 발화했을 것이다. 그리고 우리는 그가 그것을 하나의 낱말로 여기기 때문에 그것을 그렇게 이상하게 발화한다고 말할 것이다. ―― 그러나 그러면 그가 그것을 발화할 때, 그의 머릿속에서는 다른 어떤 것인가가 ―그가 그 문장을 하나의 낱말로서 파악한다는 그 점에 대응하여― 역시 일어나지 않는가? ―― 그의 속에서는 같은 것이 일어나거나 또는 다른 것이 일어날 수도 있다. 당신이 그런 명령을 할 때, 당신 속에서는 도대체 무엇이 일어나는가? 당신이 그 명령을 발화하는 동안 당신은 그것이 네 개의 낱말로 이루어져 있음을 의식하는가? 물론, 당신은 이 언어—그 속에는 저 다른 문장들도 역시 존재하고 있다—를 숙달했다. 그러나 이러한 숙달이 당신이 그 문장을 발화하는 동안 '일어나는' 어떤 것인가?—과연 나는 외국인은 그가 달리 파악하는 문장을 아마 달리 발화할 것이라고 인정했다. 그러나 우리가 잘못된 파악이라고 부르는 것이 그 명령의 발화에 동반되는 그 어떤 것에 있지 않으면 안 되는 것은 아니다.

그 문장은 우리가 그것을 발화할 때 우리가 뜻하는 어떤 것을 그것이 빠뜨리기 때문이 아니라, 우리의 문법의 특정한 본보기와 비교할 때 그것이 짧게 되어 있기 때문에 '생략된' 것이다.—물론 여기서 다음과 같은 이의가 제기될 수 있을 것이다: "당신은 그 단축된 문장과 단축되지 않은 문장이 같은 뜻을 지닌다고 인정한다.—그것들이 지니는 건 그러니까 어떤 뜻인가? 도대체 이 뜻에 대해서는 하나의 언어 표현이 없는 것인가?" ——그러나 문장들의 같은 뜻이란 그것들의 같은 사용에 있지 않은가?—(러시아어에서는 "돌이 붉다" 대신에 "돌 붉다"라고 한다; 그들에게는 계사(繫辭)가 그 뜻 속에 없는가, 또는 그들은 계사를 덧붙여 생각하는가?)

21. A의 물음에 대해 B는 쌓여 있는 석판이나 벽돌의 수, 또는 이러이러한 곳에 놓여 있는 석재들의 색과 형태를 보고하는 언어놀이를 생각해 보라.—그러한 보고는 그러니까, "석판 다섯"과 같이 될 수 있을 것이다. 그런데 "석판 다섯"이란 보고 또는 주장과 "석판 다섯!"이란 명령 사이의 차이는 무엇인가?—그야, 언어놀이에서 이러한 말들의 발화가 행하는 역할이다. 그러나 아마 그 말이 발화되는 어조와 표정 및 그 밖의 여러 가지가 또한 다를 것이다. 그러나 우리는 또한 그 어조는 같으며—왜냐하면 명령과 보고는 여러

가지 어조와 표정으로 발화될 수 있기 때문이다—그 차이는 오직 사용에 있다고 생각할 수도 있다. (물론 우리는 "주장"과 "명령"이란 말들을 문법적 문장 형식과 어조를 지칭하기 위해서 사용할 수도 있을 것이다; "오늘은 날씨가 훌륭하잖아요?"가 주장으로서 사용됨에도 불구하고, 실로 우리는 그것을 하나의 물음이라고 부르는 것처럼 말이다.) 우리는 모든 주장이 수사적 물음의 형식과 어조를 지니는 어떤 언어, 또는 모든 명령이 "이것 좀 해 주시겠어요?"라는 물음의 형식을 지니는 어떤 언어를 생각해 볼 수 있을 것이다. 그 경우 우리들은 아마 이렇게 말할 것이다: "그가 말하는 것은 물음의 형식을 지니지만, 실제로는 하나의 명령이다"—즉 그 언어의 실천 속에서 명령의 기능을 지닌다. (비슷하게, "너는 그걸 할 것이다"는 예언이 아니라 명령이라고 말해진다. 무엇이 그것을 그 하나로, 또는 다른 하나로 만드는가?)

22. 하나의 주장 속에는 주장되는 것인바 어떤 하나의 가정이 숨겨져 있다는 프레게[14]의 견해는 실은 모든 주장 문장을 "이러이러한 것이 사실이라는 것이 주장된다"란 형식으로 쓸 수 있는 가능성이 우리의 언어에 존재함에 기초하고 있다.—그러나 "이러이러한 것이 사실이라는 것"은 우리의 언어에서는 문장이 아니다. 그것은 아직 언어놀이에서의 동작이 아니다. 그리고 내가 "……라는 것이 주장된다" 대신에 "다음과 같이 주장된다: 이러이러한 것은 사실이다"라고 적는다면, 여기서 "다음과 같이 주장된다"란 말은 정말 쓸데없는 것이다.

---

14 (옮긴이주) 프레게(Gottlob Frege, 1848~1925): 독일의 수학자이자 철학자로 예나 대학에서 가르쳤다. 현대 기호논리학의 창시자로 일컬어진다. 주요 저서로 《개념 표기법》(*Begriffsschrift*), 《산수의 기초》(*Die Grundlagen der Arithmetik*), 《산수의 근본 법칙》(*Grundgesetze der Arithmetik*)이 있고, 주요 논문으로 "뜻과 지시체에 관하여"가 있다. 여기 언급된 프레게의 견해는 《개념 표기법》 §2, 《산수의 근본법칙》 1권 §5 등에서 볼 수 있다.

우리는 또한 모든 주장을 어떤 한 물음 다음에 긍정을 첨부한 형식으로도 아주 잘 적을 수 있을 것이다. 가령, "비가 오는가? 그렇다!"와 같이 말이다. 이것이 모든 주장에는 각각 어떤 한 물음이 숨겨져 있다는 것을 보여 줄까?

물론 우리들은 주장 기호[15]를 예컨대 의문 기호와 대조적으로 사용할 권리를 가진다. 또는 우리들이 주장을 허구 또는 가정과 구별하고자 할 때도 그러하다. 다만 우리들이, 이제 주장은 고려함과 주장함(진리치의 부여, 또는 그와 같은 것)이라는 두 작용으로 이루어져 있으며, 우리는 이러한 작용들을 우리가 악보에 따라 노래 부르는 것과 대충 비슷하게 문장의 기호들에 따라 수행한다고 생각한다면, 그것은 잘못된 것이다. 악보에 따라 노래하는 것과 씌어 있는 문장을 큰 소리로 또는 낮은 소리로 읽는 것은 물론 비교될 수 있다. 그러나 읽은 문장을 **'뜻함'**(생각함)은 그것과 비교될 수 없다.

프레게의 주장 기호는 **문장 시작**을 강조한다. 그러므로 그것은 마침표와 비슷한 기능을 지닌다. 그것은 온전하게 완성된 문장을 그 완성문 **내에** 있는 문장과 구별한다. 내가 어떤 사람이 "비가 온다"라고 말하는 것을 듣기는 하지만, 내가 완성문의 시작과 끝을 들었는지는 모른다면, 이 문장은 나에게는 아직 의사소통의 수단이 아니다.[16]

□[17]

특정한 격투 자세를 취하고 있는 권투 선수를 묘사하고 있는 어떤 그림을 생

15 (옮긴이주) 프레게는 명제의 주장을 나타내는 기호('⊢')를 일상의 문장 기호들과 구별하여 따로 도입했다. 이에 따르면, 'p'가 어떤 명제일 때, '⊢p'는 고려 대상으로 가정된 'p'를 참이라고 주장한다는 말이다. 비트겐슈타인의 《논리-철학 논고》 4.442와 거기 딸린 옮긴이의 각주 참고.

16 (옮긴이주) 비트겐슈타인의 《쪽지》 §684 참조: "왜냐하면 어떤 사람이 "비가 온다"라고 말하는 것을 내가 듣기는 하지만, 내가 들은 것이 문장의 **시작**이었는지를 내가 모른다면, 나는 그가 무엇을 말했는지를 모르기 때문이다."

17 (옮긴이주) 이하에서 '□' 표시 다음에 있는 글들은 비트겐슈타인이 이 책 타자 원고의 해당 부분에―그 정확한 위치는 언급하지 않은 채―삽입한 쪽지들의 내용이다. (이 쪽지들은 개정4판에서는 본문 다음에 박스 처리하여 배치되었다.) 이 책 '일러두기' 2항 참조.

각해 보자. 이제 이 그림은 어떤 사람에게, 그가 어떻게 서야 하며 어떻게 자세를 취해야 하는지, 또는 그가 어떻게 자세를 취해서는 안 되는지, 또는 어떤 특정한 사람이 이러이러한 곳에 어떻게 서 있었는지 등등을 전달하기 위해서 사용될 수 있다. 이 그림은 (화학적으로 말하자면) 문장-기(基)라고 부를 수 있을 것이다. 아마 프레게는 비슷하게 "가정"을 생각했을 것이다.

23. 그러나 얼마나 많은 종류의 문장이 존재하는가? 가령 주장, 물음, 그리고 명령?—이런 종류는 무수히 많다: 우리가 "기호", "말", "문장"이라고 부르는 모든 것의 무수히 많은 서로 다른 종류의 사용이 존재한다. 그리고 이 다양성은 고정된 것, 딱 잘라서 주어진 것이 아니다; 오히려 언어의 새로운 유형들, 새로운 언어놀이들이라고 말할 수 있는 것들이 생기고, 다른 것들은 낡은 것이 되어 잊혀진다. (수학의 변화들이 우리에게 이에 관한 하나의 대략적 그림을 줄 수 있다.)

"언어놀이"란 낱말은 여기서, 언어를 말하는 것이 어떤 활동의 일부, 또는 삶의 형태의 일부임을 부각하고자 의도된 것이다.

다음의 예들 및 다른 예들에서, 언어놀이의 다양성을 똑똑히 보라:

명령하기, 그리고 명령에 따라 행하기—
대상을 그 외관에 따라서, 또는 측정한 바에 따라서 기술하기—
기술(소묘)에 따라 대상을 제작하기—
사건을 보고하기—
사건에 관해 추측들을 하기—
가설을 세우고 검사하기—
실험 결과들을 일람표와 도표로 묘사하기—
이야기를 짓기; 그리고 읽기—

연극을 하기—
윤무곡을 부르기—
수수께끼 알아맞히기—
농담하기; 재담하기—
응용 계산 문제를 풀기—
한 언어로부터 다른 언어로 번역하기—
부탁하기, 감사하기, 저주하기, 인사하기, 기도하기.

—언어의 도구들과 그것들의 사용 방식의 다양성, 즉 낱말과 문장 종류의 다양성을 논리학자들이 언어의 구조에 관해 말해 왔던 것과 비교하는 것은 흥미롭다. (그 비교 대상에는 《논리-철학 논고》의 저자도 포함된다.)

24. 언어놀이의 다양성이 눈에 들어오지 않는 사람은 가령 다음과 같은 물음들을 묻는 경향이 있을 것이다: "물음이란 무엇인가?"—그것은 내가 이러이러한 것을 알지 못한다는 진술인가, 또는 내가 다른 사람이 나에게 ……을 말해 주었으면 하고 원한다는 진술인가? 또는 그것은 나의 불확실한 심리적 상태의 기술인가?—그리고 "도와줘요!"란 외침은 그러한 기술인가?

얼마나 다른 종류의 것들이 "기술"이라고 불리는지를 생각하라: 물체의 위치를 그것의 좌표에 의해 기술하기; 얼굴 표정을 기술하기; 촉감을 기술하기; 기분을 기술하기.

물론 우리들은 물음의 통상적 형식 대신, "나는 ……인지 여부를 알고 싶다", 또는 "나는 ……인지 여부가 의심스럽다"란 진술 또는 기술 형식을 대입해 놓을 수 있다. 그러나 이로써 그 상이한 언어놀이들이 서로 더 가깝게 되는 것은 아니다.

그러한 변환 가능성들의 의의, 예컨대 모든 주장 문장이 "나는 생각한다"

또는 "나는 믿는다"란 조항(條項)으로 시작하는 문장들로 (그러니까 말하자면 나의 내적 삶의 기술들로) 변환될 수 있는 가능성의 의의는 다른 곳에서 더 똑똑히 드러날 것이다. (유아주의(唯我主義).)[18]

25. 우리들은 때때로, 동물들은 정신적 능력이 결여되어 있기 때문에 말하지 않는다고 말한다. 그리고 이는, "동물들은 생각하지 않는다, 그 때문에 그것들은 말하지 않는다"란 뜻이다. 그러나 그것들은 단순히 말하지 않을 뿐이다. 또는 더 잘 표현하자면: 그것들은 언어를 사용하지 않는다—우리가 가장 원초적인 언어 형식들을 도외시한다면 말이다.—명령하기, 질문하기, 이야기하기, 잡담하기는 걷기, 먹기, 마시기, 놀기처럼 우리의 자연사(自然史)에 속한다.

26. 우리들은 언어를 배운다는 것은 대상들을 명명하는 데 있다고 생각한다. 더 정확히 말하자면, 사람, 형태, 색깔, 고통, 기분, 수(數) 등등을 명명하는 데 있다고 생각한다. 이미 말했다시피, 명명이란 사물에 이름표를 붙이는 것과 비슷한 어떤 것이다. 그것은 낱말의 쓰임을 위한 하나의 준비라고 할 수 있다. 그러나 그것은 무엇에 대한 준비인가?

27. "우리는 사물들을 명명하고 이제 그것들에 관해 이야기할 수 있다. 이야기 속에서 그것들과 관계할 수 있다."—마치 명명 작용과 함께, 우리가 그 다음에 행하는 것이 이미 주어져 있다는 듯이. 마치 "사물들에 관해 이야기

18 (옮긴이주) 유아주의(Solipsismus)란 오직 나 혼자만이 나의 의식과 더불어 실재한다는 철학적 견해로, '독아론(獨我論)'이라고도 한다. 《논고》(5.64)에서 비트겐슈타인은 실재주의와 합치된다는 유아주의 입장을 취했는데, 이 단락은 그런 입장이 어떻게 취해질 수 있었는지를 시사한다. 유아주의의 문제에 대해서는 나중에 §402에서 다시 언급된다.

한다"고 하는 오직 하나만이 존재한다는 듯이 말이다. 하지만 우리는 우리의 문장들을 가지고 대단히 다양한 것들을 행한다. 단지 외침들만을 놓고서 생각해 보자. 그것들은 매우 다양한 기능을 지니고 있다.

물!
비켜!
아야!
도와줘!
좋아!
그만!

그런데 당신은 아직도 이 낱말들을 "대상들의 이름"이라고 부르고 싶은가?

언어 (2)와 (8)에는 이름을 묻는 일은 존재하지 않았다. 우리는 이러한 물음과 그 상관물인 지시적 설명이 하나의 고유한 언어놀이라고 말할 수 있을 것이다. 이는 실은, 우리는 "이것은 뭐라고 하지요?"라고 묻도록 교육, 훈련받았으며, 그러면 이에 대해 이름을 대는 일이 뒤이어 일어난다는 것을 뜻한다. 그리고 어떤 것에 대해 이름을 짓는 그런 언어놀이도 존재한다. 그러니까, "이것은 ……(이)라고 한다"라고 말하고는 그 새로운 이름을 사용하는 언어놀이 말이다. (어린아이들은 그렇게 해서 예컨대 그들의 인형들을 이름 짓고, 그러고 나서는 그것들에 관해서, 그리고 그것들에게 이야기를 한다. 여기서 즉시, 우리가 사람 이름으로 그 이름을 지닌 사람을 부른다는 것이 얼마나 별난 것인지를 생각하라!)

28. 이제 우리들은 사람 이름, 색 이름, 물질 명사, 수사(數詞), 방위(方位) 명사 등을 지시적으로 정의할 수 있다. 두 개의 호두열매를 가리키면서 "이것

을 '둘'이라고 한다"라고 하는 수 둘의 정의는 완전히 정확하다. —그러나 둘이 도대체 어떻게 그렇게 정의될 수 있는가? 그 정의를 대하는 사람은 그 경우 실로 우리들이 "둘"로 무엇을 명명하려고 하는지 모른다. 그는 당신이 이 호두열매 집단을 "둘"이라고 부르고 있는 것으로 받아들일 것이다! —— 그는 그렇게 받아들일 수 있다; 그러나 아마 그는 그렇게 받아들이지 않을 것이다. 그는 또한, 역으로, 내가 이 호두열매 집단에다 어떤 이름을 붙이려고 할 때, 그것을 숫자로 오해할 수도 있을 것이다. 그리고 이와 똑같이, 내가 사람 이름을 지시적으로 설명할 때는 이것을 색깔 이름으로, 인종(人種)의 지칭으로, 심지어 방위 명사로 파악할 수도 있다. 즉, 지시적 정의는 모든 경우에 이렇게도 저렇게도 해석될 수 있다.

□

"붉은"이란 낱말의 설명을 위해 붉지 않은 어떤 것을 가리킬 수 있을까? 그것은 마치, 우리말에 능숙하지 않은 어떤 사람에게 우리들이 "겸손한"이란 낱말을 설명해야 하는데, 그 설명을 위해서 우리들이 건방진 한 사람을 가리키면서, "이 사람은 겸손하지 않다"라고 말할 때와 비슷할 것이다. 그것이 다의적이라는 것은 그러한 설명 방식에 대한 반론이 아니다. 모든 설명은 오해될 수 있다.

그러나 우리가 그것을 여전히 하나의 "설명"이라고 불러야 하는가 하는 물음은 아마 제기될 수 있을 것이다. —왜냐하면 언어 계산법에서 그것은 우리가 통상 "붉은"이란 낱말의 "지시적 설명"이라고 부르는 것과는 당연히 다른 역할을 하기 때문이다; 비록 그것이 배우는 사람에게 동일한 실천적 결과들, 동일한 효과를 지닐지라도 말이다.

29. 아마 우리들은 이렇게 말할 것이다: 둘은 "이 수는 '둘'이라고 한다"와 같이 단지 그렇게 지시적으로 정의될 수 있다. 왜냐하면 여기서 "수"라는 낱말

은 우리가 그 낱말을 언어의 어떤 자리에, 문법의 어떤 자리에 놓는지를 보여 주기 때문이다. 그러나 이는 저 지시적 정의가 이해될 수 있기 전에 "수"라는 낱말이 설명되어야 한다는 것을 뜻한다.—그 정의 속의 "수"라는 낱말은 물론 이러한 자리, 즉 우리가 그 낱말을 둘 부서(部署)를 보여 준다. 그리고 우리는 "이 색은 이러이러하다고 한다", "이 길이는 이러이러하다고 한다" 등등으로 말함으로써 그러한 오해들을 예방할 수 있다. 즉, 오해들은 때때로 그렇게 해서 방지된다. 그러나 도대체 "색"이나 "길이"란 낱말은 단지 그렇게 파악될 수 있는가?—자, 우리는 바로 그것들을 설명해야 한다.—그러니까, 다른 낱말들에 의해 설명해야 한다! 그런데 이러한 사슬에서의 마지막 설명은 어떠한가? ("'마지막' 설명이란 존재하지 않는다"라고 말하지 말라. 그것은 마치 다음과 같이 말하려는 것과 정확히 같다: "이 거리에 마지막 집이라고는 없다; 우리들은 여전히 집을 더 지을 수 있다".)

"수"라는 낱말이 둘의 지시적 정의에서 필요한지는, 이러한 낱말 없이는 그가 그 정의를 내가 원하는 것과 다르게 파악하는지에 달려 있다. 그리고 이는 그 정의가 주어지는 상황에, 그리고 내가 그 정의를 주는 사람에 달려 있을 것이다.

그리고 그가 그 설명을 어떻게 '파악하는'가는 그가 그 설명된 낱말을 어떻게 사용하는가에서 드러난다.

30. 그러므로 우리들은 이렇게 말할 수 있을 것이다. 즉: 낱말이 언어에서 일반적으로 어떤 역할을 할 것인지가 이미 명료하다면, 지시적 정의는 낱말의 쓰임—의미—을 설명한다. 그러니까 내가 어떤 사람이 나에게 어떤 색 이름을 설명하고자 한다는 것을 안다면, "이것은 '세피아'라고 한다"라는 지시적 설명은 내가 그 낱말을 이해하도록 도와줄 것이다.—그리고 이제 "안다"나 "명료하다"란 낱말에는 각종 물음들이 연결되어 있다는 것을 우리들이 잊지

않는다면, 우리들은 그렇게 말할 수 있다.

명칭을 물을 수 있기 위해서는 우리들은 이미 어떤 것을 알아야 (또는 할 수 있어야) 한다. 그러나 우리들은 무엇을 알아야 하는가?

31. 우리들이 누군가에게 장기놀이에서의 왕(王) 말을 가리키면서 "이것은 왕이다"라고 말할 경우, 이에 의해서 그에게 이 말(馬)의 쓰임이 설명되지는 않는다,—그가 왕 말의 형태라고 하는 이 마지막 규정을 제외하고서 그 놀이의 규칙들을 이미 알고 있지 않다면 말이다. 그는 실제의 장기 알을 여태껏 본 적이 없이 그 놀이의 규칙들을 배웠다고 생각될 수 있다. 그 장기 알의 형태는 여기서 어떤 한 낱말의 소리 또는 형태에 대응한다.

그러나 우리들은 또한 어떤 사람이 여태껏 규칙들을 배우거나 정식화함이 없이 그 놀이를 배웠다고 생각할 수도 있다. 그는 가령 처음에는 구경을 통해 아주 단순한 장기 류의 놀이들을 배웠고, 점점 더 복잡한 놀이들로 나아갔다. 우리들은 이러한 사람에게도 역시 "이것은 왕이다"란 설명을 해 줄 수 있을 것이다—예컨대 그에게 그가 익숙하지 않은 형태의 장기 알들을 보여 준다면 말이다. 이러한 설명도 역시, 말하자면 오직 그 설명이 놓이는 자리가 이미 준비되어 있었기 때문에만 그에게 그 말의 쓰임을 가르친다. 또는: 우리는 그 설명은 그 자리가 이미 준비되어 있는 경우에만 그에게 그 쓰임을 가르쳐 준다고 말할 것이다. 그리고 여기서 그 자리가 준비되어 있다는 것은, 우리에게 그 설명을 듣는 사람이 이미 규칙들을 알고 있기 때문이 아니라, 그가 다른 뜻에서 이미 하나의 놀이에 숙달해 있기 때문이다.

이런 경우를 더 고찰해 보자. 내가 어떤 사람에게 장기놀이를 설명한다; 그리고 장기 알 하나를 보이면서, 다음과 같이 말함으로써 시작한다: "이것은 왕이다. 왕은 이러이러하게 움직일 수 있다, 등등."—이 경우에 우리는 다음과 같이 말할 것이다: "이것은 왕이다"(또는 "이것은 '왕'이라 한다")란 말은, 배우는 사람이 이미 '장기 알이 무엇인가를 아는' 경우에만 하나의 낱말 설명이다. 그러니까 그가 가령 다른 놀이들을 이미 해 본 적이 있거나, 다른 사람들의 놀이를 '이해하면서' 구경한 적이 있거나—하는 등등을—해 본 적이 있다면 말이다. 또한 오직 그 경우에만, 그는 놀이 학습에서 "이것은 뭐라고 부르지요?"라고—요컨대 이 장기 알을 두고서—관련 있게 물을 수 있다.

우리는 이렇게 말할 수 있다: 이름을 갖고 이미 뭔가를 할 수 있는 사람만이 유의미하게 이름을 물을 수 있다.

우리는 실로, 질문받은 사람은 "스스로 이름을 정하라"라고 대답하고—질문을 했던 사람은 이제 모든 것을 스스로 책임지고 해 나가야 할 경우도 상상할 수 있다.

32. 낯선 나라에 가는 사람은 때로는 그 토착민들의 언어를 그들이 그에게 해 주는 지시적 설명들을 통해 배울 것이다. 그리고 그는 이러한 설명들의 해석을 종종 추측해야 하며, 때로는 옳게, 때로는 잘못 추측할 것이다.

그리고 이제 우리는 이렇게 말할 수 있다고 나는 믿는다. 즉, 아우구스티누스는 인간 언어의 학습을 마치 어린아이가 낯선 나라에 와서 그 나라의 언어를 이해하지 못하고 있는 듯이 그렇게 기술하고 있다고. 즉, 단지 이 언어가 아닐 뿐, 어린아이에게 이미 어떤 언어가 있는 듯이 말이다. 또는 심지어, 단지 말하지 못할 뿐, 어린아이가 이미 생각할 수 있는 듯이 말이다. 그리고 여기서 "생각한다"는 "자기 자신에게 이야기한다"와 같은 어떤 것을 뜻할 것이다.

33. 그러나 만일 다음과 같은 이의가 제기된다면 어떻게 될까? 즉: "어떤 사람이 지시적 정의를 이해하기 위해서는 그가 이미 어떤 하나의 언어놀이를

숙달했어야 한다는 것은 참이 아니다. 그는 단지 그 설명을 하는 사람이 무엇을 가리키고 있는지를—자명하게—알면 (또는 추측하면) 된다! 그러니까 예컨대 대상의 형태를 가리키고 있는지, 또는 대상의 색깔을 가리키고 있는지, 또는 수를 가리키고 있는지 등등을 말이다." —— 그런데 '형태를 가리킨다', '색깔을 가리킨다'는 것은 도대체 무엇에 있는가? 한 장의 종이를 가리키라!—그리고 이제 그 형태를,—이제 그 색깔을,—이제 그 수를(이것은 이상하게 들린다!) 가리키라.—자, 당신은 어떻게 그렇게 했는가?—당신은 당신이 가리킬 적에 매번 다른 어떤 것을 '뜻했다'고 말할 것이다. 그리고 그런 일은 어떻게 일어나느냐고 내가 묻는다면, 당신은 당신의 주의를 색깔, 형태 등에 집중했노라고 말할 것이다. 자, 그러나 나는 또 한 번 묻는다: 그런 일은 어떻게 일어나는가?

어떤 사람이 어떤 꽃병을 가리키면서 이렇게 말한다고 생각하라: "이 멋진 파란색을 바라보라!—형태는 중요하지 않다." 또는: "이 멋진 형태를 바라보라!—색깔은 상관없다." 당신이 이 두 요청을 따를 때, 당신이 상이한 것을 하게 될 것이라는 것은 의심의 여지가 없다. 그러나 당신이 색깔에 주의를 기울일 때, 당신은 언제나 같은 것을 하는가? 자, 다양한 경우들을 상상해 보라. 내가 몇 가지 경우를 예시하겠다:

"이 파란색은 저기 저 파란색과 같은가? 당신에게는 차이가 보이는가?"—

색들을 혼합하고 당신이 말한다: "이 하늘색은 제대로 얻기가 힘들다."

"날이 갤 것이다, 이미 다시 파란 하늘이 보인다!"

"보라, 이 두 파란색이 얼마나 다른 효과를 지니는가를!"

"저기 파란 책이 보이는가? 그걸 이리 가져오라."

"이 파란 신호등은 ……을 의미한다."

"이 파란색은 대체 뭐라고 하는가?—그게 '남색(藍色)'인가?"

색깔에 주의를 기울인다고 하는 일은 때로는 손으로 형태의 윤곽을 멀리함으로써, 또는 시선을 사물의 윤곽에 향하지 않게 함으로써, 또는 대상을 응시하고 이 색깔을 이미 어디서 봤는지를 기억해 내려고 애씀으로써 행해진다.

형태에 주의를 기울일 경우, 우리들은 때로는 형태를 본떠 그리거나, 때로는 색깔을 똑똑히 보지 않기 위해 실눈으로 보거나 하는 등등을 함으로써 한다. 나는 이런 것 또는 그 비슷한 것들이 우리들이 '이러저러한 것에 주의를 기울이는' 동안 일어난다고 말하고 싶다. 그러나 어떤 사람이 그의 주의를 형태에, 색깔에 등등에 기울이고 있다고 우리가 말하게 되는 것은 단지 그런 것들로 해서가 아니다. 장기의 한 수라는 것이 단지 어떤 말이 판 위에서 이러이러하게 옮겨진다고 하는 데 있는 것이 아니고,—그러나 또한 그 수를 두는 사람에게 동반되는 사고와 느낌들에 있는 것도 아니고,—"장기 시합을 하다", "장기 문제를 풀다" 등으로 우리가 부르는 상황들에 있는 것처럼 말이다.

34. 그러나 어떤 사람이 이렇게 말했다고 가정하자: "내가 형태에 주의를 기울일 때, 나는 언제나 같은 일을 한다: 나는 눈으로 윤곽을 좇으며, 그와 동시에 ……을 느낀다." 그리고 이 사람이 이 모든 체험과 더불어 어떤 원형의 대상을 가리키면서, "이것은 '원'이라고 한다"란 지시적 설명을 다른 사람에게 해 준다고 가정하자——그렇지만 그 다른 사람은, 그 설명자가 눈으로 형태를 좇고 있다는 것을 보고, 또 그 설명자가 느끼는 것을 느낄지라도, 그 설명을 다르게 해석할 수 없는가? 즉, 이러한 '해석'은 그가 이제 그 설명된 낱말을 어떻게 사용하느냐에, 예컨대 그가 "원을 가리키라!"라는 명령을 받

을 때 그가 무엇을 가리키느냐 하는 데에도 있을 수 있다. —왜냐하면 "설명을 이러이러하게 뜻하다"란 표현이나 "설명을 이러이러하게 해석하다"란 표현 어느 쪽도, 설명을 하는 일과 설명을 듣는 일에 동반되는 과정을 지칭하는 것이 아니기 때문이다.

35. 물론, 가령 형태를 가리킴에 대한 "특징적 체험"이라고 부를 수 있는 것들이 존재한다. 예를 들면, 가리킬 적에 손가락으로 또는 시선으로 윤곽을 뒤쫓는 것. —그러나 이런 것이 내가 '형태를 뜻하는' 모든 경우에 일어나는 일은 없으며, 그 어떤 다른 특징적인 과정이 그 모든 경우에 일어나는 일도 없다. —그러나 비록 그런 과정이 그 모든 경우에 되풀이된다고 하더라도, 우리가 "그는 색깔이 아니라 형태를 가리켰다"라고 말하게 될지는 좌우간 상황에—즉 그 가리킴 전후에 일어나는 것에—달려 있을 것이다.

왜냐하면 "형태를 가리키다", "형태를 뜻하다"란 따위의 말들은 "(저 책이 아니라) 이 책을 가리키다", "책상이 아니라 의자를 가리키다"란 따위의 이런 말들처럼 사용되지 않기 때문이다. —왜냐하면 그저, 우리가 "이 사물을 가리키다", "저 사물을 가리키다"란 말들과, 또 한편으로 "형태가 아니라 색깔을 가리키다", "색깔을 뜻하다" 등등과 같은 말들의 쓰임을 얼마나 다르게 배우는지를 생각해 보라.

이미 말했다시피, 어떤 경우에는, 특히 '형태를 가리킬' 적에나 '수를 가리킬' 적에는, 가리킴에 특징적인 체험들과 방식들이 존재한다. 여기서 '특징적'이라 하는 것은, 형태 또는 수를 '뜻하는' 곳에서 그것들이 (언제나는 아니지만) 종종 되풀이되기 때문이다. 그러나 당신은 장기의 말을 장기의 말로서 가리킴에 대한 특징적 체험도 알고 있는가? 그럼에도 불구하고 우리들은 이렇게 말할 수 있다: "내가 뜻하는 바는, 내가 가리키고 있는 이 특정한 목재 조각이 아니라 이 장기 말이 '왕'이라고 불린다는 것이다." (재인식함, 소망함,

기억해 냄, 등등.)

□

“이것은 파랗다”란 말을 한번은 우리들이 가리키는 대상에 관한 진술로서, 한번은 “파란”이란 낱말의 설명으로서 뜻하는 일은 어떻게 일어나는가? 두 번째 경우에는 그러니까 우리들은 실제로는 “이것은 ‘파랗다’고 한다”를 뜻하고 있다.—그러니까 우리들은 “(이)다”란 낱말을 한번은 “……(라)고 한다”로서, 그리고 “파란”이란 낱말은 “‘파란’”으로서 뜻할 수 있는가? 그리고 다음번에는 “(이)다”를 실제로 “(이)다”로 뜻할 수 있는가?

하나의 보고로서 뜻해진 것으로부터 어떤 사람이 하나의 낱말 설명을 이끌어 내는 일도 또한 일어날 수 있다. [방주(傍註): 여기에는 중대한 결과를 낳는 미신이 숨겨져 있다.]

나는 “부부부”라는 말로 “비가 오지 않는다면, 나는 산보를 갈 것이다”를 뜻할 수 있는가?—오직 하나의 언어 내에서만 나는 어떤 것으로 어떤 것을 뜻할 수 있다. 이는 “뜻하다”의 문법이 “어떤 것을 상상하다”와 같은 표현의 문법과는 비슷하지 않음을 명료하게 보여 준다.

36. 그리고 여기서 우리는 비슷한 수많은 경우에 우리가 하는 짓을 한다. 즉, 우리는 (예컨대 색깔과 대조적으로) ‘형태를 가리킴’이라고 우리가 부르는 어떤 하나의 육체적 행위를 제시할 수 없기 때문에, 이 말에는 어떤 하나의 정신적 활동이 대응한다고 말한다.

우리의 언어가 우리에게 육체를 추측하게 하는데 육체는 없는 곳, 거기에는 정신이 있다고 우리는 말했으면 한다.

37. 이름과 명명된 것 사이의 관계는 무엇인가?—자, 그것은 무엇인가? 언어놀이 (2), 또는 다른 하나의 언어놀이를 주목하라! 거기에서는 이 관계가

가령 무엇에 있는지를 볼 수 있다. 이 관계는, 다른 많은 것들 중에서도, 그 이름을 들으면 우리 마음속에 그 명명된 것의 심상이 떠오른다는 것에도 있을 수 있으며, 그 외에 그 이름이 그 명명된 것 위에 적혀 있다는 것에, 또는 그 명명된 것을 가리킬 적에 그 이름이 발화된다는 것에도 있다.

38. 그러나 예를 들어 언어놀이 (8)에서 "이것"이란 낱말, 또는 "그것은 …… 라고 한다"란 지시적 설명에서 "그것"이란 낱말은 무엇을 명명하는가?—혼란을 야기하고 싶지 않다면, 우리들은 이 낱말들이 어떤 것을 명명하고 있다고 아예 말하지 않는 게 가장 좋다.—그런데 이상하게도 "이것"이란 낱말을 놓고서, 그것이 본래적인 이름이라고 한때 말해졌다.[19] 우리가 "이름"이라고 부르는 그 밖의 모든 것은 그러니까 부정확한, 근사적인 뜻에서만 이름이라는 것이다.

이 이상한 견해는 우리의 언어의 논리를 승화(昇華)시키는—이라고 불릴 수 있을 터인—한 경향으로부터 유래한다. 이러한 견해에 대한 제대로 된 대답은 다음과 같다. 즉: 우리는 매우 다양한 것들을 "이름"이라고 부른다; "이름"이란 낱말은 한 낱말의 매우 다양한 사용 방식, 서로 매우 다양한 방식으로 근친(近親) 관계가 있는 사용 방식을 특징짓는다;—그러나 이러한 사용 방식들 중에 "이것"이란 낱말의 사용 방식은 없다.

우리가 종종, 예컨대 지시적 정의에서, 명명된 것을 가리키고 그와 동시에 이름을 발화한다는 것은 물론 참이다. 그리고 그와 똑같이 우리는, 예컨대 지시적 정의에서, 어떤 한 사물을 가리키면서 "이것"이란 낱말을 말한다. 그리고 "이것"이란 낱말과 어떤 한 이름이 문장 맥락 속에서 종종 같은 자리에

---

19 (옮긴이주) 러셀의 논리적 원자주의에서 '이것', '저것'이 '논리적 고유명사들'로서 진짜 이름들이라고 이야기되었다. 비슷하게 비트겐슈타인도 《논고》 3.1411에서 '본래적 이름'에 대해 말한 바 있다.

있기도 한다. 그러나 이름에 특징적인 것은 바로, 이름은 "그것은 N이다"(또는 "그것은 'N'이라고 한다")란 지시적 정의에 의해 설명된다는 것이다. 그러나 우리가 "그것은 '이것'이라고 한다", 또는 "이것은 '이것'이라고 한다"라고 설명하기도 하는가?

이것은 명명이란 것을 말하자면 신비한 과정으로 파악하는 것과 연관되어 있다. 명명한다는 것은 한 낱말과 한 대상의 이상한 결합으로 나타난다.—그리고 그런 이상한 결합은, 이름과 명명된 것 사이의 그 관계가 무엇인가를 밝히기 위하여 철학자가 자기 앞의 어떤 한 대상을 응시하고 그와 동시에 어떤 한 이름을 무수히 되풀이할 때, 또는 심지어 "이것"이란 낱말을 되풀이할 때 실제로 일어난다. 왜냐하면 철학적 문제들은 언어가 일하지 않고 놀 때 발생하기 때문이다. 그리고 그때 우리는, 명명한다는 것은 그 어떤 이상한 심리적 작용이라고, 말하자면 대상에 대한 하나의 세례라고 망상할 수 있다. 그리고 그렇게 해서 우리는 심지어 "이것"이란 낱말을 말하자면 대상에 대해 말할 수 있고, 그것으로써 대상을 호칭할 수 있는데,—이 낱말의 이러한 쓰임은 아마 오직 철학할 적에만 나타날 것이다.

39. 그러나 이 낱말이 명백히 이름이 아닌 곳에서 왜 우리들은 바로 이 낱말을 이름으로 만들려고 하는 생각에 이르는가?—바로 그 때문이다. 왜냐하면 우리들은 "이름"이라고 통상적으로 불리는 것에 대해서 어떤 이의를 제기하고 싶은 유혹을 받기 때문이다. 그리고 이 이의는 이렇게 표현될 수 있다. 즉, 이름은 본래 단순한 것을 지칭해야 한다고 말이다. 그리고 이것은 가령 다음과 같은 이유에 근거할 수 있을 것이다: 가령 "노퉁(Nothung)"[20]이란 낱말은

20 (옮긴이주) '노퉁(Nothung)': 리하르트 바그너의 악극 "니벨룽의 반지"에 나오는 지크문트의 보검으로, 한번 부러져 망가진 것을 후일 그의 아들 지크프리트가 다시 복구해 사용한다.

통상적인 뜻에서 하나의 고유명사이다. 노퉁 검(劍)은 일정하게 복합된 부분들로 이루어져 있다. 그것들이 달리 복합되어 있다면, 노퉁은 존재하지 않는다. 자, 그러나 "노퉁은 날카로운 칼날을 지니고 있다"란 문장은, 노퉁이 아직 온전하게 있든 이미 산산조각이 났든, 명백히 뜻을 지닌다. 그러나 "노퉁"이 어떤 한 대상의 이름이라면, 노퉁이 산산조각이 났을 때 이 대상은 더는 존재하지 않는다. 그리고 그렇다면 그 이름에는 아무런 대상도 대응하지 않으므로, 그것은 아무 의미도 지니지 않을 것이다. 그러나 그렇다면 "노퉁은 날카로운 칼날을 지니고 있다"라는 문장에는 아무 의미를 지니지 않은 한 낱말이 들어 있고, 따라서 그 문장은 무의미할 것이다. 자, 그러나 그것은 뜻을 지니고 있다. 그러므로 그 문장을 이루고 있는 낱말들은 하여간 어떤 것에 대응해야 한다. 그러니까 뜻을 분석할 적에 "노퉁"이란 낱말은 사라지고, 그것 대신에 단순한 것을 명명하는 낱말들이 등장해야 한다. 우리는 당연히 이러한 낱말을 본래적인 이름이라고 부르게 될 것이다.

40. 먼저, 낱말은 그것에 아무것도 대응하지 않으면 의미를 지니지 않는다는 이런 사고 과정의 주안점에 관해서 이야기해 보자. ―"의미"라는 낱말로 그것에 '대응하는' 대상을 지칭한다면, "의미"라는 낱말은 어법에 어긋나게 사용된다는 점을 확인하는 것이 중요하다. 그것은 이름의 의미를 이름의 소지자와 혼동하고 있음을 뜻한다. 아무개 씨가 죽는다면, 우리들은 그 이름의 소지자가 죽는다고 말하지, 그 이름의 의미가 죽는다고 말하지 않는다. 그리고 그렇게 말하는 것은 무의미할 것이다. 왜냐하면 만일 그 이름이 의미를 지니기를 멈춘다면, "아무개 씨가 죽었다"라고 말하는 것은 아무런 뜻을 지니지 않을 것이기 때문이다.

41. §15에서 우리는 언어 (8)에 고유명사들을 도입하였다. 그런데 "N"이란

이름을 지닌 도구가 부서졌다고 가정하자. A는 그걸 모르고 B에게 "N"이란 기호를 준다. 이제 이 기호는 의미를 지니는가, 아니면 아무 의미도 지니지 않는가?—이런 기호를 받았을 때, B는 무엇을 해야 하는가?—우리는 그 점에 관해서는 아무것도 합의한 바가 없다. 우리들은 그가 무엇을 할 것인가 하고 물을 수 있을 것이다. 자, 그는 아마 어찌할 바를 모른 채로 서 있거나, A에게 그 부서진 조각들을 가리킬 것이다. 우리들은 여기서, "N"은 의미가 상실되었다고 말할 수 있을 것이다. 그리고 이러한 표현은, 이제 우리의 언어놀이에는 기호 "N"을 위한 사용이 (우리가 그 기호에 어떤 새로운 사용을 부여하지 않는다면) 더는 있지 않음을 뜻할 것이다. "N"은 또한 그 도구에 어떤 이유에서든 다른 명칭이 주어지고 기호 "N"이 그 언어놀이에서 더는 사용되지 않음에 의해서도 의미가 없어질 수 있을 것이다.—그러나 우리는 또한, 어떤 도구가 부서져 있는데 A가 이 도구의 기호를 줄 경우에 B는 그에 대한 대답으로 고개를 흔들어야 한다는 하나의 약정(約定)을 생각해 볼 수 있다.—이로써 명령 "N"은 이러한 도구가 더는 존재하지 않을 경우에도 역시 언어놀이 속에 받아들여지며, 기호 "N"은 그 소지자가 존재하지 않게 되는 경우에도 역시 의미를 지닌다고 말할 수 있을 것이다.

42. 그러나 가령 도구를 위해 결코 사용된 적이 없는 이름들도 그 놀이에서 의미를 지니는가?——그러니까 "X"가 그런 기호이고, A가 이 기호를 B에게 준다고 가정하자. 자, 이런 기호들도 그 언어놀이에 받아들여질 수 있을 것이며, B는 가령 그것들에도 역시 고개를 흔듦으로써 대답해야 할 것이다. (우리들은 이것을 그 두 사람이 하는 일종의 오락이라고 생각할 수 있을 것이다.)

43. "의미"란 낱말을 이용하는 경우들 중 많은 부류에 대해서—비록 그 모든

경우에 대해서는 아닐지라도—이 낱말은 이렇게 설명될 수 있다. 즉: 한 낱말의 의미는 언어에서의 그것의 쓰임이다.

그리고 때때로 한 낱말의 의미는 그 소지자를 가리킴으로써 설명된다.

44. 우리는 "노퉁은 날카로운 칼날을 지니고 있다"란 문장은 설사 노퉁이 이미 산산조각이 났어도 뜻을 지닌다고 말했다. 자, 이는 이 언어놀이에서는 이름이 그 소지자가 부재하는 경우에도 역시 사용되기 때문에 그렇다. 그러나 우리는, 이름들(즉 우리가 틀림없이 "이름"이라고 부르게 될 기호들)을 지닌 언어놀이이면서 그 이름들이 오직 소지자가 면전(面前)에 있는 경우에만 사용되는 언어놀이를 생각해 볼 수 있다; 그러니까, 그 이름들이 지시적 몸짓을 동반한 지시 대명사로 언제나 대체될 수 있는 언어놀이 말이다.

45. 지시어 "이것"은 결코 소지자 없는 것이 될 수 없다. 우리들은 다음과 같이 말할 수 있을 것이다: "이것이 하나 존재하는 한, 이제 이것이 단순하든 복합적이든, '이것'이란 낱말도 역시 의미를 지닌다."——그러나 그것이 그 낱말을 꼭 이름으로 만들지는 않는다. 그 반대다. 왜냐하면 이름은 지시적 몸짓과 함께 사용되지 않고, 단지 그것을 통해 설명될 뿐이기 때문이다.

46. 그런데 이름들은 실제로는 단순한 것을 지칭한다고 보는 데에는 어떤 사정이 있는가?—

소크라테스 (《테아이테토스》 편 중에서)[21]: "요컨대 내가 잘못 생각하지 않았다면, 나는 몇몇 사람으로부터 다음과 같이 들었네: 우리와 나머지 모

21 (옮긴이주) 다음 번역은 비트겐슈타인이 사용한 프라이젠단츠(K. Preisendanz)의 번역에 따랐다. 그리고 이 부분은 《테아이테토스》(*Theätetus*) 201e~202b에 해당한다.

든 것을 구성하고 있는—말하자면—원소들에 대해서는, 아무런 설명도 존재하지 않는다; 왜냐하면 그 자체로 있는 모든 것은 오직 이름들로써 지칭될 수 있을 뿐이기 때문이다; 다른 어떤 규정은, 그것이 있다고 하는 규정도 그것이 있지 않다고 하는 규정도 가능하지 않다.……그러나 그 자체로 있는 것은…… 다른 일체의 규정들 없이 명명되어야 할 것이다. 그러나 이로써, 그 어떤 원소에 관해 설명적 방식으로 말하는 것은 불가능하다; 왜냐하면 그것에 대해서는 단순한 명명 외에는 아무것도 존재하지 않기 때문이다; 그것은 실로 그저 이름만 지닐 뿐이다. 그러나 이러한 원소들로부터 복합된 것 자체가 하나의 엮어 맞춰진 구성물인 것처럼, 원소의 이름들도 역시 이렇게 엮어 맞춰지면 설명하는 말이 된다; 왜냐하면 이러한 말의 본질은 이름들의 엮어 맞춤이기 때문이다."

러셀[22]의 '개별자들'도, 나의 (《논리-철학 논고》에서의) '대상들'도 이러한 원소들이었다.

47. 그러나 어떤 것이 실재를 구성하고 있는 단순한 구성 요소들인가?—무엇이 의자의 단순한 구성 요소들인가?—그것을 조립하고 있는 목재 조각들? 아니면 분자들, 또는 원자들?—"단순하다"는 것은 복합적이지 않다는

22 (옮긴이주) 러셀(Bertrand Russell, 1872~1970): 영국의 논리학자이자 수학자이자 철학자이며, 또한 사회비평가와 평화운동가로서도 활약했다. 주요 (철학적) 저서로 《수학 원리》(*Principia Mathematica*)(A. N. 화이트헤드와 공저), 《신비주의와 논리》(*Mysticism and Logic and Other Essays*), 《수리철학 입문》(*Introduction to Mathematical Philosophy*), 《외적 세계에 대한 우리의 지식》(*Our Knowledge of the External World*), 《마음의 분석》(*The Anaysis of Mind*), 《의미와 진리에 관한 탐구》(*An Inquiry into Meaning and Truth*), 《인간의 지식: 그 범위와 한계》(*Human Knowledge: Its Scope and Limits*) 등이 있다. 러셀의 '개별자들'은 '특수자들'이라고도 불리는데, 우리의 경험으로 볼 때 보통 짧은 시간 동안만 지속한다는 점을 제외하고는 실체와 같은 자존(自存)적 존재자들이다. 그것들 각각은 다른 어떤 개별자에도 논리적으로 의존하지 않으며, 고유명사들에 의해서만 지시될 수 있고, 또 그 이름들은 개별자들에 대한 직접 대면에 의해서만 이해될 수 있다고 이야기된다. (러셀의 "논리적 원자론의 철학" 참조.)

뜻이다. 그런데 여기서 문제가 되는 것은, 어떤 뜻에서 '복합적'인가 하는 것이다. 단적으로 '의자의 단순한 구성 요소들'에 관해서 이야기하는 것은 전혀 아무런 뜻을 지니지 않는다.

또는: 이 나무, 이 의자에 대한 나의 시각 상(像)은 부분들로 이루어져 있는가? 그리고 어떤 것이 그것의 단순한 구성 요소들인가? 다색성(多色性)은 복합성의 한 종류이다; 다른 한 종류는 예컨대 곧은 토막들로 이루어진 꺾인 윤곽선이다. 그리고 곡선의 한 토막은 올라가는 호(弧)와 내려가는 호로 복합되어 있다고 할 수 있다.

내가 어떤 사람에게 더 이상의 설명 없이 "내가 지금 내 앞에서 보고 있는 것은 복합적이다"라고 말한다면, 그는 당연히 이렇게 물을 것이다: "당신은 '복합적'으로 무엇을 뜻하고 있는가? 그것은 실로 온갖 가능한 것을 뜻할 수 있다!"—"당신이 보고 있는 것은 복합적인가?"라는 물음은 어떤 종류의 복합이—즉 이 낱말의 어떤 특수한 쓰임이—문제여야 하는지가 이미 확립되어 있다면 물론 뜻을 지닌다. 나무의 시각 상은 줄기만이 아니라 가지들도 보이는 경우에 "복합적"이라고 불려야 한다는 것이 확립되어 있다면, "이 나무의 시각 상은 단순한가, 아니면 복합적인가?"라고 하는 물음과 "어느 것이 그것의 단순한 구성 요소들인가?"라고 하는 물음은 명료한 뜻—명료한 사용—을 지닐 것이다. 그리고 두 번째 물음에 대해서 그 대답은 물론 "가지들"이 아니라(이 대답은 "여기서 우리들은 무엇을 '단순한 구성 요소'라고 부르는가?"라는 문법적 물음에 대한 대답일 것이다), 가령 개별적 가지들에 대한 기술이다.

그러나 예컨대 서양 장기판은 명백하고 단적으로 복합적이지 않은가?—당신은 아마 32개의 흰 사각형과 32개의 검은 사각형으로 이루어진 복합을 생각하고 있을 것이다. 그러나 우리는 예컨대, 그것은 흰색과 검은색, 그리고 사각 그물의 도식으로 복합되어 있다고도 말할 수 있지 않을까? 그리고 여기에 아주 상이한 고찰 방식들이 존재한다면, 그래도 당신은 장기판이 단적으로 '복합적'이라고 말하겠는가?—특정한 놀이 밖에서 "이 대상은 복합적인가?"라고 묻는 것은, 언젠가 어떤 문장들의 예에서 동사들이 능동으로 사용되었는지 수동으로 사용되었는지를 진술해야 했던 한 소년이, 예컨대 "잠자다"란 동사가 능동적인 어떤 것을 의미하는지 아니면 수동적인 어떤 것을 의미하는지를 놓고 골머리를 앓았던 일과 비슷한 것이다.

"복합적"이란 낱말(그리고 따라서 "단순한"이란 낱말)을 우리는 무수히 상이한, 서로 다양한 방식으로 근친 관계를 맺고 있는 방식으로 이용한다. (서양 장기판의 사각 눈 하나의 색깔은 단순한가, 아니면 그것은 순수한 흰색과 순수한 노란색으로 이루어져 있는가? 그리고 흰색은 단순한가, 아니면 그것은 무지개 색깔들로 이루어져 있는가?—2cm짜리 이 길이는 단순한가, 아니면 그것은 각각 1cm짜리의 두 부분 길이로 이루어져 있는가? 그러나 어째서 3cm짜리 길이의 한 토막과 음(陰)의 뜻으로 갖다 댄 1cm짜리 한 토막으로 이루어져 있지는 않은가?)

"이 나무의 시각 상은 복합적인가, 그리고 어느 것이 그것의 구성 요소들인가?"라는 철학적 물음에 대해서 올바른 대답은, "그건 당신이 '복합적'이란 말로 무엇을 이해하고 있느냐에 달려 있다"이다. (그리고 물론 이는 대답이 아니라, 그 물음에 대한 거부이다.)

48. §2의 방법을 《테아이테토스》에서의 묘사에 적용해 보자. 이러한 묘사가 실제로 적용되는 어떤 언어놀이를 고찰해 보자. 그 언어는 평면 위에 있는 색 사각형들의 조합을 묘사하는 데 쓰인다. 그 사각형들은 서양 장기판 모양의 어떤 한 복합체를 형성한다. 그리고 붉은색, 초록색, 하얀색, 그리고 검은색의 사각형들이 존재한다. 그 언어의 낱말들은 (이에 대응하여) "R", "G", "W", "S"이며, 문장은 이러한 낱말들의 어떤 한 열(列)이다. 그것들은 다음

과 같은 순서로 된 사각형들의 편성을 기술한다:

1	2	3
4	5	6
7	8	9

그러니까 예컨대 "RRSGGGRWW"란 문장은 다음과 같은 종류의 복합을 기술한다:

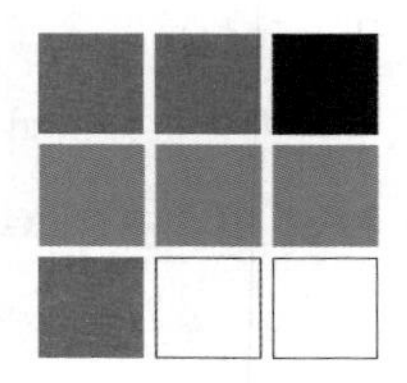

여기서 문장은 이름들의 복합체이며, 이것에는 요소들의 복합체가 대응한다. 원소들은 색 사각형들이다. "그러나 이것들은 단순한가?"—이 언어놀이에서 나는 무엇을 더 자연스럽게 "단순한 것"이라고 불러야 할지 모를 것이다. 그러나 다른 상황에서는, 나는 하나의 단색 사각형을 "복합적"이라고 부르게 될 것이다; 가령 두 개의 직사각형으로, 또는 색과 형태라는 요소로 이루어져 있는 것으로서 말이다. 그러나 복합의 개념은 더 작은 평면이 더 큰 하나의 평면과 그로부터 감(減)해진 어떤 한 평면으로 '복합되어 있는' 것으로 불리게끔 확장될 수도 있을 것이다. 힘의 '합성', 바깥의 한 점에 의한 직선의 '분할'과 비교하라. 이러한 표현들은, 우리가 상황에 따라서는 더 작은 것을 더 큰 것의 복합의 결과로서, 그리고 더 큰 것을 더 작은 것의 분할의 결과로서 파악하는 경향도 있다는 것을 보여 준다.

그러나 나는 이제 우리의 문장이 기술하는 도형이 네 개의 요소로 이루어져 있다고 말해야 할지, 아니면 아홉 개의 요소로 이루어져 있다고 말해야 할지 모르겠다! 자, 저 문장은 네 개의 문자로 이루어져 있는가, 아니면 아홉 개의 문자로 이루어져 있는가?—그리고 어느 것이 그것의 요소들인가? 문자의 유형들인가, 아니면 문자들인가? 우리가 어느 것이라고 말하든 상관없지 않은가? 우리가 특수한 경우에 오해들을 피할 수만 있다면 말이다!

49. 그러나 우리가 이 요소들을 설명(즉 기술)할 수는 없고 단지 명명할 수만 있다는 것은 무슨 뜻인가? 그것은 가령, 극단적인 경우 어떤 한 복합체가 오직 하나의 사각형으로 이루어져 있다면, 그 복합체의 기술은 단순히 그 색 사각형의 이름이란 말일 수 있을 것이다.

여기서 우리들은—이 말은 갖가지 철학적 미신들로 쉽게 이끄는 말이기는 하지만—이렇게 말할 수 있을 것이다. 즉, 기호 "R"이나 "S" 등은 어떤 때는 낱말일 수 있고 어떤 때는 문장일 수 있다고 말이다. 그러나 그것이 '낱말이냐 문장이냐' 하는 것은 그것이 발화되거나 필기되는 상황에 달려 있다. 예컨대 A가 B에게 색 사각형들의 복합체를 기술해야 하는데 여기서 단지 "R"이란 낱말을 사용한다면, 우리는 그 낱말이 하나의 기술—하나의 문장—이라고 말할 수 있을 것이다. 그러나 그가 가령 낱말들과 그것들의 의미를 암기하는 중이라면, 또는 그가 다른 사람에게 낱말들의 쓰임을 가르치고 있고 그것들을 지시적으로 가르치는 가운데 발화한다면, 우리는 여기서 그것들이 문장들이라고 말하지 않을 것이다. 이 상황에서는 예컨대 "R"이란 낱말은 기술이 아니다. 우리들은 그 낱말로 어떤 한 요소를 명명한다——그러나 그 때문에 여기서, 그 요소는 단지 명명될 수 있을 뿐이라고 말하는 것은 이상할 것이다! 명명함과 기술함은 실로 동일한 수준에 있지 않다. 명명함은 기술을 위한 하나의 준비이다. 명명함은 언어놀이에서 아직 전혀 아무런 동작이 아니다—하나의 장기 알을 세워 놓는 것이 장기에서 한 수를 두는 것이 아닌 것과 마찬가지로 말이다. 우리들은 이렇게 말할 수 있다. 즉: 어떤 한 사물의 명명에 의해서는 아직 아무것도 행해지지 않았다. 놀이 속에서가 아니면, 사물은 심지어 이름조차도 지니지 않는다. 하나의 낱말은 오직 문장 맥락 속에서만 의미를 지닌다는 말[23]로써 프레게가 뜻한 것도 역시 이것이었다.

50. 그런데 요소들에 대해서는 우리가 존재도 비존재도 부여할 수 없다고 하는 말은 무슨 뜻인가?—우리들은 다음과 같이 말할 수 있을 것이다: 우리가 "존재" 또는 "비존재"라고 부르는 모든 것이 요소들 사이의 결합의 존립과 비존립에 있다면, 한 요소의 존재(비존재)에 관해서 말하는 것은 아무런 뜻을 지니지 않는다; 마찬가지로, 우리가 "파괴"라고 부르는 모든 것이 요소들의 분리에 있다면, 한 요소의 파괴에 관해 이야기하는 것은 아무런 뜻을 지니지 않는다.

그러나 우리들은 이렇게 말했으면 한다. 즉, 우리들이 요소에 존재를 부여할 수 없는 것은, 만일 그것이 존재하지 않는다면 우리들은 그것을 명명조차 할 수 없을 터이고, 따라서 그것에 관해 전혀 아무것도 진술할 수 없을 것이기 때문이라고 말이다.—그렇지만 유사한 경우를 고찰해 보자! 우리들은 어떤 한 사물에 대해서는 그것이 1m라고도, 또 1m가 아니라고도 진술할 수 없는데, 그것은 바로 파리에 있는 표준 미터이다.[24]—그러나 그로써 우리는 물론 이것에다 그 어떤 이상한 속성을 부여한 것이 아니라, 단지 미터자를 가

23 (옮긴이주) 프레게의 《산수의 기초》, 서론 참조.

24 (옮긴이주) 이 표준 미터는 이제는 파리가 아니라 세브르(Sèvres)에 보관되어 있다고 한다. 그리고 그동안 측정 기술이 발전함에 따라, 이제 1미터는 진공에서 빛이 1/299,792,458초 동안 진행한 거리로 정의되고 있다.

지고 하는 측정놀이에서 그것의 기묘한 역할을 특징적으로 나타내었을 뿐이다.—표준 미터와 비슷한 방식으로 색 견본들도 또한 파리에 보존되고 있다고 생각해 보자. 그러면 우리는 "세피아"는 거기에서 공기가 차단된 가운데 보존되고 있는 표준 세피아 색을 뜻한다고 설명한다. 그렇다면 이 견본에 대해서는, 그것이 이 색깔을 지니고 있다고 진술하는 것도, 지니고 있지 않다고 진술하는 것도, 아무런 뜻을 지니지 않을 것이다.

우리는 그것을 이렇게 표현할 수 있다. 즉: 이 견본은, 그것을 가지고 우리가 색깔을 진술하는, 언어의 한 도구이다. 이 언어 내에서 그것은 묘사되는 것이 아니라, 묘사의 수단이다.—그리고 바로 이것이, 우리가 언어놀이 (48)에서 어떤 한 요소를 명명하면서 "R"이란 낱말을 발화할 때, 그 요소에 적용되는 것이다. 우리는 그로써 이 사물에 우리의 언어놀이에서 하나의 역할을 준 것이다; 그것은 이제 묘사의 수단이다. 그리고 "만일 그것이 존재하지 않는다면 그것은 아무런 이름도 지닐 수 없을 것이다"란 말은, 만일 이 사물이 존재하지 않는다면 우리는 그것을 우리의 놀이에서 사용할 수 없을 것이라는 말 이상도 이하도 아니다.—존재해야 한다고 보이는 것은 언어에 속한다. 그것은 우리의 놀이에서 하나의 범례(範例), 즉 비교되는 어떤 것이다. 그리고 이것을 확인하는 것은 한 가지 중요한 확인을 하는 것이라고 할 수 있다. 그러나 그럼에도 불구하고 그것은 우리의 언어놀이—우리의 묘사 방식—에 관한 하나의 확인이다.

51. 언어놀이 (48)을 기술하면서 나는 그 사각형들의 색깔에 "R", "S" 등의 낱말들이 대응한다고 말했다. 그러나 이러한 대응은 무엇에 있는가? 대체 어떤 점에서 우리들은 이 기호들에 사각형들의 어떤 색깔이 대응한다고 말할 수 있는가? (48)에서의 설명은 실로 이 기호들과 우리 언어의 어떤 낱말들(색명들) 사이에 단지 한 연관을 수립했을 뿐이다.—자, 그 놀이에서 기호

들의 쓰임은 다른 방식으로, 더 정확히 말하자면 범례들을 지시함으로써 가르쳐질 것으로 전제되었다. 물론이다. 자, 그러나 그 언어의 실천 속에서 어떤 요소들이 그 기호들에 대응한다는 말은 무슨 뜻인가?—그것은 색 사각형들의 복합체를 기술하는 사람이 붉은 사각형이 있는 곳에서는 언제나 "R"을 말하고, 검은 사각형이 있는 곳에서는 언제나 "S"를 말하고 하는 따위에 있는가? 그러나 그가 그 기술(記述)에서 오류를 범하고, 검은 사각형이 있는 곳에서 "R"이라고 잘못 말한다면 어떻게 되는가——여기서 이것이 잘못이었다는 기준은 무엇인가?—또는 "R"이 붉은 사각형을 지칭한다는 것은, 그 언어를 사용하는 사람들이 "R"이란 기호를 사용할 때는 언제나 그들의 마음속에 붉은 사각형이 떠오른다는 것에 있는가?

더 명료하게 보기 위해서는, 무수히 많은 비슷한 경우에서와 마찬가지로, 여기서 우리는 일어나고 있는 일들의 세부 사항을 주목해야 한다; 일어나고 있는 것을 가까이에서 고찰해야 한다.

52. 내가 쥐는 회색 넝마 조각들과 티끌로부터 자연 발생하여 생겨난다고 가정하는 경향이 있다면, 이 넝마 조각들을 정확히 탐구해서, 어떻게 쥐가 그것들 속에 숨어 있을 수 있었는지, 어떻게 쥐가 거기로 갈 수 있었는지 하는 따위를 알아보는 게 좋을 것이다. 그러나 내가 쥐는 이런 것들로부터는 생겨날 수 없다고 확신한다면, 이러한 탐구는 아마 쓸데없게 될 것이다.

그러나 먼저 우리는 철학에서 이러한 세부 사항들의 고찰에 대항하는 것이 무엇인가를 이해하는 법을 배워야 한다.

53. 그런데 우리의 언어놀이 (48)에 대해서는 다양한 가능성들이 존재한다. 즉, 그 놀이에서 어떤 한 기호가 이러이러한 색깔의 사각형을 명명한다고 말하게 될 다양한 경우들이 존재한다. 예컨대, 만일 우리가 이 언어를 사용하

는 사람들은 이러이러한 방식으로 그 기호들의 쓰임을 배웠다는 것을 안다면, 우리는 그렇게 말하게 될 것이다. 또는, 이 기호에는 이 요소가 대응한다는 것이 가령 일람표의 형태로 문서상으로 기록되어 있다면, 그리고 이 일람표가 언어를 가르칠 적에 이용되고 어떤 쟁점들을 해결하는 데 원용된다면, 우리는 그렇게 말하게 될 것이다.

그러나 우리는 또한 이러한 일람표가 언어의 쓰임에서 하나의 도구라고도 생각할 수 있다. 이 경우 복합체의 기술은 이렇게 일어난다. 즉, 복합체를 기술하는 사람은 일람표 하나를 지참하고, 그 속에서 복합체의 모든 요소 각각을 찾아내어, 이것으로부터 그 일람표에서 기호로 넘어간다. (그리고 이러한 기술을 접하는 사람도 역시 일람표를 통해 그 기술어들을 색 사각형들로 옮겨서 바라볼 수 있다.) 여기서 이 일람표는 다른 경우에 기억과 연상이 행하는 역할을 떠맡고 있다고 말할 수 있다. (통상적으로 우리는 "나에게 붉은 꽃을 가져오라!"란 명령을, 색 일람표에서 붉은색을 찾아내고 그다음 그 일람표에서 발견하는 색깔을 지닌 꽃을 가져오고 하는 식으로 수행하지 않을 것이다. 그러나 특정한 색조를 지닌 붉은색을 고르거나 혼합하는 것이 문제가 된다면, 견본이나 일람표를 사용하는 일이 일어난다.)

우리가 그와 같은 일람표를 언어놀이의 한 규칙의 표현이라고 부른다면, 우리가 언어놀이의 규칙이라고 부르는 것에는 놀이에서 매우 다양한 역할이 주어질 수 있다고 말할 수 있다.

54. 그렇지만 어떤 경우에 우리는 하나의 놀이가 특정한 규칙에 따라 행해진다고 말하는지 생각해 보자!

규칙은 놀이에서 교육의 한 보조물일 수 있다. 그것은 학습자에게 전달되며, 학습자는 그것의 적용을 연습한다.—또는 그것은 놀이 자체의 한 도구이다.—또는: 규칙은 교육에서도 놀이 자체에서도 사용되지 않는다; 또한 그것은 규칙 목록에 기록되어 있지도 않다. 놀이는 다른 사람들이 놀이를 어떻게 하는지를 구경함으로써 학습된다. 그러나 우리는 그 놀이가 이러이러한 규칙들에 따라 행해지고 있다고 말하는데, 왜냐하면 관찰자가 그 놀이의 실천[25]으로부터 이 규칙들을—그 놀이 행위들이 따르는 자연법칙처럼—읽어 낼 수 있기 때문이다. ——그러나 이 경우에 그 관찰자는 놀이하는 사람들의 잘못과 올바른 놀이 행위를 어떻게 구별하는가?—이에 대해서는 놀이하는 사람들의 행동에 징표(徵表)들이 존재한다. 실언(失言)을 정정하는 사람의 특징적인 행동을 생각하라. 어떤 사람이 이렇게 하고 있다는 것은 비록 우리가 그 사람의 언어를 이해하지 못한다 해도 인식 가능할 것이다.

55. "언어의 이름들이 지칭하는 것은 파괴 불가능해야 한다. 왜냐하면 파괴 가능한 모든 것이 파괴되어 있는 상태가 기술될 수 있어야 하기 때문이다. 그리고 이러한 기술 속에는 낱말들이 존재할 것이다. 그리고 그렇다면 그 낱말들에 대응하는 것은 파괴되어서는 안 된다. 왜냐하면 그렇지 않다면 그 낱말들은 아무 의미도 지니지 않을 것이기 때문이다." 나는 내가 앉아 있는 나뭇가지를 톱으로 잘라 내서는 안 된다.

물론 이제, 그 기술 자체는 실로 파괴에서 제외되어야 한다고 즉시 이의가 제기될 수 있을 것이다.—그러나 그 기술의 낱말들에 대응하는 것, 그리고 따라서 그 기술이 참이라면 파괴되어서는 안 되는 것은 그 낱말들에 의미를 주는 것이다; 그것 없이는 그것들은 아무 의미도 지니지 않을 것이다. ——그러나 이 사람은 아무튼 어떤 뜻에서는 그의 이름에 대응하는 것이다. 그러나 그는 파괴될 수 있다. 그리고 그의 이름은 그 소지자가 파괴될 때 의미를

25 (옮긴이주) '그 놀이의 실천': 비트겐슈타인은 이 표현을 《탐구》 초기 원고 중 하나인 TS225의 러시 리스 영역 원고(TS226 §62)에서는 '그 놀이가 행해지는 방식'으로 고쳐 표현했다.

잃지 않는다. —이름에 대응하는 것, 그리고 그것 없이는 이름이 의미를 지닐 수 없으리라고 하는 것은, 예를 들면, 언어놀이에서 이름과 결합되어 사용되는 하나의 범례이다.

56. 그러나 그러한 견본이 언어에 속해 있지 않다면 어떻게 될까? 예컨대, 한 낱말이 지칭하는 색깔을 우리가 기억해 두고 있다면? ——"그런데 우리가 그것을 기억해 두고 있다면, 그것은 그러니까 우리가 가령 그 낱말을 발화할 때 우리의 정신적인 눈앞에 등장한다. 그러므로 우리가 언제나 그것을 기억해 낼 가능성이 있다고 한다면, 그것 자체는 파괴 불가능해야 한다." ——그러나 우리는 도대체 무엇을 우리가 그 색깔을 올바로 기억해 냄의 기준으로 간주하는가? —우리가 우리의 기억 대신에 어떤 한 견본을 가지고 작업할 때, 상황에 따라서 우리는 그 견본의 색깔이 바뀌었다고 말하며, 이것을 기억에 의해 판단한다. 그러나 상황에 따라서는 우리는 또한 (예컨대) 우리의 기억 심상이 희미해짐에 관해서도 이야기할 수 있지 않은가? 우리가 기억의 처분에 맡겨진 정도는 견본의 처분에 맡겨진 것과 같지 않은가? (왜냐하면 혹자는 다음과 같이 말하길 원할 수 있을 것이기 때문이다: "만일 우리가 기억하지 못한다면, 우리는 견본의 처분에 따를 것이다.") —또는 우리는 가령 어떤 화학적 반응의 처분에 따른다. 당신이 특정한 색 "F"를 그려야 한다고 생각하라. 그 색은 화학 물질 X와 Y가 서로 결합될 때 보이는 색이다. —그 색깔이 어느 날 다른 날보다 더 밝게 당신에게 보인다고 가정하자. 상황에 따라서는 그때 당신은, "내가 틀린 거겠지, 그 색은 틀림없이 어제와 같다"라고 말하지 않을까? 이는 우리가 기억이 말해 주는 것을 언제나 최상의, 항소(抗訴)할 수 없는 판결로서 섬기지는 않는다는 것을 보여 준다.

57. "붉은 것은 파괴될 수 있지만, 붉은색은 파괴될 수 없다. 그리고 그렇기

때문에 '붉은'이란 낱말의 의미는 붉은 사물의 존재로부터 독립적이다."—확실히, 붉은색(물감이 아니라, 색깔)이 찢어진다거나 으깨진다고 말하는 것은 아무 뜻도 지니지 않는다. 그러나 우리는 "붉은색이 사라지고 있다"라고 말하지 않는가? 그리고 설령 붉은 것이 더는 아무것도 존재하지 않을지라도 우리는 붉은색을 우리의 정신적인 눈앞에 불러낼 수 있다고 하는 생각에 매달리지 말라! 이것은 붉은 불꽃을 만들어 내는 화학 반응이 그 경우 여전히 존재할 거라고 말하려는 것과 다를 바 없다.—왜냐하면, 당신이 더는 그 색깔을 기억해 낼 수 없다면 어떻게 되는가?—우리가 이 이름을 지니는 것이 어떤 색인지를 잊어버린다면, 그 이름은 우리에게 그 의미를 잃는다. 즉, 우리는 더는 그것을 가지고 특정한 언어놀이를 할 수 없다. 그리고 그렇다면 그 상황은 우리 언어의 한 수단이었던 범례가 분실되어 버린 상황에 비교될 수 있다.

58. "나는 'X가 존재한다'라고 결합될 수 없는 것만을 '이름'이라 부르고자 한다.—그리고 따라서 우리들은 '붉은색이 존재한다'고 말할 수 없다. 왜냐하면 만일 붉은색이 존재하지 않는다면, 그것에 관해서는 결코 이야기할 수 없기 때문이다."—더 올바르게는: "X가 존재한다"가 "X"는 의미를 지닌다와 다름없는 말이라면,—그렇다면 그것은 X를 다루고 있는 문장이 아니라, 우리의 언어 사용, 즉 "X"란 낱말의 쓰임에 관한 문장이다.

"붉은색이 존재한다"란 말은 뜻을 낳지 못한다고 함으로써 우리는 마치 붉은색의 본성에 관해 어떤 것을 이야기하는 것처럼 보인다. 즉, 그것은 그야말로 '그 자체로' 존재한다고 말이다. 같은 생각—이것은 붉은색에 관한 하나의 형이상학적 진술이라는 생각—이 가령 우리가 붉은색은 시간을 초월해 있다고 말할 때도 표현되며, 더 강하게는 아마 "파괴 불가능한"이란 말에서도 표현될 것이다.

그러나 우리는 실제로는 "붉은색이 존재한다"를 그저 단지 "붉은색"이란 낱말은 의미를 지니고 있다는 진술로서 파악하고자 한다. 또는 아마 더 올바르게는, "붉은색은 존재하지 않는다"를 "'붉은색'은 아무 의미도 지니지 않는다"로서 파악하고자 한다. 다만 우리가 말하고자 하는 것은, 저 표현이 이것을 말하고 있다는 것이 아니라, 만일 저 표현이 뜻을 지니고 있다면 그것은 이것을 말해야 하리라는 것이다. 그러나 저 표현은 이것을 말하려는 시도에서 자기 자신과 모순된다는 것이다—왜냐하면 바로, 붉은색은 '그 자체로' 존재하니까 말이다. 하지만 모순은 단지, 가령, 그 문장은 색깔에 관해서 이야기하고 있는 것처럼 보이는 데 반해, 그 문장은 "붉은색"이란 낱말의 쓰임에 관해 어떤 것을 말하고 있어야 한다는 데 있을 뿐이다.—그러나 실제로는 우리는 특정한 색깔이 존재한다고 아주 잘 말한다. 그리고 이는 이 색깔을 지니는 어떤 것이 존재한다는 말과 다름없다. 그리고 첫 번째 표현은 두 번째 표현 못지않게 정확하다; '그 색깔을 지니는 것'이 물리적 대상이 아닌 경우에는 특히 그러하다.

59. "이름들은 현실의 요소인 것만을 지칭한다. 파괴될 수 없는 것, 모든 변화 속에서 똑같이 남아 있는 것을."—그러나 그것은 무엇인가?—그것은 우리가 그 문장을 말하는 동안 실로 이미 우리 머릿속에 떠올랐다! 우리는 이미 아주 특정한 표상을 언표하였다. 우리가 사용하고자 하는 특정한 하나의 그림을 말이다. 왜냐하면 실로 경험은 우리에게 이러한 요소들을 보여 주지 않기 때문이다. 우리는 복합되어 있는 어떤 것(예컨대 의자)의 구성 요소들을 본다. 우리는 등받이가 의자의 일부이지만, 그 자체는 다시 여러 가지 목재들로 복합되어 있다고 말한다; 한편 의자의 발 하나는 단순한 구성 요소라고 말한다. 우리는 또한 그 구성 요소는 변하지 않고 남아 있는 데 반해서 자신은 변하는(파괴되는) 하나의 전체를 보기도 한다. 이런 것들이 우리가 현실

에 관해 저러한 그림을 만들어 내는 재료들인 것이다.

60. 이제 내가 "내 빗자루가 구석에 놓여 있다"라고 말한다면, —이것은 실제로는 빗자루의 자루와 솔에 관한 진술인가? 아무튼 그 진술은 분명 자루의 위치와 솔의 위치를 진술하는 어떤 한 진술로 대체될 수 있을 것이다. 그리고 이제 어쨌든 이 진술은 첫 번째 진술의 더 분석된 형태이다.[26]—그러나 어째서 나는 그것을 "더 분석된" 것이라고 부르는가?—자, 빗자루가 저기에 있다면, 그것은 좌우간 자루와 솔이 저기에, 그리고 서로 일정한 위치에 있어야 한다는 것을 뜻한다. 그리고 이것은 이전에는 말하자면 그 문장의 뜻 속에 숨겨져 있었으며, 분석된 문장에서는 언표되어 있는 것이다. 그러니까 빗자루가 구석에 있다고 말하는 사람은 실제로는, 자루와 솔이 저기에 있으며, 그 자루는 솔에 부착되어 있다고 뜻하는가?—만일 우리가 어떤 사람에게, 그것이 당신 뜻이냐고 묻는다면, 그는 분명 자기는 특별히 빗자루의 자루나 솔에 관해서는 전혀 생각하지 않았노라고 말할 것이다. 그리고 그것은 올바른 대답일 것이다. 왜냐하면 그는 빗자루의 자루나 솔 어느 쪽에 관해서도 특별히 이야기하고자 하지 않았기 때문이다. 당신이 어떤 사람에게, "나에게 그 빗자루를 가져오라!"라고 말하는 대신, "나에게 그 빗자루의 자루와 거기 부착되어 있는 솔을 가져오라!"라고 말했다고 생각해 보라. —이에 대한 대답은, "당신은 빗자루를 원하는가? 그런데 당신은 어째서 그걸 그렇게 이상하게 표현하는가?"가 아닌가? —— 그는 그러니까 그 더 분석된 문장

---

26 (옮긴이주) 이러한 견해가 《논리-철학 논고》 2.0201 "복합체들에 관한 모든 진술은 그것들의 구성 요소들에 관한 한 진술과, 그 복합체들을 완전히 기술하는 명제들로 분해된다"에 나타나 있다. 이에 따르면, 외견상의 논리적 형식 속에 그것과는 다른 실제의 논리적 형식이 감춰져 있으며, 후자는 분석을 통해 비로소 드러난다. 논리적 원자주의의 핵심에 놓여 있는 이러한 분석관이 이하에서 비판적으로 다루어진다.

을 더 잘 이해할 것인가?—이 문장은 통상적인 문장이 수행하는 것과 동일한 것을, 그러나 더 번거로운 방식으로 수행하고 있다고 말할 수 있을 것이다.—어떤 사람에게 여러 가지 부분으로 복합된 어떤 사물들을 가져오라고 하거나 움직이라고 하는 등의 명령이 주어지는 언어놀이를 생각해 보라. 그리고 그 놀이를 하는 두 가지 방식을 생각해 보라: 그 한 방식 (a)에서는 복합된 사물들(빗자루, 의자, 책상 등)이 (15)에서와 같이 이름들을 지닌다; 다른 한 방식 (b)에서는 오직 부분들만 이름들을 얻으며, 전체는 그것들의 도움으로 기술된다.—어떤 점에서 두 번째 놀이의 명령이 첫 번째 놀이에서의 명령의 분석된 형태인가? 도대체 전자는 후자에 숨어 있다가 이제 분석을 통해 드러나는 것인가?—과연, 빗자루는 자루와 솔이 분리된다면 해체된다; 그러나 그 때문에 빗자루를 가져오라는 명령도 역시 그에 대응하는 부분들로 이루어져 있는가?

61. "그러나 그럼에도 불구하고 당신은 (a)에서의 특정한 한 명령이 (b)에서의 한 명령과 같은 것을 말한다는 것을 부정하지는 않을 것이다. 그리고 두 번째 것을 첫 번째 것의 분석된 형태라고 부르지 않는다면 대체 당신은 어떻게 부르고자 하는가?"—물론, 나도 (a)에서의 한 명령이 (b)에서의 한 명령과 같은 뜻을 지닌다고 말할 것이다. 또는, 내가 앞에서 표현했다시피, 그것들은 동일한 것을 수행한다. 그리고 이는, 만일 나에게 가령 (a)에서의 어떤 한 명령을 가리키면서, "이것은 (b)에서의 어느 명령과 뜻이 같은가?"라거나 "그것은 (b)에서의 어느 명령과 모순되는가?"라는 물음을 제기한다면, 나는 그 물음에 이러이러하게 대답할 것임을 뜻한다. 그러나 이는 우리가 "같은 뜻을 지니다", 또는 "같은 것을 수행하다"란 표현의 사용에 대해 일반적으로 의견 일치했다는 말은 아니다. 왜냐하면 우리들은 다음과 같이 물을 수 있기 때문이다: 어떤 경우에 우리는 "그것은 동일한 놀이의 상이한 두 형태일

뿐이다"라고 말하는가?

62. 가령, (a)와 (b)에서 명령을 받은 사람이, 그 요구된 것을 가져오기 전에, 이름들과 그림들을 서로 병렬시켜 놓은 일람표를 찾아보아야 한다고 생각하라. 그런데 그가 (a)에서의 어떤 한 명령과 (b)에서 그것에 대응하는 명령을 수행한다면, 그는 동일한 것을 하는 것인가?—그렇기도 하고 아니기도 하다. 당신은 "그 두 명령의 요점은 같다"라고 말할 수 있다. 나도 여기서 같은 말을 할 것이다.—그러나 우리들이 무엇을 명령의 '요점'이라고 불러야 하느냐가 언제나 분명하지는 않다. (마찬가지로 우리들은 어떤 사물들에 관해서, 그것들의 목적은 이러이러하다고 말할 수 있다. 본질적인 것은, 그것이 하나의 램프라는 것, 불을 밝히는 데 쓰인다는 것이다; —— 그것이 방을 장식한다거나 빈 공간을 채운다거나 하는 따위는 본질적이 아니다. 그러나 본질적이니 비본질적이니 하는 것이 언제나 명료하게 분리되어 있지는 않다.)

63. 그러나 (b)에서의 한 문장이 (a)에서의 한 문장의 '분석된' 형태라고 하는 표현은, 전자의 형태가 더 근본적인 것이며, 다른 것에 의해 뜻해진 것을 비로소 보여 준다고 하는 따위의 생각을 우리가 하도록 쉽게 오도한다. 우리는 가령 이렇게 생각한다. 즉, 단지 분석되지 않은 형태만을 소유하고 있는 사람에게는 분석이 결핍되어 있지만, 분석된 형태를 아는 사람은 그로써 모든 것을 소유하는 것이라고 말이다.—그러나 전자에서와 마찬가지로 후자에서도 문제의 어떤 한 측면이 상실된다고 나는 말할 수 있지 않은가?

64. 놀이 (48)에서의 이름들이 단색의 사각형들을 지칭하지 않고 이러한 사각형 두 개로 이루어진 직사각형들을 지칭하도록 그 놀이가 변경되었다고 생각해 보자. 반은 붉고 반은 초록인 이러한 직사각형은 "U"라고 불린다; 반

은 초록이고 반은 흰 직사각형은 "V"라고 불린다, 등등. 우리는 이러한 색깔 조합에 대해서는 이름들을 갖고 있지만 개별적 색깔들에 대해서는 이름들을 갖고 있지 않은 사람들을 생각할 수 있지 않을까? 우리가 다음과 같이 말하는 경우들을 생각하라: "이러한 색깔 편성(가령 프랑스의 삼색기)은 아주 특별한 성격을 지니고 있다."

어떤 점에서 이 언어놀이의 기호들이 분석을 필요로 하는가? 더군다나, 어떤 점에서 그 놀이가 (48)로 대체될 수 있는가?―그것은 단지 다른 하나의 놀이일 뿐이다; 비록 (48)과 근친적이기는 하지만 말이다.

65. 여기서 우리는 이 모든 고찰들의 배후에 있는 커다란 문제와 마주친다.―왜냐하면 나에게 다음과 같은 이의가 제기될 수 있을 것이기 때문이다: "당신은 일을 가볍게 여기고 있군! 당신은 가능한 모든 언어놀이에 관해 이야기하지만, 도대체 무엇이 언어놀이의 본질이냐, 그리고 따라서 무엇이 언어의 본질이냐는 어디에서도 말하지 않았다. 무엇이 이 모든 과정들에 공통적이며, 그것들을 언어로, 또는 언어의 부분들로 만드는가 말이다. 당신은 그러니까 옛날에 당신 자신이 가장 많이 골머리를 앓았던 바로 그 부분, 즉 명제의―그리고 언어의―일반적 형식[27]에 관계되는 그 부분의 탐구를 그만두고 있다."

그리고 그것은 사실이다.―우리가 언어라고 부르는 모든 것에 공통적인 어떤 것을 진술하는 대신, 나는 이러한 현상들에는 우리로 하여금 그 모두에 대해 같은 낱말을 사용하게 하는 어떤 일자(一者)가 공통적으로 있는 것이 결코 아니라,―그것들은 서로 매우 다양한 방식으로 근친적이라고 말한다. 그리고 이러한 근친성 또는 근친성들 때문에 우리는 그것들을 모두 "언어"라고

27 (옮긴이주) 《논리-철학 논고》 4.5와 6 참조.

부르는 것이다. 나는 이것을 설명해 보고자 한다.

66. 예를 들어 우리가 "놀이"라고 부르는 과정들을 한번 고찰해 보라. 나는 장기 류(類)의 놀이들, 카드놀이들, 공놀이들, 운동경기들 따위를 뜻하고 있다. 무엇이 이 모든 것에 공통적인가?—"그것들에는 무엇인가가 공통적이어야 한다, 그렇지 않으면 그것들은 '놀이들'이라고 불리지 않을 것이다"라고 말하지 말고,—그것들 모두에 공통적인 어떤 것이 있는지를 보라.—왜냐하면 당신이 그것들을 바라본다면, 당신은 그 모든 것에 공통적인 어떤 것을 볼 수 없을 것이지만, 유사성들, 근친성들은 볼 것이고, 게다가 아주 많이 볼 것이기 때문이다. 이미 말했다시피: 생각하지 말고, 보라!—예컨대 장기 류의 놀이들을 그 다양한 근친성과 함께 바라보라. 자, 이번에는 카드놀이들로 넘어가라. 여기서 당신은 저 첫 번째 부류들과 대응하는 많은 것들을 발견하지만, 많은 공통적인 특징들이 사라지고 다른 것들이 등장한다. 이제 우리가 공놀이들로 넘어가면, 어떤 공통적인 것들은 보존되어 남아 있지만, 많은 것이 상실된다.—그것들은 모두 '재미있는'가? 장기와 오목을 비교하라. 또는 놀이하는 사람들 사이에 언제나 승패 또는 경쟁이 존재하는가? 빠시앙스[28]를 생각하라. 공놀이들에는 승리와 패배가 존재한다. 그러나 어린아이가 공을 벽에 던지고 다시 붙잡을 때는 이러한 특징은 사라진다. 기량과 운(運)이 어떤 역할을 하는가를 보라. 그리고 장기에서의 기량과 테니스에서의 기량은 얼마나 다른가? 자, 이번에는 윤무놀이를 생각해 보라. 여기에 오락의 요소는 있다. 그러나 얼마나 많은 다른 성격적 특징들이 사라졌는가! 그리고 이렇게 해서 우리는 많고 많은 다른 놀이 집단들을 훑어볼 수 있으며, 유사성들이 나타나고 사라지는 것을 볼 수 있다.

---

28 (옮긴이주) '빠시앙스(Patience)': 혼자서 카드 패를 떼어 점을 보는 놀이.

그리고 이제 이러한 고찰의 결과는, 우리는 서로 겹치고 교차하는 유사성들의 복잡한 그물을 본다는 것이다. 큰 점과 작은 점에서의 유사성들을.

67. 나는 이러한 유사성들을 "가족 유사성"이란 말로써 말고는 더 잘 특징지을 수 없다. 왜냐하면 몸집, 용모, 눈 색깔, 걸음걸이, 기질 등등 한 가족의 구성원 사이에 존재하는 다양한 유사성들은 그렇게 겹치고 교차하기 때문이다.—그리고 나는 '놀이들'은 하나의 가족을 형성한다고 말할 것이다.

그리고 마찬가지로, 예컨대 수(數)의 종류들도 하나의 가족을 형성한다. 왜 우리는 어떤 것을 "수"라고 부르는가? 자, 가령, 그것이 우리들이 지금까지 수라고 불러온 상당수의 것들과 어떤—직접적인—근친성을 지니고 있기 때문이다. 그리고 이를 통해 그것은 우리가 또한 그렇게 부르는 다른 것들과 간접적인 근친성을 얻는다고 할 수 있다. 그리고 우리는 우리의 수 개념을 우리가 실을 자을 때 섬유에 섬유를 꼬아 만들 듯이 연장한다. 그런데 실의 강도는 그 어떤 섬유 하나가 그 실의 전체 길이를 관통해 지나감에 있는 것이 아니라, 많은 섬유들이 서로 겹침에 있는 것이다.

그러나 만일 어떤 사람이, "그러니까 이 모든 형성물에는 어떤 것이 공통적이다,—즉 이 모든 공통점들의 논리합(論理合)[29] 말이다"라고 말하려 한다면—나는 그 사람에게, 당신은 여기서 단지 말장난을 하고 있을 뿐이라고 대답할 것이다. 마찬가지로 우리들은 이렇게 말할 수 있을 것이다: 그 실 전체를 어떤 것 하나가 관통해 지나가고 있다,—즉 이 섬유들의 중단 없는 겹침이 그것이다.

---

29 (옮긴이주) '논리합(Disjunktion)'은 다음 절의 '논리적 합(logische Summe)'과 마찬가지로 'p'와 'q'라는 어떤 둘(명제들)을 'p 또는 q'와 같이 선택적으로 결합한 것이다.

68. "좋다; 그러니까 당신에게는 수의 개념이 기수(基數), 유리수, 실수 등 서로 근친적인 개별적 개념들의 논리적 합으로서, 그리고 같은 방식으로, 놀이의 개념은 상응하는 부분 개념들의 논리적 합으로서 설명되는군." ―― 반드시 그런 것은 아니다. 왜냐하면 나는 그렇게 수 개념에 고정된 한계를 줄 수 있으나, 즉 "수"란 낱말을 확고하게 제한된 어떤 한 개념을 지칭하기 위해 쓸 수 있으나, 나는 그것을 그 개념의 범위가 어떤 한계에 의해 폐쇄되지 않게 사용할 수도 있기 때문이다. 그리고 실로 우리는 이렇게 "놀이"란 낱말을 사용하고 있다. 대체 놀이의 개념이 어떻게 폐쇄되어 있는가? 무엇이 여전히 놀이이고 무엇이 더는 놀이가 아닌가? 당신은 그 한계를 진술할 수 있는가? 없다. 당신은 어떤 한계를 그을 수는 있다. 왜냐하면 아직 아무 한계도 그어져 있지 않기 때문이다. (그러나 이 사실이 당신이 "놀이"란 낱말을 적용했을 때 당신을 방해한 적은 아직 전혀 없다.)

"그러나 그렇다면 실로 그 낱말의 적용은 규제되어 있지 않다; 우리가 그 낱말을 가지고 하는 '놀이'는 규제되어 있지 않다." ―― 그것이 어디에서나 규칙들에 의해 제한되어 있지는 않다; 그러나 예컨대 테니스에서 공을 얼마나 높게 또는 세게 쳐도 되는지에 대한 규칙 역시 없지만, 그럼에도 불구하고 테니스는 하나의 놀이이며 규칙들도 지니고 있다.

69. 우리는 놀이가 무엇인가를 누군가에게 대체 어떻게 설명할까? 내가 믿기로는, 우리는 그에게 놀이들을 기술할 것이고 그 기술에다 "이것, 그리고 비슷한 것들을 우리는 '놀이'라고 부른다"라고 덧붙일 수 있을 것이다. 그리고 도대체 우리 자신은 더 많이 알고 있는가? 놀이가 무엇인가를 우리는 가령 단지 다른 사람에게만 정확히 말하지 못하는가?—그러나 그것은 무지가 아니다. 우리가 그 한계를 알지 못하는 것은, 아무런 한계도 그어져 있지 않기 때문이다. 이미 말했다시피, 우리가—어떤 특별한 목적을 위하여—하나의

한계를 그을 수는 있다. 우리는 그렇게 함으로써 비로소 그 개념을 사용 가능하게 만드는가? 전혀 그렇지 않다! 그 특별한 목적을 위한 경우를 제외한다면 말이다. 이는 1보(步)=75cm라는 정의를 내린 사람이 '1보'라는 척도를 사용 가능하게 만드는 것은 아닌 것과 마찬가지이다. 그런데 당신이, "그러나 전에는 아무튼 그것은 정확한 척도가 아니었다"라고 말하려 한다면, 나는 다음과 같이 대답할 것이다: 좋다, 그렇다면 그것은 부정확한 것이었다.—비록 당신은 아직 나에게 정확성의 정의를 빚지고 있지만 말이다.

70. "그러나 '놀이'란 개념이 그런 식으로 제한이 없다면, 당신은 실제로는 '놀이'로 당신이 무엇을 뜻하고 있는지 알고 있는 것이 아니다." —— 내가 "대지는 온통 식물들로 뒤덮여 있었다"라고 기술을 한다면,—당신은 내가 식물의 정의를 내릴 수 있기 전에는 나는 내가 무엇에 관해 이야기하는지 모르고 있다고 말하겠는가?

가령 어떤 하나의 소묘와 "대지는 대략 이렇게 보였다"란 말은 내가 뜻하는 것에 대한 하나의 설명일 것이다. 아마 나는 또한 "대지는 정확히 이렇게 보였다"라고도 말할 것이다.—그러니까 정확히 이러한 풀들과 잎사귀들이 저기에 이러한 상태로 있었는가? 아니다, 그건 그런 뜻이 아니다. 그리고 이런 뜻에서는, 나는 어떤 그림도 정확한 그림으로 인정하지 않을 것이다.

□

어떤 사람이 나에게, "아이들에게 놀이를 하나 보여 주라!"라고 말한다. 나는 그들에게 돈 놓고 주사위 던지기를 가르친다. 그런데 그 사람은 나에게, "나는 그런 놀이를 뜻하지 않았다"라고 말한다. 그가 나에게 그 명령을 했을 때, 그 주사위놀이는 배제한다는 게 그의 마음속에 틀림없이 떠올랐을까?

71. '놀이'란 개념은 테두리가 희미한 개념이라고 말할 수 있다.—"그러나 희미한 개념이 도대체 개념인가?"—흐린 사진이 도대체 한 인물의 그림인가? 아니, 불명확한 그림을 명확한 그림으로 대체한다고 언제나 이득이 되는가? 불명확한 그림이 종종 바로 우리가 필요로 하는 것이 아닌가?

프레게는 개념을 하나의 구역(區域)과 비교하면서, 경계가 불분명한 구역은 도대체가 구역이라고 불릴 수 없다고 말한다.[30] 아마 이는 우리가 그것으로는 아무것도 할 수 없다는 뜻일 것이다.—그러나 "대충 여기에 서 있어라!"라고 말하는 것은 뜻이 없는가? 내가 다른 사람과 함께 어떤 장소에 서서 이 말을 했다고 생각해 보라. 그때 나는 전혀 그 어떤 경계선을 긋지 않고, 가령 손으로 가리키는 동작을 할 것이다—마치 내가 그에게 특정한 한 지점을 가리키는 것처럼 말이다. 그리고 정확히 이런 식으로 우리들은 가령 놀이란 무엇인가를 설명한다. 우리들은 예들을 들고 그것들이 특정한 뜻으로 이해되기를 원한다.—그러나 이러한 표현으로 내가 뜻하는 것은, 그가 이제 이러한 예들 속에서 내가—그 어떤 이유에서—언표할 수 없었던 공통적인 것을 보아야 한다는 것이 아니다. 오히려, 그는 이제 이러한 예들을 특정한 방식으로 사용해야 한다는 것이다. 여기서 예시(例示)는 달리 별 방도가 없어서 하는 간접적인 설명 수단이 아니다. 왜냐하면 일반적인 설명도 역시 어느 것이나 오해될 수 있기 때문이다. 우리는 바로 그렇게 놀이를 하고 있다. (나는 "놀이"란 낱말을 지니고 있는 언어놀이를 뜻하고 있다.)

72. 공통적인 것을 보기. 내가 어떤 사람에게 여러 가지 다채로운 그림들을 보여 주고 다음과 같이 말한다고 가정하자: "이 모든 것에서 당신이 보는 것을 '황갈색'이라고 한다."—이것은 그 사람이 그 그림들에 공통적인 것을 탐색

30 (옮긴이주) 프레게의 《산수의 근본 법칙》 II권 §56 참조.

하고 봄으로써 이해되는 설명이다. 그 경우 그는 공통적인 것을 바라보고 그것을 가리킬 수 있다.

다음과 비교하라. 나는 그에게 모두 같은 색으로 그려진 다양한 형태의 도형들을 보여 주고 말한다: "이것들이 서로 공유하고 있는 것을 '황갈색'이라고 한다."

그리고 다음과 비교하라. 나는 그에게 다양한 명암의 파란색 견본들을 보여 주고 말한다: "이 모두에 공통적인 색깔을 나는 '파란색'이라고 부른다."

73. 어떤 사람이 나에게 색 견본들을 보이면서, "이 색은 '파란색'이라고 하며, 이 색은 '초록색'이라고 하며, ……"라고 말함으로써 색의 이름들을 설명한다면, 여러 가지 점에서 이 경우는 그가 색 견본들 밑에 낱말들이 놓여 있는 곧 어떤 일람표를 내 손에 건네주는 경우와 비교될 수 있다.—비록 이러한 비교가 여러 방식으로 오도될 수 있기는 하지만 말이다.—그런데 그 비교는 이렇게 확장되는 경향이 있다. 즉, 그 설명을 이해했다는 것은 설명된 것의 개념, 곧 어떤 하나의 견본이나 그림을 마음속에 소유하는 것을 뜻한다; 그러니 사람들이 나에게 여러 가지 잎사귀들을 보이고 "이것은 '잎사귀'라고 불린다"라고 말한다면, 나는 잎사귀 형태의 개념, 잎사귀 형태의 그림을 마음속에 얻는다고 말이다.—그러나 특정한 형태가 아니라 '모든 잎사귀 형태에 공통적인 것'을 보여 주는 잎사귀 그림은 도대체 어떤 모양을 하고 있는가? 초록색—즉 초록의 모든 색조에 공통적인 것—에 대한 '내 마음속의 견본'은 어떤 색조를 지니고 있는가?

"그러나 그런 '일반적인' 견본들이 존재할 수 있지 않을까? 가령 잎사귀 도식이나 순수한 초록색의 견본이?"—아무렴! 그러나 이 도식이 도식으로서 이해되고 특정한 잎사귀의 형태로서 이해되지 않는다는 것, 그리고 순수한 초록색의 작은 조각이 초록빛을 띤 모든 것들의 견본으로서 이해되고 순수한 초록색의 견본으로서 이해되지 않는다는 것,—이는 다시 이러한 견본들의 적용 방식에 놓여 있다.

자문해 보라: 초록색의 견본은 어떤 형태를 지니고 있어야 하는가? 그것은 사각형이어야 할까? 또는 그 경우 그것은 초록 사각형에 대한 견본이 될까?—그러니까 그것은 '불규칙한' 형태여야 할까? 그리고 무엇이 우리가 그 경우 그것을 단지 불규칙한 형태의 견본으로 간주하는 것을—즉 사용하는 것을—방해하는가?

74. 여기에는 또한 이 잎사귀를 '잎사귀 형태 일반'의 견본으로 간주하는 사람은 이 잎사귀를 가령 이 특정한 형태의 견본으로 간주하는 사람과는 다르게 본다는 생각도 포함된다. 자,—비록 사실은 그렇지 않지만—그건 실로 그럴 수 있을 것이다. 왜냐하면 그건 단지, 경험상, 잎사귀를 특정한 방식으로 보는 사람은 그다음에 그것을 이러이러하게, 또는 이러이러한 규칙에 맞게 사용한다는 말이 될 것일 뿐이기 때문이다. 물론, 그렇게 봄이 있는가 하면 다르게 봄도 존재한다. 또한 하나의 견본을 그렇게 보는 사람은 일반적으로 그것을 이런 방식으로, 그리고 그것을 달리 보는 사람은 그것을 다른 방식으로 사용할 경우들도 존재한다. 예컨대 입방체의 도식적 소묘를 하나의 정사각형과 두 개의 마름모꼴로 이루어진 평면 도형으로 보는 사람은 "그런 것을 나에게 가져오라!"란 명령을 그 그림을 입체적으로 보는 사람과는 다르게 수행할 것이다.

75. 놀이가 무엇인가를 안다는 것은 무슨 뜻인가? 그것을 알고 있는데 그것을 말할 수는 없다는 것은 무슨 뜻인가? 이러한 앎은 언표되지 않은 정의(定義)의 그 어떤 등가물인가? 그래서 만일 그것이 언표된다면 나는 그것을 내 앎의 표현으로서 승인할 수 있을 것인가? 나의 앎, 나의 놀이 개념은 내가

할 수 있을 설명들에서 전적으로 표현되어 있지 않은가! 즉, 내가 다양한 종류의 놀이 예들을 기술하고, 이것들과의 유추에 의해서 어떻게 다른 모든 가능한 종류의 놀이들이 구성될 수 있는지를 보여 주고, 나는 이러이러한 것은 아마 거의 놀이라고 부르지 않을 것이라고 말하고 하는 등등의 것들 속에서 말이다.

76. 어떤 사람이 명확한 경계선을 긋는다면, 나는 그것을 나도 이미 언제나 긋고자 했거나 마음속에서 그은 적이 있는 것으로서 인정할 수 없을 것이다. 왜냐하면 나는 전혀 아무것도 긋고자 하지 않았기 때문이다. 그 경우 우리들은 이렇게 말할 수 있다. 즉: 그의 개념은 나의 개념과 같지는 않지만, 근친적이다. 그리고 그 근친성은, 하나는 경계가 불명확한 색채 반점들로 이루어지고 다른 하나는 비슷한 형태로 배치된, 그러나 경계가 명확한 색채 반점들로 이루어진 두 그림 간의 근친성이다. 그 경우 근친성은 차이점과 똑같이, 부인될 수 없다.

77. 그리고 우리가 이러한 비교를 조금 더 계속해 나간다면, 명확한 그림이 희미한 그림과 비슷할 수 있는 정도는 두 번째 그림의 불명확성 정도에 달려 있다는 것이 분명하다. 왜냐하면 당신이 희미한 그림 하나를 놓고 그것에 '대응하는' 명확한 그림을 하나 그려내야 한다고 생각해 보라. 전자의 그림에는 불명확한 붉은 직사각형이 하나 있다. 당신은 그것 대신에 명확한 붉은 직사각형을 하나 내놓는다. 물론—그 불명확한 것에 대응할 그런 명확한 직사각형들은 실로 여럿이 그려질 수 있다.—그러나 그 원본에서 색깔들이 어떤 경계선의 흔적 없이 서로 섞여 있다면, 그 희미한 것에 대응하는 명확한 그림을 그린다는 것은 희망 없는 일이 되지 않는가? 그 경우에 당신은 틀림없이 이렇게 말하게 되지 않을까? 즉, "여기서 내가 직사각형과 마찬가지로 원

이나 하트 모양을 그린다 해도 똑같이 좋을 수 있을 것이다. 실로 모든 색깔들이 뒤섞여 녹아 있다. 모든 것이 맞다; 그리고 아무것도 맞지 않다"라고 말이다. ―― 그리고 예컨대 미학이나 윤리학에서 우리의 개념들에 대응하는 정의들을 찾는 사람들은 이러한 처지에 있다.

당신이 이러한 어려움에 처해 있을 때는 언제나 자신에게 이렇게 물어 보라: 도대체 우리는 이 낱말(예컨대 "좋다")의 의미를 어떻게 배웠는가? 어떤 종류의 예들에서, 그리고 어떤 언어놀이에서 배웠는가? 그러면 당신은 그 낱말에 틀림없이 의미들의 한 가족이 있다는 것을 더 쉽게 보게 될 것이다.

78. 다음을 놓고, 알다와 말하다를 비교하라:

> 몽블랑의 높이가 몇 미터인가를―
> "놀이"란 낱말이 어떻게 사용되는가를―
> 클라리넷이 어떻게 소리 나는가를.

우리들이 어떤 것을 알 수 있는데 말할 수는 없다는 것에 놀라워하는 사람은 아마 첫 번째와 같은 경우를 생각하고 있을 것이다. 세 번째와 같은 경우를 생각하고 있는 것은 확실히 아니다.

79. 이러한 예를 고찰하라. "모세는 존재하지 않았다"라고 말한다면, 그것은 여러 가지를 의미할 수 있다. 그것이 뜻하는 것은: 이스라엘 사람들이 이집트에서 떠날 때 그들에게는 한 명의 지도자가 있지 않았다, ―― 또는: 그들의 지도자가 모세라고 불리지 않았다, ―― 또는: 모세에 관해 성경이 전하고 있는 그 모든 것을 성취한 사람은 존재하지 않았다, ―― 기타 등등일 수 있다. ―러셀[31]에 의하면 우리는 다음과 같이 말할 수 있다: "모세"란 이름은

다양한 기술(記述)에 의해서 정의될 수 있다. 예컨대, "이스라엘 사람들을 이끌고 황야를 가로질러 간 사람", "이러이러한 시대와 장소에 살았고 그 당시 '모세'라고 불린 사람", "어린아이일 적에 파라오의 딸이 나일 강에서 끌어올린 사람" 등등. 그리고 우리가 그 한 정의 또는 다른 정의를 받아들이는 데 따라서, "모세는 존재했다"란 문장은 다른 뜻을 얻으며, 이는 모세를 다루는 다른 모든 문장도 똑같다.—그리고 누가 우리에게 "N은 존재하지 않았다"라고 말한다면, 우리는 이렇게 묻기도 한다: "당신은 무엇을 뜻하고 있는가? 당신이 말하고자 하는 것은 ……인가, 또는 ……인가? 등등."

그러나 이제 내가 모세에 관해 진술을 할 때,—나는 이러한 기술들 가운데 그 어떤 하나를 "모세" 대신에 바꿔 놓을 준비가 언제나 되어 있는가? 나는 가령 이렇게 말할 것이다. 즉, 내가 "모세"로 이해하고 있는 것은 성경이 모세에 관해 전하고 있는 것을 행한 사람, 또는 어쨌든 그 가운데 많은 것을 행한 사람이라고 말이다. 그러나 얼마나 많이? 내가 나의 문장을 잘못된 것으로 포기하기 위해서는 얼마만큼이 거짓으로 판명되어야 하는지 나는 결정했는가? 즉, 나에게 "모세"란 이름은 모든 가능한 경우에 하나의 고정되고 일의적으로 확정된 쓰임을 지니고 있는가?—나는 말하자면 충분히 많은 버팀목들을 준비해 가지고 있으며, 만일 하나를 빼앗긴다면 다른 하나에 의지하고, 또 그 역으로 하려는 준비가 되어 있지 않은가?——또 다른 경우를 고찰해 보자. 내가 "N은 죽었다"라고 말한다면, "N"이란 이름의 의미와 관련해서 가령 다음과 같은 사정이 있을 수 있다: 나는 (1) 내가 이러이러한 곳에서 보았고, (2) 이러이러하게 생겼으며(그림들), (3) 이러이러한 것을 했으며, (4) 시민 세계 속에서 이 "N"이란 이름을 지니고 있는 어떤 한 사람이 살

31 (옮긴이주) 러셀의 이른바 기술(記述) 이론을 가리키고 있다. 이 이론은 그의 유명한 논문 "지시에 관하여(On denoting)"(1905)에서 처음 나타났다.

왔다고 믿는다.—내가 "N"으로 이해하는 것이 무엇이냐고 질문받는다면, 나는 그것들 전부나 그중 몇몇을, 그리고 상이한 기회에 상이한 것들을 열거할 것이다. "N"에 대한 나의 정의는 그러니까 가령, "그 모든 것이 맞는 사람"일 것이다.—그러나 이제 만일 그중 어떤 것이 거짓으로 판명된다면!—비록 나에게는 부차적으로 보이는 것만이 거짓으로 밝혀졌을 뿐인데도, 나는 "N은 죽었다"란 문장을 거짓이라고 선언할 준비가 되어 있을까? 그러나 부차적이라는 것의 경계는 어디에 있는가?—만일 내가 그러한 경우에 그 이름에 대해 어떤 설명을 했다면, 이제 나는 그 설명을 변경할 준비가 되어 있을 것이다.

그리고 이는 이렇게 표현될 수 있다. 즉: 나는 "N"이란 이름을 고정된 의미 없이 사용한다. (그러나 이것은 그것의 쓰임을 방해하지 않는다. 어떤 탁자가 세 다리 대신 네 다리로 서 있고 따라서 상황에 따라서는 흔들거린다는 점이 그 탁자의 쓰임을 방해하지는 않는 것과 마찬가지로 말이다.)

나는 의미를 알지 못하는 낱말을 사용하고 있다고, 그러니까 무의미를 이야기하고 있다고, 이렇게 우리들은 말해야 할까?—그것이 당신으로 하여금 실제 사정이 어떠한지를 보지 못하게 방해하지 않는 한, 당신이 원하는 대로 말하라. (그런데 실제 사정이 어떠한지를 당신이 본다면, 당신은 상당수의 것을 말하지 않게 될 것이다.)

(과학적 정의들의 변동: 오늘날에는 A라는 현상의 경험적 동반물로 간주되는 것이 미래에는 "A"의 정의로서 사용된다.)

80. 내가 말한다: "저기에 의자가 하나 있다." 내가 그리로 가서 그것을 가져오려고 하는데 갑자기 그것이 내 눈에 보이지 않는다면 어떻게 될까? ——"그러니까 그것은 의자가 아니라, 그 어떤 착각이었다."——그러나 몇 초 만에 우리는 그것을 다시 보고, 그것을 만지고 하는 등등을 할 수 있

다. ——"그러니까 그 의자는 아무튼 거기에 있었고, 그것이 사라졌다는 것은 그 어떤 착각이었다." —— 그러나 조금 뒤에 그것이 다시 사라진다고—또는 사라지는 것처럼 보인다고—가정하라. 이제 우리는 무엇이라고 말해야 할까? 당신은 이러한 경우들을 위한 규칙들을 준비하고 있는가? 즉, 그런 어떤 것을 여전히 "의자"라고 불러야 하는지를 말해 주는 규칙들을? 그러나 "의자"란 낱말을 사용할 적에 그런 규칙들이 우리에게 결핍되어 있는가? 그리고 우리가 이 낱말의 모든 적용 가능성에 대해 규칙들을 마련해 두고 있지 않으므로 우리는 실제로는 이 낱말에 아무 의미도 연결하지 않는다고 말해야 할까?

81. 램지는 언젠가 나와의 대화에서, 논리학은 '규범학'이라고 강조했다. 정확히 어떤 생각이 그때 그의 머리에 떠올랐는지 나는 모른다. 그러나 그것은 나에게 나중에야 비로소 떠오른 생각, 즉 철학에서 종종 우리는 낱말들의 쓰임을 고정된 규칙들에 따르는 놀이들 및 계산법들과 비교하지만, 언어를 사용하는 사람이 그러한 놀이를 해야 한다고는 말할 수 없다는 생각과 의심할 여지 없이 밀접하게 연관되어 있었다. —— 그러나 이제 우리들이, 우리의 언어적 표현은 그러한 계산법들에 단지 근접해 갈 뿐이라고 말한다면, 이로써 우리들은 오해하기 바로 직전에 있다. 왜냐하면 마치 우리는 논리학에서 이상적 언어에 관해 이야기하고 있는 듯이 보일 수 있기 때문이다. 마치 우리의 논리학은 말하자면 진공을 위한 논리학인 듯이 말이다. —하지만 논리학은 자연과학이 자연 현상을 다루는 것과 같은 뜻에서 언어—및 사유—를 다루지 않으며, 우리들이 말할 수 있는 것은 기껏해야, 우리는 이상적 언어들을 구성한다는 것이다. 그러나 여기서 "이상적"이란 말은 사람을 오도하는 말일 것이다. 왜냐하면 그것은 마치 이러한 언어들이 우리의 일상 언어보다 더 낫고 더 완벽하다는 듯한 소리로 들리며, 또 마치 올바른 문장이 어떤 모양을

하고 있는지를 사람들에게 최종적으로 보여 주기 위해서는 논리학자가 필요하다는 듯한 소리로 들리기 때문이다.

그러나 이 모든 것은 우리들이, 이해한다, 뜻한다, 생각한다는 개념들에 관해 더 큰 명료성을 획득했을 때, 그때 비로소 올바른 빛 속에서 드러날 수 있다. 왜냐하면 그때는 또한, 문장을 발화하고 문장을 뜻하거나 이해하는 사람은 확정된 규칙들에 따라서 계산을 하는 거라고 생각하도록 우리를 미혹할 수 있는 (그리고 나를 미혹한 바 있는) 것이 무엇인가도 분명해질 것이기 때문이다.

82. 나는 무엇을 '그가 따라 나아가는 규칙'이라고 부르는가?—우리가 관찰하는 그의 말들의 쓰임을 만족스럽게 기술하는 가설인가? 또는 그가 기호를 사용할 적에 참조하는 규칙인가? 또는 우리가 그에게 그의 규칙을 물을 때, 그가 우리에게 대답하는 것인가?—그러나 관찰을 통해 아무 규칙도 분명하게 인식되지 않으며, 물음을 통해 아무것도 밝혀지지 않는다면 어떻게 될까?—왜냐하면 "N"으로 그가 이해하는 게 무엇이냐는 나의 물음에 대해 그가 나에게 설명을 하기는 했지만, 그는 이 설명을 취소하고 바꿀 준비가 되어 있었기 때문이다.—그러면 나는 그가 놀이하면서 따르는 규칙을 어떻게 결정해야 하는가? 그 자신은 그것을 알지 못한다.—또는 더 옳게 묻는다면: "그가 따라 나아가는 규칙"이란 표현은 여기서 무엇을 말하는 걸까?

83. 여기서 언어와 놀이의 유사성이 우리에게 빛을 던져 주지 않는가? 우리는 사람들이 풀밭 위에서 공 하나를 가지고 다음과 같은 방식으로 놀이를 즐기는 것을 아주 잘 상상할 수 있다. 즉, 그들은 기존의 다양한 놀이들을 시작하고는, 상당수의 놀이들을 끝까지 하지 않고, 그 중간중간에 공을 무계획적으로 공중에 던지고, 서로 장난으로 공을 급히 뒤쫓아 가고 집어던지고 하는

등등을 한다. 그런데 이제 어떤 사람은 이렇게 말한다. 즉, 그 전 시간에 걸쳐 그 사람들은 하나의 공놀이를 하고 있으며, 따라서 공을 던질 때마다 특정한 규칙들을 따르고 있다고.

그리고 우리가 놀이를 '해 나가면서 규칙을 만들어 내는' 경우도 있지 않은가? 그뿐 아니라 우리가—놀이를 해 나가면서—규칙들을 바꾸는 경우도 있지 않은가.

84. 나는 한 낱말의 적용이 언제 어디서나 규칙들에 의해 제한되어 있지는 않다고 말했다. 그러나 언제 어디서나 규칙들에 의해 제한되어 있는 놀이, 즉 그 규칙들이 어떠한 의심도 침입하기를 허용하지 않는 놀이, 의심이 들어올 만한 모든 구멍이 막힌 놀이는 대체 어떤 모양을 하고 있는가?—우리는 규칙의 적용을 규제하는 규칙을 생각할 수 없는가? 그리고 이러한 규칙이 제거하는 의심을—등등을—생각할 수 없는가?

그러나 이것이, 우리가 의심을 **상상할** 수 있기 때문에 우리는 의심한다는 말은 아니다. 나는 어떤 사람이 자기 집 현관문을 열기 전에 매번, 그 문 뒤에 심연이 생겨나지는 않았는지 의심하며, 그 문을 통해 들어가기 전에 그것을 확인하는 것을 아주 잘 상상할 수 있다. (그리고 그가 옳았다는 게 어떤 경우에는 실증될 수 있다.) 그러나 그럼에도 불구하고 그 때문에 내가 같은 경우에 의심하지는 않는다.

85. 규칙은 이정표처럼 있다.—이정표는 내가 가야 할 길에 관해 아무런 의심도 열어 두지 않는가? 내가 그 옆을 지날 때 그것은 내가 어느 방향으로 가야 할지, 즉 도로를 따라서 가야 할지, 또는 들길을 따라가야 할지, 또는 들판을 가로질러 가야 할지를 보여 주는가? 그러나 내가 그것을 어느 뜻으로 따라야 하는지, 즉 손가락 방향으로인지, 또는 (예컨대) 그 반대 방향으로인

지 하는 것은 어디에 적혀 있는가?—그리고 만일 하나의 이정표 대신에 이정표들이 연쇄적으로 밀착해 있거나 분필 선들이 지면에 그려져 있다면,—그것들에 대해서는 오직 하나의 해석만이 존재하는가?—그러므로 이정표는 어쨌든 의심을 열어 둔다[32]고 나는 말할 수 있다. 또는 오히려, 그것은 어떤 때는 의심을 열어 두고, 어떤 때는 열어 두지 않는다고 말할 수 있다. 그리고 이것은 이제 더는 철학적 명제가 아니라 경험 명제이다.

86. (2)와 같은 언어놀이가 어떤 한 일람표의 도움으로 행해진다고 해 보자. A가 B에게 주는 기호들은 이제는 글자들이다. B는 일람표를 하나 가지고 있다; 그 첫 번째 칸에는 그 놀이에서 사용되는 글자들이 있고, 그 두 번째 칸에는 석재의 형태에 대한 그림들이 있다. A가 B에게 이러한 글자 하나를 보여 준다; B는 그것을 일람표에서 찾고, 그 맞은편에 있는 그림을 바라본다, 등등. 그 일람표는 그러니까 그가 명령들을 수행할 적에 따르는 하나의 규칙이다.—그 일람표에서 그림을 찾는 것은 훈련을 통해 학습된다. 그리고 이 훈련의 일부는 가령 학생이 손가락으로 그 일람표의 왼쪽에서 오른쪽으로 수평으로 가는 것을 배우는 데, 그러니까 말하자면 일련의 수평선들을 긋는 법을 배우는 데 있다.

이제 하나의 일람표를 읽는 상이한 방식들이 도입되었다고 생각하라; 즉 어떤 때는 위에서처럼 다음과 같은 도식에 따라서 읽고,

32 (옮긴이주) '의심을 열어 둔다': 이전 판까지는 '의심을 열어 두지 않는다'로 되어 있었으나, 유고 TS227a에 근거해 개정4판에서 지금처럼 고쳐졌다.

다음번에는 다음과 같은 도식이나

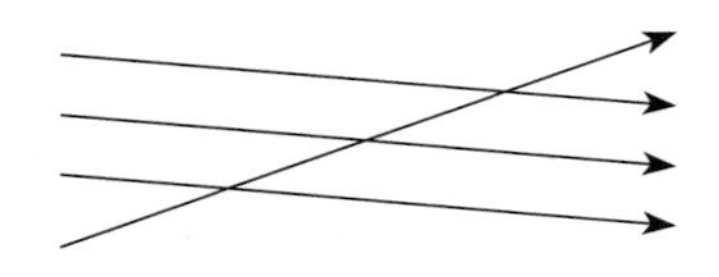

또는 다른 어떤 도식에 따라서 읽는다.—그와 같은 도식이 일람표가 어떻게 사용되어야 하느냐 하는 규칙으로서 일람표에 첨부된다고 하자.

자, 이제 우리는 이 규칙을 설명하기 위한 더 이상의 규칙들을 상상할 수 없는가? 그리고 다른 한편으로, 저 첫 번째 일람표는 화살표 도식 없이는 불완전했는가? 그리고 다른 일람표들은 그것들의 도식 없이는 불완전한가?

87. 내가 다음과 같이 설명한다고 가정하자: "나는 이집트에서 이스라엘 사람들을 이끌고 나간 그런 사람이 존재한다면 그 사람을 '모세'로 이해한다; 그가 그 당시 어떻게 불렸든, 그리고 그가 그 밖에 무엇을 했든, 또는 하지 않았든 간에 말이다."—그러나 "모세"란 낱말에 대해서와 마찬가지로 이 설명어들에 대해서도 비슷한 의심들이 가능하다. (당신은 무엇을 "이집트"라 부르고 있으며, 누구를 "이스라엘 사람들"이라 부르고 있는가? 등등.) 그뿐 아니라, 이러한 물음들은 우리가 "붉다", "어둡다", "달다"와 같은 낱말들에 도달할 경우에도 끝나지 않는다.—"그러나 하나의 설명이 정말 최종적이 아니라면, 그것은 그렇다면 어떻게 내가 이해하도록 도와주는가? 그 경우 설명은 실로 결코 완결되어 있지 않다. 그러니까 나는 그가 무엇을 뜻하고 있는지를 아직도 여전히, 그리고 결코, 이해하지 못한다!"—마치 다른 설명이 떠받치지 않으면 하나의 설명은 말하자면 공중에 떠 있기나 한 듯이 말이다. 그런데 물론 하나의 설명이 주어진 다른 설명에 의존할 수 있기는 하지만,

그러나 어떤 설명도 다른 설명을 필요로 하지 않는다—어떤 오해를 피하기 위하여 우리가 그것을 필요로 하는 경우를 제외하면 말이다. 우리들은 이렇게 말할 수 있을 것이다. 즉, 설명은 오해를 제거하거나 방지하기 위해 쓰인다고——그러니까 내가 상상할 수 있는 모든 오해가 아니라, 그 설명이 없다면 일어나게 될 오해를 제거 또는 방지하기 위해서 말이다.

모든 의심은 각각 기초에 현존하는 빈틈만을 보여 주는 듯이 보이기 쉽고, 그래서 더 확실한 이해는 우리가 우선 의심이 가능한 모든 곳에서 의심을 하고 나서 이 모든 의심들을 제거할 경우에만 가능한 듯이 보이기가 쉽다.

이정표는 이상 없다,—그것이 정상적인 상황에서 그것의 목적을 달성한다면 말이다.

88. 내가 어떤 사람에게 "대충 여기 서 있어라!"라고 말한다면,—도대체 이 설명은 완벽하게 기능할 수 없는가? 다른 모든 설명도 역시 제대로 작동하지 않을 수 있지 않은가?

"그러나 그 설명은 부정확하지 않은가?"—물론이다, 왜 그것을 "부정확하다"고 부르지 말아야 한단 말인가? 그러나 우리 다만, "부정확하다"라는 게 무엇을 의미하는가는 이해하자! 왜냐하면 그건 "사용 불가능하다"를 의미하지는 않기 때문이다. 그리고 우리가 무엇을 이러한 설명과 대조적으로 "정확한" 설명이라고 부르는지 좀 생각해 보자! 가령 분필 선으로 어떤 한 구역을 경계 짓는 것? 여기서 즉시 우리 머리에는, 선은 어떤 폭을 지니고 있다는 생각이 떠오른다. 그러니까 색의 경계가 더 정확할 것이다. 그러나 도대체 이러한 정확성이 여기서 아직도 기능을 지니고 있는가? 그것은 헛돌고 있지 않은가? 그리고 우리는 실로 무엇이 이 명확한 경계선을 넘어서는 것으로 간주되어야 할지, 어떻게, 어떤 도구들을 가지고 그것을 확정해야 할지 하는 따위도 아직 결정하지 않았다.

우리는 회중시계를 정확한 시간에 맞춘다거나 정확히 가도록 고친다고 하는 게 무엇을 뜻하는지 이해한다. 그러나 만일 우리가, 이 정확성은 이상적 정확성인가, 또는 어느 정도까지 그것은 이상적 정확성에 근접해 있는가 하고 질문을 받는다면 어떻게 될까?—물론 우리는 회중시계로 시간을 측정할 때와는 다른, 그리고 더 큰 정확성이 존재한다고 할 수 있을 터인 시간 측정들에 관해서 이야기할 수 있다. 거기서는 "시계를 정확한 시간에 맞추다"란 말은 비록 근친적이기는 하지만 다른 의미를 지니고 있으며, '시간을 읽는 것'은 다른 과정이며, 등등이다.—자, 내가 어떤 사람에게 "시간을 더 엄수해서 식사하러 와야 해; 알지, 식사는 정확히 1시에 시작한다"라고 말한다면, —여기서 정확성은 실제로는 이야기되고 있지 않은가? 왜냐하면, "실험실이나 천문대에서의 시간 규정을 생각하라; 거기서 당신은 '정확성'이 무엇을 의미하는가를 본다"라고 말하는 게 가능하니까?

"부정확하다"는 실제로는 하나의 비난이며, "정확하다"는 하나의 칭찬이다. 그리고 이것이 뜻하는 바는, 부정확한 것은 더 정확한 것만큼 완벽하게 목적을 달성하지 못한다는 것이다. 그러므로 여기서, 우리가 무엇을 "목적"이라고 부르느냐 하는 것이 중요하다. 내가 태양과 우리 사이의 거리를 1m도 어김없이 정확하게 진술하지 못한다면, 그리고 가구공에게 책상의 폭을 0.001mm도 어김없이 정확하게 진술하지 못한다면, 이는 부정확한가?

하나의 이상적 정확성이 규정되어 있지는 않다; 우리는 무엇을 그런 것으로 상상해야 할지 모른다—무엇을 그렇게 불러야 할지를 당신 자신이 확정하는 경우가 아니라면 말이다. 그러나 당신은 그와 같은 확정을 하기 어려울 것이다; 당신이 만족할 만큼 확정하기가 어려울 것이다.

89. 이러한 고려들로 하여 이제 우리는 다음과 같은 문제가 있는 곳에 와 있다. 즉, 대체 어떤 점에서 논리학은 숭고한 어떤 것인가?

왜냐하면 논리학에는 어떤 특별한 깊이—보편적 의미—가 귀속되어 있는 듯이 보였기 때문이다. 논리학은 모든 학문의 근저에 놓여 있는 것으로 보였다.—왜냐하면 논리적 고찰은 모든 사물의 본질을 연구하기 때문이다. 그것은 사물들을 근저에서 보려고 하며, 실제로 일어나는 일의 이러저러함에 대해서 신경 써서는 안 된다.——그것은 자연 사건의 사실들에 대한 어떤 관심으로부터 나오는 것이 아니며, 인과적 연관들을 파악하려는 욕구로부터 나오는 것도 아니며, 모든 경험적인 것들의 기초 또는 본질을 이해하려는 노력으로부터 나오는 것이다. 그러나 이를 위해 우리가 새로운 사실들을 찾아내야 할 거라는 것은 아니다. 오히려, 우리가 우리의 탐구로써 어떠한 새로운 것도 배우고자 하지 않는다는 것이 우리의 탐구에 본질적이다. 우리는 이미 우리 눈앞에 명백히 놓여 있는 어떤 것을 이해하고자 한다. 왜냐하면 우리는 그것을, 그 어떤 의미에선가, 이해하지 못하고 있는 것처럼 보이기 때문이다.

아우구스티누스(《고백》 XI/14): "그러므로 시간이란 무엇인가? 아무도 나에게 묻지 않으면, 나는 안다; 그 물음을 묻는 이에게 설명하려 하면, 나는 알지 못한다."—우리들은 자연과학의 물음(가령 수소의 비중을 묻는 물음)에 대해서는 이렇게 말할 수 없을 것이다. 아무도 우리에게 묻지 않으면 알지만 우리가 그것을 설명해야 하면 더는 알지 못하는 것은, 우리들이 상기해 내야 하는 어떤 것이다. (그리고 명백히, 그 어떤 이유에선가 우리들이 상기해 내기 어려운 어떤 것이다.)[33]

90. 우리는 마치 현상들을 꿰뚫어 보아야 할 듯한 느낌이 든다; 그러나 우리의

33 (옮긴이주) 비트겐슈타인의 《청색 책》(*The Blue Book*) 54쪽 이하에 이 마지막 단락과 관련되는 더 자세한 이야기가 있다.

탐구는 현상들에 맞추어져 있지 않고, 현상들의 '가능성들'이라고 할 수 있을 것에 맞추어져 있다. 즉, 우리는 우리가 현상들에 관해서 행하는 진술들의 종류를 상기해 낸다. 그런 까닭에 아우구스티누스도, 우리들이 사건들의 지속에 관해서, 사건들의 과거, 현재, 또는 미래에 관해서 행하는 다양한 진술들을 상기해 내는 것이다. (이것은 물론 시간, 즉 과거, 현재 그리고 미래에 관한 철학적 진술들이 아니다.)

우리의 고찰은 그러므로 하나의 문법적 고찰이다. 그리고 이 고찰은 오해들을 제거함으로써 우리의 문제에 빛을 가져온다. 말의 쓰임에 관계된, 그리고 무엇보다도 우리 언어의 상이한 영역에 있는 표현 형식들 간의 어떤 유사성들로 인해 야기되는 오해들 말이다.—그것들 중 상당수의 것은 한 표현 형식을 다른 표현 형식으로 대체함으로써 제거될 수 있다. 우리들은 이것을 우리의 표현 형식들의 "분석"이라고 부를 수 있다. 왜냐하면 때때로 그 과정은 분해하는 것과 유사성을 지니고 있기 때문이다.

91. 그러나 이제 마치 우리의 언어 형식들에 대한 하나의 최종적 분석, 그러니까 표현에 대한 하나의 완전히 분해된 형식과 같은 어떤 것이 존재하는 듯이 보일 수 있다. 즉, 마치 우리의 관용적 표현 형식들은 본질적으로 아직 분석되어 있지 않은 듯이 말이다. 마치 그것들 속에는 밝혀져야 할 어떤 것이 숨겨져 있는 듯이. 이것이 밝혀지면, 그 표현은 그로써 완전히 명백하게 되고, 우리의 과제는 풀리는 듯이 말이다.

우리들은 이를 다음과 같이도 말할 수 있다. 즉, 우리는 우리의 표현을 더 정확히 만듦으로써 오해들을 제거한다; 그러나 이제 마치 우리는 특정한 한 상태, 완전한 정확성을 향하여 나아가는 듯이, 그리고 마치 그것이 우리의 탐구의 본래적 목적인 듯이 보일 수 있다.

92. 이것은 언어 · 명제 · 사유의 본질에 관한 물음 속에서 표현된다. —왜냐하면 우리 또한 우리의 탐구에서 언어의 본질—그것의 기능, 그것의 구조—을 이해하려 애쓰고 있긴 하지만, 이것은 그 물음이 염두에 두고 있는 것이 아니기 때문이다. 왜냐하면 그 물음이 본질에서 보는 것은, 이미 명백하게 드러나 있는 것과 정리 정돈을 통해 일목요연하게 되는 것이 아니라, 표면 아래에 놓여 있는 어떤 것이기 때문이다. 내부에 놓여 있는 어떤 것, 우리가 사물을 꿰뚫어 본다면 우리가 보는 어떤 것, 그리고 분석이 파헤쳐 내야 할 어떤 것 말이다.

'본질은 우리에게 숨겨져 있다': 이것이 지금 우리의 문제가 취하고 있는 형식이다. 우리는 묻는다: "언어란 무엇인가?", "명제란 무엇인가?" 그리고 이러한 물음들에 대한 대답은 단 한 번에, 그리고 미래의 모든 경험으로부터 독립해서 주어져야 한다.

93. 한 사람은 "명제, 그것은 세상에서 가장 평범한 것이다"라고 말하고, 다른 사람은 "명제—그것은 매우 이상한 것이다!"라고 말할 수 있을 것이다. ——그리고 후자는 명제들이 어떻게 기능하는지를 단순히 조사해 볼 수가 없다. 왜냐하면 명제들과 사유에 관한 우리의 표현 방식의 형태들이 그의 길을 막고 있기 때문이다.

어째서 우리는 명제가 이상한 것이라고 말하는가? 한편으로는, 그것에 귀속되는 엄청난 의미 때문이다. (그리고 이는 옳다.) 다른 한편으로는, 이러한 의미가, 그리고 언어 논리에 대한 오해가, 명제란 비상한, 실로 비길 데 없이 독특한 어떤 것을 행함이 틀림없다고 생각하도록 우리를 오도한다. —오해로 인하여, 우리에게는 명제가 뭔가 이상야릇한 것을 하는 듯이 보인다.

94. '명제, 이상한 것!': 여기에 이미 묘사 전체의 승화가 놓여 있다. 명제 기호와 사실들 사이에 어떤 순수한 중간 존재를 가정하는 경향. 또는 심지어, 명제 기호 자체를 순화하려는, 승화시키려는 경향 말이다. —왜냐하면 우리의 표현 형식들은 키메라[34]들을 추격하도록 우리를 내보냄으로써, 실제 일어나는 것이 일상적인 것들이라는 것을 우리가 보지 못하도록 여러 가지 방식으로 방해하기 때문이다.

95. "사유(思惟)란 비길 데 없이 독특한 것임이 틀림없다." 사정이 이러이러하다고 우리가 말하고 뜻할 때, 우리가 뜻하는 것으로 우리는 사실 이전의 어딘가에서 멈추는 것이 아니라, 이러이러한 것이—이러이러하게—있다고 뜻한다. —그러나 이 역설(이는 실로 자명성의 형태를 띠고 있다)은 또한 이렇게도 표현될 수 있다. 즉: 우리들은 사실이 아닌 것을 생각할 수 있다.

96. 여기서 이야기된 특별한 착각에 다른 착각들이 상이한 측면들로부터 이어진다. 사유, 언어는 이제 우리에게 세계의 비길 데 없이 독특한 상관자로, 세계의 그림으로 보인다. 명제, 언어, 사유, 세계, —이 개념들은 일렬로 연이어서, 각각이 다른 것에 등가적으로 있다.[35] (그러나 이제 이 낱말들은 무엇을 위해 쓰일 수 있는가? 그것들이 적용될 수 있는 언어놀이가 없다.)

97. 사유는 어떤 후광으로 둘러싸여 있다. —그것의 본질인 논리는 하나의 질서를, 더구나 세계의 선천적(a priori) 질서, 즉 세계와 사유에 공통적이어

34 (옮긴이주) 그리스 신화에서 머리는 사자, 몸통은 염소(또는 양), 꼬리는 뱀 또는 용의 모양으로 이루어져 있는 것으로 이야기되는 가공의 괴물. 보통 '망상적인 것을' 의미한다.

35 (옮긴이주) 비트겐슈타인의 《노트북: 1914~1916》 12.9.1916과 《논리-철학 논고》 4 및 4.014 참조. 이 당시 그는 사유를 일종의 언어(명제의 논리적 그림)라고 보았다.

야 하는 가능성들의 질서를 묘사한다. 그러나 이 질서는 극히 단순해야 하는 것으로 보인다. 그것은 모든 경험 앞에 있으며, 경험 전체를 관통해 지나가야 하며, 그것 자체에는 어떠한 경험적 혼탁함이나 불확실함도 달라붙어 있어서는 안 된다——그것은 오히려 가장 순수한 결정체로 되어 있어야 한다. 그러나 이 결정체는 하나의 추상(抽象)으로 보이지 않는다; 오히려, 구체적인 어떤 것으로서, 실로 가장 구체적인 것, 말하자면 가장 견고한 것으로서 나타난다. (《논리-철학 논고》 5.5563.)

우리는 우리의 탐구의 특별한 점, 깊은 점, 본질적인 점은 우리의 탐구가 언어의 비할 바 없는 본질, 즉 명제, 낱말, 추론, 진리, 경험 등의 개념들 사이에 있는 질서를 파악하려고 노력하는 데 있다는 착각에 빠져 있다. 이러한 질서는—말하자면—초(超)-개념들 사이의 초-질서이다. 하지만 "언어", "경험", "세계"라는 말들이 어떤 쓸모를 지니고 있다면, 그것은 "책상", "램프", "문"이란 말들처럼 낮은 것이어야 한다.

98. 한편으로는, 우리 언어의 모든 문장이 '있는 그대로 질서 잡혀 있다'[36]는 것은 분명하다. 즉, 우리가—마치 우리의 일상적인, 모호한 문장들은 결점이 전혀 없는 뜻을 아직 지니고 있지 않으며, 완벽한 언어는 우리가 비로소 구성해야 한다는 듯이—어떤 이상을 얻고자 애쓰지 않는다는 것은 분명하다.—다른 한편으로는, 뜻이 있는 곳에는 완벽한 질서가 있어야 한다는 것은 분명해 보인다. ——그러므로 완벽한 질서는 가장 모호한 문장 속에도 들어 있어야 한다.

99. 문장의 뜻은—우리들은 이렇게 말했으면 한다—물론 이것이나 저것을

36 (옮긴이주) 《논리-철학 논고》 5.5563 참조.

열린 채로 남겨 둘 수 있지만, 그럼에도 불구하고 문장은 하나의 확정된 뜻을 지녀야만 한다. 불확정적인 뜻, —그것은 실제로는 뜻이 전혀 아닐 것이다.[37] —이는 불명확한 경계 설정은 실제로는 경계 설정이 전혀 아닌 것과 같다. 여기서 우리들은 가령 이렇게 생각한다: 만일 내가 "나는 그 사람을 방 안에 단단히 가두어 놓았다—다만 문 하나는 열린 채로 있다"라고 말한다면—나는 그를 전혀 가두어 놓은 게 아니다. 그는 단지 외견상 가두어져 있을 뿐이다. 우리들은 여기서 이렇게 말하는 경향이 있을 것이다: "그러니까 당신은 그로써 전혀 아무것도 한 게 없다." 구멍이 있는 경계선은 경계선이 전혀 아닌 것이나 매한가지라고 말이다. —그러나 대체 이는 참인가?

100. "규칙들에 모호함이 존재한다면, 그건 좌우간 놀이가 아니다." —그러나 그렇다면 그것은 놀이가 아니다?—"그렇다, 아마 당신은 그걸 놀이라고 부를 것이지만, 그럼에도 불구하고 그건 어쨌든 완벽한 놀이가 아니다." 즉: 그것은 아무튼 더럽혀져 있다; 그런데 내가 관심 있는 것은, 여기서 더럽혀진 그것[38]이다. —그러나 나는 이렇게 말하고 싶다. 즉, 우리는 우리의 표현 방식에서 이상(理想)이 행하는 역할을 오해하고 있다고. 즉, 우리도 역시 그것을 하나의 놀이라고 부를 것이나, 다만 우리는 이상에 의해 눈이 멀었으며, 그런 까닭에 "놀이"란 낱말의 실제 적용을 똑똑히 보지 못하고 있다고 말이다.

---

37 (옮긴이주) 《논고》의 비트겐슈타인이 프레게의 영향을 받아 이렇게 생각했다. 프레게는 그의《산수의 근본 법칙》 I권 §56에서, 경계가 불분명한 구역이 도대체가 구역이라고 불릴 수 없는 것과 마찬가지로, 불확정적인 뜻은 실제로는 전혀 뜻이라고 할 수 없다고 보았다. 그리고 비트겐슈타인은 이 이른바 '뜻의 확정성 요구'에 기초하여, 단순 기호들과 요소 명제들이 존재해야 한다는 주장, 그리고 그에 대응하는 원자론적 철학으로 나아갔다. (《논고》 3.23 참조)

38 (옮긴이주) 즉, 여기 우리 일상 언어의 모호함('경험적 혼탁함과 불확실함')에서 더럽혀진 완벽히 순수한 이상적 언어. 이 문장에서 '나'는 앞 인용문의 화자이고, 비트겐슈타인은 다음 문장의 '나'이다.

101. 논리학에서 모호함이란 존재할 수 없다고—이렇게 우리는 말하고 싶어 한다. 우리는 이제, 이상이 실재 속에서 발견'되어야 한다'는 관념 속에서 산다. 하지만 우리들은 아직 그것이 거기서 어떻게 발견되는지는 알지 못하며, 또 이 "…어야 한다"의 본질도 이해하지 못한다. 우리는 이상이 실재 속에 담겨 있어야 한다고 믿는다; 왜냐하면 우리는 그것을 그 속에서 이미 본다고 믿기 때문이다.

102. 문장의 논리 구조의 엄밀하고 명료한 규칙들은 우리에게는 배후에 있는—이해의 매체 속에 숨겨져 있는—어떤 것으로서 보인다. 나는 그것들을 (비록 어떤 매체를 통해서이지만) 이미 지금 보고 있다. 왜냐하면 실로 나는 기호를 이해하고, 기호로써 무엇인가를 뜻하고 있으니까 말이다.

103. 이상(理想)은 우리의 사고 속에 확고부동하게 자리하고 있다. 당신은 그것으로부터 나올 수 없다. 당신은 언제나 되풀이해서 되돌아갈 수밖에 없다. 바깥은 존재하지 않는다; 바깥에는 산소가 없다.—어디에서 이런 관념이 오는가? 그 관념은 말하자면 우리의 코에 걸쳐 있는 안경처럼 자리 잡고 있으며, 우리는 우리가 바라보는 것을 그것을 통해서 보고 있다. 우리는 그것을 벗어버리려는 생각에는 전혀 이르지 못한다.

104. 우리들은 묘사 방식 속에 있는 것을 사물에다 서술한다. 우리에게 깊은 인상을 주는 비교 가능성을 우리는 극히 일반적인 상황의 지각으로 간주한다.

□

패러데이[39], 《양초의 화학사》: "물은 하나의 개별 사물이다—그것은 결코 변하지 않는다."

105. 우리가 실제의 언어에서 저 질서를, 이상을, 발견해 내야 한다고 믿는다면, 이제 우리는 일상생활에서 "문장", "낱말", "기호"라고 부르는 것에 만족하지 못하게 될 것이다.

논리학이 다루는 문장은, 낱말은, 순수하고 선명한 어떤 것이어야 할 것이다. 그리고 이제 우리는 본래적 기호의 본질에 관해서 골머리를 썩인다. —그것은 가령 기호에 관한 표상인가? 또는 현재 순간에서의 표상인가?

106. 여기서, 말하자면 제정신을 유지하기는 어렵다. 즉, 우리가 일상적으로 사유하는 것들 곁에 머물러 있어야 하고 그릇된 길로 빠져서는 안 된다는 것을 보기는 어렵다. 이 길로 빠지면, 마치 우리는 우리의 수단들로는 전혀 기술할 수 없을 터인 극히 정교한 것들을 기술해야 할 것처럼 보인다. 마치 우리는 파괴된 거미줄을 우리의 손가락으로 수습해야 할 것 같은 느낌이 든다.

107. 우리가 실제의 언어를 정확히 고찰할수록, 그것과 우리의 요구 사이의 충돌은 더욱 강해진다. (논리의 결정체 같은 순수성은 실로 나에게 탐구의 결과로서 주어진 것이 아니었다; 그것은 하나의 요구였다.) 그 충돌은 견딜 수 없게 된다; 그 요구는 이제 공허한 어떤 것으로 될 우려가 있다. —우리는 마찰이 없는, 그러니까 어떤 뜻에서는 그 조건이 이상적인, 그러나 바로 그 때문에 또한 걸어갈 수도 없는 빙판에 빠져들었다. 우리는 걸어가기를 원한다; 그렇다면 우리에게는 마찰이 필요하다. 거친 대지로 되돌아가자!

---

39 (옮긴이주) 패러데이(Michael Faraday, 1791~1867): 영국의 물리학자이자 화학자로, 전자기학과 전기화학 분야에서 업적을 남겼다. 비트겐슈타인의 유고 TS227b에는 인용된 패러데이의 말이 §104에 대한 것이라는 언급 외에 §104의 첫 문장과 관련된다는 표시가 있었으나, 이 표시는 지워졌다. 인용된 패러데이의 말의 앞뒤는 다음과 같다: "가스램프의 연소로부터 생산된 완전히 순수한, 정제된 물은 여러분이 강이나 대양, 혹은 샘으로부터 정제하는 물과 어떤 점에서도 다르지 않고 정확히 동일한 것이다. …… 물은, 물로서는, 고체나 액체, 혹은 유동 상태에서 언제나 동일하게 남는다."

108. 우리는 우리가 "문장", "언어"라고 부르는 것이 내가 상상했던 형식적인 통일이 아니라, 서로 다소간에 근친적인 구조물들의 가족임을 인식한다. ── 그러나 이제 논리학은 어떻게 되는가? 그것의 엄격성은 여기서 풀어져 버리는 것처럼 보인다.─그러나 그로써 그것은 완전히 사라져 버리지 않는가?─왜냐하면 어떻게 논리학이 그 엄격성을 상실할 수 있는가? 당연히, 논리학에서 그 엄격성이 얼마간 깎임에 의해서일 수는 없다.─결정체 같은 순수성이란 선입견은 우리가 우리의 전(全) 고찰을 방향 전환함으로써만 제거될 수 있다. (우리들은 이렇게 말할 수 있을 것이다. 즉, 그 고찰은 방향 전환되어야 하지만, 우리의 본래적인 욕구를 회전축으로 해서 방향 전환되어야 한다고 말이다.)

□[40]

논리철학이 명제들과 낱말들에 관해서 이야기할 때, 그것은 우리가 일상생활에서 가령 "여기에 중국어 문장이 하나 적혀 있다", 또는 "아니다, 그건 단지 글자처럼 보일 뿐, 하나의 장식이다" 등등이라고 말할 때 우리가 하고 있는 것과 하나도 다르지 않은 뜻에서 이야기하고 있다.

우리는 언어의 시간적 · 공간적 현상에 관해서 이야기하고 있지, 비시간적 · 비공간적 허깨비에 관해서 이야기하고 있지 않다. [방주: 다만 우리들은 하나의 현상에 대해 다양한 방식으로 관심을 가질 수는 있다.] 그러나 그것에 관해서 우리는 우리가 장기놀이의 말들에 관해서 이야기할 때 그 물리적 속성들을 기술하지 않고 그 놀이 규칙들을 진술함으로써 하듯이 그렇게 이야기한다.

"낱말이란 본래 무엇인가?"라는 물음은 "장기의 말이란 무엇인가?"라는 물음과 비슷하다.

---

40 (옮긴이주) 이전 판에서는 아래 쪽지의 내용이 본문에 속하는 것으로 되어 있었다.

109. 우리의 고찰들이 과학적 고찰들이어서는 안 된다고 한 것[41]은 옳았다. '우리의 선입견과는 반대로, 이러이러한 것이 생각될 수 있다'고 하는 경험은—그것이 무엇을 뜻하든—우리의 관심사일 수 없다. (사유를 영물(靈物)로 보는 견해.[42]) 그리고 우리는 어떠한 이론도 세워서는 안 된다. 우리의 고찰 속에는 어떤 가설적인 것도 있어서는 안 된다. 모든 설명은 사라져야 하고, 오직 기술(記述)만이 그 자리에 들어서야 한다. 그리고 이 기술은 그것의 빛, 즉 그것의 목적을 철학적 문제들로부터 받는다. 이 철학적 문제들은 물론 경험적 문제들이 아니다. 그것들은 오히려 우리의 언어가 하는 작업에 대한 통찰에 의해서 풀리며, 게다가 그 작업을 오해하려는 충동에 대항하여 그 작업이 인식되는 식으로 풀린다. 이러한 문제들은 새로운 경험의 제시에 의해서가 아니라 오래전부터 우리에게 친숙한 것들을 나란히 놓음에 의해서 풀린다. 철학은 우리의 언어 수단에 의해 우리의 지성에 걸린 마법에 맞서는 하나의 투쟁이다.

110. "언어(또는 사유)는 비길 데 없이 독특한 어떤 것이다"—이는 문법적 착각들에 의해 초래된 하나의 미신(오류가 아니다!)으로 판명된다.

그런데 그 격정(激情)[43]은 이런 착각들로, 문제들로, 되돌아간다.

111. 우리의 언어 형식들에 대한 오해로 인해 발생하는 문제들은 깊음이라는 성격을 지니고 있다. 그것은 깊은 불안들이다. 그것들은 우리 언어의 형식들

---

41 (옮긴이주) 앞의 81절과 89~90절 및 《논리-철학 논고》 4.111 이하 참조.

42 (옮긴이주) 생명 현상을 프네우마(pneuma)란 영기(靈氣) 혹은 공기의 정령의 흡입에 있는 것으로 여긴 사람들처럼, 사유를 영묘한 매체의 이상하고 독특한 과정으로 보려는 견해. 앞 95~97절 참조.

43 (옮긴이주) '격정': 원말은 'Pathos'. 앞 단락의 인용문이 풍기는 격앙된 감정(마치 뭔가를 발견해 내기라도 한 듯 감격해 하는)을 가리킨다.

만큼이나 깊이 우리 속에 뿌리를 박고 있으며, 그것들의 의미는 우리 언어의 중요성만큼이나 크다. ——우리 자신에게 물어 보자: 어째서 우리는 문법적 농담을 깊다고 느끼는가? (그리고 그것은 실로 철학적 깊이이다.)

112. 우리 언어의 형식들 속으로 수용된 비유가 잘못된 가상(假象)을 야기한다. 그리고 이 가상이 우리를 불안하게 한다: "아무래도 이게 아닌데!"—하고 우리는 말한다. "그러나 그럼에도 불구하고 그건 이래야 해!"

113. "그럼에도 불구하고 그건 이래 – – –" 하고 나는 되풀이해서 읊조린다. 만일 내가 나의 시선을 이 사실에다 그저 아주 명확하게 맞출 수만 있다면, 만일 이 사실에 초점 맞출 수만 있다면, 나는 틀림없이 사물의 본질을 파악할 것 같은 느낌이 든다.

114. 《논리–철학 논고》 4.5: "명제의 일반적 형식은 다음과 같다: 사정이 이러이러하다." ——이것이 우리들이 자신에게 무수히 되풀이하는 그런 종류의 문장이다. 우리들은 되풀이해서 본성을 뒤쫓고 있다고 믿지만, 우리들은 단지 우리가 본성을 고찰하는 형식을 따라서 가고 있을 뿐이다.

115. 우리는 그림에 사로잡혀 있었다. 그리고 우리는 그것으로부터 빠져 나올 수 없었다. 왜냐하면 그것은 우리의 언어 속에 놓여 있었고, 우리의 언어는 그것을 우리에게 그저 무자비하게 반복하는 것으로 보였기 때문이다.

116. 철학자들이 어떤 낱말—"지식", "존재", "대상", "자아", "명제", "이름"—을 사용하며 사물의 본질을 파악하려 애쓸 때, 우리들은 언제나 이렇게 자문해 보아야 한다. 즉: 대체 이 낱말은 자신의 고향인 언어에서 실제로 늘 그

렇게 사용되는가?

우리가 하는 일은 낱말들을 그것들의 형이상학적 사용으로부터 그것들의 일상적인 사용으로 다시 돌려보내는 것이다.

117. 나는 이런 말을 듣는다: "아무튼 당신은 이 표현을 이해하지요? 자, 그러니까—당신이 알고 있는 그 의미로 나 또한 그 표현을 사용합니다."—마치 의미가, 낱말이 가져와 갖가지 사용에 데려가는 어떤 분위기이기나 한 듯이 말이다.

예컨대 어떤 사람이 (자기 앞에 있는 한 대상을 가리키면서) "이것이 여기에 있다"란 문장은 자기에게는 뜻을 지니고 있다고 말한다면, 그는 어떤 특별한 상황에서 이 문장이 실제로 사용되는지를 자문해 보는 게 좋을 것이다. 그러면 그런 상황에서 그것은 뜻을 지닌다.

118. 우리의 고찰은 어디로부터 그 중요성을 얻는가? 우리의 고찰은 단지 모든 흥미 있는 것, 즉 모든 위대한 것과 중요한 것을 파괴하는 것으로만 보이는데 말이다. (말하자면 오직 돌 부스러기들과 폐허만을 남겨 놓으면서 모든 건축물을 파괴하는 것으로 보이는데 말이다.) 그러나 우리가 파괴하는 것은 오직 공중누각들일 따름이다. 그리고 우리는 그것들이 서 있었던 언어의 토대를 드러내고 있는 것이다.

119. 철학의 결과들은 지성이 언어의 한계로 달려가 들이받을 적에 얻은 그 어떤 뻔한 무의미와 혹들의 발견이다. 그 혹들은 그 발견의 가치를 우리에게 인식시켜 준다.

120. 내가 언어(낱말, 문장)에 관해 이야기할 때, 나는 일상의 언어를 말하지

않으면 안 된다. 이 언어는 우리가 말하고자 하는 것을 위해서는 혹시 너무 조야하고 물질적인가? 그런데 다른 언어는 대체 어떻게 형성되는가?—그리고 우리가 그 경우에 하여튼 우리의 언어를 가지고 어떤 것을 해 나갈 수 있다는 것은 얼마나 주목할 만한가!

언어에 관한 나의 설명들에서 내가 (가령 예비적인, 잠정적인 언어가 아니라) 이미 완전한 언어를 적용하지 않으면 안 된다는 것은 이미, 나는 언어에 관해 오직 외적인 것만을 제시할 수 있음을 보여 준다.

그렇다, 그러나 그렇다면 이러한 설명들이 어떻게 우리를 만족시킬 수 있는가?—자, 실로 당신의 물음들조차도 이미 이 언어로 작성되었다; 물어 볼 어떤 것이 있었다면, 그것은 이 언어로 표현되어야 했다!

그리고 당신의 의혹은 오해이다.

당신의 물음들은 낱말들과 관련된다; 그래서 나는 낱말들에 관해 이야기하지 않을 수 없는 것이다.

사람들은 말하기를, 중요한 것은 낱말이 아니라 낱말의 의미라고 한다; 그리고 그때 의미를 낱말과 다르기는 하지만 낱말과 같은 종류의 사물로서 생각한다. 여기에는 낱말, 여기에는 의미. 돈, 그리고 그것으로 살 수 있는 암소. (그러나 다른 한편으로: 돈, 그리고 돈의 이용.)

121. 철학이 "철학"이란 낱말의 쓰임에 관해 이야기한다면, 제2차의 철학이 존재해야 할 거라고 생각될 수 있을 것이다. 그러나 그건 그렇지가 않다. 그 경우는 오히려 철자법의 경우에 대응한다; 철자법은 "철자법"이란 낱말과도 관계가 있지만, 그렇다고 제2차의 철자법이 있지는 않다.

122. 우리의 몰이해의 한 가지 주요 원천은, 우리가 우리의 낱말들의 쓰임을 일목요연하게 보지 못한다는 것이다.—우리의 문법에는 일목요연성이 결여되

어 있다. ―일목요연한 묘사가 이해를 성사시키며, 이해란 다름 아니라 우리가 '연관들을 본다'는 데 있다. 그런 까닭에 중간 고리들의 발견과 발명이 중요한 것이다.

일목요연한 묘사란 개념은 우리에게 근본적인 의미가 있다. 그것은 우리의 묘사 형식을, 우리가 사물들을 보는 방식을 지칭한다. (이것은 하나의 '세계관'인가?[44])

123. 철학적 문제는 "나는 길을 훤히 알지 못한다"란 형식을 지닌다.

124. 철학은 언어의 실제 쓰임을 어떤 방식으로도 침해해서는 안 된다. 철학은 그러니까 그것을 결국 단지 기술할 수 있을 뿐이다.

왜냐하면 철학은 그것에 근거를 댈 수도 없기 때문이다.

철학은 모든 것을 있는 그대로 놓아둔다.

철학은 수학도 역시 있는 그대로 놓아둔다. 그리고 어떠한 수학적 발견도 철학을 진척시킬 수 없다. "수리 논리학의 주된 문제"는 수리 논리학의 다른 모든 문제와 마찬가지로 우리에게는 수학의 한 문제이다.

125. 모순을 수학적 또는 논리-수학적 발견을 통해 해결하는 것은 철학의 일이 아니다. 오히려, 우리를 불안하게 하는 수학의 상태, 모순 해결 이전의 상태를 일목요연하게 볼 수 있도록 만드는 것이 철학의 일이다. (그리고 이는 가령 난점을 피해 가는 것이 아니다.)

여기서 근본적인 사실은, 우리가 놀이를 위한 규칙들을, 기술(技術)을 확

44 (옮긴이주) 이 물음은 슈펭글러를 염두에 둔 것이라고 할 수 있다. 이 책의 초고 중 하나(TS 220)에는 이 부분이 "(아마도 일종의 '세계관'. 슈펭글러.)"와 같이 되어 있다. 슈펭글러 자신은 자신의 방법이 괴테로부터 온 것이라고 말한다.

립한다는 것이며, 그러고 나서 우리가 그 규칙들을 따를 때 일이 우리가 가정했던 것처럼 돌아가지 않는다는 것이다. 그러니까 말하자면 우리는 우리 자신의 규칙들에 자승자박 당한다는 것이다.

우리의 규칙들에의 이러한 자승자박이 우리가 이해하고자 하는 것, 즉 일목요연하게 보고자 하는 것이다.

그것은 뜻함이란 우리의 개념에 빛을 던져 준다. 왜냐하면 저 경우들에는 그러니까 우리가 뜻했던, 예견했던 것과는 다르게 일이 돌아가기 때문이다. 예컨대 모순이 나타날 경우에 우리가 하는 말은 바로, "그건 내가 뜻했던 것이 아닌데……"이다.

모순의 시민적 지위, 또는 시민 세계에서의 모순의 지위: 이것이 철학적 문제이다.

126. 철학은 정녕 모든 것을 단지 내놓을 뿐이고 아무것도 설명하고 추론하지 않는다.—모든 것이 숨김없이 드러나 있으므로, 설명할 것이 아무것도 없기도 하다. 왜냐하면 혹시 숨겨져 있는 것은 우리의 관심사가 아니기 때문이다.

"철학"은 또한 모든 새로운 발견과 발명에 앞서 가능한 것이라고 일컬어질 수 있을 것이다.

127. 철학자의 작업은 어떤 특정한 목적을 위해 기억들을 수집하는 것이다.

128. 철학에서 논제들을 수립하고자 한다면, 그것들에 관해서는 결코 토론이 이루어질 수 없을 것이다. 왜냐하면 그것들에 대해서는 모두가 동의할 것이기 때문이다.

129. 우리에게 가장 중요한 사물들의 측면은 그 단순성과 일상성으로 인하여 숨겨져 있다. (우리들은 그것을 알아차릴 수 없다,—왜냐하면 그것은 언제나 우리들 눈앞에 있기 때문이다.) 사람에게 자신의 탐구의 본래적인 기초들은 전혀 눈에 띄지 않는다. 이 점이 언젠가 그의 눈에 띄지 않는다면 말이다.—그리고 이는, 한번 보이면 가장 눈에 띄고 가장 강력한 것이 우리의 눈에 띄지 않고 있다는 것을 뜻한다.

130. 우리의 명료하고 단순한 언어놀이들은 미래의 언어 규제를 위한 예비 연구들—말하자면 마찰과 공기 저항을 고려하지 않은 최초의 근사치들—이 아니다. 오히려 그 언어놀이들은 유사성과 비유사성을 통해 우리의 언어 상황에 대해 빛을 던져야 할 **비교 대상들**로서 있다.

131. 요컨대 우리가 본보기를 있는 그대로, 즉 비교 대상으로—말하자면 척도로—설정함으로써만, 그리고 본보기를 현실이 그것에 대응**해야 하는** 선입견으로 설정하지 않음으로써만, 우리는 우리의 주장들의 부당성이나 공허함을 피할 수 있다. (철학할 적에 우리가 매우 쉽게 빠지는 독단주의.)

132. 우리는 언어의 쓰임에 관한 우리의 앎에 하나의 질서를 세우고자 한다. 특정한 목적을 위한 하나의 질서; **유일한** 질서가 아니라, 많은 가능한 질서들 중의 어떤 한 질서 말이다. 이 목적을 위해 우리는 우리의 일상적 언어 형식들이 쉽게 간과하게 만드는 차이들을 자꾸 되풀이해서 **부각할** 것이다. 이 때문에 우리는 마치 언어를 개혁하는 것을 우리의 과제로 간주하고 있는 듯이 보이게 될 수 있다.

특정한 실천적 목적들을 위한 그러한 개혁, 실천적 쓰임에서의 오해들을 피하기 위해 우리의 용어법을 개선하는 것은 물론 가능하다. 그러나 그것은 우리가 관계하는 경우들이 아니다. 우리를 사로잡는 혼란들은 말하자면 언어가 일하고 있을 때가 아니라 헛돌고 있을 때 일어난다.

133. 우리는 우리의 말의 사용을 위한 규칙 체계를 전대미문의 방식으로 정화하거나 완비하려고 하지 않는다.

왜냐하면 우리가 얻고자 애쓰는 명료성은 물론 완전한 명료성이기 때문이다. 그러나 이는 단지, 철학적 문제들이 완전히 사라져야 한다는 뜻이다.

본래적인 발견은, 내가 원할 때 내가 철학하는 것을 그만둘 수 있게 해 주는 것이다.—철학을 진정시켜, 철학이 더는 자기 자신을 문제로 삼는 물음들에 의해 채찍질 당하지 않도록 하는 것이다.—대신에 이제는 예들에서 어떤 하나의 방법이 제시된다; 그리고 이러한 예들의 열은 중단될 수 있다.——하나의 문제가 아니라, 문제들이 풀린다(난점들이 제거된다).

□

하나의 철학 방법은 존재하지 않는다. 그러나 물론 방법들은 존재한다; 흡사 다양한 치료법들처럼 말이다.[45]

134. "사정이 이러이러하다"란 문장을 고찰해 보자—어떻게 나는 이것이 명제의 일반적 형식이라고 말할 수 있는가?[46]—그것은 무엇보다도 먼저 그것 자체가 하나의 문장, 국어의 한 문장이다; 왜냐하면 그것은 주어와 술어를 지니고 있기 때문이다. 그러나 이 문장은 어떻게 적용되는가? 요컨대, 우리의 일상 언어에서 어떻게 적용되는가? 왜냐하면 나는 실로 그 문장을 오직 그곳으로부터 채택했기 때문이다.

---

45 (옮긴이주) 이전 판에서는 이 쪽지의 내용이 본문에 속하는 것으로 되어 있었다.

46 (옮긴이주) 《논리-철학 논고》 4.5에서 비트겐슈타인은 그렇게 말했었다. 앞 119절 참조.

우리는 예컨대 이렇게 말한다: "그는 나에게 자신의 처지를 설명했다; 사정이 이러이러하다, 그리고 그런 까닭에 자기는 가불을 필요로 한다고 말했다." 그러니까 이런 한에서는 저 문장은 그 어떤 진술들을 대변하고 있다고 말할 수 있다. 그것은 명제 도식으로서 사용되고 있다; 그러나 이는 단지, 그것이 국어 문장의 구조를 지니고 있기 때문이다. 우리들은 그것 대신에 즉시, "이러이러한 것이 사실이다", 또는 "일이 이러이러하게 되어 있다" 등등 이라고도 말할 수 있을 것이다. 우리들은 또한 기호 논리학에서처럼 단순히 어떤 한 문자, 즉 변항을 사용할 수 있을 것이다. 그러나 그럼에도 불구하고 누구도 "p"란 문자를 명제의 일반적 형식이라고는 부르지 않을 것이다. 이미 말했다시피, "사정이 이러이러하다"가 명제의 일반적 형식이었던 것은 그것 자체가 우리들이 국어의 한 문장이라고 부르는 것이라는 오직 그 점에 의해서였다. 그러나 비록 그것이 하나의 문장이기는 하지만, 그럼에도 불구하고 그것은 오직 명제 변항으로서만 사용된다. 이 문장이 현실과 일치(또는 불일치)한다고 말하는 것은 명백히 무의미할 것이다. 그 문장은 그러니까, 우리의 명제 개념의 한 징표는 **문장 소리**[47]임을 도해(圖解)하고 있다.

135. 그러나 도대체 우리는 명제가 무엇인가에 대한 개념, 즉 "명제"라는 것으로 우리가 이해하고 있는 바에 대한 개념을 갖고 있지 않은가?—물론이다; 우리가 또한 "놀이"라는 것으로 우리가 이해하는 바에 대한 개념을 갖고 있는 한에서는 말이다. 명제란 무엇인가 하고 질문을 받는다면, 우리는—이제 우리가 다른 사람에게 대답해야 하든, 아니면 우리 자신에게 대답해야 하든—예들을 제시할 것이며, 이것들 중에는 명제들의 귀납적 계열이라고 불

47 (옮긴이주) '문장 소리(Satzklang)': 문장다운 소리. 여기서는, 명제같이 들리는 문장 소리. 또는 그러한 문장답다는 평판. 독일어 'Satz'는 '문장'과 '명제'라는 두 의미를 모두 지니고 있다.

릴 수 있는 것들도 포함될 것이다. 자, 이러한 방식으로 해서 우리는 명제에 대한 개념을 갖는다. (명제의 개념을 수의 개념과 비교하라.)

136. "사정이 이러이러하다"가 명제의 일반적 형식이라는 진술은, 명제란 참 또는 거짓일 수 있는 모든 것이라는 설명과 그 근저에 있어서 같은 것이다. 왜냐하면 "사정이 이러이러하다" 대신에 나는 "이러이러한 것은 참이다"라고도 말할 수 있기 때문이다. (그러나 또한, "이러이러한 것은 거짓이다"라고도 말할 수 있다.) 자, 그러나

'p'는 참이다 = p
'p'는 거짓이다 = 비(非)-p

이다. 그리고 명제란 참 또는 거짓일 수 있는 모든 것이라고 말하는 것은, 우리는 우리의 언어에서 진리 함수 계산법이 적용될 수 있는 것을 명제라고 부른다는 말로 귀착된다.[48]

그런데 명제란 참 또는 거짓일 수 있는 것이라는 설명은, 명제가 무엇인가를 다음과 같이 말함으로써 규정하는 것처럼 보인다: '참' 개념에 걸맞은 것, 또는 '참' 개념이 걸맞은 것, 그것이 명제이다. 그러니까 그건 마치 우리가 참과 거짓의 개념을 가지고 있었고, 그것의 도움으로 이제 무엇이 명제이며 무엇이 명제가 아니냐를 정할 수 있는 것과 같다. 참의 개념에 (톱니바퀴에 맞물리듯) 꼭 맞물리는 것, 그것이 명제이다.

그러나 이는 좋지 않은 그림이다. 그건 마치 "장기의 왕이란 우리들이 장군을 부를 수 있는 그 말이다"라고 말하는 것과 같다. 그러나 그럼에도 불구

48 (옮긴이주) 《논리-철학 논고》 6 참조.

하고 이것이 뜻할 수 있는 바는 단지, 우리는 우리의 장기놀이에서 오직 왕에게만 장군을 부를 수 있다는 것뿐이다. 오직 명제만이 참일 수 있다는 명제가 말할 수 있는 것이 단지, 우리는 오직 우리가 명제라고 부르는 것에 대해서만 "참이다"와 "거짓이다"를 서술할 수 있다는 것뿐이듯이 말이다. 그리고 명제가 무엇이냐는 어떤 뜻에서는 (예컨대 국어의) 문장 구성 규칙들에 의해서 결정되며, 다른 뜻에서는 언어놀이에서의 기호의 쓰임에 의해서 결정된다. 그리고 "참"과 "거짓"이란 낱말들의 쓰임 또한 이러한 놀이의 한 구성 요소일 수 있다. 그리고 그렇다면 그것은 우리에게는 명제에 속하지만, 명제에 '걸맞지'는 않다. 장군 부르기가 장기의 왕 개념에 (말하자면 그것의 한 구성 요소로서) 속한다고 말할 수 있는 것처럼 말이다. 장군 부르기가 우리의 졸 개념에는 걸맞지 않다고 말하는 것은, 졸들에다 장군을 부르는 놀이, 가령 졸들을 잃으면 지게 되는 놀이,—그런 놀이는 재미없거나, 어리석거나, 너무 복잡하거나 등등이라는 그런 뜻일 것이다.

137. 우리가 "누가 또는 무엇이……?"라는 물음으로 문장에서의 주어를 규정하는 법을 배우는 경우는 도대체 어떠한가?—여기서는 분명 주어가 그러한 물음에 '걸맞음'이 존재한다; 왜냐하면, 그렇지 않다면 어떻게 우리가 그 물음으로 주어가 무엇인가를 경험하겠는가? 우리가 그것을 경험하는 방식은 우리가 'K'까지 알파벳을 암송함으로써 알파벳에서 'K' 다음에 어떤 문자가 오는지를 경험하는 것과 비슷하다. 그런데 어떤 점에서 'L'은 그 문자열에 걸맞을까?—그리고 그런 점에서는 우리들은 "참"과 "거짓"이 명제에 걸맞다고 말할 수도 있을 것이다. 그리고 우리들은 어린아이에게 다음과 같이 말함으로써 명제들을 다른 표현들과 구별하는 법을 가르칠 수 있을 것이다: "그것 다음에 '참이다'라고 말할 수 있는지 자신에게 물어 보아라. 이 말이 그것에 걸맞다면, 그것은 하나의 명제이다." (그리고 그와 똑같이, 그것 앞에 "사

정이 이러하다"란 말을 놓을 수 있는지 자신에게 물어 보라고 말할 수 있었을 것이다.)

138. 그러나 도대체, 내가 이해하는 어떤 한 낱말의 의미가 내가 이해하는 문장의 뜻에 걸맞을 수는 없는가? 또는 한 낱말의 의미가 다른 한 낱말의 의미에 걸맞을 수는 없는가?——물론, 의미가 우리에 의한 낱말의 쓰임이라면, 그와 같은 걸맞음에 관해 이야기하는 것은 아무런 뜻도 지니지 않는다. 자, 그러나 우리가 한 낱말을 듣거나 발화할 때, 우리는 그 낱말의 의미를 이해한다; 우리는 그것을 일거에 파악한다; 그리고 우리가 이렇게 파악하는 것은 시간 속에 펴져 있는 '쓰임'과는 아무튼 다른 어떤 것이다!

□

나는 내가 어떤 한 낱말을 이해하고 있는지를 알아야 하는가? 내가 어떤 한 낱말을 (하나의 계산 방식을 이해하는 것과 다름없이) 이해한다고 상상했는데, 이제 나는 그것을 이해하지 못했다는 것을 깨닫는 일도 역시 일어나지 않는가? ("나는 내가 '상대적' 운동과 '절대적' 운동이 무엇을 뜻하는지 안다고 믿었으나, 이제 나는 내가 그것을 모른다는 것을 안다.")

139. 어떤 사람이 나에게 예컨대 "입방체"란 낱말을 말할 때, 나는 그것이 무엇을 의미하는지 안다. 그러나 내가 그것을 그렇게 이해할 때, 대체 그 낱말의 전체 사용이 내 머리에 떠오를 수 있는가?

좋다,[49] 그러나 다른 한편으로, 그 낱말의 의미는 이 사용에 의해서도 규정되지 않는가? 그런데 이 규정들이 이제 서로 모순될 수 있는가? 우리가 그

49 (옮긴이주) 이 대답('Ja')은 문제 제기에 대한 동의일 뿐, 아직 모호하다. (영어 번역은 지금의 'Yes'보다 이전 판의 'Well'이 나아 보인다.) 앞 물음에 대한 정확한 대답은 §§191~197에서 주어진다.

렇게 일거에 파악하는 것이 사용과 일치할 수 있는가? 걸맞거나 걸맞지 않을 수 있는가? 그리고 우리에게 한순간 현전하는 것, 즉 한순간에 우리 머리에 떠오르는 것이 어떻게 사용에 걸맞을 수 있는가?

우리가 어떤 한 낱말을 이해할 때 우리 머리에 떠오르는 것은 실제로는 대체 무엇인가?—그것은 그림과 같은 어떤 것이 아닌가? 그것은 그림일 수 없는가?

자, "입방체"란 낱말을 들을 적에 어떤 그림이 당신 머리에 떠오른다고 가정하자. 가령 입방체의 소묘가 말이다. 어떤 점에서 이 그림이 "입방체"란 낱말의 사용에 걸맞거나 걸맞지 않거나 할 수 있는가?—아마 당신은 이렇게 말할 것이다: "그건 간단하다;—이 그림이 내 머리에 떠오르고, 내가 예컨대 삼각 프리즘을 가리키며, 이것은 입방체라고 말한다면, 이 사용은 그 그림에 걸맞지 않다."—그러나 그것이 걸맞지 않다고? 나는 그 그림이 아무튼 걸맞도록 해 주는 어떤 한 **투영 방법**이 아주 쉽게 상상될 수 있게 그 예를 의도적으로 골랐다.

입방체의 그림은 물론 우리에게 모종의 사용을 시사했다. 그러나 나는 그것을 다르게도 사용할 수 있었다.

□

(a) "나는 이 경우에 올바른 낱말은 ……라고 믿는다." 이것은 낱말의 의미란 우리 머리에 떠오르는 어떤 것, 말하자면 우리가 여기서 사용하고자 하는 정확한 그림이라는 것을 보여 주지 않는가? 내가 "당당한", "품위 있는", "뽐내는", "위엄 있는"이란 낱말들 가운데에서 고르고 있다고 생각해 보라; 그건 마치 내가 어떤 화첩 속의 소묘들 가운데에서 고르는 것과 같지 않은가?—아니다; 우리들이 적합한 낱말에 관해서 이야기한다는 것이 우리 머리에 떠오르는 어떤 것의 존재를 보여 주는 것은 아니다. 오히려, 우리들이 그림의 속성을 지닌 저 어떤 것에 관해서 말하는 경향이 있는 것은, 우리들이 어

떤 한 낱말을 적합한 것으로서 느낄 수 있기 때문이다; 비슷하지만 같지는 않은 그림들 사이에서 고르는 것처럼, 종종 말들 가운데에서 고르기 때문이다; 우리들이 종종 낱말들 대신에, 또는 낱말들의 도해(圖解)를 위해서, 그림들을 사용하기 때문이다; 등등.

(b) 나는 어떤 그림을 본다. 그것은 지팡이에 의지하여 가파른 길을 올라가고 있는 한 노인을 묘사하고 있다.—어찌 그런가? 그가 이 자세로 그 거리를 아래쪽으로 미끄러져 내려가고 있을 때도 역시 그렇게 보일 수 있지 않았을까? 아마도 화성인은 그 그림을 그렇게 기술할지도 모른다. 나는 왜 우리는 그것을 그렇게 기술하지 않는가는 설명할 필요가 없다.

140. 그러나 그렇다면 나의 오류, 즉 나는 그 그림이 이제 나에게 하나의 특정한 사용을 강요한다고 믿었다는 말로 표현될 수 있을 터인 나의 오류는 어떤 종류였는가? 나는 도대체 어떻게 그렇게 믿을 수 있었는가? 나는 그때 무엇을 믿었는가? 대체 우리에게 하나의 특정한 적용을 강요하는 그림, 또는 그림 비슷한 어떤 것이 존재하는가? 그리고 나의 오류란 그러니까 하나의 혼동이었는가?—왜냐하면 우리는 또한 우리 자신을 이렇게 표현하는 경향이 있을 수 있을 것이기 때문이다. 즉, 우리는 기껏해야 어떤 심리학적 강요를 받고 있을 뿐, 논리적 강요를 받고 있는 것은 아니라고 말이다. 그리고 이때 마치 우리는 두 가지 경우를 알고 있는 것처럼 꼭 그렇게 보인다.

나의 논증은 도대체 무엇을 했는가? 그것은, 우리는 우리가 원래 생각했던 것과는 다른 과정도 역시, 상황에 따라서는, "입방체 그림의 적용"이라고 부를 준비가 되어 있다는 점에 주목하도록 만들었다(우리에게 그 점이 기억나게 했다). '그림이 우리에게 하나의 특정한 적용을 강요한다'는 우리의 믿음은 그러니까, 오직 그 한 경우만이 우리 머리에 떠올랐고, 다른 어떤 경우도 우리 머리에 떠오르지 않았다는 데 있는 것이었다. "다른 해결도 존재한다"는, 내가 "해결"이라고 부를 준비가 되어 있는, 그리고 이러이러한 그림과 이러이러한 유추를 적용할 등등의 준비가 되어 있는 다른 어떤 것이 또한 존재한다는 뜻이다.

그리고 이제 본질적인 것은, 우리가 낱말을 들을 적에 우리 머리에는 같은 것이 떠오를 수 있지만 그것의 적용은 다른 것일 수 있다는 점을 보는 것이다. 그런데 그렇다면 그것은 그 두 경우에 같은 의미를 지니는가? 나는 우리가 부정적으로 대답할 것이라고 믿는다.

141. 그러나 이제 단순히 입방체의 그림만이 아니라 투영 방법도 덧붙어서 우리 머리에 떠오른다면 어떻게 될까?——어떻게 내가 그렇게 생각할 수 있단 말인가?—가령, 투영 방식을 나타내는 어떤 도식을 내 앞에서 봄으로써 할 수 있다. 가령, 투사선들에 의해 서로 연결된 두 입방체를 보여 주는 그림을 봄으로써 말이다.—그러나 대체 이것이 나에게 본질적으로 더 도움이 되는가? 이제 나는 이 도식의 상이한 적용들을 또한 생각할 수 있지 않은가?——그렇다, 그러나 내 머리에는 그러니까 도대체 적용이 떠오를 수 없는 것인가?—그야 물론 떠오를 수 있다; 다만, 우리는 이 표현의 적용에 관해 더 분명히 알아야 한다. 내가 어떤 사람이 적용할 수 있도록 그에게 상이한 투영 방법들을 설명한다고 가정하라; 그리고 어떤 경우에 우리는, 내가 뜻하는 그 투영 방법이 그의 머리에 떠오른다고 말할 것인지 자문해 보자.

자, 우리는 그것에 대해 명백히 두 가지의 기준을 인정하고 있다. 즉, 한편으로는 그 어떤 시간에 그의 머릿속에 떠오르는 그림(그게 어떤 종류이든지 간에). 그리고 다른 한편으로는 그가—시간의 흐름 속에서—이 표상을 가지고 하는 적용. (그리고 여기서, 이 그림이 상상 속에서 그의 머릿속에 떠오르고, 그의 앞에 하나의 소묘나 모형으로서 놓여 있지 않다는 것, 또는 심지어 그에 의해 모형으로서 제작되지 않는다는 것은 전혀 비본질적이라는 것이 분명하지 않은가?)

그런데 그림과 적용이 충돌할 수 있는가? 자, 그림이 우리에게 다른 사용을 기대하도록 하는 한에서는, 그 둘은 충돌할 수 있다; 왜냐하면 일반적으로 사람들은 이러한 그림으로는 이러한 적용을 하기 때문이다.

나는 이렇게 말하고 싶다. 즉, 여기에는 정상적인 경우와 비정상적인 경우들이 존재한다고.

142. 오직 정상적인 경우에만 말의 쓰임은 우리에게 명료하게 규정된다; 오직 정상적인 경우에만, 우리는 이런저런 경우에 우리가 무엇을 말해야 하는지 알며, 아무 의심을 하지 않는다. 경우가 점점 더 비정상적으로 될수록, 우리가 이제 여기서 무엇을 말해야 할지는 점점 더 의심스러워진다. 그리고 만일 사물들의 상태가 실제와 아주 다르다면——예컨대 고통의, 두려움의, 기쁨의 특징적 표현이 존재하지 않거나, 규칙인 것이 예외가 되고 예외인 것이 규칙이 되거나, 그 둘이 대략 같은 빈도로 일어나는 현상이 되거나 한다면——우리의 정상적인 언어놀이는 그로써 그 요점을 상실할 것이다.—한 조각의 치즈를 저울 위에 놓고서 저울의 기울기에 따라 가격을 정하는 절차는, 만일 그러한 치즈 조각들이 명백한 원인 없이 갑자기 팽창하거나 수축하는 일이 비교적 자주 일어난다면, 그 요점을 상실할 것이다. 이러한 소견은 우리가 느낌 및 그 비슷한 것들에 대한 표현의 관계와 같은 주제에 관해서 이야기하게 될 때[50] 더 분명해질 것이다.

□

우리가 어떤 한 개념의 의미—내 말은, 중요성—를 설명하기 위해 말해야 하는 것은 종종 대단히 일반적인 자연 사실들이다. 그 커다란 일반성 때

50 (옮긴이주) 뒤의 §§542~545 참조.

문에 여태껏 거의 언급되지 않는 그런 것들 말이다.

143. 이제 A의 명령을 받고서 B가 특정한 형성 규칙에 따라 일련의 기호들을 적어야 하는 그러한 종류의 언어놀이를 고찰해 보자.

그중 첫 번째 열은 10진법 체계에서의 자연수열이라고 하자. —그는 어떻게 이러한 체계를 이해하는 법을 배우는가?—우선 그의 앞에 수열들이 써져 보이고, 그는 그것들을 본떠 쓰라고 독려를 받는다. ("수열"이란 낱말에 구애되지 말라; 그것은 여기서 그릇되게 사용되어 있지 않다!) 그런데 이미 여기서 학습자의 정상적인 반응과 비정상적인 반응이 존재한다. —처음에 우리는 가령 그가 0에서 9까지의 수열을 본떠 쓸 적에 그의 손을 이끌어 준다; 그러나 그러고 나서 의사소통의 가능성은 이제 그가 자립적으로 계속 써나가는 데 달려 있을 것이다. —그리고 여기서 우리는 예컨대 그가 이제 그 숫자들을 자립적으로 베끼기는 하지만, 그 수열에 따라서가 아니라 불규칙하게 한번은 이 숫자, 한번은 저 숫자를 베끼는 것을 생각할 수 있다. 그리고 그렇다면 거기서 의사소통은 중지된다. —아니면, 그는 순서상에서 '실수'를 범한다. —이 경우와 첫 번째 경우와의 차이는 물론 빈도의 차이이다. —또는, 그는 체계적인 실수를 범한다. 예컨대 그는 언제나 매 두 번째 수만을 본떠 쓰거나, 0, 1, 2, 3, 4, 5,……라는 수열을 1, 0, 3, 2, 5, 4,……와 같이 베껴 쓴다. 여기서 우리는 거의, 그는 우리를 잘못 이해했다고 말하고 싶은 기분이 들 것이다.

그러나 주의하라: 불규칙적인 실수와 체계적인 실수 사이에는 명확한 경계가 없다. 즉, 당신이 "불규칙적 실수"라고 부르는 경향이 있는 것과 당신이 "체계적 실수"라고 부르는 경향이 있는 것 사이에는 명확한 경계가 없다.

이제 아마 우리들은 그의 체계적 실수를 (나쁜 버릇을 고치듯이) 고칠 수 있을 것이다. 또는 우리들은 그가 베끼는 방식을 받아들이고서는, 정상적인 방식을 그의 방식의 한 이종(異種)으로서, 변종으로서 가르치려고 노력한다. ―그런데 우리의 학생의 학습 능력은 여기서도 역시 중단될 수 있다.

144. "학생의 학습 능력은 여기서 중단될 수 있다"라고 내가 말할 때, 내가 뜻하는 것은 도대체 무엇인가? 나는 그것을 나의 경험으로부터 보고하고 있는가? 물론 아니다. (비록 내가 그런 경험을 한 적이 있다고 할지라도 말이다.) 그럼 나는 저 명제로써 대체 무엇을 하고 있는가? 아무튼 나는 당신이 이렇게 말했으면 한다: "그렇다, 그건 참이다, 그런 일도 생각될 수 있을 것이다, 그런 일도 일어날 수 있을 것이다!" ―그러나 어떤 사람으로 하여금 자기가 이런 것을 상상할 수 있다는 점에 주목하게 만드는 것이 내가 하고자 한 것이었는가? ―― 나는 이런 그림을 그에게 보여 주고자 했다. 그리고 이 그림에 대한 그의 승인은 이제 그가 주어진 경우를 달리 바라보는 경향, 즉 그것을 이 일련의 그림들과 비교하는 경향이 있다는 점에 있다. 즉, 나는 그의 직관 방식을 바꾸었다. (인도의 수학자들: "이것을 바라보라!"[51])

145. 이제 학생이 0에서 9까지의 수열을 우리가 만족할 만큼 쓴다고 하자. ―그런데 이는 그가 이런 일에 종종 성공할 때만 일어날 것이며, 그가 100번의 시도 중 한 번 옳게 성공할 때는 일어나지 않을 것이다. 이제 나는 그에게 수열을 계속해 보이고, 최초의 수열이 한 자릿수에서 반복함에 그가 주의하게 한다; 그러고 나서는 두 자릿수에서의 이러한 반복에 주의하게 한다. (이는 단지, 내가 어떤 강조들을 사용하며, 기호들에 밑줄을 그으며, 이러이러한 방식으로 기호들을 겹쳐 쓰며, 기타 등등을 한다는 것을 뜻할 뿐

51 (옮긴이주) 비트겐슈타인의 《쪽지》 §461의 다음 말 참조: "나는 어디선가 읽었는데, 인도의 어떤 수학자들에게는 명제의 증명을 위해 기하학적 도형이 다음과 같은 말과 함께 쓰인다고 한다: "이것을 바라보라!" 이러한 바라봄도 역시 직관 방식의 변화를 일으킨다."

이다.)—그리고 이제 그는 언젠가 그 수열을 자립적으로 계속해 나간다,—또는 계속해 나가지 않는다.—그러나 어째서 당신은 이런 것을 말하고 있는가? 그건 자명하지 않은가!—물론이다; 내가 말하고 싶은 것은 다만, 더 이상의 어떤 설명의 효과도 그의 반응에 달려 있다는 것이다.

그러나 이제 선생의 얼마간의 노력 끝에 학생이 그 수열을 올바로, 즉 우리가 하듯이 그렇게 계속해 나간다고 가정해 보자. 그러니까 이제 우리는 그가 그 체계를 숙달했다고 말할 수 있다.—그러나 우리가 그런 말을 정당하게 할 수 있으려면, 그는 어디까지 그 수열을 올바로 계속해 나가야 하는가? 당신이 여기서 어떠한 제한도 제시할 수 없다는 것은 분명하다.

146. 그런데 내가, "그가 그 수열을 100의 자리까지 계속해 나간다면 그는 그 체계를 이해했는가?"라고 묻는다면? 또는—내가 우리의 원초적 언어놀이에서는 '이해하다'에 관해 이야기하지 않기로 하여—그가 그 수열을 거기까지 올바로 계속하면 그는 그 체계를 자기 것으로 만들었는가 하고 묻는다면?—그때 당신은 아마 말할 것이다. 즉, 그 체계를 자기 것으로 만듦(또는 이해함)은 우리들이 이 수까지 또는 저 수까지 수열을 계속하는 데 있을 수 없다고, 그것은 단지 이해의 적용이라고 말이다. 이해 자체는 어떤 하나의 상태이며, 그로부터 올바른 사용이 흘러나오는 것이라고 말이다.

그런데 이때 우리들은 본래 무엇을 생각하는가? 어떤 한 수열을 그것의 대수학적 표현으로부터 도출해 내는 것을 생각하지 않는가? 또는 어쨌든 그 비슷한 어떤 것을 생각하지 않는가?—그러나 우리는 이전에 이미 그런 생각을 했었다.[52] 과연 우리는 대수학적 표현의 한 가지 이상의 적용을 생각할 수

52 (옮긴이주) 앞의 §139 및 §141 참조. 그리고 그러한 생각은 비트겐슈타인이 비판하는 '의미체'(§559) 관념과 연관되어 있다.

있다. 그리고 모든 적용 방식은 각각 다시 대수학적으로 정식화될 수 있다. 그러나 자명하게도, 이것은 우리를 더 이상 이끌어 주지 못한다.—적용은 이해의 한 기준으로 남아 있다.

147. "그러나 어떻게 적용이 이해의 한 기준일 수 있는가? 내가 어떤 수열의 법칙을 이해한다고 말할 때, 나는 그런 말을 내가 지금까지 그 대수학적 표현을 이러이러하게 적용해 왔다는 **경험**에 근거해서 하지 않는다! 그럼에도 불구하고 나는 아무튼 나 자신에 관해서는, 내가 이러이러한 수열을 뜻하고 있다는 것을 안다; 내가 그것을 실제로 어디까지 전개했느냐 하는 것과는 상관없이 말이다."—

그러니까 당신은 이렇게 생각하고 있다. 즉, 당신은 특정한 수들에 실제로 적용한 기억을 완전히 도외시하고도 수열 법칙의 적용을 안다고 말이다. 그리고 아마 당신은 이렇게 말할 것이다: "자명하다! 왜냐하면 수열은 실로 무한하고, 내가 전개할 수 있었던 수열의 토막은 유한하기 때문이다."

148. 그러나 이러한 앎은 무엇에 있는가? 어디 좀 물어 보자: 언제 당신은 이러한 적용을 아는가? 언제나? 밤낮으로? 또는 당신이 그 수열 법칙을 생각하는 바로 그 동안에만? 즉: 당신은 그것을 ABC와 구구단을 아는 것과도 같이 아는가? 또는 당신이 '앎'이라 부르고 있는 것은 의식의 상태나 과정—가령 어떤-것을-생각함, 또는 그와 같은 어떤 것—인가?

149. ABC를 안다는 것은 마음의 상태라고 말할 때, 우리들은 이러한 앎의 **표출들**을 설명할 때 우리가 매개로 삼는 심리 기관(가령 우리의 뇌)의 상태를 생각한다. 우리들은 그러한 상태를 성향이라고 부른다. 그러나 여기서 마음의 상태에 관해 이야기하는 것은, 그 상태에 관해 두 개의 기준이 존재한

다고 해야 할 터인 한, 즉 그 기관의 구성에 관한 인식이 그 기관의 작용들은 도외시하고서 존재한다고 해야 할 터인 한, 이론의 여지가 없지 않다. (여기서 의식의 상태와 성향의 대립을 나타내기 위해 "의식적"이란 낱말과 "무의식적"이란 낱말들을 사용하는 것보다 더 혼란을 일으키는 것은 없을 것이다. 왜냐하면 그 낱말 쌍은 문법적인 차이를 은폐하기 때문이다.)

□

(a) "어떤 한 낱말을 이해함", 하나의 상태. 그러나 심리적 상태?—우리는 슬픔, 흥분, 고통을 심리적 상태들이라고 부른다. 다음과 같은 문법적 고찰을 해 보자. 우리는 말한다:

"그는 하루 종일 슬펐다".

"그는 하루 종일 매우 흥분해 있었다".

"그는 어제부터 계속 고통스러웠다".—

우리는 또한 "나는 어제부터 이 낱말을 이해한다"라고도 말한다. 그러나 "중단 없이"?—그렇다, 우리들은 이해의 중단에 관해 이야기할 수 있다. 그러나 어떤 경우에? 비교하라: "당신의 고통은 언제 그쳤는가?"와 "그 낱말에 대한 당신의 이해는 언제 멈췄는가?"

(b) 만일 다음과 같은 질문을 받는다면 어떻게 될까? 즉: 당신은 언제 장기를 둘 수 있는가? 언제나? 또는 한 수를 두는 동안에? 그리고 한 수를 둘 때마다 장기 전체를?—그리고 장기를 둘 수 있음은 그처럼 짧은 시간을 요하는데, 하나의 시합은 그렇게 훨씬 긴 시간을 요한다는 것은 얼마나 이상한가.

150. "알다"란 낱말의 문법은 "할 수 있다", "할 능력이 있다"란 말들의 문법과 명백히 밀접한 근친 관계에 있다. 그러나 "이해하다"란 낱말의 문법과도 역시 밀접한 근친 관계에 있다. (하나의 기술(技術)을 '숙달하다'.)

151. 자, 그러나 "알다"란 낱말의 이런 사용도 존재한다. 즉, 우리는 "이제 나는 그걸 안다!"라고 말한다—그리고 "이제 나는 그걸 할 수 있다!", 그리고 "이제 나는 그걸 이해한다!"라고도 말한다.

이런 예를 상상해 보자[53]: A가 일련의 수들을 적는다. B는 그를 주시하고, 그 수열에서 어떤 법칙을 발견하려고 노력한다. 그가 그 일에 성공할 때, 그는 "이제 나는 계속해 나갈 수 있다!"라고 외친다. ——이러한 능력, 이러한 이해는 그러니까 한순간에 일어나는 것이다. 그러므로 여기서 일어나는 것이 무엇인지를 조사해 보자.—A가 1, 5, 11, 19, 29란 수들을 써 내려간다. 그때 B가, 이제 어떻게 계속해 나가는지 알겠다고 말한다. 그때 무엇이 일어났는가? 여러 가지 것들이 일어날 수 있었다. 예컨대, A가 한 수 다음에 다른 수를 천천히 적는 동안, B는 적힌 수들에 다양한 대수학적 공식들을 시도해 보는 일에 몰두하고 있었다. A가 19란 수를 썼을 때, B는 $a_n = n^2 + n - 1$이라는 공식을 시도했다. 그리고 바로 다음 수는 그의 가정이 옳음을 확증했다.

아니면: B는 공식들을 생각하지 않는다. 그는 A가 수들을 어떻게 써 내려가는지를 어떤 긴장감을 지니고서 주시한다. 그와 동시에 그의 머리에는 가지가지 불분명한 사고들이 떠돈다. 마침내 그는 "그 계차(階差) 수열은 무엇인가?"라고 자문한다. 그는 그것이 4, 6, 8, 10임을 발견하고는, "이제 나는 계속해 나갈 수 있다!"라고 말한다.

또는, 그는 바라보고서 말한다: "그래, 그 수열은 내가 알지"—하고는 그 수열을 계속해 나간다. 아마 그는 A가 1, 3, 5, 7, 9라는 수열을 써 내려갔다면 그렇게 했을 것이다.—또는, 그는 전혀 아무 말도 하지 않고 단지 그 수열을 계속 써 나간다. 아마도 그는 "그거야 쉽지!"라고 할 수 있는 감정을 지

---

53 (옮긴이주) 비트겐슈타인의 《갈색 책》(*The Brown Book*) I §62 참조.

니고 있었을 것이다. (그런 감정은 예컨대, 경미하게 놀랐을 때와 비슷한, 가볍고 재빠르게 숨을 들이마심의 감정이다.)

152. 그러나 내가 여기서 기술한 이 과정들이 대체 이해인가?

"B가 그 수열 체계를 이해한다"는 것은 어쨌든 단순히, B의 머리에 "a_n = ……"라는 공식이 떠오른다는 것을 뜻하지는 않는다! 왜냐하면 그의 머리에 그 공식이 떠오르는데도 불구하고 그가 그것을 이해하지 못하는 경우도 아주 잘 생각될 수 있기 때문이다. "그가 이해한다"는 그의 머리에 공식이 떠오른다는 것 이상을 포함해야 한다. 그리고 또한 마찬가지로, 이해의 저 다소 특징적인 동반 과정들이나 표출들 이상을 포함해야 한다.

153. 이제 우리는 더 조야하고 그런 까닭에 우리 눈에 잘 띄는 저 동반 과정들의 배후에 숨겨져 있는 것으로 보이는, 이해의 심리적 과정을 파악하려 시도한다. 그러나 이는 성공하지 못한다. 또는 더 옳게 말하자면, 그것은 전혀 현실적인 시도가 되지 않는다. 왜냐하면 설사 내가 이해의 저 모든 경우에 일어나는 어떤 것을 발견했다고 가정하더라도,—왜 그것이 이해라야 한단 말인가? 그뿐 아니라, 아무튼 내가 이해했기 때문에 내가 "이제 나는 이해한다"라고 말했다면, 이해의 과정이 도대체 어떻게 숨겨져 있을 수 있었는가?! 그리고 내가 그것은 숨겨져 있다고 말한다면,—나는 내가 무엇을 찾아야 하는지를 대체 어떻게 아는가? 나는 혼란에 빠져 있다.

154. 그러나 잠깐!—"이제 나는 그 체계를 이해한다"가 "내 머리에 공식 ……이 떠오른다"(또는 "나는 그 공식을 발화한다", "나는 그 공식을 기입한다" 등등)와 같은 것을 말하지 않는다면—이로부터, 나는 "이제 나는……이해한다"나 "이제 나는 계속해 나갈 수 있다"란 문장을 그 공식의 발화 배후나

곁에 있는 어떤 한 과정의 기술로서 사용한다는 결론이 나오는가?

어떤 것이 '그 공식의 발화 배후에' 있어야 한다면, 그것은—내 머리에 그 공식이 떠오를 때—내가 계속해 나갈 수 있다고 나에게 말할 권리를 주는 어떤 상황들이다.

아무튼 이해를 '심리적인 과정'으로서는 결코 생각조차 하지 말라!—왜냐하면 그것은 당신을 혼란시키는 말투이기 때문이다. 오히려 이렇게 자문해 보라: 대체 어떤 경우에, 어떤 상황에서 우리는 "이제 나는 계속해 나갈 줄 안다"라고 말하는가? 내 말은, 내 머리에 공식이 떠올랐다면 말이다.—

이해에 대해 특징적인 과정들(또한 심리적인 과정들)이 존재한다는 뜻에서는, 이해는 심리적 과정이 아니다.

(고통 감각의 증감(增減), 곡조나 문장을 들음: 심리적인 과정들.)

155. 내가 말하고자 한 것은 그러니까 이런 것이다. 즉: 그가 갑자기 계속해 나갈 줄 알았을 때, 체계를 이해했을 때, 그는 아마도 특별한 체험을 했다—그 체험을 그는 아마, "당신이 그 체계를 갑자기 파악했을 때 그때 일어난 것은 어떤 것이었는가?"라고 질문을 받는다면, 위에서 우리가 그것을 기술한 것과 비슷하게 기술할 것이다——그러나 그 같은 경우에 그가 자기는 이해한다고, 계속해 나갈 줄 안다고 우리에 대해 말할 권리를 주는 것은, 그가 그러한 체험을 한 상황들이다.

156. 이는 우리가 다른 한 낱말, 즉 '읽다'란 낱말의 고찰을 첨가한다면 더 분명해질 것이다.[54] 우선 나는 이 고찰에서 내가 '읽기'로 간주하는 것은 읽은 것의 뜻을 이해함이 아니라는 것을 언급해 두어야 하겠다. 읽기란 여기서,

54 (옮긴이주) '읽기'의 문제에 대한 이하의 고찰과 관련해서는 비트겐슈타인의 《갈색 책》 I §66 이하 참조.

씌어 있는 것이나 인쇄된 것을 소리로 바꾸어 놓는 활동이다. 그러나 또한, 구술된 것을 받아 적는 것, 인쇄된 것을 베껴 쓰는 것, 악보에 따라 연주하는 것 등등도 읽기이다.

우리의 일상적 삶의 상황에서 이 낱말의 쓰임은 물론 우리에게 대단히 친숙하다. 그러나 그 낱말이 우리의 삶에서 행하는 역할은, 그리고 그와 함께 우리가 그 낱말을 사용하는 언어놀이는, 단지 그 대략적인 특징들에서조차도 묘사하기가 어려울 것이다. 사람은—이를테면 우리나라 사람은—학교나 집에서 우리에게 보통 행해지는 교육 방식들 중의 하나를 거치며, 이러한 교육 속에서 자신의 모국어를 읽는 법을 배운다. 나중에 그는 책과 편지, 그리고 신문들 따위를 읽는다.

자, 그가 예컨대 신문을 읽을 때 무슨 일이 일어나는가? —— 그의 눈은 이를테면 인쇄된 낱말들을 따라 미끄러져 내려간다, 그리고 그는 그것들을 발화한다, —또는 그것들을 오직 자기 자신에게만 말한다. 더 정확히 말해서, 그는 어떤 낱말들은 그 인쇄된 형태를 전체로서 파악함으로써 읽으며, 다른 낱말들은 그의 눈이 최초의 음절들을 파악하고 나서 읽으며, 또 몇몇 낱말들은 한 음절 한 음절 읽으며, 어쩌다 어떤 낱말은 한 문자 한 문자 읽는다. — 또한 그가 어떤 문장을 읽는 동안 소리 내어 말하지도 않고 자기 자신에게 말하지도 않지만, 나중에 그 문장을 문자 그대로 재현할 수 있거나 얼추 재현할 수 있다면, 우리는 그가 그 문장을 읽었다고 말할 것이다. —그는 자기가 읽는 것에 주의를 기울일 수 있다. 또는—이를테면—단순한 독서 기계로서 기능할 수 있다. 내 말은, 그는 자기가 읽는 것에 주의를 기울이지 않고서도 소리 내어 올바로 읽을 수 있다는 것이다; 아마도 그의 주의는 전혀 다른 어떤 것으로 향해 있는데도 (그래서 우리들이 즉시 그에게 무엇을 읽었느냐고 물으면, 그는 말을 못하는데도) 말이다.

자, 이제 이러한 독자와 초심자를 비교하라. 초심자는 낱말들을 힘겹게 한

자 한 자 읽는다.—그러나 그는 몇몇 낱말들은 문맥으로부터 추측한다. 또는, 그는 읽는 부분을 아마도 부분적으로 이미 암기하여 알고 있다. 그 경우 선생은 그가 그 낱말들을 실제로는 읽고 있지 않다고 말한다. (그리고 어떤 경우에는, 그가 단지 읽는 척하고 있다고 말한다.)

우리가 이러한 읽기, 즉 초심자의 읽기를 생각하고서, 읽기란 무엇에 있는가 하고 자문한다면, 우리는 그것이 특별한 의식적 정신 활동이라고 말하는 경향이 있을 것이다.

우리는 또한 그 학생에 관해서 이렇게도 말한다: "물론 오직 그만이 자기가 실제로 읽고 있는지, 또는 단순히 암기하여 말을 하고 있는지 안다". ("오직 그만이 …… 안다"라는 이러한 문장들에 관해서는 더 논의가 되어야 한다.)

그러나 나는 이렇게 말하고자 한다. 즉—인쇄된 낱말들 중의 그 어떤 한 낱말의 발화에 관해서 말하자면—우리는 그것을 읽는 '척하는' 학생의 의식과 그것을 '읽고 있는' 숙련된 독자의 의식 속에서 같은 것이 일어날 수 있다는 점을 인정해야 한다고 말이다. "읽다"란 낱말은 우리가 초심자에 대해 말할 때와 숙련된 독자에 관해서 말할 때 다르게 적용된다. ——물론 이제 우리는 이렇게 말했으면 한다. 즉, 숙련된 독자와 초심자가 낱말을 발화할 때, 그들 속에서 일어나는 것이 같은 것일 수는 없다고 말이다. 그리고 만일 그들이 때마침 의식하고 있는 것에 아무런 차이가 없다면, 그렇다면 그들 정신의 무의식적 작업 속에, 또는 심지어 뇌 속에 차이가 있을 것이라고 말이다.—우리는 그러니까 이렇게 말했으면 한다. 즉, 여기에는 어쨌든 두 개의 상이한 메커니즘, 기제(機制)가 있다고! 그리고 그 기제들 속에서 일어나는 것이 읽기와 읽기가 아닌 것을 구별하는 것이 틀림없다고.—그러나 그럼에도 불구하고 이러한 기제들은 단지 가설들일 뿐이다; 당신이 지각하는 것을 설명하기 위한, 요약하기 위한, 모형들일 뿐이다.

157. 우리가 사람들이나 또는 다른 존재들을 독서 기계로 이용하게 될 경우를 고찰하라. 그들은 이러한 목적을 위해서 훈련받는다. 그들을 훈련시키는 사람은 그들 중 몇몇에 대해서는 그들이 이미 읽을 수 있다고 말하고, 다른 사람들에 대해서는 그들은 아직 읽을 수 없을 것이라고 말한다. 아직까지 그 훈련에 참가하지 않은 학생의 경우를 상상하라. 우리들이 그에게 글로 적힌 한 낱말을 보여 주면, 때때로 그는 그 어떤 소리들을 내며, 그러면 이따금 그 소리들이 대충 맞는 일이 '우연히' 일어난다. 그와 같은 경우에 어떤 제3자가 이 학생의 소리를 듣고서, "그는 읽고 있다"라고 말한다. 그러나 선생은 "아니, 그는 읽고 있지 않다; 그건 단지 우연일 뿐이다"라고 말한다.—그러나 이제 이 학생에게 또 다른 낱말들이 제시될 때 이 학생이 그 낱말들에 대해 계속해서 올바르게 반응한다고 가정하자. 조금 후에 선생은 말한다: "이제 그는 읽을 수 있다!"—그러나 저 첫 번째 낱말은 어떠했는가? 선생은 "나는 오류를 범했었다, 그는 그것을 읽었다"라고 말해야 하는가—아니면 "그는 나중에야 비로소 정말로 읽기 시작했다"라고 말해야 하는가?—언제 그는 읽기를 시작했는가? 어느 것이 그가 읽은 첫 번째 낱말인가? 여기서 이 물음은 뜻이 없다. 우리가 다음과 같이(또는 그 비슷하게) 설명할 경우를 제외한다면 말이다: "어떤 사람이 '읽는' 최초의 낱말은 그가 올바로 읽는 낱말 50개로 이루어진 최초의 열에서 첫 번째 낱말이다".

이에 반해 우리가 "읽기"를 기호로부터 말소리로의 어떤 이행(移行) 체험을 나타내는 것으로 사용한다면, 그가 실제로 읽은 최초의 한 낱말에 관해 말하는 것은 과연 뜻을 지닐 것이다. 그 경우 그는 가령 이렇게 말할 수 있다: "이 낱말에서 나는 처음으로 '이제 나는 읽고 있다'란 느낌이 들었다."

또는 이와는 다른, 가령 자동 피아노의 방식에 따라 기호들을 소리들로 옮기는 독서 기계의 경우에는 우리들은 다음과 같이 말할 수 있을 것이다: "그 기계에서 이러이러한 것이 일어나고 나서야—이러이러한 부분들이 전선들로 연결되고 나서야—비로소 그 기계는 읽기 시작했다; 그 기계가 읽은 최초의 기호는 ……이었다."

그러나 살아 있는 독서 기계의 경우, "읽는다"는 이러이러하게 글자에 반응함을 뜻했다. 이 개념은 그러므로 정신적 기제나 다른 어떤 기제로부터 전적으로 독립적이었다.—또한 여기서 선생은 그 피훈련자에 대해, "아마 그는 이 낱말을 이미 읽었을 것이다"라고도 말할 수 없다. 왜냐하면 그가 무엇을 했느냐에 관해서는 실로 아무런 의심도 없기 때문이다.—학생이 읽기 시작했을 때의 변화는 그의 행동의 변화였다; 그리고 여기서 '그의 새로운 상태에서의 최초의 낱말'에 관해서 이야기하는 것은 아무런 뜻을 지니지 않는다.

158. 그러나 이것은 단지 뇌와 신경 체계 내의 과정들에 대한 우리의 지식이 너무 빈약한 때문은 아닌가? 만일 우리가 그 과정들을 더 정확히 안다면 우리는 그 훈련을 통해 어떤 결합들이 만들어졌는지를 보게 될 것이고, 그러면 만약 우리가 그의 뇌 속을 들여다본다고 할 때, 우리는 이렇게 말할 수 있을 것이다: "그는 지금 이 낱말을 읽었다, 지금 읽기 결합이 만들어졌다."——그리고 그건 아마도 그럴 것이 틀림없다—왜냐하면 그렇지 않다면 어떻게 우리가 그러한 결합이 존재한다고 그렇게 확신할 수 있겠는가? 그것은 아마 선천적으로 그럴 것이다—또는 그것은 단지 개연적인가? 그리고 그것은 얼마나 개연적인가? 이 문제에 관해 당신이 도대체 무엇을 아는지 자문해 보라.——그러나 그것이 선천적이라면, 이는 그것이 우리에게 매우 지당한 하나의 묘사 형식임을 뜻한다.

159. 그러나 우리가 이에 관해 숙고할 때, 우리는 어떤 사람이 읽고 있다는 것에 대한 유일하게 현실적인 기준은 읽기—문자들로부터 소리를 낭독하기—의 의식 작용이라고 말하고 싶은 유혹을 받는다. "아무튼 사람은 자기가 읽

고 있는지, 아니면 단지 읽는 척하는지 안다!"—A가 자신이 키릴 문자를 읽을 수 있다는 것을 B가 믿게 만들고자 한다고 가정하자. 그는 러시아어 문장 하나를 외우고 나서는, 인쇄된 낱말들을 바라보면서 마치 그것들을 읽는 양 그 문장을 말한다. 우리는 여기서, A는 자기가 읽고 있지 않다는 것을 알고 있으며, 그가 읽는 척하는 동안 바로 이 점을 느낀다고 확실히 말할 것이다. 왜냐하면 당연히, 인쇄된 문장을 읽기에 대해서는 다소 특징적인 다수의 감정들이 존재하기 때문이다. 그러한 감정들을 기억해 내기는 어렵지 않다: 말이 막힘, 더 정확히 바라봄, 잘못 읽음, 어순의 유창한 정도가 더 크고 더 작음 따위와 같은 감정들을 생각하라. 그리고 이와 똑같이, 암기한 어떤 것의 암송에 대해서도 특징적인 감정들이 존재한다. 그런데 우리의 예에서 A는 읽기에 특징적인 감정들 중 어떠한 것도 지니지 않을 것이며, 가령 속임수에 특징적인 일련의 감정들을 지닐 것이다.

160. 그러나 이런 경우를 생각해 보라: 우리는 유창하게 읽을 수 있는 어떤 사람에게 그가 이전에 전혀 본 적이 없는 한 텍스트를 읽으라고 준다. 그는 그것을 우리에게 낭독한다—그러나 마치 암기된 어떤 것을 말하고 있는 듯한 감정을 지니고서 낭독한다(이는 그 어떤 독약의 영향일 수 있을 것이다). 그 같은 경우에 우리는 그가 그 단락을 실제로 읽고 있지 않다고 말하게 될까? 즉, 여기서 우리는 그의 감정을 그가 읽고 있는지 여부에 대한 기준으로서 인정하게 될까?

또는: 특정한 독약의 영향을 받고 있는 사람에게, 실존하는 어떤 알파벳에도 속할 필요가 없는 일련의 글자들이 제시된다고 하자. 그러면 그는 그 기호들의 수에 따라 낱말들을 발음한다; 마치 그 기호들이 문자들인 양, 게다가 읽기의 온갖 외적 징표와 감정들을 지니고서 말이다. (우리는 꿈속에서 비슷한 경험들을 한다; 그리고 나서 깨어난 후에 가령 이렇게 말한다:

"비록 그것들은 전혀 기호들이 아니었지만, 마치 나는 그것들을 읽는 것처럼 보였다.") 그러한 경우에 상당수의 사람들은 그 사람이 이 기호들을 읽는다고 말하는 경향이 있을 것이다. 다른 사람들은 그가 그것들을 읽지 않는다고 말하는 경향이 있을 것이고.—그가 이러한 방식으로 네 개의 기호로 이루어진 한 집단을 '위에(OBEN)'라고 읽었다(또는 해석했다)고 가정하자—이제 우리가 그에게 같은 기호들을 역순으로 보여 주고, 그가 그것을 '에위(NEBO)'라고 읽는다면, 그리고 계속된 시험에서 그가 그렇게 그 기호들에 대해 언제나 같은 해석을 유지한다면, 여기서 아마 우리는 그가 스스로 알파벳을 임시변통으로 준비해 놓고 나서 그것에 따라 읽고 있다고 말하는 경향이 있을 것이다.

161. 그런데 어떤 사람이 자기가 읽어야 할 것을 암기하여 되풀이하는 경우와 그가 문맥으로부터의 추측이나 암기 지식의 어떠한 도움도 없이 모든 낱말을 한 문자 한 문자 읽는 경우 사이에는 일련의 연속적 이행 단계들이 존재한다는 것도 염두에 두라.

이런 시도를 해 보라. 즉, 우선 1에서 12까지의 수열을 말하라. 이제 당신 시계의 문자판을 주목하고 이 수열을 읽으라.—이 경우에 당신은 무엇을 "읽기"라고 불렀는가? 즉, 그것을 읽기로 만들기 위해 당신은 무엇을 했는가?

162. 이런 설명을 시도해 보자: 어떤 사람이 원본으로부터 사본을 도출해 낸다면, 그는 읽고 있다. 여기서 '원본'이란 그가 읽거나 베껴 쓰는 텍스트, 그가 받아쓰는 구술(口述), 그가 연주하는 악보 등등을 말한다.—이제 만일 우리가 예컨대 어떤 사람에게 키릴 문자를 가르치고, 그 각각의 문자가 어떻게 발음되는지를 가르쳤다면,—그리고 나서 우리가 그에게 토막글을 하나 제시하여 그가 우리에게 배운 대로 각 문자를 발음하면서 그것을 읽는다면,—

우리는 분명 그가 우리에게 받은 규칙의 도움으로 활자의 모양으로부터 한 낱말의 소리를 도출해 내고 있다고 말할 것이다. 그리고 이것도 역시 읽기의 분명한 한 경우이다. (우리는 그에게 '알파벳의 규칙'을 가르쳤다고 말할 수 있을 것이다.)

그러나 왜 우리는 그가 입으로 한 말을 인쇄된 말로부터 도출해 내었다고 말하는가? 우리는 각각의 문자가 어떻게 발음되는지를 우리가 그에게 가르친 것보다, 그리고 그다음 그가 그 말을 소리 내어 읽은 것보다, 더 많이 알고 있는가? 우리는 아마 이렇게 대답할 것이다. 즉, 그 학생은 우리에게 받은 규칙의 도움으로 해서 그 인쇄된 것으로부터 말해진 것으로 이행해 감을 보여 준다고 말이다. ―그것을 어떻게 보여 줄 수 있는가는, 우리가 우리의 예를 바꿔서, 그 학생은 텍스트를 낭독하는 대신 그것을 베껴 써야 한다고, 인쇄된 글을 손 글씨로 옮겨 써야 한다고 하면, 더 분명해질 것이다. 왜냐하면 이 경우 우리는 그에게 한쪽 칸에는 인쇄체 문자들이 놓여 있고 다른 쪽 칸에는 필기체 문자들이 놓여 있는 일람표 형태로 된 규칙을 줄 수 있기 때문이다. 그리고 그가 인쇄된 것으로부터 손으로 쓴 글씨를 도출해 낸다는 것은 그가 그 일람표를 찾아본다는 데에서 드러난다.

163. 그러나 만일 그가 이렇게 하면서 동시에 언제나 A는 b로, B는 c로, C는 d로, ……, 그리고 Z는 a로 옮겨 쓴다면 어떻게 될까?―우리는 이것도 어쨌든 일람표에 따른 도출이라고 부를 것이다. ―이제 그는 §86의 첫 번째 도식이 아니라 두 번째 도식에 따라서 일람표를 사용하고 있다고 우리는 말할 수 있을 것이다.

도무지 단순한 규칙성이 없는 화살표 도식을 통해서 재현되었을 터이지만, 분명 그것도 역시 여전히 일람표에 따른 도출일 것이다.

그러나 그가 하나의 옮겨 쓰기 방식에 머물지 않고, 그것을 단순한 규칙에 따라 바꾼다고 가정하자. 즉, 그가 한번 A를 n으로 옮겨 썼다면, 그는 다음번 A는 o로, 다음번 A는 p로 하는 등등으로 옮겨 쓴다.—그러나 이러한 진행과 불규칙한 진행 사이의 경계는 어디에 있는가?

자, 그러나 이것이, "도출하다"란 낱말은—우리가 그 의미를 뒤따라가면 그 의미는 실로 아무것도 아닌 것으로 녹아 없어져 버리는 것으로 보이므로—실제로는 아무 의미도 지니고 있지 않다는 것을 뜻하는가?

164. (162)의 경우에 "도출하다"란 낱말의 의미는 우리 앞에 명료하게 나타났다. 그러나 우리는 우리 자신에게 말했다, 이것은 도출의 아주 특별한 경우일 뿐이라고, 아주 특별한 옷차림을 한 도출일 뿐이라고; 만일 우리가 도출의 본질을 인식하고자 한다면, 그러한 옷차림은 벗겨져야 한다고 말이다. 자, 이제 우리는 그것으로부터 그 특수한 싸개를 벗겨 내었다. 그러나 그러자 그 도출 자체가 사라져 버렸다.—본래의 아티초크[55]를 발견하려고 우리는 그것의 잎사귀들을 벗겨 내었던 것이다. 왜냐하면 물론 (162)는 도출의 특별한 한 경우였지만, 도출의 본질은 이 경우의 외면적인 것 밑에 숨겨져 있지 않았고, 오히려 이 '외면적인 것'이, 도출의 한 가족을 이루는 경우들로부터 나온 한 경우였기 때문이다.

그리고 그렇게 해서 우리는 또한 "읽기"라는 낱말을 어떤 한 가족을 이루는 경우들에 대해 적용한다. 그리고 어떤 사람이 읽는다고 하는 것에 대해 우리는 다양한 상황에서 다양한 기준들을 적용한다.

165. 그러나 그럼에도 불구하고—우리는 이렇게 말했으면 한다—읽기란 아

55 (옮긴이주) '아티초크': 키나라 속에 속하는 여러해살이 엉겅퀴로, 보통 그 꽃봉오리를 이루는 다육질 잎사귀들만을 식용한다.

주 특정한 과정이다! 인쇄된 한 면을 읽으라, 그러면 당신은 그것을 알 수 있다. 즉, 그때 어떤 특별한 것이, 아주 특징적인 어떤 것이 일어난다. ——자, 내가 인쇄물을 읽을 때 대체 무엇이 일어나는가? 나는 인쇄된 낱말들을 보며, 낱말들을 발화한다. 그러나 물론 이것이 전부는 아니다. 왜냐하면 내가 인쇄된 낱말들을 보고 낱말들을 발화하지만, 그럼에도 불구하고 그것은 읽기가 아닐 수 있을 것이기 때문이다. 내가 말하는 낱말들이 저 인쇄된 것으로부터 기존의 알파벳에 따라 낭독되는 것들이라고 해야 하는 경우에조차, 읽기가 아닐 수 있을 것이다. —그리고 읽기란 특정한 체험이라고 당신이 말한다면, 당신이 사람들에 의해 일반적으로 승인된 알파벳 규칙에 따라 읽느냐 아니냐는 실로 아무런 역할도 하지 않는다. —그러면 읽기의 체험에서 특징적인 것은 무엇에 있는가?—여기서 나는 이렇게 말했으면 한다. 즉, "내가 발화하는 말은 특별한 방식으로 온다"라고 말이다. 즉, 그것은 내가 예컨대 말을 꾸며낼 때 오듯 그렇게 오지 않는다. —그것은 저절로 온다. —그러나 이것조차도 충분하지 않다; 왜냐하면 내가 인쇄된 말을 바라보는 동안 내 머리에 낱말들의 소리가 떠오름에도 불구하고, 나는 그것을 읽지 않았을 수 있기 때문이다. —여기서 나는 또 이렇게 말할 수 있을 것이다. 즉, 내가 말하는 낱말들도 역시, 예컨대 어떤 것이 나에게 그것들을 기억나게 하듯 그렇게 내 머릿속에 떠오르지는 않는다고 말이다. 예컨대 나는 이렇게 말했으면 하지 않는다. 즉, "무(無)"라고 인쇄된 낱말은 나에게 언제나 "무"란 소리를 기억나게 한다고 말이다. —오히려, 내가 말하는 낱말들은 읽을 적에 말하자면 미끄러져 들어온다. 그렇다, 나는 낱말 소리를 내적으로 들음이란 독특한 과정 없이 우리말의 인쇄된 낱말을 결코 바라볼 수 없다.

□

"아주 특정한/일정한"(분위기)이란 표현의 문법.

우리들은 "이 얼굴은 아주 특정한 표정을 지니고 있다"라고 말한다. 그리고는 가령 그것을 특징지을 말을 찾는다.

166. 나는 말하기를, 읽을 적에 말해지는 말은 '특별한 방식으로' 온다고 하였다. 그러나 어떤 방식으로? 이는 허구가 아닌가? 개별적인 문자들을 바라보고 문자의 소리가 어떤 방식으로 오는지 주의해 보자. 문자 A를 읽으라.—자, 그 소리는 어떻게 왔는가?—우리는 거기에 관해 할 말을 전혀 알지 못한다. ——자, 로마자 소문자 a를 쓰라!—그걸 쓸 적에 손놀림은 어떻게 왔는가? 앞의 시도에서 소리가 오는 것과는 달리 왔는가?—나는 인쇄된 문자를 주시하고 필기체 문자를 썼다; 그 이상 나는 알지 못한다. ——자, 기호 를 바라보고 동시에 어떤 소리가 당신 머리에 떠오르게끔 하라. 그 소리를 발음하라. 내 머리에 'U'란 소리가 떠올랐다. 그러나 나는 이 소리가 온 방식에 본질적인 차이가 있었다고는 말할 수 없을 것이다. 차이는 조금 다른 상황에 놓여 있었다: 나는 나 자신에게 미리, 나는 어떤 소리 하나가 내 머리에 떠오르게끔 해야 한다고 말했다; 그 소리가 오기 전에, 거기에는 어떤 긴장이 있었다. 그리고 나는 그 'U'란 소리를 문자 U를 바라볼 때처럼 자동적으로 말하지 않았다. 또한 나에게 저 기호는 문자들처럼 낯익지 않았다. 나는 말하자면 긴장하여서, 그것의 형태에 대해 어떤 관심을 가지고서 그것을 보았다; 그와 동시에 나는 거꾸로 된 시그마를 생각했다. ——이제 당신이 이 기호를 하나의 문자로서 규칙적으로 이용해야 한다고 상상해 보라. 즉, 그것을 바라볼 적에 당신은 어떤 특정한 소리를, 가령 '쉬(sch)'란 소리를 발음하도록 자신을 길들인다. 우리가 말할 수 있는 것은, 시간이 좀 지나면 우리가 그 기호를 바라볼 때 이러한 소리가 자동적으로 온다는 것 이상일 수 있는가? 즉, 그것을 볼 적에 나는 더는 "이것은 어떤 문자인가?" 하고 자문하지 않는다—또한 나는 나 자신에게 "나는 이 기호에서 '쉬'란 소리를 발음하겠다"라고도 물론 말하지 않으며—"이 기호는 어떻든 나에게 '쉬'란 소리를 기

억나게 한다"라고도 말하지 않는다.

(이것과, 기억 심상은 다른 심상들과 특별한 징표에 의해서 구별된다는 관념을 비교하라.)

167. 그런데 읽기란 아무튼 '아주 특정한 과정'이라는 명제에는 무엇이 들어 있는가? 그건 아마, 읽기에서는 우리가 재인식하는 어떤 하나의 정해진 과정이 늘 일어난다는 뜻일 것이다. ―그러나 이제 내가 한번은 인쇄된 문장을 읽고 다음번에는 그것을 모스 부호에 따라 쓴다면, ―여기서 실제로 같은 심리적 과정이 일어나는가? ――그러나 이에 반해서, 인쇄면 읽기의 체험에는 물론 어떤 한결같음이 있다. 왜냐하면 그 과정이 실로 한결같기 때문이다. 그리고 이러한 과정이 가령 임의의 선들을 보고 낱말들이 머릿속에 떠오르도록 하는 과정과 구별된다는 것은 실로 쉽게 이해될 수 있다. ―왜냐하면 인쇄된 행의 모습만 해도 이미 대단히 특징적―즉 아주 특별한 하나의 모습―이기 때문이다: 모두 대략 같은 크기들을 지니고 있으며, 형태상으로도 근친적이며, 늘 회귀하는 문자들; 대부분 항구적으로 반복되며, 매우 낯익은 얼굴들처럼 우리에게 끝없이 낯익은 낱말들. ―어떤 한 낱말의 철자법이 바뀔 때 우리가 느끼는 거북함을 생각하라. (그리고 낱말들의 철자법 문제들이 일으켜 온 훨씬 더 깊은 느낌들을 생각하라.) 물론, 모든 기호 형태가 각각 우리에게 깊은 인상을 주었던 것은 아니다. 예컨대 논리 대수에서의 기호는 우리에게 깊은 느낌들을 불러일으키지 않고서도 임의의 다른 기호로 대체될 수 있다. ―

우리에게 보이는 낱말의 모습들은 우리에게 들리는 낱말들과 비슷한 정도로 우리에게 낯익다는 점을 염두에 두라.

168. 또한 우리의 시선이 인쇄된 행들 위를 미끄럼 탈 때는 일렬로 늘어선

임의의 갈고리 모양들과 소용돌이 모양들 위를 미끄럼 탈 때와는 다르다. (그러나 여기서 나는 읽고 있는 사람의 눈 운동을 관찰함으로써 확인될 수 있는 것에 관해서 이야기하고 있지 않다.) 그 시선은 특별한 저항 없이, 정체하지 않고 미끄럼을 타지만, 그럼에도 불구하고 미끄러지지는 않는다고 할 수 있을 것이다. 그리고 그와 동시에 상상 속에서 부지불식간에 말함이 일어난다. 그리고 이와 같은 사정은 내가 우리말이나 다른 언어들을 읽을 때, 그것들이 인쇄되어 있거나 씌어 있거나, 그리고 다른 서식들로 되어 있거나 마찬가지이다.—그러나 그 모든 것들 중에서 무엇이 읽기 그 자체에 본질적인가? 읽기의 모든 경우에 나타나는 어떤 한 특징이 아니다! (일상적 인쇄물을 읽을 적의 과정과 때때로 수수께끼의 해답들처럼 완전히 대문자들로 인쇄된 말을 읽는 것을 비교하라. 얼마나 다른 과정인가!—또는 우리의 글을 오른편에서 왼편으로 읽기.)

169. 그러나 우리가 읽을 때, 우리는 우리가 하는 말과 낱말 모습들 간에 일종의 인과 관계를 느끼지 않는가?——어떤 문장 하나를 읽으라!—그리고 이제 다음 열을 죽 바라보고,

동시에 어떤 한 문장을 말해 보라. 첫 번째 경우에는 말이 기호들을 바라봄과 결합되어 있었고, 두 번째 경우에는 그러한 결합 없이, 기호들을 봄과 나란히 달려가는 것을 느낄 수 있지 않은가?

그러나 어째서 당신은 우리가 어떤 인과 관계를 느꼈다고 말하는가? 인과 관계는 아무튼 우리가 실험들을 통해서, 예컨대 과정들의 규칙적인 병발(倂發)을 관찰함으로써 확인하는 것이다. 대체 어떻게 해서 나는 그처럼 실험들

을 통해서 확인되는 것을 내가 느낀다고 말할 수 있을까? (물론 우리가 인과 관계를 단지 어떤 규칙적인 병발의 관찰을 통해 확인하지 않는다는 것은 참이다.) 우리들은 차라리 이렇게 말할 수 있을 것이다. 즉, 나는 문자들이 내가 이러이러하게 읽는 근거라고 느낀다고 말이다. 왜냐하면 어떤 사람이 나에게 "당신은 왜 그렇게 읽는가?"라고 묻는다면—나는 거기 놓여 있는 문자들로 그 근거를 댈 것이기 때문이다.

그러나 내가 발화한, 생각한, 이 근거를 느낀다는 것은 무엇을 뜻할까? 나는 이렇게 말했으면 한다. 즉, 읽을 적에 나는 나에게 끼치는 문자들의 어떤 영향을 느낀다고——그러나 내가 말하는 것에 대한 저 일렬로 늘어선 임의의 소용돌이 곡선들의 영향은 느끼지 않는다고 말이다.—개별적인 문자 하나를 그러한 소용돌이 곡선과 다시 비교해 보자! 내가 "i"란 문자를 읽을 때도 나는 그것의 영향을 느낀다고 말할까? 물론, 내가 i-소리를 "i"를 바라볼 적에 말하느냐 아니면 "ϑ"를 바라볼 적에 말하느냐는 차이가 있다. 그 차이는 가령, 그 문자를 바라볼 적에는 자동적으로, 실로 나의 의지에 반해, i-소리의 내적인 들림이 일어난다는 것, 그리고 내가 그 문자를 소리 내어 읽을 때는 "ϑ"를 볼 적보다 그 발음이 덜 긴장된다는 것이다. 즉, 내가 시험을 해 볼 때는 사정이 그러하다는 말이다; 그러나 내가 기호 "ϑ"를 우연히 보면서, 가령 i-소리가 나타나는 어떤 한 낱말을 발음한다면 물론 그렇지가 않다.

170. 만일 우리가 문자들의 경우를 임의의 선들의 경우와 비교하지 않았더라면, 실로 우리는 읽을 적에 우리에게 끼치는 문자들의 영향을 느꼈다는 생각에 결코 이르지 않았을 것이다. 그리고 여기서 우리는 물론 어떤 차이를 인지한다. 그리고 이 차이를 우리는 영향으로, 그리고 영향의 결여로 해석한다.

더 정확히 말하자면, 우리가—가령 읽기에서 대체 무엇이 일어나는가를 보기 위해서—의도적으로 천천히 읽을 때, 그런 경우에 우리는 특별히 그러한 해석으로 기우는 경향이 있다. 말하자면 우리가 매우 의도적으로 문자들이 우리를 인도하게 할 때 말이다. 그러나 이 '나를 인도하게 함'은 다시, 내가 문자들을 잘 바라본다는 데—가령 다른 어떤 생각들을 배제한다는 데—있을 뿐이다.

우리는 우리가, 말하자면 어떤 느낌을 통해서, 낱말 모습과 우리가 말하는 소리 사이에서 하나의 결합 기제를 지각한다고 상상한다. 왜냐하면 내가 영향의 체험, 인과 관계의 체험, 인도받음의 체험에 관해 이야기한다면, 이는 실로, 내가 말하자면 문자를 바라봄과 말함을 결합하는 지렛대의 움직임을 느낀다는 것을 뜻해야 할 것이기 때문이다.

171. 나는 한 낱말을 읽을 적에 내가 하는 체험을 다양한 방식으로 적절히 말로 표현할 수 있었을 것이다. 그래서 나는 씌어 있는 것이 나에게 소리들을 암시한다고 말할 수 있을 것이다.—그러나 또한, 읽을 적에는 문자와 소리가 하나의 통일체를—말하자면 하나의 합금을—형성한다고도 말할 수 있을 것이다. (비슷한 융합이 예컨대 유명한 사람들의 얼굴과 그들의 이름들의 소리 사이에 존재한다. 우리에게는 이러이러한 이름이 이러이러한 얼굴에 대한 유일하게 올바른 표현인 듯이 보인다.) 내가 이러한 통일성을 느낀다면, 나는 이렇게 말할 수 있을 것이다. 즉, 나는 씌어 있는 낱말에서 소리를 본다고, 또는 듣는다고 말이다.—

그러나 이제, 인쇄된 몇몇 문장을 읽기의 개념을 생각하지 않을 때 통상 읽듯이 그렇게 한번 읽어보라. 그리고 그렇게 읽을 적에 당신에게 그러한 통일성의 체험, 영향의 체험 따위가 있었는지 자문해 보라.—당신에게 그러한 체험들이 무의식적으로 있었다고는 말하지 말라! 또한, '더 자세히 주목할 적에는' 이러한 현상들이 나타났다고 하는 관념에 의해서도 미혹되지 않도록 하자! 어떤 한 대상이 멀리서 어떻게 보이는지를 내가 기술해야 할 때, 이 기술은 내가 더 자세히 바라볼 때 그 대상에서 인지될 수 있는 것을 말함으로써 더 정확해지지 않는다.

172. 인도받는다는 체험을 생각해 보자! 이렇게 물어 보자: 우리가 예컨대 길을 인도받을 때, 이 체험은 무엇에 있는가?—다음과 같은 경우들을 상상해 보라:

당신은 가령 두 눈이 가려진 채로 놀이터에 있다. 그리고 누군가의 손에 의해 때로는 왼쪽으로 때로는 오른쪽으로 인도된다. 당신은 언제나 그의 손이 끌어당겨 주기를 기다려야 하며, 어떤 예기치 않은 끌어당김에 비틀거리지 않도록 주의하기도 해야 한다.

아니면: 당신은 누군가의 손에 의해 억지로, 당신이 원하지 않는 곳으로 인도된다.

또는: 당신은 춤출 때 파트너에 의해서 인도된다. 당신은 그의 의도를 추측하고 아주 가벼운 압박에도 맞춰 따르기 위해서 가능한 한 매우 민감해져야 한다.

또는: 누군가가 당신에게 산책길을 인도한다. 당신들은 대화하면서 간다. 그가 어디로 가든, 당신도 역시 간다.

또는: 당신은 들길을 따라간다. 들길이 당신을 인도하게 내버려둔다.

이 모든 상황들은 서로 비슷하다. 그러나 무엇이 그 체험들 모두에 공통적인가?

173. "그러나 인도받는다는 것은 아무튼 특정한 체험이다!" —이에 대한 대답은, 지금 당신은 인도받음이라는 특정한 체험을 생각하고 있다는 것이다.

내가 앞의 예들 가운데 하나에서, 글을 쓸 적에 인쇄된 텍스트와 일람표에 의해 인도되는 사람의 체험을 내 마음속에 생생히 그려내고자 한다면, 나는 '양심적인' 참조 따위를 상상한다. 그와 동시에 나는 특정한 얼굴 표정을 (예컨대 양심적인 기록 계원의 얼굴 표정을) 짓기까지 한다. 이러한 그림에서 예컨대 주의 깊음은 매우 본질적이다; 다른 그림에서는 다시 자신의 모든 의지를 배제하는 것이 본질적이다. (그러나 어떤 사람이, 보통 사람은 부주의한 몸짓으로 하는 것을 주의 깊은 표정을 하고서—그리고 감정도 넣어서—한다고 생각해 보라.—그런데 그는 주의 깊은가? 가령 하인이 외면상 주의 깊은 표를 내면서 찻쟁반과 함께 그 위에 놓여 있는 모든 것을 땅바닥에 떨어뜨리는 걸 생각해 보라.) 내가 그런 특정한 체험을 내 마음속에 생생히 그려낸다면, 나에게 그것은 인도받음이라는 (또는 읽기라는) 바로 그 체험으로 보인다. 자, 그러나 나 자신에게 물어 보자: 당신은 무엇을 하고 있는가?—당신은 모든 기호를 각각 바라본다, 그와 동시에 당신은 이러이러한 얼굴을 한다, 당신은 신중히 문자들을 쓴다(등등).—그러니까 이것이 인도받음의 체험인가?——여기서 나는 이렇게 말했으면 한다: "아니, 그렇지 않다. 인도받음의 체험은 더 내적인 어떤 것, 더 본질적인 어떤 것이다."—마치 처음에는 이 다소 비본질적인 모든 과정들이 하나의 특정한 분위기에 감싸여 있었는데, 이제 내가 정확히 들여다보니 그 분위기가 사라진다는 듯이 말이다.

174. 당신 자신에게 물어 보라. 어떻게 당신은 주어진 선에 평행한 선을 '신중하게' 긋는가를,—그리고 다음번에는 그것에 각을 이루도록 신중하게 긋는가를. 무엇이 신중함의 체험인가? 여기서 당신 머리에는 즉시 어떤 특정한 표정, 몸짓이 떠오른다,—그리고 그러면 당신은 이렇게 말했으면 한다: "그리고 그것이 바로 **특정한** 내적 체험이다." (물론 이로써 당신은 전혀 어떤 것

도 더 말한 것이 없다.)

(여기에는 의도의 본질, 의지의 본질에 대한 물음과의 연관이 있다.)

175. 종이 위에 임의의 낙서를 해 보라. ――그리고 이제 그 옆에 그것을 본떠 그리라, 그것이 당신을 인도하게 하라. ――나는 이렇게 말했으면 한다: "확실하다! 이제 나는 인도받았다. 그러나 그때 무슨 특징적인 것이 일어났는가?―무엇이 일어났는가를 내가 말한다면, 나에게 그것은 더는 특징적으로 보이지 않는다."

자, 그러나 다음과 같은 점에 유의하라: 내가 자신을 인도받게 하는 동안에는 모든 것이 아주 단순하다. 나는 아무런 특별한 것을 인지하지 않는다. 그러나 그 후에 내가 그 당시 무엇이 일어났는가를 자문하면, 그것은 기술할 수 없는 어떤 것이었던 듯이 보인다. 그 후에는 어떠한 기술도 나에게는 충분하지가 않다. 말하자면 나는 내가 단순히 바라보았고, 이러이러한 얼굴을 했으며, 선을 그었다고 믿을 수가 없다.―그러나 그럼 나는 다른 어떤 것을 기억해 내는가? 아니다. 그럼에도 불구하고 나에게는, 다른 어떤 것이 있었어야 할 것처럼 보인다; 특히, 내가 그때 나 자신에게 "인도"니 "영향"이니 하는 따위의 말을 할 때는 말이다. "왜냐하면 어쨌든 나는 인도받았으니까"라고 나는 말한다.―그러면 비로소 저 에테르적인, 파악 불가능한 영향이란 관념이 등장한다.

176. 내가 추후에 그 체험을 생각할 때, 나는 그것에서 본질적인 것은―현상들의 그 어떤 단순한 동시성과는 대조되는―'영향의 체험', 결합의 체험이라는 느낌을 받는다. 그러나 동시에 나는 어떤 체험된 현상도 "영향의 체험"이라 부르고 싶지가 않다. (여기에는 의지가 현상이 아니라고 하는 관념이 놓여 있다.) 나는 내가 '때문'을 체험했다고 말했으면 한다; 그럼에도 불구하고

나는 어떠한 현상도 "때문의 체험"이라고 부르기를 원하지 않는다.

177. "나는 때문을 체험한다"라고 나는 말했으면 한다. 그러나 내가 이런 체험을 기억해 내기 때문은 아니다; 오히려 내가 그러한 경우에 체험하는 것을 숙고할 적에, 그것을 '때문'이란 개념(또는 '영향', 또는 '원인', 또는 '결합'이란 개념)의 매개를 통해 바라보기 때문이다.—왜냐하면 내가 원본의 영향하에서 이러한 선을 그었다고 말하는 것은 물론 옳지만, 그러나 이는 단순히 내가 선을 그을 적에 무엇을 느꼈느냐에 있는 게 아니라—상황에 따라서는, 예컨대, 내가 그 선을 다른 선에 평행하게 긋는다는 데 있기 때문이다; 비록 이것 역시 인도받음에 대해 일반적으로 본질적이지 않기는 하지만 말이다.—

178. 우리는 또한 이렇게 말한다: "당신은 내가 그것에 의해 인도받는 것을 본다."—그런데 그걸 보는 사람은 무엇을 보는 것인가?

내가 나 자신에게 "나는 분명 인도받고 있다"라고 말할 때—나는 그것에 덧붙여 가령 인도함을 표현하는 손동작을 한다.—마치 당신이 누군가를 죽 이끄는 듯한 그런 손동작을 하고 나서, 이러한 동작의 인도하는 성격은 무엇에 있는가를 당신 자신에게 물어 보라. 왜냐하면 당신은 여기서 실로 아무도 인도하지 않았기 때문이다. 그럼에도 불구하고 당신은 그 동작을 '인도하는' 동작이라고 불렀으면 한다. 그러니까 이러한 동작과 감정에 인도함의 본질은 포함되어 있지 않았는데도, 그것은 이러한 명칭을 사용하도록 당신을 몰아댄 것이다. 우리에게 이러한 표현을 강요하는 것은 바로 인도함의 한 현상형식이다.

179. 우리의 경우 (151)로 되돌아가자. 이 점은 분명하다. 즉, 우리는 B의 머

릿속에 공식이 떠올랐기 때문에 그가 "이제 나는 계속해 나갈 줄 안다"란 말을 할 권리를 가진다고 말하지는 않을 것이다,—만일 공식이 떠오름—공식을 말함, 적음—과 수열의 실제 전개 사이에 경험적으로 연관이 있지 않다면 말이다. 그리고 그러한 연관은 실로 명백히 존재한다.—그리고 이제 우리들은 "나는 계속할 수 있다"란 문장이 "나는 경험상 수열의 전개로 인도하는 어떤 체험을 했다"와 다름없는 말이라고 생각할 수 있을 것이다. 그러나 B가 자기는 계속해 나갈 수 있다고 말할 때, 그는 그것을 뜻하는가? 그 문장이 그때 그의 마음속에 떠오르는가? 또는, 그는 그 문장을 자기가 뜻하는 것에 대한 설명으로서 줄 준비가 되어 있는가?

아니다. "이제 나는 계속해 나갈 줄 안다"란 말은 그의 머리에 그 공식이 떠올랐을 때 올바로 적용되었다; 즉, 어떤 상황에서는 말이다. 예컨대, 그가 대수학을 배웠고 그러한 공식들을 이전에 이미 이용해 왔다면 말이다.—그러나 이는 저 진술이 우리 언어놀이의 무대를 형성하는 전체 상황에 대한 기술(記述)의 생략일 뿐임을 뜻하지는 않는다.—어떻게 우리가 "이제 나는 계속해 나갈 줄 안다", "이제 나는 계속해 나갈 수 있다"라는 등등의 표현들을 사용하는 법을 배우는가를 생각하라. 어떤 언어놀이들의 가족에서 우리가 그 표현들의 쓰임을 배우는가를 말이다.

또한 우리는, B가 갑자기—가령 안도의 느낌과 함께—"이제 나는 계속해 나갈 줄 안다"라고 말했다는 것 외에 그의 마음속에 다른 것이라고는 전혀 아무것도 떠오르지 않았는데, 이제 그가 공식을 이용하지 않고서도 실제로 수열을 계산해 나가는 경우도 상상할 수 있다. 그리고 이러한 경우에도 우리는—어떤 상황에서는—그가 계속해 나갈 줄 알았다고 말하게 될 것이다.

180. 이 말은 그렇게 사용된다. 예컨대 이 마지막 경우에 그 말을 "심리적 상태

의 기술"이라고 부르는 것은 우리를 아주 오도할 것이다.—오히려 여기서 그것은 하나의 "신호"라고 불릴 수 있을 것이다; 그리고 우리는 그것이 올바로 적용되었는지를 그가 계속해서 무엇을 하느냐에 따라 판단한다.

181. 이를 이해하려면, 우리는 또한 다음과 같은 것을 숙고하지 않으면 안 된다: B가 자기는 계속해 나갈 줄 안다고 말한다고 가정하자—자, 그러나 그가 계속해 나가려고 할 때, 그는 막히고 계속해 나갈 수가 없다. 그 경우 우리는 자기가 계속해 나갈 수 있다는 그의 말은 부당했다고 말해야 할까? 아니면, 그는 그 당시에는 계속해 나갈 수 있었을 테지만, 다만 지금은 그렇게 할 수 없는 거라고 말해야 할까?—우리가 상이한 경우에 상이한 말을 하리라는 것은 분명하다. (그 두 가지 경우를 당신 스스로 생각해 보라.)

182. "걸맞다", "할 수 있다", "이해하다"의 문법. 과제들: (1) 언제 우리들은 원통 Z가 빈 원통 H에 걸맞다고 말하는가? 오직 Z가 H에 꽂혀 있는 동안에만? (2) 때때로 우리들은 Z가 이러이러한 시간에 H에 걸맞기를 멈췄다고 말한다. 그러한 경우에 우리들은 그 일이 그 시간에 일어났다는 것에 대해 어떤 기준들을 사용하는가? (3) 어떤 물체가 특정한 시간에 저울 위에 놓여 있지 않았다면, 우리들은 무엇을 그 물체의 무게가 그 시간에 바뀌었다는 것에 대한 기준으로 간주하는가? (4) 어제 나는 그 시를 외워 알고 있었다; 오늘 나는 더는 그것을 알지 못한다. "언제 나는 그것을 외워 알기를 그쳤는가?"라는 물음은 어떤 경우에 뜻을 지니는가? (5) 누군가가 나에게 묻는다: "당신은 이 무게를 들어 올릴 수 있는가?" 나는 "그렇다"고 대답한다. 그런데 그가 "해 보라!" 하고 말한다—그때 나는 들어 올릴 수가 없다. "내가 '그렇다'고 대답했을 때는 나는 그걸 할 수 있었다, 단지 지금은 나는 그것을 할 수 없다"란 변명은 어떤 상황에서 인정받게 될까?

'걸맞음', '할 수 있음', '이해함'에 대해 우리가 인정하는 기준들은 첫눈에 보이는 것보다는 훨씬 더 복잡하다. 즉, 이 말들을 가지고 하는 놀이, 이 말들을 수단으로 하는 언어적 교류에서의 이 말들의 사용은 더 얽히고설켜 있다—우리 언어에서 이 낱말들이 하는 역할은 우리가 믿고 싶어 하는 것과는 다르다.

(그 역할이 우리가 철학적 역설들을 풀기 위해서는 이해해야 하는 것들이다. 그리고 그런 까닭에, 그것을 위해 정의(定義)는 보통 충분하지가 않다. 그리고 낱말은 '정의 불가능'하다는 규정은 더더구나 그러하다.)

183. 그러나 어떤가,—(151)의 경우에 "이제 나는 계속해 나갈 수 있다"란 문장은 "이제 그 공식이 내 머리에 떠올랐다"와 같은 것을 뜻했는가, 또는 다른 어떤 것을 뜻했는가? 우리는 이 후자의 문장이 이러한 상황에서는 전자와 같은 뜻을 지닌다고 (같은 것을 수행한다고) 말할 수 있다. 그러나 또한, 일반적으로는 이 두 문장은 같은 뜻을 지니고 있지 않다고도 말할 수 있다. 또한 우리는, "이제 나는 계속해 나갈 수 있다; 내 말은, 나는 그 공식을 안다는 것이다"라고도 말한다. 우리가 "나는 걸어갈 수 있다, 즉 나는 시간이 있다"라고 말하는 것처럼 말이다. 그러나 우리는 또한, "나는 걸어갈 수 있다, 즉 나는 이미 충분히 튼튼하다", 또는 "나는 걸어갈 수 있다, 나의 다리 상태에 관한 한 말이다"라고도 말한다. 요컨대, 우리가 보행의 이 조건을 다른 조건들과 대조할 때는 말이다. 그러나 여기서 우리는 (예컨대 어떤 사람이 걸어간다는 것에 대한) 모든 조건들의 어떤 한 총체가 그 경우의 본성에 대응해서 존재한다고, 그래서 그 모든 조건이 충족된다면 그는 말하자면 걸어갈 수밖에 없을 것이라고 믿지 않도록 조심해야 한다.

184. 내가 어떤 곡조를 기억해 내고자 하는데, 그것이 내 머리에 떠오르질

않는다; 갑자기 나는 "이제 알았다!"라고 말하고는 그것을 노래 부른다. 내가 그것을 갑자기 알았을 때, 어떠했는가? 그것은 아무튼 이 순간에 내 머리에 완전히 떠오를 수 없었다! ― 당신은 아마, "그건 마치 그것이 지금 여기 있는 듯한 어떤 특정한 느낌이다"라고 말할 것이다 ― 그러나 그것이 지금 여기 있는가? 이제 내가 그것을 부르기 시작하는데 막혀 버린다면 어찌 되는가? ―― 그러나 아무튼 그 순간에 나는 내가 그것을 알았다고 확신할 수 있지 않았는가? 그러니까 그것은 어쨌든 그 어떤 뜻에서 거기 있었다! ―― 그러나 어떤 뜻에서? 아마 당신은 그가 그 곡조를 완창하거나 처음부터 끝까지 내적인 귀로 듣는다면 그 곡조는 거기에 있는 거라고 말할 것이다. 물론 나는 그 곡조가 거기에 있다는 진술에 전혀 다른 뜻 ― 예컨대 그 곡조가 적혀 있는 종이쪽지를 내가 가지고 있다는 ― 이 또한 주어질 수 있다는 것을 부인하지 않는다. ― 그런데 그가 자기는 그걸 안다고 '확신'한다는 것은 대체 무엇에 있는가? ― 물론 우리들은 이렇게 말할 수 있다: 어떤 사람이 이제 자기는 그 곡조를 안다고 확신을 갖고 말한다면, 그 곡조는 그 순간 그의 마음의 눈앞에 (어떤 식으로든) 완전히 있다 ―― 그리고 이것은 "그 곡조가 그의 마음의 눈앞에 완전히 있다"란 말에 대한 하나의 설명이다.

185. 자, 우리의 예 (143)으로 되돌아가자. 이제 ― 통상적인 기준으로 판단할 때 ― 그 학생은 기본수열을 숙달했다. 이제 우리는 그에게 다른 기수열들을 쓰는 법도 가르친다. 우리는 예컨대 "+n"이란 형식의 명령에 대해 그가

0, n, 2n, 3n, 등등

이라는 형식의 수열을 쓰는 데까지 이르도록 그를 이끈다; 그는 그러니까 "+1"이란 명령에 대해서는 기본수열을 쓴다. ― 우리가 1000까지의 수 공간

안에서 우리의 연습을 하고 학생의 이해력을 시험했다고 하자.

이제 우리는 학생에게 어떤 수열(가령 "+2")을 1000을 넘어서서 한번 계속해 보게 한다, —그때 그는 다음과 같이 쓴다: 1000, 1004, 1008, 1012.

우리가 그에게 말한다: "봐라, 뭘 하고 있니!"—그는 우리를 이해하지 못한다. 우리는 말한다: "너는 둘을 더해야 했어; 봐라, 네가 수열을 어떻게 시작했는지!"—그가 대답한다: "그래요! 이게 옳지 않은가요? 저는 제가 그렇게 해야 하는 거라고 생각했는데요."——또는 그가 그 수열을 가리키면서 이렇게 말했다고 가정하자: "그렇지만 저는 같은 방식으로 계속해 나간 걸요!" —이제 우리가, "그러나 너는 도대체 …… 보지 못하느냐?"라고 말하는 것은—그리고 그에게 이전의 설명들과 예들을 되풀이하는 것은—아무 소용이 없을 것이다.—우리는 그런 경우에 가령 이렇게 말할 수 있을 것이다. 즉, 이 인간은 우리의 설명을 듣고서는 천성적으로, "1000까지는 매번 2를 더하고, 2000까지는 4를 더하고, 3000까지는 6을 더하라, 기타 등등"이란 명령을 우리가 이해하는 것처럼 저 명령을 이해하고 있다고.

이 경우는, 손으로 가리키는 동작에 대해 어떤 사람이 천성적으로, 손가락 방향으로 보는 대신 손가락에서 손목 방향으로 봄으로써 반응하는 것과 유사성을 지닐 것이다.

186. "그러니까 당신이 말하는 것은 결국, '+n'이란 명령을 올바로 따르기 위해서는 매 단계마다 새로운 통찰—직관—이 필요하다는 게 된다."—올바로 따르기 위해서라! 특정한 한 지점에서 어느 것이 올바른 행보인지는 도대체 어떻게 결정되는가?—"올바른 행보란 뜻해진 바대로의 명령과 일치하는 행보이다."—당신이 "+2"라고 명령을 했을 때, 당신은 그러니까 그가 1000에 이어 1002를 써야 한다고 뜻했다—그런데 그때 당신은 또한 그가 1866 다음에는 1868을 써야 하고, 100034 다음에는 100036을 써야 하고 등

등—무수히 많은 이러한 문장들—을 뜻했는가?—"아니다; 내가 뜻한 것은, 그는 그가 쓰는 각각의 수 다음에 그 다음다음 수를 써야 한다는 것이었다; 그리고 이로부터 저 모든 문장들이 차례로 따라 나온다."—그러나 그 어떤 지점에서 저 문장으로부터 무엇이 따라 나오느냐가 바로 문제인 것이다. 또는, 그 어떤 지점에서 우리가 무엇을 저 문장과의 (그리고 그때 그 문장에 부여된 당신의 의사(意思)—이것이 무엇에 있었든 간에—와의) "일치"라고 불러야 하느냐가 바로 문제인 것이다. 모든 지점에서 직관이 필요하다고 말하는 것보다는, 모든 지점에서 새로운 결단이 필요하다고 말하는 것이 거의 더 옳을 것이다.

187. "그렇지만 내가 그 명령을 한 그 당시에도 나는 그가 1000 다음에는 1002를 써야 한다는 것을 이미 알고 있었다!"—확실히 그렇다; 그리고 당신은 그 당시 당신은 그것을 뜻했다고까지도 말할 수 있다. 다만, 당신은 "알다"와 "뜻하다"란 낱말들의 문법에 의해 오도되지 않도록 해야만 한다. 왜냐하면 실로 당신은 그 당시 당신이 1000에서 1002로의 이행(移行)을 생각했다는 것을 뜻하지 않기 때문이다—그리고 설사 이 이행 단계를 생각했다 하더라도, 다른 이행 단계는 어쨌든 생각하지 않았기 때문이다. "나는 그 당시 이미 …… 알았다"란 당신의 말은 가령 "그 당시 누군가가 나에게 1000 다음에 그는 어떤 수를 써야 하느냐고 물었다면, 나는 '1002'라고 대답했을 것이다"를 뜻한다. 그리고 나는 이를 의심하지 않는다. 그것은 가령 "그가 그 당시 물에 빠졌다면, 나는 그를 구하러 뛰어들었을 것이다"와 같은 종류의 가정이다.—자, 그럼 당신의 관념은 무엇에 잘못이 있었는가?

188. 여기서 나는 무엇보다도 이렇게 말했으면 한다. 즉, 당신의 관념은, 저 명령을-뜻함이 그 자신의 방식으로 이미 저 모든 이행 단계들을 취했다는

것이었다. 즉, 그렇게 뜻할 적에 당신의 영혼이 미리 비상(飛翔)하여, 당신이 육체적으로 이 또는 저 이행 단계에 도달하기 전에 그 모든 이행 단계들을 취한다는 것이었다.

당신은 그러니까 다음과 같은 표현들을 사용하는 경향이 있었다: "그 이행 단계들은 내가 그것들을 문서로, 구두로, 또는 사고로 취하기 전에도, 실제로는 이미 취해져 있다." 그리고 그 이행 단계들은 비길 데 없이 독특한 방식으로 미리 결정되어 있고 선취(先取)되어 있는 듯이 보였다—단지 뜻하는 것만으로 현실을 선취할 수 있는 것처럼 말이다.[56]

189. "그러나 그럼 그 이행 단계들은 그 대수 공식에 의해 결정되어 있지 않은가?"—이 물음에는 잘못이 있다.

우리는 "그 이행 단계들은 공식 ……에 의해 결정되어 있다"란 표현을 사용한다. 이 표현은 어떻게 사용되는가?—우리는 가령, 사람들은 교육(훈련)을 통해, x에 대해 같은 수를 대입할 때는 언제나 모두 y에 대해 같은 수를 계산해 내는 방식으로 $y=x^2$이란 공식을 사용하게 된다는 점에 관해 이야기할 수 있다. 또는 우리는 이렇게 말할 수 있다: "이 사람들은 '+3'이란 명령에 대해 같은 단계에서는 같은 이행을 하도록 모두 그렇게 훈련받았다." 우리는 이것을 이렇게 표현할 수 있을 것이다. 즉, 이 사람들에게 '+3'이란 명령은

---

56 (옮긴이주) 이 절에서 비트겐슈타인이 다루고 있는 관념은 《논고》의 논리적 추론 개념에 영향을 준 러셀이나 프레게식의 생각이다. 비트겐슈타인의 《수학의 기초에 관한 소견들》(3판) I §21 참조: "러셀은 저 근본 법칙[=전건 긍정 법칙]으로 한 명제에 관해 다음과 같이 말하는 것처럼 보인다: '그것은 이미 따라 나온다 — 나는 그것을 그저 결론으로 끌어내기만 하면 된다.' 프레게는 언젠가, 두 점을 연결하는 직선은 우리가 그것을 긋기 전에 이미 실제로 존재한다고 쓰고 있다. 그리고 가령 수열 +2의 이행 단계들은 우리가 그것들을 말이나 글로 취하기 전에—말하자면, 뒤따르기 전에—실제로 이미 취해져 있다고 말한다면, 이것도 마찬가지이다." 비트겐슈타인은 《논고》 5.442에서 다음과 같이 말한 바 있다: "우리에게 어떤 명제 하나가 주어져 있다면, **그것과 함께** 그것을 토대로 삼고 있는 모든 진리 연산의 결과들도 이미 주어져 있다."

한 수로부터 바로 다음 수로의 모든 이행을 완전히 결정한다고. (이 명령을 받고 무엇을 해야 하는지 알지 못하는 다른 사람들과는 대조적으로; 또는 완전한 확신을 갖고 그 명령에 반응하기는 하지만 각자 다른 방식으로 반응하는 사람들과는 대조적으로 말이다.)

다른 한편으로, 우리는 상이한 종류의 공식들과 그것들에 상응하는 상이한 종류의 사용(상이한 종류의 훈련)을 서로 대조할 수 있을 것이다. 그 경우 우리는 특정한 종류의 (그리고 그에 속하는 사용 방식을 지닌) 공식들을 "주어진 x에 대해 y라는 수를 결정하는 공식들"이라고, 그리고 다른 종류의 공식들은 "주어진 x에 대해 y라는 수를 결정하지 않는" 공식들이라고 부른다. ($y=x^2$은 첫 번째 종류이고, $y \neq x^2$은 두 번째 종류일 것이다.) 그 경우 "공식 ……은 y라는 수를 결정한다"란 문장은 그 공식의 형식에 관한 하나의 진술이다—그리고 이제 "내가 써 놓은 공식은 y를 결정한다"나 "여기에 y를 결정하는 하나의 공식이 있다"와 같은 문장은 "공식 $y=x^2$은 주어진 x에 대해 y란 수를 결정한다"와 같은 종류의 문장과 구별되어야 한다. 그 경우 "y를 결정하는 공식이 거기에 있는가?"란 물음은 "거기에 이러한 종류의 공식이 있는가, 또는 저러한 종류의 공식이 있는가?"와 동일한 것을 뜻한다—그러나 "$y=x^2$은 주어진 x에 대해 y를 결정하는 공식인가?"라는 물음으로써 우리가 무엇을 해야 하는지는 즉시 명료하지가 않다. 우리들은 이 물음을 가령 어떤 학생이 "결정한다"란 낱말의 사용을 이해하고 있는지를 시험하기 위해서 마련할 수 있을 것이다. 또는 그것은 x가 단지 하나의 제곱만을 갖는다는 것을 어떤 체계 내에서 증명하려는 수학적 과제일 수 있을 것이다.

190. 그런데 우리들은 다음과 같이 말할 수 있다: "어떤 이행 단계들이 취해져야 하느냐는 공식이 어떻게 뜻해졌느냐에 의해 결정된다." 공식이 어떻게 뜻해졌느냐에 대한 기준은 무엇인가? 가령 우리가 그것들을 항구적으로 사

용하는 방식, 우리가 그것들을 사용하는 법을 배운 방식이다.

예컨대 우리는 우리에게 알려지지 않은 기호를 사용하는 어떤 사람에게 말한다: "당신이 'x!2'로써 x^2을 뜻한다면, 당신은 y에 대해 이 값을 얻는다; 당신이 그것으로 2x를 뜻한다면, 저 값을 얻는다."—자, 당신 자신에게 물어보라: 어떻게 x!2로써 우리들은 그 하나, 또는 다른 하나를 뜻하는가?

뜻함은 그러니까 그렇게 해서 이행 단계들을 미리 결정할 수 있다.

191. "마치 우리는 낱말의 사용을 일거에 파악할 수 있는 것 같다."—예컨대 무엇처럼?—사용이—어떤 뜻에서—일거에 파악될 수는 없는가? 그리고 어떤 뜻에서 당신은 그렇게 할 수 없는가?—정말, 마치 우리는 그것을 훨씬 더 직접적인 뜻에서 '일거에 파악'할 수 있는 것 같다.—그러나 당신은 그것에 대해 본보기를 갖고 있는가? 아니다. 단지 이러한 표현 방식이 우리에게 제공될 뿐이다. 서로 교차하는 그림들의 결과로서 말이다.

192. 당신은 이 엄청난 사실에 대한 본보기를 갖고 있지 않다. 그러나 당신은 초(超)-표현을 사용하는 길로 오도된다. (우리들은 그것을 철학적 최상급(最上級)이라고 부를 수 있을 것이다.)

193.[57] 자신의 작용 방식에 대한 상징으로서의 기계. 기계는—나는 우선 이렇게 말할 수 있을 것이다—자신의 작용 방식을 이미 자신 속에 지니고 있는 것처럼 보인다. 이것은 무엇을 뜻하는가?—우리가 기계를 안다면 나머지 모든 것, 즉 기계가 하게 될 운동들은 이미 완전히 결정되어 있는 것처럼

57 (옮긴이주) 이 절부터 197절까지는 비트겐슈타인의 《수학의 기초에 관한 소견들》(3판) I §125 이하의 고찰들 참조.

보인다.

우리는 마치 이 부분들은 오직 그렇게만 움직일 수 있을 것처럼, 마치 그것들이 다른 일은 아무것도 할 수 없을 것처럼 그렇게 이야기한다. 어떻게 그러한가—그러니까 우리는 그것들이 구부러지고, 부서지고, 녹아 버리는 등등의 가능성을 잊는가? 그렇다; 많은 경우에 우리는 그런 것은 전혀 생각하지 않는다. 우리는 기계, 또는 기계의 그림을 특정한 작용 방식에 대한 상징으로서 사용한다. 예컨대 우리는 어떤 사람에게 이러한 그림을 전달하고, 그가 그것으로부터 부분들의 운동 현상들을 도출한다고 전제한다. (우리가 어떤 사람에게 어떤 수를, 그것은 1, 4, 9, 16, ……라는 수열의 25번째 수라고 말함으로써 전달할 수 있는 것과 같이 말이다.)

"기계는 자신의 작용 방식을 이미 자신 속에 지니고 있는 것처럼 보인다"가 뜻하는 것은, 우리는 기계의 미래의 정해져 있는 운동들을, 서랍 속에 이미 놓여 있는데 이제 우리가 끄집어내는 대상들과 비교하는 경향이 있다는 것이다. ——그러나 기계의 실제 행동을 예언하는 것이 문제가 될 때는, 우리는 그렇게 이야기하지 않는다. 그때는 일반적으로 우리는 부분들의 변형 가능성 따위를 잊지 않는다. ——그러나 우리가, 대체 우리는 어떻게 기계를 운동 방식의 상징으로서 사용할 수 있는가—왜냐하면 그럼에도 불구하고 그것은 또한 전혀 다르게 움직일 수 있기 때문에—하고 놀라워할 경우에는, 우리는 그렇게 이야기한다.

우리는 기계 또는 그것의 그림은 우리가 이 그림으로부터 도출하는 법을 배운 일련의 그림들의 시작이라고 말할 수 있을 것이다.

그러나 우리가 기계는 다르게도 움직일 수 있었음을 염두에 둘 때, 그 운동 방식은 현실의 기계보다 상징으로서의 기계에 훨씬 더 확정적으로 포함되어 있어야 할 것처럼 보일 수 있다. 그럴 경우, 이것은 경험적으로 미리 결정된 운동들이라고 하는 것은 충분하지 않을 것이고, 오히려 그 운동들은 실제로는—어떤 신비스러운 뜻에서—이미 현재적이라야 할 것이다. 그런데 상징으로서의 기계의 운동이 주어진 현실적 기계의 운동과는 다른 방식으로 미리 결정되어 있다는 것, 이것은 과연 참이다.

194. 도대체 언제 우리들은 기계가 자신의 가능한 운동들을 그 어떤 신비스러운 방식으로 이미 자신 속에 지니고 있다고 생각하는가?—자, 우리들이 철학을 할 때 그렇다. 그리고 무엇이 우리로 하여금 그렇게 생각하도록 미혹하는가? 우리가 기계에 관해 이야기하는 방식이다. 예컨대 우리는 기계가 이러이러한 운동 가능성들을 지니고 있다(소유하고 있다)고 말한다; 우리는 오직 이러이러하게만 움직일 수 있는 이상적으로 고정된 기계에 관해서 말한다. ——운동의 가능성, 그것은 무엇인가? 그것은 운동이 아니다; 그러나 그것은 또한 운동의 단순한 물리적 조건—가령, 술통과 마개 사이에 틈이 있다는 것, 마개와 술통이 너무 빽빽하지 않게 걸맞다는 것—이라고만 보이지도 않는다. 왜냐하면 이것은 과연 경험적으로 운동의 조건이지만, 우리들은 그 일을 다르게 생각할 수도 있을 것이기 때문이다. 운동의 가능성은 오히려 운동 자체의 그림자 같은 것일 것이다. 그러나 당신은 그런 그림자를 알고 있는가? 그리고 그림자라는 것으로 내가 이해하는 것은 운동의 그 어떤 그림이 아니다—왜냐하면 이러한 그림이 바로 이 운동의 그림이어야만 하는 것은 아닐 터이기 때문이다. 그러나 이 운동의 가능성은 바로 이 운동의 가능성이어야 한다. (보라, 여기서 언어의 파도가 얼마나 높아져 가고 있는지를!)

그 파도는 우리가 다음과 같이 자문해 보는 즉시 가라앉는다. 즉, 우리가 어떤 기계에 관해 이야기할 때, 우리는 "운동의 가능성"이란 말을 도대체 어떻게 사용하는가?——그러나 그렇다면 그 이상한 관념은 어디에서 나왔는가? 자, 나는 당신에게 운동의 가능성을 가령 운동의 그림을 통해 보인

다: '그러니까 가능성은 현실과 비슷한 어떤 것이다'. 우리는 말한다: "그것은 아직 움직이지 않는다, 그러나 그것은 움직일 가능성을 이미 지니고 있다" —— '그러니까 가능성은 현실에 매우 가까운 어떤 것이다'. 우리는 이러이러한 물리적 조건이 이러이러한 운동을 가능하게 만드는지를 의심할 수는 있지만, 이것이 이 운동 또는 저 운동의 가능성인지는 결코 논하지 않는다: '그러니까 운동의 가능성은 운동 자체에 대해 비길 데 없이 독특한 관계에 있다; 그림이 그림의 대상에 대해 지니는 관계보다 더 밀접한 관계에 있다'; 왜냐하면 이것이 이 대상 또는 저 대상을 그린 그림인지는 의심될 수 있기 때문이다. 우리는 "이것이 마개에 이러한 운동 가능성을 주는지는 경험이 가르칠 것이다"라고는 말하지만, "이것이 이 운동의 가능성인지는 경험이 가르칠 것이다"라고는 말하지 않는다: '그러니까 이 가능성이 바로 이 운동의 가능성이라는 것은 경험적 사실이 아니다'.

우리는 이러한 것들에 관한 우리 자신의 표현 방식에 유의하지만, 그것을 이해하는 게 아니라 오해한다. 우리가 철학을 할 때, 우리는 문명화된 사람들의 표현 방식을 듣고서 그것을 오해하는, 그리고 이제 그러한 해석들로부터 가장 이상한 결론들을 이끌어 내는 미개인들, 원시적인 사람들과 같다.

195. "그러나 내가 뜻하는 바는, 내가 지금 (파악할 적에) 하는 것이 미래의 사용을 인과적으로, 그리고 경험적으로 결정한다는 것이 아니라, 이 사용 자체가, 이상한 방식으로, 그 어떤 뜻에서 현재적이라는 것이다." — 그러나 '그 어떤 뜻에서'는 그건 과연 그러하다! 실제로는, 당신이 말하는 것 중에서 "이상한 방식으로"라는 표현만이 잘못이다. 그 나머지는 옳다. 그리고 그 문장은, 그 문장을 두고 우리가 그 문장을 실제로 사용하는 언어놀이와는 다른 어떤 언어놀이를 상상하는 경우에만 이상하게 보인다. (누군가가 나에게, 자기는 어린아이일 때, 재봉사가 '옷을 바느질해 만들' 수 있다는 것에 놀랐다고

말한 적이 있다—그는 그 표현이, 옷이 단지 바느질로, 한 올 한 올 바느질함으로써 만들어진다는 말이라고 생각했다는 것이다.)

196. 이해되지 않는 낱말의 사용은 이상한 과정의 표현으로서 해석된다. (시간이 이상한 매체로서, 영혼이 이상한 존재로서 생각되는 것처럼 말이다.)

197. "마치 우리는 낱말의 전체 사용을 일거에 파악할 수 있을 것 같다."—과연 우리는 우리가 그렇게 한다고 말한다. 즉, 과연 때때로 우리는 우리가 하고 있는 것을 이러한 말로써 기술한다. 그러나 그 일어나는 것 속에 놀라운 것, 이상한 것이라고는 아무것도 없다. 그것은 우리가, 미래의 전개는 그 어떤 방식으론가 이미 파악 작용 속에 현전해야 하는데도 불구하고 현전해 있지 않다고 생각하는 데로 이끌리게 될 때 이상해진다.—왜냐하면 우리는 우리가 이 낱말을 이해한다는 것은 의심할 바가 없다고 말하는데, 다른 한편으로 그것의 의미는 그것의 사용에 있기 때문이다. 내가 지금 장기를 두고자 한다는 것은 의심할 바가 없다; 그러나 장기놀이가 장기놀이인 것은 그것이 지니는 모든 규칙들(등등)로 인해서이다. 그러니까 나는 내가 무슨 놀이를 하고자 했는지를 내가 놀이를 하기 전에는 모르는가? 아니면, 모든 규칙들은 나의 의향(意向) 작용 속에 포함되어 있는가? 그런데 이러이러한 의향의 작용에는 통상 이러이러한 종류의 놀이가 뒤따른다는 것을 나에게 가르쳐주는 것은 경험인가? 그러니까 나는 내가 무엇을 하고자 의도했는지를 확신할 수가 없는가? 그리고 이것이 헛소리라면,—어떤 종류의 초강력한 결합이 의도 작용과 의도된 것 사이에 있는가?——"우리 장기 한판 두자!"란 말의 뜻과 그 놀이의 모든 규칙들 사이의 결합은 어디에서 만들어지는가?—자, 그 놀이의 규칙 목록 속에서, 장기 수업 속에서, 그 놀이의 나날의 실천 속에서.

198. "그러나 하나의 규칙이 내가 이 자리에서 무엇을 해야 하는지를 어떻게 나에게 가르칠 수 있는가? 내가 무엇을 하든 그것은 좌우간 그 어떤 해석을 통해 그 규칙과 합일될 수 있다."—아니, 그렇게 이야기해서는 안 될 것이다. 오히려 이렇게 말해야 할 것이다. 즉: 모든 해석은 해석되는 것과 함께 공중에 떠 있다; 그것은 해석되는 것에 대해 발판으로 쓰일 수 없다. 단지 해석들만으로는 의미를 확정하지 못한다.

"그러니까 내가 무엇을 하든 그것은 그 규칙과 합일될 수 있는가?"—이렇게 물어 보자: 규칙의 표현—이를테면, 도로 표지판—은 나의 행위들과 무슨 관계가 있는가? 어떤 결합이 거기에 있는가?—자, 가령 이런 결합. 즉: 나는 이러이러한 기호에는 특정한 방식으로 반응하도록 훈련받았으며, 이제 나는 그렇게 반응하고 있다.

그러나 이로써 당신은 단지 인과적 연관을 제시하였을 뿐이다; 어떻게 해서 이제 우리가 도로 표지판을 따르게 되었는지를 설명하였을 뿐, 이러한 기호-따르기가 실제로 무엇에 있는지는 설명하지 않았다. 아니다; 나는 또한 오직 항구적인 관례, 관습이 존재하는 한에서만 어떤 사람이 도로 표지판을 따른다는 점도 암시하였다.

199. 우리가 "규칙을 따른다"라고 부르는 것은 오직 한 사람이, 일생에 오직 한 번 할 수 있을 그런 어떤 것인가?—이것은 물론 "규칙을 따른다"란 표현의 문법에 관한 하나의 주석이다.

오직 한 사람이 단 한 번 하나의 규칙을 따랐다는 것은 불가능하다. 단 하나의 보고가 단 한 번 행해졌다는 것, 단 하나의 명령이 단 한 번 주어졌거나 이해되었다는 것 따위는 불가능하다.—하나의 규칙을 따른다는 것, 하나의 보고를 한다는 것, 하나의 명령을 내린다는 것, 하나의 장기놀이를 한다는 것은 관습들(관례들, 제도들)이다.

하나의 문장을 이해한다는 것은 하나의 언어를 이해한다는 것을 뜻한다. 하나의 언어를 이해한다는 것은 하나의 기술(技術)을 숙달한다는 것을 뜻한다.[58]

200. 물론, 놀이라고는 모르는 어떤 민족에서 두 사람이 장기판 앞에 앉아 장기 시합의 수들을 두는 일이—심지어 모든 심리적 동반 현상들을 지니고서 두는 일이—생각될 수 있다. 그리고 만일 우리가 이것을 본다면, 우리는 그들이 장기를 두고 있다고 말할 것이다. 그러나 이제, 놀이와 결합하는 데 우리가 익숙하지 않은 일련의 행위들로—가령 비명 지르기와 발 구르기로—모종의 규칙들에 따라 옮겨진 장기 시합을 생각해 보라. 그리고 이제 저 두 사람은 우리에게 익숙한 형태의 장기를 두는 대신 비명을 지르고 발을 구른다—게다가 이 과정들이 적당한 규칙들에 따라 장기 시합으로 옮겨질 수 있게 그렇게 한다—고 해 보자. 자, 아직도 우리는 그들이 놀이를 하고 있다고 말하고 싶을까? 그리고 어떤 권리로 그렇게 말할 수 있을까?

201. 우리의 역설은, 어떤 행위 방식도 하나의 규칙과 일치하게 만들어질 수 있으므로, 규칙은 어떤 행위 방식도 확정할 수 없으리라는 것이었다. 이에 대한 대답은, 어떤 행위 방식도 하나의 규칙과 일치하게 만들어질 수 있다면, 그것은 또한 모순되게도 만들어질 수 있다는 것, 따라서 여기에는 일치도 모순도 존재하지 않으리라는 것이었다.

여기에 어떤 오해가 있다는 것은, 우리가 이러한 사고 과정에서 해석에 해석을 가한다—마치 각각의 한 해석이 우리가 이 해석 뒤에 또다시 놓여 있는

58 (옮긴이주) 이 절의 생각과 관련해서는 비트겐슈타인의 《수학의 기초에 관한 소견들》(3판) VI §§21, 36, 43, 45 참조.

한 해석을 생각하기 전까지 최소한 한순간은 우리를 진정시킨다는 듯이—는 점에서 이미 드러난다. 이를 통해 우리가 보이는 것은 요컨대, 해석이 아닌 규칙 파악, 오히려 적용의 경우에 따라, 우리가 "규칙을 따른다"라고 부르는 것과 "규칙을 위반한다"라고 부르는 것에서 표출되는 규칙 파악이 존재한다는 것이다.

그렇기 때문에, 규칙에 따르는 모든 행위는 각각 하나의 해석이라고 말하는 경향이 있다. 그러나 우리들은 규칙의 한 표현을 다른 한 표현으로 대체하는 것만을 "해석"이라고 불러야 할 것이다.[59]

202. 그렇기 때문에, '규칙을 따른다'는 것은 하나의 실천이다. 그리고 규칙을 따른다고 믿는 것은 규칙을 따르는 것이 아니다. 그리고 그렇기 때문에 우리들은 규칙을 '사적으로' 따를 수 없다. 왜냐하면, 그렇지 않다면, 규칙을 따른다고 믿는 것은 규칙을 따르는 것과 동일한 것일 터이기 때문이다.

203. 언어는 하나의 미로다. 당신이 어떤 한 측면으로부터 오면, 당신은 길을 훤히 안다; 당신이 다른 한 측면으로부터 그 동일한 자리에 오면, 당신은 더는 길을 훤히 알지 못한다.

204. 나는 가령, 현 상황에서, 어떤 사람도 해 본 적이 없는 놀이 하나를 발명할 수 있다.—그러나 다음과 같은 일도 가능할 것인가? 즉: 인류는 놀이라고는 전혀 해 본 적이 없다; 그러나 언젠가 어떤 사람이 놀이 하나를 발명한

59 (옮긴이주) 이 절과 관련해서 비트겐슈타인의 《수학의 기초에 관한 소견들》(3판) VI §38, VII §47 참조. 어떤 행위 방식도 하나의 규칙과 일치하게 해석될 수 있지만, 그렇게 해석되는 모든 것이 그 규칙을 따르는 것이 되지는 않는다. 그러나 해석에는 끝이 있으며, 그 끝에는 더는 해석이 아닌 규칙 파악을 표출하는 실천, 즉 우리가 '규칙을 따른다', '규칙을 위반한다'라고 부르는 실천이 있다.

다,—그러고 나서 그 놀이는 전혀 행해지지 않았다.

205. "실로 의향(意向)에서, 심리적 과정에서 주목할 만한 것은, 그것을 위해서는 관습의 존재, 기술(技術)의 존재가 필요하지 않다는 점이다. 예컨대, 그 밖에 놀이라고는 없는 어떤 세계에서 두 사람이 장기 시합을 하는 것이 생각될 수 있다는 점, 심지어 장기 시합을 단지 시작만 하고,—그러고 나서는 방해받는 일이 생각될 수 있다는 점이다."

그러나 장기놀이는 장기놀이의 규칙들에 의해 정의되지 않는가? 그런데 어떻게 이 규칙들이 장기를 두려고 의도하는 사람의 마음에 현전해 있는가?

206. 규칙을 따르는 것은 명령을 따르는 것과 유사하다. 우리들은 그렇게 하도록 훈련받으며, 또 그것에 대해 특정한 방식으로 반응한다. 그러나 이제 명령과 훈련에 대해 한 사람은 이렇게 반응하고 다른 사람은 다르게 반응한다면 어떻게 될까? 그 경우 누가 옳은가?

당신에게 전혀 낯선 언어를 쓰는 미지의 나라에 당신이 조사자로서 왔다고 생각해 보라. 어떤 상황에서 당신은 그 사람들이 거기서 명령을 하며, 명령을 이해하며, 따르며, 명령에 거역하는 따위를 하고 있다고 말할 것인가?

인간의 공통적인 행위 방식은 우리가 우리에게 낯선 언어를 해석할 때 의거하는 준거 틀이다.[60]

60 (옮긴이주) 이 절의 내용과 관련해서 다음 참조: "언어놀이의 원천과 원초적 형식은 반응이다; 이것에 기초하여 비로소 보다 복잡한 형식들이 자라날 수 있다. 언어는 - 나는 이렇게 말하고 싶은데 - 세련(洗練)된 것이다, '태초에 행위가 있었다.'"(비트겐슈타인의 《문화와 가치》(MS 119 146: 1937.10.21.); "규칙을 따른다는 것은 우리의 언어놀이의 **근저**에 있다"(비트겐슈타인의 《수학의 기초에 관한 소견들》(3판) VI §28).

207. 그 나라의 사람들은 통상적인 인간 활동들을 영위하며, 동시에 외관상으로 분절된 언어를 사용한다고 생각해 보자. 우리들이 그들의 행동을 주의해 본다면, 그 행동은 이해될 수 있다; 그것은 우리에게 '논리적으로' 보인다. 그러나 우리가 그들의 언어를 배워 익히려고 시도한다면, 우리는 그것이 불가능함을 발견한다. 왜냐하면 그들에게는 말해진 것—소리—과 행위의 규칙적인 연관이 존재하지 않기 때문이다. 그러나 그럼에도 불구하고 이 소리들이 쓸데없는 것은 아니다. 왜냐하면 예컨대 우리가 이 사람들 중 한 사람의 입에 재갈을 물려 말을 막는다면, 이는 우리의 경우에 그렇게 한 것과 같은 결과들을 갖기 때문이다. 그 소리들이 없다면—나는 이렇게 표현하고 싶은데—그들의 행위는 혼란에 빠진다.

우리는 이 사람들이 언어, 즉 명령, 보고 등을 갖고 있다고 말해야 하는가?

우리가 "언어"라고 부르는 것이 되기에는, 규칙성이 결여되어 있다.

208. 그러니까 나는 무엇이 "명령"이라 불리고 무엇이 "규칙"이라 불리는지를 "규칙성"에 의해 설명하고 있는가?—"규칙적이다", "한결같다", "같다"의 의미를 나는 누군가에게 어떻게 설명하는가?—이를테면 오직 프랑스어만을 말하는 사람에게는, 나는 이 낱말들을 그에 대응하는 프랑스어 낱말들로 설명할 것이다. 그러나 이 개념들을 아직 소유하고 있지 않은 사람에게는, 나는 예들과 실습을 통해서 그 말들을 사용하는 법을 가르칠 것이다.—그리고 그때 내가 그에게 전달하는 것은 나 자신이 알고 있는 것보다 덜하지 않다.

그러니까 이러한 교육에서 나는 그에게 같은 색깔들, 같은 길이들, 같은 도형들을 보여 주고, 그로 하여금 그것들을 발견해 내고, 만들어 내게 하는 등의 일을 시킬 것이다. 가령 나는 어떤 명령에 대해 어떤 장식 열(列)을 '한

결같이' 계속하도록 그를 지도할 것이다.—그리고 계속 앞으로 진행하게 지도하기도 할 것이다. 그러니까 가령 • • • • • • 에 대해서는 • • • • • • • • • • • • • • • • • 와 같이 계속해 나가도록 말이다.

나는 그에게 시범을 해 보이고, 그는 나를 따라한다; 그리고 나는 동의, 거부, 기대, 격려를 표명함으로써 그에게 영향을 준다. 나는 그가 하는 것을 그냥 놔두거나 제지하거나 등등을 한다.

당신이 이런 교육의 증인이라고 생각하라. 거기서는 어떤 낱말도 그것 자체로 설명되지 않을 것이며, 어떤 논리적 순환도 만들어지지 않을 것이다.

"등등"과 "등등 무한히"라는 표현도 역시 이러한 교육에서 설명될 것이다. 이를 위해선 무엇보다도 몸짓이 쓰일 수 있다. "그렇게 계속해라!"나 "등등"을 의미하는 몸짓은 대상이나 장소를 가리킴의 기능에 비교될 수 있는 기능을 갖는다.

필기 방식의 생략으로서의 "등등"은 그렇지 않은 "등등"과는 구별되어야 한다. "등등 무한히"는 필기 방식의 생략이 아니다. 우리가 π의 모든 자리를 적을 수 없다는 것은 수학자들이 때때로 믿는 것과 같은 인간적 부족함이 아니다.

제시된 예들에 머물러 있고자 하는 교육은 그 예들을 '넘어서라고 지시하는' 교육과 구별된다.

209. "그러나 그럼 이해는 모든 예들보다 더 멀리 도달하지 않는가?"—매우 이상한, 그리고 아주 자연스러운 표현!—

그러나 그것이 전부인가? 훨씬 더 깊은 설명은 존재하지 않는가? 또는 어쨌든 설명의 이해는 더 깊어야 하지 않는가?—아니, 도대체 나 자신은 더 깊은 이해를 지니고 있는가? 나는 내가 설명에서 제공하는 것보다 더 많이 지니고 있는가?—그러나 그렇다면, 내가 더 많이 지니고 있다는 느낌은 어디에서 오는가?

그것은 내가, 제한되지 않은 것을 모든 길이 너머로 이르는 길이로서 해석할 때와 같은 것인가?

210. "그러나 당신은 당신 자신이 이해하고 있는 것을 그에게 실제로 설명하는가? 당신은 본질적인 것은 그로 하여금 추측하게 하지 않는가? 당신은 그에게 예들을 든다,—그러나 그는 그것들의 취지를, 그러니까 당신의 의도를 추측해야 한다."—나는 내가 나 자신에게 할 수 있는 모든 설명을 그에게도 제공한다.—"그는 내가 뜻하는 바를 추측한다"는, 나의 설명에 대한 여러 가지 해석들이 그의 머리에 떠오르며, 그가 그중 하나를 알아맞힌다는 뜻일 것이다. 그러므로 그는 이 경우에 물을 수 있을 것이다; 그리고 나는 그에게 대답할 수 있을 것이며, 대답할 것이다.

211. "장식 열 계속하기에서 당신이 그를 어떻게 가르치든 간에,—그는 자기 스스로 어떻게 계속해 나가야 하는지를 어떻게 알 수 있는가?"—자, 나는 그걸 어떻게 아는가?——이것이 "나는 근거들을 가지고 있는가?"를 뜻한다면, 그 대답은 다음과 같다. 즉, 근거들은 나에게서 곧 동이 난다. 그리고 그 경우 나는 근거들 없이 행위할 것이다.

212. 내가 두려워하는 어떤 사람이 나에게 그 열을 계속하라는 명령을 한다면, 나는 신속히, 전적인 확신을 갖고 행위할 것이며, 근거들의 결여는 나를 방해하지 않을 것이다.

213. "그러나 이 열의 시작 부분은 명백히 다양하게 (예를 들면, 대수학적 표현들로) 해석될 수 있었다. 그러므로 당신은 우선 그런 하나의 해석을 선택하

지 않으면 안 되었다."—전혀 그렇지 않다! 상황에 따라서는, 의심은 가능했다. 그러나 이는 내가 의심했다거나, 심지어 의심할 수 있었다는 말은 아니다. (어떤 과정의 심리학적 '분위기'에 관해 말해질 수 있는 것이 이것과 연관되어 있다.)

오직 직관만이 이러한 의심을 없앨 수 있었다?—직관이 내적인 소리라면,—내가 그것을 어떻게 따라야 하는지 나는 어떻게 아는가? 그리고 그것이 나를 오도하지 않는다는 것을 나는 어떻게 아는가? 왜냐하면, 그것이 나를 올바로 인도할 수 있다면, 그것은 나를 오도할 수도 있기 때문이다.

((직관은 불필요한 핑계.))

214. 1 2 3 4 …… 라는 수열의 전개를 위해서 직관이 필요하다면, 2 2 2 2 …… 라는 수열의 전개를 위해서도 역시 직관이 필요하다.

215. 그러나 같은 것은 최소한 같지 않은가?

우리는 한 사물과 그것 자체의 같음에서 같음에 대한 오류 불가능한 범례를 갖고 있는 것처럼 보인다. 나는 다음과 같이 말하고자 한다: "어쨌든 여기서는 상이한 해석들이 존재할 수 없다. 그가 어떤 한 사물을 자기 앞에서 본다면, 그는 또한 같음도 보는 것이다."

그러니까 두 사물이 하나의 사물처럼 있다면, 그 둘은 같은 것인가? 그런데 그 하나의 사물이 나에게 보여 주는 것을 나는 어떻게 그 두 사물의 경우에 적용해야 하는가?

216. "사물은 자기 자신과 동일하다."—무익한, 그러나 그럼에도 불구하고 상상의 유희와 결합되어 있는 문장의 예로서 이보다 더 훌륭한 것은 존재하지 않는다. 그건 마치 우리가 상상 속에서 사물을 그것의 고유한 형태 속에

들여 넣고, 그것이 걸맞음을 보는 것과 같다.

우리는 이렇게도 말할 수 있을 것이다: "모든 사물은 자기 자신에 걸맞다." — 또는: "모든 사물은 자신의 고유한 형태에 들어맞는다." 이와 동시에 우리들은 어떤 한 사물을 바라보고는, 그것을 위해 이 공간이 비워져 있었으며, 이제 그것이 정확히 이 공간에 들어맞는다고 상상한다.

이 반점 ●은 그것의 흰 주위에 '걸맞은'가? — 그러나 그것은 정확히 그렇게 보일 것이다; 만일 그것 대신에 먼저 하나의 구멍이 있었고, 이제 그것이 거기에 들어맞는다면 말이다. 다만, "그것은 걸맞다"란 표현으로 단순히 이러한 모습이 기술되지는 않는다. 단순히 이런 상황이 기술되지는 않는다.

"모든 색채 반점은 자신의 주위에 정확히 걸맞다"는 약간 특수화된 동일률이다.

217. "어떻게 나는 어떤 하나의 규칙을 따를 수 있는가?" — 이것이 원인들을 묻는 물음이 아니라면, 그것은 내가 그 규칙에 따라 그렇게 행위하는 것에 대한 정당화를 묻는 물음이다.

내가 근거 대는 일들을 다 소진했다면, 이제 나는 단단한 암석에 도달한 것이며, 나의 삽은 뒤로 굽힌다. 그 경우 나는 이렇게 말하는 경향이 있다: "나는 그저 그렇게 행위하고 있다."

(우리는 때때로 설명의 내용을 위해서가 아니라 설명의 형식을 위해서 설명들을 요구한다는 점을 기억하라. 우리의 요구는 건축술적인 것이다; 그 설명은 아무것도 떠받치지 않는 일종의 장식 돌림띠이다.)

218. 수열의 시작 부분은 눈에 보이지 않게 무한까지 놓인 선로(線路)의 눈에 보이는 한 토막일 것이라는 생각은 어디에서 오는가? 자, 우리는 규칙 대신에 선로를 생각할 수 있을 것이다. 그리고 규칙의 제한되지 않은 적용에는

무한히 긴 선로가 대응한다.

219. "이행 단계들은 실제로는 이미 모두 취해져 있다"가 뜻하는 것은, 나에게 더는 선택의 여지가 없다는 것이다. 한번 특정한 의미로 도장 찍히면, 규칙은 그 따라야 할 선(線)을 전 공간에 걸쳐 긋는다. ——그러나 만일 그런 어떤 일이 실제로 일어난다면, 그것은 나에게 무슨 소용이 있을까?

아니다; 나의 기술(記述)은 상징적으로 이해될 수 있었을 경우에만 뜻을 지녔다. —**그것은 나에게 그렇게 보인다**—라고 나는 말해야 했다.

내가 규칙을 따를 때, 나는 선택하지 않는다.

나는 규칙을 **맹목적으로** 따른다.[61]

220. 그러나 저 상징적 문장은 어떤 목적을 지니고 있는가? 그것은 인과적 제약과 논리적 제약 사이의 차이를 부각하려는 것이었다.

221. 나의 상징적 표현은 실제로는 규칙의 쓰임에 대한 하나의 신화적 기술(記述)이었다.

222. "그 선(線)은 내가 어떻게 가야 하는지를 나에게 암시해 준다."—그러나 이것은 물론 단지 하나의 그림일 뿐이다. 그리고 내가 그 선은 나에게, 말하자면 무책임하게, 이것 또는 저것을 암시한다고 판단한다면, 나는 내가 그 선을 하나의 규칙으로서 따르고 있었다고 말하지 않을 것이다.

---

61 (옮긴이주) 비트겐슈타인의 《수학의 기초에 관한 소견들》(3판) VII §60의 다음 말 참조: "우리들은 규칙을 **'기계적으로'** 따른다. 우리들은 그러니까 자신을 하나의 기계와 비교한다. '기계적으로', 즉: 생각함이 없이. 그러나 생각함이 **전혀** 없이? **깊이 생각함이** 없이."

223. 우리들은 언제나 규칙의 눈짓(귓속말)을 기다리고 있어야 한다고 느끼지 않는다. 그 반대다. 우리는 규칙이 혹시 이제 우리에게 무엇을 말할 것인가에 주의하지 않는다. 오히려 규칙은 우리에게 언제나 동일한 것을 말하며, 우리는 규칙이 우리에게 말하는 것을 행한다.

우리들이 훈련시키는 사람에게 우리들은 이렇게 말할 수 있을 것이다: "보라, 나는 언제나 같은 것을 하고 있다; 나는 ……."

224. "일치"라는 낱말과 "규칙"이라는 낱말은 서로 근친적이다, 그것들은 사촌간이다. 내가 어떤 사람에게 한 낱말의 쓰임을 가르친다면, 그는 그것으로 다른 한 낱말의 쓰임도 배운다.

225. "규칙"이란 낱말의 사용은 "같은"이란 낱말의 사용과 밀착되어 있다. ("명제"란 낱말의 사용이 "참"이란 낱말의 사용과 밀착되어 있는 것처럼.)

226. 어떤 사람이 수열 $2x-1$을 풀어 적으면서, 1, 3, 5, 7,……이란 수열을 따른다고 가정하자.[62] 그리고 그는 자신에게 묻는다: "그러나 도대체 나는 언제나 같은 것을 하고 있는가, 아니면 매번 다른 어떤 것을 하고 있는가?"

날마다 "내일 나는 너를 방문하려고 한다"라고 말하는 사람—그는 매일 같은 것을 말하고 있는가, 아니면 매일 다른 어떤 것을 말하고 있는가?

227. "만일 그가 매번 다른 어떤 것을 한다면, 우리는 그가 규칙을 따르고 있다고 말하지 않을 것이다"라고 말하는 것은 뜻을 지닐까? 그것은 아무런 뜻

---

62 (편집자주) 유고에는 "어떤 사람이 수열 x^2+1을 풀어 적으면서, $x=1, 3, 5, 7$,……이란 수열을 따른다고……"라고 되어 있다.

도 지니고 있지 않다.[63]

228. "하나의 수열은 우리에게는 하나의 얼굴을 지니고 있다!"—물론이다; 그러나 어떤 얼굴? 자, 그야 대수학적인 얼굴, 그리고 수열 전개의 한 토막이란 얼굴이다. 또는 그것은 그 밖에 또 하나의 얼굴을 지니고 있는가?—"그러나 그 속에는 실로 이미 모든 것이 놓여 있다!"—그러나 그것은 그 수열 토막에 관한, 또는 우리가 그 토막 속에서 볼 수 있는 어떤 것에 관한 확인이 아니다; 그것은 오히려, 우리는 오직 규칙의 입만 바라보고 행하며, 더 이상의 안내를 간청하지 않음에 대한 표현이다.

229. 나는 수열 토막 속에서, 무한에 다다르기 위해서는 오직 "등등"만을 더 필요로 하는 하나의 표시, 하나의 성격적 특징을 아주 섬세하게 지각한다고 믿는다.

230. "그 선(線)은 내가 어떻게 가야 하는지를 나에게 암시해 준다"; 이는 단지, 그것은 내가 어떻게 가야 하는지에 대한 나의 최종 심급이라는 것을 바꿔 말하는 것일 뿐이다.

231. "그러나 너는 분명 …… 보고 있잖아!" 자, 이것이 바로 규칙에 의해 강요받고 있는 어떤 사람의 특징적 발언이다.

---

63 (옮긴이주) 앞 절에서 보듯, 규칙 따르기는 매번 다른 것이라고 기술될 수 있는 것을 해 나감으로써 같은 것을 한다고 기술될 수 있는 행위이기 때문이다. 비트겐슈타인의 《수학의 기초에 관한 소견들》(3판) VII, §51에는 이 절과 같은 내용이 실려 있는데, 그 앞에 다음과 같은 말이 있다: "규칙 따르기 과정은, 그 과정에서 우리가 행하는 것이 다른 방식으로 기술되게, 오직 **그렇게**만 기술될 수 있다."

232. 어떤 규칙이 나에게, 내가 그 규칙을 어떻게 따라야 하는지를 암시해 준다고 가정하자. 즉, 내가 그 선을 눈으로 따라가면, 그때 어떤 내적인 소리가 나에게 "이렇게 나아가라!"라고 말한다.—일종의 영감을 따르는 이 과정과 규칙을 따르는 과정의 차이는 무엇인가? 왜냐하면 그것들은 분명 같은 것이 아니기 때문이다. 영감의 경우에는, 나는 지시를 기다린다. 나는 그 선을 따르는 나의 '기술(技術)'을 다른 사람에게 가르치지 못할 것이다. 내가 그에게 일종의 귀 기울임, 일종의 감수성을 가르치는 경우를 제외하면 말이다. 그러나 그렇다면 물론 나는 그가 그 선을 나처럼 따르기를 요구할 수 없다.

이것은 영감에 따르는 행위와 규칙에 따르는 행위에 대한 나의 경험들이 아니라, 문법적 주석들이다.

233. 그런 교육은 일종의 산수에서도 생각될 수 있을 것이다. 그 경우 아이들은—그들이 오직 내적인 소리에만 귀 기울이고 그 소리에 따르는 한—각자 자기 방식대로 계산할 수 있다. 이러한 계산은 하나의 작곡과 같을 것이다.

234. 그러나 우리는 우리가 계산하는 것처럼 (모두가 일치하면서 등등) 계산하면서도, 매 단계마다 마술에 의한 것처럼 규칙들에 의해 인도되고 있다는 느낌을 지닐 수 없을까? 우리가 일치한다는 점에 아마도 놀라면서. (이러한 일치에 대해 가령 신에게 감사하면서 말이다.)

235. 이로부터 당신은 단지, 우리가 일상적 삶에서 "규칙을 따르기"라고 부르는 것의 관상(觀相)에 대체 무엇이 속하는가를 볼 뿐이다![64]

236. 올바른 결과에 도달하지만 어떻게 도달하는지는 말할 수 없는 계산의

천재들. 우리는 그들이 계산하지 않는다고 말해야 하는가? (하나의 가족을 이루는 경우들.)

237. 어떤 사람이 다음과 같은 방식으로 하나의 선을 규칙으로서 따른다고 생각하자: 그는 컴퍼스를 잡고서 그 한쪽 끝을 규칙-선을 따라 움직이게 하는 한편, 다른 쪽 끝으로는 그 규칙을 따르는 선을 긋는다. 그리고 그렇게 규칙을 따라 나아가는 동안, 그는 그 규칙이 마치 자신의 행위를 결정하는 듯 줄곧 그 규칙을 바라보면서, 대단히 정확성을 기하고 있는 것처럼 보이게 그 컴퍼스의 간격을 변화시킨다. 그런데 그를 주시하는 우리는 그 컴퍼스를 이렇게 벌리고 오므림에서 어떤 종류의 규칙성도 보지 못한다. 우리는 그 선을 따르는 그의 방식을 그에게서 배울 수 없다. 여기서 아마 우리는 실제로 이렇게 말할 것이다: "그 원본은 그가 어떻게 가야 하는지를 그에게 암시해 주는 것처럼 보인다. 그러나 그것은 아무런 규칙도 아니다."

238. 규칙이 마치 그것의 모든 귀결들을 미리 산출한 것처럼 나에게 보일 수

---

64 (옮긴이주) 이는 관상(에 속하는 것)이 부차적이고 중요하지 않다는 말이 아니다. 오히려 그 반대다. 비트겐슈타인은 슈펭글러의 영향을 받은 형태학적 관상학의 관점에 따라, 어떤 것에서 그것의 핵심적 성격을 보이는 특징적인 면모, 혹은 어떤 것에서 그것의 성격적 요점을 드러내는 '얼굴'을 '관상'으로 부른다. 그에 의하면, 철학자는 "문제된 일의 관상을 정확히 맞히는 것"과 함께, 문제된 일에 관한 "모든 오류 각각의 관상을 본떠 그리는 것"이 중요하다. (그 둘은 모두 언어놀이를 기술하는 것으로, 문법에 속한다.) 그리고 여기 규칙 따르기 논의에서 그가 하고 있는 일이 바로 그런 것에 해당한다. 앞 절에서 우리의 계산과 어떤 놀라운 느낌의 연합 가능성을 물은 질문자가 실제 본 것은 어디까지나, 우리가 계산할 때 매 단계마다 각자 자기 방식대로가 아니라 모두가 일치하면서 한다는 것 등등이었을 뿐이다. (여기서 '등등'에는 '우리는 선택하지 않고 맹목적으로 규칙을 따른다', '우리는 오직 규칙의 입만 바라보고 행하며, 더 이상의 안내를 간청하지 않는다' 같은 것이 포함될 것이다.) 계산(규칙 따르기)에서의 일치에 그런 어떤 놀라운 느낌을 연합하여 지닐 사람이 별로 있을 법하지 않지만, 있을지도 모른다. 그러나 계산이 하나의 '규칙 따르기'로 불리는 것은 그런 느낌에 있지 않고, 그 놀이에서 보이는 저 특징적인 면모들('관상'에 속하는 것)에 있을 따름이다. 앞의 §§219, 228~230 및 뒤의 §568, 비트겐슈타인의 《수학의 기초에 관한 소견들》(3판) VII §60, 《소품집》 68~69쪽, 《확실성에 관하여》 §51과 §56 등 참조.

있으려면, 그것은 나에게 자명해야 한다. 이 색깔을 "파랗다"고 부르는 것이 나에게 자명한 것처럼 그렇게 자명해야 한다. (이것이 나에게 '자명하다'는 것의 기준들.)

239. 그가 "붉은색"이란 말을 들을 때, 그는 자기가 어떤 색깔을 골라야 하는지를 어떻게 알까?—매우 간단하다: 그는 그 낱말을 들을 때 자신의 머리에 그 심상이 떠오르는 색깔을 택해야 한다.—그러나 어떤 색깔이 '자신의 머리에 그 심상이 떠오르는' 것인지를 그는 어떻게 알까? 이를 위해 더 이상의 기준이 필요한가? (물론, ……라는 낱말을 들을 때 어떤 사람의 머리에 떠오르는 색깔을 고른다고 하는 과정은 존재한다.)

"'붉은색'은 '붉은색'이란 낱말을 들을 때 내 머리에 떠오르는 색깔을 의미한다"는 하나의 정의(定義)일 것이다. 낱말에 의한 지칭의 **본질**에 대한 설명은 아니다.

240. 규칙에 따라 수행되었는지 아닌지에 관해서는 (가령 수학자들 간에) 아무런 논쟁이 벌어지지 않는다. 그것에 관해서는 예컨대 치고받는 일들이 벌어지지 않는다. 이것은 우리의 언어가 작용하는 (예컨대 어떤 기술을 하는) 발판에 속한다.

241. "그러니까 당신의 말은 사람들의 일치가 무엇이 옳으며 무엇이 그른지를 결정한다는 것인가?"—사람들이 **말하는** 것은 옳고 그르다; 그리고 언어에서 사람들은 일치한다. 이것은 의견들의 일치가 아니라, 삶의 형태의 일치이다.

242. 언어에 의한 의사소통을 위해서는 정의들에서의 일치뿐 아니라, (이것

은 매우 이상하게 들릴지도 모르지만) 판단들에서의 일치도 필요하다. 이것은 논리를 폐기하는 듯 보인다; 그러나 폐기하지 않는다.—측정 방법을 기술하는 것과 측정 결과들을 발견하고 언표하는 것은 서로 다른 일이다. 그러나 우리가 "측정"이라고 부르는 것은 측정 결과들의 모종의 항상성(恒常性)에 의해서도 결정된다.[65]

243. 사람은 자기 자신을 격려하고, 자기 자신에게 명령하고, 복종하고, 자기 자신을 꾸짖고, 벌주고, 자기 자신에게 물음을 제기하고 그것에 대해 대답할 수 있다. 그러므로 우리들은 또한 오직 독백으로만 말하는 사람들을 생각할 수 있을 것이다. 즉, 자신의 활동에 혼잣말들을 덧붙이는 사람들 말이다.—그들을 관찰하고 그들의 이야기를 귀 기울여 듣는 조사자는 그들의 언어를 우리의 언어로 번역하는 데 성공할 수 있을 것이다. (그럼으로써 그는 이 사람들의 행위를 올바로 예언할 수 있는 위치에 있게 될 것이다. 왜냐하면 그는 또한 그들이 결심과 결단을 하는 것도 듣기 때문이다.)

그러나 어떤 사람이 자신의 내적인 체험들—자신의 느낌, 기분 등—을 자신만의 쓰임을 위해 기입하거나 발화할 수 있을 언어도 생각될 수 있을까?——대체 우리가 그런 일을 우리의 일상적인 언어에서는 할 수 없는가?—그러나 내 뜻은 그게 아니다. 이 언어의 낱말들은 오직 말하는 사람만이 알 수 있는 것과 관련되어야 한다. 즉, 그의 직접적인, 사적인 감각들과 말이다. 따라서 다른 사람은 이 언어를 이해할 수 없다.[66]

244. 낱말들은 어떻게 감각들과 관련되는가?—여기에는 아무 문제도 없

65 (옮긴이주) 이 책 II부 [338] 및 《수학의 기초에 관한 소견들》(3판) VI §39 참조.

66 (옮긴이주) 이러한 뜻에서의 '사적 언어' 개념과 이에 대한 논의는 《소품집》에 수록된 비트겐슈타인의 "'사적 경험'과 '감각 자료'에 관한 강의를 위한 노트"에서 처음 볼 수 있다.

는 것처럼 보인다; 왜냐하면 우리는 날마다 감각들에 관해 이야기하고, 감각들을 명명하지 않는가? 그러나 이름과 명명된 것과의 결합은 어떻게 이루어지는가? 이 물음은, 사람은 어떻게 감각에 대한 이름들의 의미를 배우는가 하는 물음과 같다. 예컨대, "고통"이란 낱말의 의미를 어떻게 배우는가. 하나의 가능성은 이것이다. 즉, 말들이 감각의 근원적인, 자연적인 표현과 결합되고, 그 자리를 대신한다는 것이다. 어린아이가 다쳐서 울부짖는다; 그리고 그때 어른들은 아이에게 말을 걸고, 그에게 외침들을 그리고 나중에는 문장들을 가르친다. 그들은 아이에게 새로운 고통 행동을 가르친다.

"그러니까 당신의 말은, '고통'이란 낱말은 실제로는 울부짖음을 의미한다는 것인가?"—그 반대다; 고통의 언어적 표현은 울부짖음을 대체하며, 울부짖음을 기술하지 않는다.

245. 나는 도대체 어떻게 언어를 가지고 고통의 표명[67]과 고통 사이에 더 끼어들려 할 수 있는가?

246. 그런데 어떤 점에서 나의 감각들은 사적인가?—자, 오직 나만이 내가 실제로 고통스러운지를 알 수 있다; 다른 사람은 그걸 단지 추측할 수 있을 뿐이다.—이 말은 한편으로는 거짓이요, 한편으로는 무의미하다. 우리가 "알다"라는 말을 그 말이 보통 사용되듯이 사용한다면(그리고 우리가 그것을

67 (옮긴이주) '고통의 표명': 원말은 'Schmerzäußerung'. 'Äußerung'은 심리학적 주체가 내면의 것을 자연-본성적으로 외적으로 표출함, 또는 그런 것이 그 주체에 의해 언어적, 비언어적 행동으로 표출된 것을 의미한다. 언어적 표출의 경우에 이 말은 보통 '발언'이라고 번역되는데, 비트겐슈타인은 특별히 이 말을 관찰에 기초한 기술(記述)이나 보고와 대조하여 사용하기도 하며, 이 경우 이 말은 이 책에서 '표명'으로 옮긴다. 고통의 표명은 이미 고통을 대체하는 언어적 표현이며, 고통을 대상으로 하는—따라서 고통과 떨어져 있는—그림으로서의 언어적 표현(기술)이 아니다.

어떻게 달리 사용할 수 있단 말인가!), 다른 사람들은 내가 고통스러운 경우를 매우 자주 안다.—그렇다, 그러나 그럼에도 불구하고 나 자신이 그것을 아는 만큼 확신을 갖고 아는 것은 아니다!—나에 대해서는 우리들은 (가령 농담에서가 아니라면,) 나는 내가 고통스럽다는 것을 안다고 결코 말할 수 없다. 그 말은—가령, 나는 고통을 지니고 있다[68]는 것 외에—대체 무엇을 뜻하겠는가?

우리들은 다른 사람들이 나의 감각을 오직 나의 행동을 통해서만 배운다고 말할 수 없다,—왜냐하면 우리들은 나에 대해서, 나는 나의 감각을 배웠다고 말할 수 없기 때문이다. 나는 나의 감각을 지니고 있다.

진실은 이렇다: 다른 사람들에 대해서, 그들은 내가 고통스러운지를 의심하고 있다고 말하는 것은 뜻을 지닌다; 그러나 나 자신에 대해서 그렇게 말하는 것은 뜻을 지니지 않는다.[69]

247. "오직 당신만이 당신이 그 의도를 지녔는지를 알 수 있다." 이 말은, 우리들이 어떤 사람에게 "의도"란 낱말의 의미를 설명할 때는 할 수 있을 것이다. 그 경우 그 말의 뜻은 말하자면, 우리는 그 낱말을 그렇게 사용한다는 것이다.

(그리고 "안다"는 여기서, 불확실성의 표현은 뜻이 없다는 것을 뜻한다.)

248. "감각들은 사적이다"라는 문장은 "빠시앙스[70]는 혼자서 한다"라는 문장

---

68 (옮긴이주) '나는 고통을 지니고 있다'(또는 '나는 고통이 있다')는 '나는 고통스럽다'와 마찬가지로 원문은 똑같이 'Ich habe Schmerzen'이다. 내가 고통스럽다는 것은, 나는 사적으로 직접 알 수 있고 다른 사람은 내 행동을 통해 간접적으로만 알 수 있다고 할 수 있는 그런 것이 아니다.

69 (옮긴이주) 경험의 표현에서의 이러한 직설법 현재 1인칭과 3인칭 사이의 비대칭은 심리학적 동사 일반으로 적용된다. 뒤의 II부 xi [309] 참조.

70 (옮긴이주) 앞 §66의 각주 참조.

과 비교될 수 있다.

249. 젖먹이의 웃음은 위장(僞裝)이 아니라는 우리의 가정은 혹시 성급한 것인가?—그리고 어떠한 경험에 우리의 가정은 의거하고 있는가?

(거짓말은 다른 모든 언어놀이와 마찬가지로 학습을 요하는 언어놀이이다.)

250. 왜 개는 고통을 꾸며댈 수 없는가? 개는 너무 정직한가? 우리들은 개가 고통을 꾸며대도록 가르칠 수 있을까? 아마 우리들은 개가 특정한 경우에 고통을 지니고 있지 않으면서도 고통스러운 것처럼 울부짖게 가르칠 수 있을 것이다. 그러나 제대로 된 꾸며댐이 되기에는 이 행동에는 아직 올바른 환경이 결여되었다.

251. 우리가 "나는 그 반대를 상상할 수 없다"거나, "만일 그렇지가 않다면, 도대체 어떠할까?"라고 말한다면, 이것은 무엇을 의미하는가?—예를 들어, 누군가가 나의 표상들은 사적이라거나, 오직 나 자신만이 내가 고통을 느끼는지를 알 수 있다고 하는 따위의 말을 했을 때 말이다.

물론 여기서 "나는 그 반대를 상상할 수 없다"는 나의 상상력이 충분하지 못하다는 것을 뜻하지 않는다. 우리는 이 말로써, 그 형식 때문에 우리가 경험 명제라고 속게 되는, 그러나 실제로는 문법적 명제인 어떤 것에 저항하고 있다.

그러나 나는 왜 "나는 그 반대를 상상할 수 없다"라고 말하는가? 왜 "나는 당신이 무엇을 말하는지 상상할 수 없다"라고 말하지 않는가?

예: "모든 막대는 길이를 지니고 있다." 이 말은 가령, 우리는 어떤 것을 (또는 이것을) "막대의 길이"라고 부르지만, 어떤 것도 "공(球)의 길이"라고

는 부르지 않는다는 것을 뜻한다. 그런데 나는 '모든 막대는 길이를 지니고 있다'는 것을 상상할 수 있는가? 자, 나는 겨우 어떤 한 막대를 상상한다; 그리고 그것이 전부다. 다만, 이 명제와 결합된 이 그림은 "이 책상은 저 책상과 같은 길이를 지니고 있다"라는 명제와 결합된 그림과는 전혀 다른 역할을 한다. 왜냐하면 후자에서 나는 그 반대의 그림(이것이 심상이어야 할 필요는 없다)을 그린다는 게 무엇을 뜻하는지 이해하기 때문이다.

그러나 문법에 관한 명제에 딸린 그림은 가령 무엇이 "막대의 길이"라고 불리는지를 보일 수 있었을 뿐이다. 거기서 대립된 그림이란 무엇이겠는가?

((선천적 명제의 부정에 관한 소견[71]))

252. 우리는 "이 물체는 연장(延長)을 지니고 있다"라는 명제에 대해, "헛소리!"라고 대답할 수 있을 것이다—그러나 우리는 "물론!"이라고 대답하는 경향이 있다. —왜?

253. "다른 사람은 나의 고통을 지닐 수 없다."—어느 것이 나의 고통인가? 여기서 무엇이 동일성의 기준으로 간주되는가? 물리적 대상들의 경우에 "정확히 같은 두 개"란 말을 가능하게 하는 것이 무엇인지를 생각해 보라. 예컨대, "이 의자는 당신이 어제 여기서 보았던 것은 아니지만, 정확히 같은 의자이다"란 말.

나의 고통이 그의 고통과 같다고 말하는 것이 뜻을 지니는 한, 우리는 둘 다 같은 고통을 지닐 수도 있다. (그렇다, 두 사람이 같은—단지 상동적(相同的)이 아니라—곳에서 고통을 느끼는 것도 생각될 수 있다. 예컨대 샴쌍둥이의 경우 그런 일이 일어날 수 있을 것이다.)

---

71 (옮긴이주) 비트겐슈타인의 《쪽지》 §442 참조.

나는 어떤 사람이 이 주제에 관한 토론에서 자신의 가슴을 치며, "그러나 어쨌든 다른 사람은 이 고통을 지닐 수 없다"라고 말하는 것을 본 적이 있다.—그에 대한 대답은, "이"라는 낱말을 힘주어 강조함에 의해서는 동일성의 기준이 정의되지 않는다는 것이다. 그 강조는 오히려, 우리에게 그런 기준이 익히 알려져 있으나 우리가 그것을 기억해 내야 하는 경우처럼 보이게 우리를 기만하고 있을 뿐이다.

254. "같은"이란 낱말을 (예컨대) "동일한"이란 낱말로 대체하는 것도 철학에서 하나의 전형적인 방편이다. 마치 우리가 의미의 음영(陰影)들에 관해 이야기하고 있으며, 문제는 단지 우리의 말로써 올바른 뉘앙스를 알아맞히는 일뿐인 듯이 말이다. 그런데 철학함에 있어서 그런 일은 특정한 표현 방식을 사용하려는 유혹을 심리학적으로 정확히 묘사하는 것이 우리의 과제인 오직 그런 곳에서만 문제가 된다. 그러한 경우에 우리가 '유혹에 빠져 하는 말'은 물론 철학이 아니다; 그것은 철학의 원료이다. 그러므로 예컨대 수학자가 수학적 사실들의 객관성과 실재성에 관해 무엇을 말하는 경향이 있는가 하는 것은 수리철학이 아니라, 철학이 다루어야 할 어떤 것이다.

255. 철학자는 문제를 질병처럼 다룬다.

256. 그런데 나의 내적 체험들을 기술하는, 그리고 오직 나 자신만이 이해할 수 있는 언어는 어떠한가? 어떻게 나는 나의 감각들을 말로써 지칭하는가? —우리가 일상적으로 하듯이 그렇게? 그러니까 나의 감각어들은 나의 감각의 자연적인 표출과 결합되어 있는가?—이 경우 나의 언어는 '사적'이지 않다. 다른 사람이 그 언어를 나처럼 이해할 수 있을 것이다.—그러나 만일 나에게 감각의 자연적 표출은 없고, 단지 감각만 있다면 어떻게 될까? 그리고

이제 나는 단순히 이름들을 감각들과 연합하고, 이 이름들을 어떤 기술(記述)에서 사용한다.—

257. "만일 사람들이 자신의 고통을 표출하지 않는다면(신음하지 않는다면, 얼굴을 찌푸리지 않는다면 등등) 어찌 될까? 그러면 우리들은 어린아이에게 '치통'이란 낱말의 쓰임을 가르칠 수 없을 것이다."—자, 그 어린아이가 천재이고 스스로 그 감각에 대한 이름을 지어낸다고 가정해 보자!—그러나 그러면 물론 그 아이는 이 낱말로 자신을 남에게 이해시킬 수 없을 것이다.—그러니까 그 아이는 그 이름을 이해하지만, 그 의미를 누구에게도 설명할 수 없는 것인가?—그러나 그가 '자신의 고통을 명명했다'는 것은 대체 무슨 뜻인가?—그는 어떻게 그 일, 즉 고통을 명명하는 일을 했는가?! 그리고 그가 무엇을 했든지 간에, 그것은 무슨 목적을 가지고 있는가?—"그는 감각에 이름을 부여했다"라고 말할 때, 우리들은 단순한 명명이 뜻을 지니려면 이미 많은 것이 언어에 준비되어 있어야 한다는 점을 망각한다. 그리고 우리가 어떤 사람이 고통에 이름을 부여한다고 이야기할 때, 여기서 준비되어 있는 것은 "고통"이란 낱말의 문법이다; 그것은 그 새로운 낱말이 놓일 자리를 지적한다.

258. 이런 경우를 생각해 보자. 내가 어떤 감각이 반복됨에 관해서 일기를 쓰고자 한다. 이를 위해 나는 그 감각을 "E"라는 기호와 연합하고, 내가 그 감각을 지니는 날마다 달력에 이 기호를 써 놓는다. ——나는 우선 그 기호의 정의는 진술될 수 없다는 점을 말하고 싶다.—그러나 나는 어쨌든 나 자신에게는 그 정의를 일종의 지시적 정의로서 할 수 있다!—어떻게? 나는 그 감각을 가리킬 수 있는가?—일상적인 뜻에서는 가리킬 수 없다. 그러나 나는 그 기호를 말하거나 쓰면서 동시에 그 감각에 나의 주의를 집중한다—그

러니까 말하자면 속으로 그 감각을 가리킨다.—그러나 무엇 때문에 이런 의식(儀式)을 하는가? 그건 단지 하나의 의식처럼 보인다! 하지만 정의는 한 기호의 의미를 확정하는 데 기여한다.—자, 그 일이 바로 주의 집중에 의해서 일어난다; 왜냐하면 그렇게 해서 나는 그 기호와 그 감각의 결합을 내 마음에 각인하기 때문이다.—그렇지만 "그 결합을 내 마음에 각인한다"라는 말은 단지, 이 과정이 내가 미래에 그 결합을 올바로 기억해 내도록 작용한다는 뜻일 뿐이다. 그러나 우리의 경우에 나는 실은 올바름의 기준을 갖고 있지 않다. 여기서는, 나에게 옳게 보이는 것은 무엇이든 옳다고 말해도 될 것이다. 그리고 이것이 뜻하는 바는 단지, 여기서는 '올바름'에 관해 이야기할 수가 없다는 것이다.

259. 사적 언어의 규칙들은 규칙들의 인상들인가?—인상들을 재는 저울은 저울의 인상이 아니다.

260 "자, 나는 이것이 다시 감각 E라고 믿는다."—아마 당신은 그렇게 믿는다고 믿는다!

그렇다면 그 기호를 달력에 기입한 사람은 전혀 아무것도 메모하지 않은 걸까?—어떤 사람이—예컨대 달력에—기호를 기입할 때, 그는 무엇인가 메모하고 있는 게 자명하다고 보지 말라. 왜냐하면 메모는 실로 어떤 기능을 지니는데, 그 "E"는 아직까지 아무 기능도 지니고 있지 않기 때문이다.

(우리들은 자기 자신에게 이야기할 수 있다.—다른 아무도 없는 자리에서 이야기하는 사람은 모두 자기 자신에게 말하고 있는가?)

261. 우리는 "E"를 감각에 대한 기호라고 부를 무슨 근거를 갖고 있는가? "감각"은 말하자면 나에게만 이해될 수 있는 언어의 낱말이 아니라, 우리의

공동 언어의 낱말이다. 그러니까 이 낱말의 쓰임은 모든 사람들이 이해하는 정당화를 필요로 한다. ― 그리고 그것이 감각일 필요는 없을 것이라고 말하는 것, 즉 그가 "E"라고 쓸 때 그는 무엇인가를 지니고 있으며 그 이상 우리는 말할 수 없을 것이라고 말하는 것은 아무 도움이 안 될 것이다. "지닌다"와 "무엇인가"도 공동의 언어에 속한다. ― 그러니 철학을 할 때 결국 우리들은 그저 알아들을 수 없는 소리를 내뱉고 싶어 하는 것밖에 안 되는 데로 이른다. ― 그러나 그러한 소리는 이제 기술되어야 할 특정한 언어놀이 속에서만 하나의 표현이 된다.

262. 우리들은 이렇게 말할 수 있을 것이다. 즉, 자신에게 사적인 낱말 설명을 한 사람은 이제 그 낱말을 이러이러하게 사용하겠다고 속으로 계획하고 있음이 틀림없다고. 그런데 그는 어떻게 그렇게 계획하는가? 나는 그가 이러한 적용 기술을 발명한다고 가정해야 할까? 아니면 그가 그런 기술을 이미 완성된 채로 발견했다고 가정해야 할까?

263. "아무튼 나는 장차 이것을 '고통'으로 부르겠다고 (속으로) 계획할 수 있다." ― "그러나 당신은 그걸 또한 확실하게 계획했는가? 당신은 당신의 느낌에 주의를 집중하는 것이 그 일을 위해 충분했다고 확신하는가?" ― 이상한 물음. ―

264. "언젠가 당신이 이 낱말이 무엇을 지칭하는지 알면, 당신은 이 낱말을 이해한다, 이 낱말의 전체 적용을 안다."

265. 오직 우리의 상상 속에만 존재하는 어떤 일람표를 생각해 보자; 가령, 한 사전을 생각해 보자. 우리들은 낱말 X에서 낱말 Y로의 번역을 사전에 의

해 정당화할 수 있다. 그러나 이 일람표가 오직 상상 속에서만 참조된다면, 우리는 그것도 하나의 정당화라고 불러야 할까?—"그야, 그 경우 그것은 주관적 정당화이다."—그렇지만 정당화란 독립적인 곳에 호소함에 있다.—"그러나 나는 한 기억으로부터 다른 한 기억에 호소할 수도 있다. (예컨대) 나는 내가 기차의 출발 시간을 올바로 알고 있는지를 알지 못해서, 그걸 검사하려고 기차 시간표가 적혀 있는 면(面)의 모습을 기억 속에 불러낸다. 여기서 우리는 같은[72] 경우를 갖지 않는가?"—아니다; 왜냐하면 이제 이 과정은 실제로 **올바른** 기억을 불러일으켜야 하기 때문이다. 만일 기차 시간표의 심상 자체가 그 올바름을 **검사**받을 수 없다면, 어떻게 그것이 첫 번째 기억의 올바름을 보증할 수 있을까? (그건 마치 어떤 사람이 오늘 아침 신문이 진실을 보도하고 있는지를 확인하기 위해서 같은 신문 여러 부를 사는 것과 같다.)

상상 속에서 일람표를 참조하는 것은, 상상된 실험의 결과에 관한 상상이 실험의 결과가 아닌 것과 마찬가지로, 일람표의 참조가 아니다.

266. 나는 시간을 알아보기 위해서 시계를 볼 수 있다. 그러나 나는 또한 시간을 **추측**하기 위해서 시계의 문자판을 주시할 수도 있다. 또는 같은 목적을 위해 시계의 바늘을 그 위치가 옳다고 여겨질 때까지 옮길 수 있다. 그처럼 시계의 형상(形像)은 한 가지 이상의 방식으로 시간을 결정하는 데 이바지할 수 있다. (상상 속에서 시계를 봄.)

267. 내가 나의 상상 속에서 건축되고 있는 어떤 교량의 계측을 정당화하기 위해 우선 상상 속에서 교량의 재료를 가지고 인장력(引張力) 시험을 한다고

72 (옮긴이주) 즉, 앞서 말한 사전 참조의 경우처럼 독립적인 곳에 호소하는.

가정해 보자. 이는 물론 교량의 계측에 대한 정당화라고 불리는 것에 관한 상상일 것이다. 그러나 우리는 그것을 계측에 대한 상상의 정당화라고도 부를 것인가?

268. 왜 나의 오른손은 나의 왼손에게 돈을 증여할 수 없는가?—나의 오른손은 나의 왼손에 돈을 건네 줄 수 있다. 나의 오른손은 증여 증서를 쓰고, 나의 왼손은 수령증을 쓸 수 있다.—그러나 그 이상의 실천적 결과들은 증여의 그것들이 아닐 것이다. 왼손이 오른손으로부터 돈을 받는 따위의 일을 했다면, 우리들은 "그런데, 그다음은?" 하고 물을 것이다. 그리고 만일 어떤 사람이 자신에게 사적인 낱말 설명을 했다면—내 말은, 그가 자신에게 어떤 한 낱말을 말하면서 동시에 어떤 한 감각으로 그의 주의를 향하게 했다면—우리들은 같은 질문을 할 수 있을 것이다.

269. 어떤 사람이 한 낱말을 이해하지 못한다—즉 그에게 그 낱말은 아무것도 말하는 바가 없고, 그는 그 낱말을 가지고 아무것도 할 줄 모른다—는 것을 나타내는 어떤 행동 기준들이 존재한다는 점을 기억하자. 그리고 그가 그 낱말을 '이해한다고 믿고' 그것과 어떤 한 의미를 결합하지만, 올바른 의미가 아님을 나타내는 기준들이 존재한다. 그리고 마지막으로, 그가 그 낱말을 올바로 이해함을 나타내는 기준들이 존재한다. 두 번째 경우에 우리들은 주관적 이해에 관해 이야기할 수 있을 것이다. 그리고 "사적 언어"란, 다른 사람은 아무도 이해 못하지만 나는 '이해하는 듯 보이는' 소리들이라고 일컬어질 수 있을 것이다.

270. 이제 나의 일기 속에 기입된 기호 "E"의 사용을 생각해 보자. 나는 다음과 같은 경험을 한다. 즉, 내가 특정한 감각을 지닐 때마다 혈압계는 나의 혈

압이 올라감을 보여 준다. 그렇게 해서 나는 내 혈압이 오름을 어떤 기구의 도움 없이 말하게 된다. 이는 유용한 결과이다. 그런데 여기서 내가 그 감각을 올바로 재인식했느냐 여부는 전혀 상관없는 것으로 보인다. 내가 그 감각의 동일성을 확인할 적에 지속적으로 오류를 범한다고 가정한다면, 그것은 전혀 관계없다. 그리고 이는 이미, 이러한 오류의 가정이 단지 하나의 가상(假象)일 뿐이었음을 보여 준다. (우리는 말하자면 마치 기계를 조절할 수 있을 것처럼 보인 손잡이를 돌렸다; 그러나 그것은 기계 장치와는 전혀 연결되지 않은 단순한 장식품일 뿐이었다.)

그리고 여기서 우리는 어떤 근거로 "E"를 감각에 대한 명칭이라고 부르는가? 아마도 이 기호가 이 언어놀이에서 사용되는 방식일 것이다.—그리고 왜 어떤 "특정한 감각", 즉 언제나 같은 감각인가? 그야, 우리는 언제나 "E"라고 쓴다고 가정하기 때문이다.

271. "어떤 사람이 '고통'이란 낱말이 무엇을 의미하는지를 기억 속에 간직할 수 없지만—그래서 언제나 다른 어떤 것을 그렇게 부르지만—그럼에도 불구하고 그 낱말은 고통의 통상적 표시 및 전제들과 일치되게 사용된다고 생각해 보라!"—그 사람은 그러니까 그 낱말을 우리 모두처럼 사용하고 있다. 나는 여기서 이렇게 말했으면 한다: 다른 것들이 함께 움직이지 않는데도 돌릴 수 있는 바퀴는 기계에 속하지 않는다.

272. 사적인 체험에서 본질적인 것은 실제로는, 모든 사람이 자신의 고유한 표본을 소유한다는 점이 아니라, 다른 사람도 역시 이것을 지니고 있는지, 또는 다른 어떤 것을 지니고 있는지 아무도 모른다는 점이다. 그러니까 인류의 일부는 하나의 붉은색-감각을, 그리고 다른 일부는 다른 하나의 붉은색-감각을 지닌다는 가정이—비록 검증될 수는 없지만—가능할 것이다.

273. 그런데 "붉은색"이란 낱말은 어떠한가? 나는 이것이 '우리 모두가 마주 대하는' 어떤 것을 지칭하며, 모든 사람은 실제로는 이 낱말 외에 붉은색에 대한 자신의 고유한 감각을 지칭하기 위해 한 낱말을 더 갖고 있어야 할 것이라고 말해야 하는가? 또는 그건 이런 것인가, 즉: "붉은색"이란 낱말은 우리에게 공통적으로 알려져 있는 어떤 것을 지칭하며, 그뿐 아니라 각자에게는 오직 자기만 알고 있는 어떤 것을 지칭한다? (또는 아마 더 잘 표현하자면, 그 낱말은 오직 각자에게만 알려져 있는 어떤 것과 관련된다?)

274. 물론, "붉은색"이란 낱말이 사적인 것을 "지칭한다"라고 말하는 대신, 사적인 것과 "관련된다"라고 말하는 것은 그 낱말의 기능을 파악하기 위해 우리에게 아무 도움이 되지 않는다. 그러나 그것은 철학할 때의 특정한 체험에 대해 심리학적으로는 더 적절한 표현이다. 그건 마치, 내가 그 낱말을 발화할 적에, 말하자면 나는 이미 내가 그것으로 무엇을 뜻하는지 안다고 나에게 말하기 위해 나의 고유한 감각에 곁눈질을 하는 것과 같은 것이다.

275. 하늘의 파란색을 쳐다보고, 당신 자신에게 "하늘이 참 파랗구나!"라고 말해 보라. —당신이 그 말을 자연발생적으로—철학적 의도를 지니지 않고—한다면, 이러한 색깔 인상이 오직 당신에게만 속한다는 생각은 떠오르지 않는다. 당신은 아무 망설임 없이 다른 사람을 향해 그렇게 외친다. 그리고 당신이 그 말을 할 때 무엇인가를 가리킨다면, 그것은 하늘이다. 내 말은, 당신은 우리들이 '사적 언어'에 관해 숙고할 때 '감각의 명명'에 종종 동반되는 당신-자신-속을-가리킴의 느낌을 지니지 않는다는 것이다. 또한 당신은 당신이 실제로는 손으로 색을 가리키는 게 아니라 오직 주의를 기울임으로써 색을 가리켜야 한다고 생각하지도 않는다는 것이다. ("주의를 기울임으로써 어떤 것을 가리키다"가 무슨 뜻인지 생각해 보라.)

276. "그러나 우리가 어떤 색을 바라보고 그 색깔 인상을 명명할 때, 우리는 최소한 아주 특정한 어떤 것을 뜻하지 않는가?" 문자 그대로, 마치 우리가 그 보이는 대상으로부터 그 색깔 인상을 얇은 막처럼 벗겨 내는 듯이 말이다. (이것이 우리의 의혹을 불러일으킬 것이다.)

277. 그러나 한 낱말로 한번은 모든 사람에게 알려진 색깔을 뜻하고, 한번은 내가 지금 얻는 '시각적 인상'을 뜻한다고 믿는 유혹에 빠지는 일이 도대체 어떻게 가능한가? 어떻게 여기서 단지 유혹이라 할지라도 있을 수가 있는가? ――그 두 경우에 나는 그 색깔에다 같은 종류의 주의를 기울이지 않는다. 내가 (내가 말했으면 하는 것처럼) 나에게만 속하는 색깔 인상을 뜻한다면, 나는 그 색깔에―내가 어떤 색깔을 '아무리 봐도 싫증나지 않는' 경우처럼 대충 그렇게―몰입하고 있는 것이다. 따라서 이러한 체험을 산출하는 일은 빛나는 색깔을 바라볼 때, 또는 우리에게 깊은 인상을 주는 색채 구성을 바라볼 때 더 쉽다.

278. "나는 초록색이 나에게 어떻게 보이는지 안다"―자, 이 말은 어쨌든 뜻을 지닌다!―그렇고 말고; 당신은 그 문장의 어떤 사용을 생각하고 있는가?

279. "나는 어쨌든 내 키가 얼마인지 안다"라고 말하면서 그 표시로 자신의 정수리 위에 손을 올려놓는 사람을 생각해 보라!

280. 어떤 사람이 가령 자기가 연극의 한 장면을 어떻게 상상하고 있는가를 보이기 위해서 그림을 그린다. 그리고 이제 나는 이렇게 말한다: "이 그림은 이중적 기능을 지니고 있다; 그것은 그림들이나 말들이 어떤 것을 보고하는 것처럼 다른 사람들에게 어떤 것을 보고한다――그러나 보고자에게는 그것

은 또 다른 종류의 묘사(또는 보고?)이다: 다른 사람들에게와는 달리 그에게 그것은 자신의 상상에 대한 그림이다. 그 그림에 대한 그의 사적인 인상은 그에게 자신이 무엇을 상상했는지를 말해 준다; 다른 사람들에게는 그 그림이 그렇게 해 줄 수 없다는 뜻에서 말이다."—그런데—이 말이 첫 번째 경우에는 올바로 적용되었다면—이 두 번째 경우에 나는 어떤 권리로 묘사 또는 보고에 관해 이야기하는가?

281. "그러나 당신이 말하는 바는, 예컨대 고통 행동 없는 고통은 존재하지 않는다는 것으로 귀결되지 않는가?"—내 말은 이렇게 귀결된다: 우리들은 오직 살아 있는 사람에 대해서만, 그리고 그와 비슷한 (비슷하게 행동하는) 것에 대해서만, 그것은 감각들을 지닌다, 그것은 본다, 눈이 멀었다, 듣는다, 귀먹었다, 의식을 지니고 있다, 의식을 잃었다, 라고 말할 수 있을 것이다.

282. "그렇지만 동화 속에서는 냄비조차도 보고들을 수 있다!" (물론; 그러나 그것은 또한 말도 할 수 있다.)

"그렇지만 동화는 단지 사실이 아닌 것을 지어낼 뿐이다; 무의미한 것을 말하는 것은 아니다."—그것은 그렇게 단순하지 않다. 냄비가 이야기를 한다고 말하는 것은 비-진리인가 또는 무의미인가? 우리들은 우리가 어떤 상황에서 냄비에 대해, 그것이 이야기를 한다고 말하게 될지 분명하게 알고 있는가? (무의미시(無意味詩)조차도 가령 어린아이의 웅얼거림과 같은 방식의 무의미가 아니다.)

그렇다, 우리는 무생물에 대해서 '그것이 고통스러워한다'고 말한다. 예컨대 인형놀이에서 말이다. 그러나 고통 개념의 이러한 사용은 이차적인 것이다.[73] 그럼에도 불구하고 사람들이 오직 무생물에 대해서만 '그것이 고통스러워한다'고 말하고, 오직 인형들만을 불쌍히 여기는 경우를 상상해 보자! (어린아이들이 기차놀이를 할 때, 그들의 놀이는 기차에 대한 그들의 앎과 관련되어 있다. 그러나 기차를 알지 못하는 어떤 종족의 아이들이 이러한 놀이를 다른 사람들로부터 차용하여, 그 놀이가 어떤 것을 모방하고 있다는 것을 모르면서 놀이를 할 수 있을 것이다. 그 아이들에게 그 놀이는 우리에서와 같은 뜻을 지니지 않는다고 할 수 있을 것이다.)

283. 비록 생각일 뿐이라 하더라도, 피조물이, 대상들이, 무엇인가를 느낄 수 있으리라는 생각은 어디로부터 우리에게 오는가?

나의 교육이 내가 내 속의 느낌들에 주의하게 만듦으로써 나를 그런 생각으로 이끌었고, 이제 나는 그 관념을 나의 외부 대상들로 옮긴다? 나는 다른 사람들의 낱말 사용과 모순에 빠지지 않고 내가 "고통"이라고 부를 수 있는 어떤 것이 거기 (내 속에) 있다는 것을 인식한다?—나는 돌과 식물들 따위에는 나의 관념을 옮기지 않는다.

나는 내가 무서운 고통을 지녔으며, 그 고통이 지속되는 동안 하나의 돌이 되는 것을 생각할 수 없을까? 과연, 내가 눈을 감는다면, 내가 돌이 되어 있지나 않은지 나는 어떻게 아는가?—그리고 이제 그런 일이 일어났다면, 어떤 점에서 그 돌은 고통을 지닐 것인가? 어떤 점에서 우리들은 그 돌에 대해 그렇게 진술할 수 있을까? 과연 여기서 고통은 도대체 왜 소지자가 있어야 하는가?!

그리고 우리들은 돌에 대해서, 그것은 영혼을 지니고 있으며, 그 영혼은 고통을 지닌다고 말할 수 있는가? 영혼과 고통이 돌과 무슨 상관이 있는가?

오직 사람처럼 행동하는 것에 대해서만 우리들은 그것이 고통을 지닌다고

---

73 (옮긴이주) '이차적 의미'에 대한 II부 xi [276]~[278]의 이야기 참조.

말할 수 있다.

왜냐하면 우리들은 그런 말을 육체에 대해서—또는 원한다면, 육체가 지닌 영혼에 대해서—해야 하기 때문이다. 그런데 어떻게 육체는 영혼을 지닐 수 있는가?

284. 돌을 바라보고, 그것이 감각들을 지니고 있다고 생각해 보라!—우리들은 자신에게 말한다: 어떻게 우리들은 사물에다 감각을 부여하려는 관념에조차 이를 수 있었는가? 우리들은 감각을 수(數)에도 똑같이 잘 부여할 수 있을 것이다!—그런데 이제 한 마리의 버둥거리는 파리를 바라보라. 그러면 이러한 난점은 곧 사라지고, 고통은 여기서—이전에는 모든 것이 말하자면 고통이 발붙이기에는 너무 미끄러웠던 곳에서—발을 붙일 수 있는 것처럼 보인다.

그리고 그렇게 해서 우리에게는 시체 또한 전혀 고통을 받을 수 없는 것으로 보인다.—살아 있는 것에 대한 우리의 태도는 죽은 것에 대한 그것이 아니다. 우리의 모든 반응들이 다르다.—어떤 사람이 "그 차이는 단순히, 살아 있는 것은 이러이러하게 움직이고 죽은 것은 그러지 않는다는 점에 있을 수 없다"라고 말한다면, 나는 그에게, 여기에는 '양에서 질로의' 이행이라는 경우가 존재한다고 알려 주고 싶다.

285. 얼굴 표정의 인식에 관해 생각해 보라. 또는 얼굴 표정의 기술(記述)에 관해서 생각해 보라—그 기술은 우리들이 얼굴의 치수를 진술함에 있지 않다! 또한, 어떻게 우리들이 자신의 얼굴을 거울에 비춰 보지 않고도 어떤 사람의 얼굴을 흉내 낼 수 있는지 생각해 보라!

286. 그러나 육체에 대해서, 그것이 고통스러워한다고 말하는 것은 불합리하지 않은가?——그런데 왜 우리들은 불합리를 느끼는가? 대체 어떤 점에서

나의 손이 고통을 느끼는 것이 아니라 내가 나의 손에서 고통을 느끼는 것인가?

"고통을 느끼는 것은 육체인가?"라고 하는 것은 어떤 종류의 쟁점인가? —그것은 어떻게 해결될 수 있는가? 그것이 육체가 아니라는 주장은 어떻게 해서 유력해지는가?—자, 가령 다음과 같이 해서. 즉, 어떤 사람이 손에 고통이 있을 때, 그 손은 그 사실을 (글로 쓰는 것을 제외하고는) 말하지 않는다. 그리고 우리들은 그 손을 위로하지 않고, 그 괴로워하는 사람을 위로한다; 우리들은 그의 얼굴을 들여다본다.

287. 어떻게 해서 나는 이 사람에 대한 동정으로 가득 차 있는가? 동정의 대상이 무엇인가는 어떻게 드러나는가? (동정은 다른 사람이 고통을 지니고 있다는 확신의 한 형태라고 말할 수 있다.)

288. 내가 돌로 굳어지고 나의 고통이 지속된다.—그런데 이제 내가 오류를 범했고, 그것이 더는 고통이 아니라면!?——그렇지만 나는 여기서 오류를 범할 수 없다; 내가 고통을 지니고 있는지 의심하는 것은 아무런 뜻도 없다!—즉, 만일 어떤 사람이 "나는 내가 지니고 있는 것이 고통인지 또는 다른 어떤 것인지 모르겠다"라고 말한다면, 아마 우리는 그가 우리말의 "고통"이란 낱말이 무엇을 의미하는지 모르고 있다고 생각할 것이고, 그에게 그 의미를 설명해 줄 것이다.—어떻게? 아마 몸짓들을 통해서; 또는 바늘로 그를 찌르면서, "어때 알겠는가, 이것이 고통이다"라고 말함으로써. 그는 다른 모든 낱말 설명과 마찬가지로 이 낱말 설명을 올바로 이해하거나 잘못 이해하거나 전혀 이해하지 못할 수 있을 것이다. 그리고 그 어느 쪽인지는, 그 밖의 경우에서와 마찬가지로, 그의 낱말 사용에서 드러날 것이다.

예컨대 이제 그가 "오, 나는 '고통'이 무엇을 뜻하는지 안다, 그러나 내가 지금 여기 지니고 있는 이것이 고통인지는 모르겠다"라고 말한다면, 우리는 다만 머리를 가로저을 것이고, 그의 말을 우리가 어찌해야 좋을지 모르는 이상한 반응으로 간주하지 않을 수 없을 것이다. (그건 가령, 우리가 어떤 사람이 진지하게 다음과 같이 말하는 것을 들었을 때와 같을 것이다: "나는 내가 태어나기 얼마 전에 ……라고 믿었던 것을 똑똑히 기억한다.")

저 의심의 표현은 언어놀이에 속하지 않는다; 그러나 이제 감각의 표현, 즉 인간적 행동이 배제되어 있다면, 나는 다시 의심해도 될 것처럼 보인다. 여기서 내가 감각은 그 실제와는 다른 어떤 것으로 여겨질 수 있다고 말하고 싶은 유혹을 느끼는 것은 다음과 같이 해서 일어난다: 내가 감각의 표현을 지닌 정상적인 언어놀이가 폐지되었다고 생각한다면, 그때 나는 감각의 동일성 기준을 필요로 할 것이다; 그리고 그렇다면 오류의 가능성도 존립할 것이다.

289. "내가 '나는 고통스럽다'고 말할 때, 나는 어쨌든 나 자신에 대해서는 정당화되어 있다."—그건 무슨 뜻인가? 그것은 "만일 다른 사람이 내가 무엇을 '고통'이라고 부르는지 알 수 있다면, 그는 내가 그 낱말을 올바로 사용하고 있다고 인정할 것이다"란 뜻인가?

한 낱말을 정당화 없이 사용한다는 것이 그 낱말을 부당하게 사용한다는 것을 뜻하지는 않는다.

290. 나는 물론 나의 감각의 동일성을 기준들에 의해서 확인하지 않는다; 오히려 나는 같은 표현을 사용한다. 그러나 그로써 언어놀이는 끝나지 않는다; 그로써 언어놀이는 시작된다.

그러나 언어놀이는 내가 기술하는 감각과 더불어 시작되지 않는가?—아마도 "기술하다"란 낱말이 여기서 우리를 희롱하고 있다. 나는 "나는 나의 심리 상태를 기술한다"라고, 그리고 "나는 나의 방을 기술한다"라고 말한다. 우리들은 언어놀이들 사이의 차이점을 기억해 내야 한다.

291. 우리가 "기술(記述)들"이라고 부르는 것은 특수한 사용을 위한 도구들이다. 기계공의 눈앞에 놓인 기계 도면을, 단면도와 정면도를 생각해 보라. 우리들이 기술을 사실들의 언어적 그림으로서 생각한다면, 이는 뭔가 오도하는 점을 지니고 있다: 우리들은 가령 우리의 벽에 걸려 있는 것과 같은 그림들만을 생각한다; 사물이 어떻게 보이는가, 어떤 상태에 있는가를 그저 모사하는 것으로 보이는 그런 그림들 말이다. (이 그림들은 말하자면 하는 일이 없다.)

292. 당신이 당신의 말을 사실들로부터 읽어 낸다고, 사실들을 규칙들에 따라 말로 모사한다고 언제나 믿지는 말라! 왜냐하면 어쨌든 당신은 특수한 경우에 규칙을 적용하는 일은 안내 없이 해야 할 터이기 때문이다.

293. 내가 나 자신에 대해, 나는 "고통"이란 낱말이 무엇을 의미하는지를 오직 나 자신의 경우로부터 안다고 말한다면,—나는 다른 사람들에 대해서도 역시 그렇게 말해야 하지 않는가? 그리고 나는 도대체 어떻게 해서 그 하나의 경우를 그처럼 무책임한 방식으로 일반화할 수 있는가?

자, 모든 사람이 자기 자신에 관해 나에게 말한다. 자기는 오직 자기 자신으로부터만 고통이 무엇인가를 안다고!——모든 사람이 각자 상자 하나씩을 가지고 있고, 그 속에는 우리가 "딱정벌레"라고 부르는 것이 들어 있다고 가정해 보자. 아무도 다른 사람의 상자 속을 들여다볼 수 없다; 그리고 모든 사람이 자기는 오직 자신의 딱정벌레를 봄으로써만 딱정벌레가 무엇인지를 안다고 말한다.—여기서 모든 사람은 자신의 상자 속에 다른 사물을 가지고 있을 수 있을 것이다. 그뿐 아니라, 우리들은 그러한 사물이 계속해서 변한다고 상상할 수 있을 것이다.—그러나 그럼에도 불구하고 만일 이 사람들의 "딱정벌레"라는 낱말이 어떤 쓰임을 지닌다면?—그렇다면 그것은 사물의 명칭으로서의 쓰임은 아닐 것이다. 상자 속의 사물은 그 언어놀이에 전혀 속하지 않는다; 어떤 무엇으로서조차도 속하지 않는다: 왜냐하면 그 상자는 비어 있을 수도 있기 때문이다.—아니, 상자 속의 이 사물에 의해 '약분될' 수 있다; 그것이 무엇이든 간에, 그것은 상쇄되어 없어져 버린다.

즉: 감각 표현의 문법이 '대상과 명칭'의 틀에 따라 구성된다면, 그 대상은 무관한 것으로서 우리의 고찰로부터 떨어져 나간다.

294. 그는 자기가 기술하는 사적인 그림을 자기 앞에서 보는 것이라고 당신이 말한다면, 당신은 그가 자기 앞에 갖고 있는 것에 대해 하여튼 하나의 가정을 하고 있다. 그리고 이는 당신이 그것을 좀 더 자세히 기술할 수 있거나 기술하고 있음을 뜻한다. 그가 자기 앞에 갖고 있는 것이 어떤 종류일 수 있을지는 당신이 전혀 모른다고 인정한다면,—그렇다면 그럼에도 불구하고 무엇이 당신으로 하여금 그는 자기 앞에 무엇인가를 갖고 있다고 말하게 오도하는가? 그것은 마치 내가 어떤 사람에 관하여, "그는 무엇인가를 갖고 있다. 그러나 나는 그것이 돈인지, 빚인지, 또는 텅 빈 금고인지는 모르겠다"라고 말하는 것과 같지 않은가?

295. 그런데 "나는 오직 나 자신의 경우로부터만 …… 안다"라는 명제는 도대체 어떤 종류의 명제일까? 경험적 명제? 아니다.—문법적 명제?

나는 모든 사람이 자기 자신에 대해, 자기는 오직 자기 자신의 고통으로부터만 고통이 무엇인지를 안다고 말한다고 생각해 본다.—사람들이 실제로 그렇게 말한다거나 또는 심지어 그렇게 말할 준비가 되어 있다는 것은 아니다. 그러나 만일 이제 모든 사람이 그렇게 말한다면 —— 그것은 일종의 외침일 수 있을 것이다. 그리고 비록 그것이 보고로서는 아무것도 말하는 바가 없다 해도, 그것은 어쨌든 하나의 그림이다; 그리고 왜 우리가 그러한 그림을 마음속에 불러내고자 해서는 안 된단 말인가? 그 말 대신에 우화적으로 그려진 그림을 생각해 보라.

그렇다, 우리가 철학을 할 적에 우리 자신을 들여다보면, 우리는 종종 바로 그런 그림을 보게 된다. 문자 그대로, 우리 문법의 그림 같은 묘사를. 사실들이 아니라, 말하자면 삽화 같은 어법들을 말이다.

296. "그렇다, 그러나 그럼에도 불구하고 거기에는 나의 고통의 외침에 동반되는 무엇인가가 있다! 그리고 그 때문에 나는 외치는 것이다. 그리고 이 무엇인가가 중요한 것이다, ―그리고 무서운 것이다." ―다만, 우리는 그것을 누구에게 보고하는가? 그리고 어떤 경우에?

297. 물론, 냄비 속의 물이 끓는다면 냄비에서는 증기가 올라가고, 냄비의 그림에서는 또한 증기의 그림이 올라간다. 그러나 만일 냄비의 그림 속에서도 역시 무엇인가가 끓고 있어야 한다고 말하려는 사람이 있다면 어떻게 될까?

298. 우리가―자기 혼자서 감각을 가리키면서―"이것이 중요한 것이다"라고 매우 기꺼이 말하고 싶어 한다는 것은 이미, 우리가 아무런 보고도 아닌 어떤 것을 말하려는 경향이 얼마나 심한가를 보여 준다.

299. 우리가―철학적 사고에 몰두할 때―이러이러한 것을 말하지 않을 수 없다거나, 이러이러한 것을 말하려는 경향을 억제할 수 없다는 것은, 우리가

부득이 어떤 가정을 한다거나, 어떤 사태를 직접적으로 통찰 또는 인식한다는 뜻은 아니다.

300. 우리들은 이렇게 말했으면 한다—즉 "그는 고통스러워한다"라는 말을 지닌 언어놀이에는 행동의 그림뿐 아니라 고통의 그림도 또한 속한다고. 또는, 행동의 범례뿐 아니라 고통의 범례도 속한다고 말이다.—"고통의 그림이 '고통'이란 낱말을 지닌 언어놀이 속에 들어온다"라고 말하는 것은 오해이다. 고통의 표상은 그림이 아니다. 그리고 언어놀이에서 이 표상은 우리가 그림이라고 부를 어떤 것으로 대체될 수도 없다.—물론 고통의 표상은 어떤 뜻에서는 언어놀이에 들어온다; 다만, 그림으로서는 아니다.[74]

301. 표상은 그림이 아니다. 그러나 그림은 표상에 대응할 수 있다.[75]

302. 우리들이 자신의 고통을 본보기로 해서 다른 사람의 고통을 상상해야 한다면, 이는 그리 쉬운 일이 아니다: 왜냐하면 나는 내가 느끼지 않는 고통을 내가 느끼는 고통에 따라서 상상해야 할 것이기 때문이다. 즉, 나는 상상 속에서 고통의 한 장소로부터 다른 한 장소로 넘어가기만 하면 되는 게 아니

---

74 (옮긴이주) 비트겐슈타인의《쪽지》§552 참조. '고통'이란 낱말의 언어놀이를 위해서는 고통 행동의 그림 또는 범례가 필요하다. 그러나 고통의 (사적인) 그림 또는 범례가 더 있어야 하는 것은 아니다. 고통은 물론 고통 행동과 같지 않지만, 그렇다고 고통 행동의 그림을 떠나 그릴 수 있는 어떤 것이 아니기 때문이다. 고통의 그림이 따로 있어야 한다는 생각은 고통의 표상을 일종의 그림으로 잘못 생각한 데 기인한다. 그것은 물이 끓는 냄비를 그리려면 수증기 외에 끓는 물도 그려야 한다는 것과 같다.

75 (옮긴이주) 비트겐슈타인의《쪽지》§621 및 §638 참조. 나는 내가 상상한 것(표상)을 그림으로 그릴 수 있다. 그리고 그 그림은 내가 무엇을 상상하는가를 알려 줄 수 있다. 그러나 나는 내가 무엇을 상상하는가를 나의 표상을 (또는 다른 그 무엇을) 관찰함으로써 알아보지 않는다. 표상은 공적으로 관찰 가능한 그림이 아니며, 사적으로 관찰 가능한 그림, 이른바 '내적인 그림'도 아니다. (이러한 점은 '인상'의 경우에도 마찬가지로 해당된다.)

다. 마치 손의 고통에서 팔의 고통으로 넘어가는 것처럼 말이다. 왜냐하면 나는 내가 그의 신체의 한 곳에서 고통을 느낀다고 상상해서는 안 될 것이기 때문이다. (비록 그것이 가능하다 할지라도 말이다.)

고통 행동은 고통스러운 곳을 가리킬 수 있다,—그러나 고통을 표출하는 것은 고통받는 인물이다.

303. "나는 다른 사람이 고통스럽다는 것을 단지 믿을 수 있을 뿐이지만, 내가 고통스러울 경우에는 나는 그것을 안다."—그렇다; 게다가 우리들은 "그는 고통스럽다" 대신 "나는 그가 고통스럽다고 믿는다"라고 말하려고 결심할 수 있다. 그러나 그것이 전부이다. ——여기서 심리적 과정들에 관한 설명이나 진술처럼 보이는 것은 실은 한 어법을 우리가 철학을 하는 동안 우리에게 더 적절해 보이는 다른 한 어법으로 바꿔치기한 것이다.

자, 어디 한번—실제의 경우에—다른 사람의 불안이나 고통을 의심하려고 시도해 보라.

304. "그러나 어쨌든 당신은 고통이 있는 고통 행동과 고통이 없는 고통 행동 사이에는 차이가 있다는 점을 인정하게 될 것이다."—인정한다고? 어떤 차이가 그보다 더 클 수 있으랴!—"그럼에도 불구하고 당신은 감각 자체는 아무것도 아닌 무(無)라는 결론에 되풀이해서 도달하고 있다."—천만에. 그것은 어떤 것이 아니지만, 무도 아니다. 결론은 단지, 무가 거기에 관해서는 아무것도 진술될 수 없는 어떤 것과 같은 직무를 수행한다는 것이었다. 우리는 단지, 여기서 우리의 뇌리에서 떠나지 않으려는 문법을 내던졌을 뿐이다.

역설은, 언어는 언제나 한 방식으로만 기능하며 언제나 같은 목적을 위해 봉사한다는 관념을 우리가 근본적으로 탈피할 경우에만 사라진다. 즉, 언어는 사고를 전달한다—그 사고가 집, 고통, 선과 악, 또는 기타 무엇에 관한 것이든 간에—는 관념을 탈피할 경우에만 말이다.

305. "그러나 아무튼 당신은 예컨대 뭔가를 기억해 낼 때 어떤 내적인 과정이 일어난다는 것을 부정할 수 없다."—우리가 무엇을 부정하려 한다는 인상은 도대체 왜 생기는가? "아무튼 여기서 내적인 과정이 발생한다"라고 말할 때, 우리들은 계속해서 이렇게 말하기를 원한다: "당신은 분명 그걸 본다." 그리고 "기억해 낸다"라는 말로 우리들이 뜻하는 것은 어쨌든 이러한 내적 과정이다.—우리가 무엇인가를 부정하려 한다는 인상은 우리가 '내적 과정'의 그림에 대해 저항한다는 데에서 유래한다. 우리가 부정하는 것은, 내적 과정의 그림이 우리에게 "기억해 낸다"란 낱말의 사용에 관해 올바른 관념을 제공한다는 것이다. 실로 우리는 말한다. 즉, 이 그림은, 그 갈래들과 더불어, 있는 그대로의 낱말 사용을 보지 못하게 방해한다고 말이다.

306. 어떤 정신적 과정이 거기 있다는 것을 내가 도대체 왜 부정한단 말인가?! 다만, "……을 기억해 냄이라는 정신적 과정이 지금 내 속에서 발생했다"가 뜻하는 것은 "나는 지금 ……을 기억해 냈다"에 지나지 않는다. 그 정신적 과정을 부정한다는 것은 기억한다는 것을 부정한다는 것, 즉 그 누군가가 어떤 것을 언젠가 기억해 낸다는 것을 부정한다는 것을 뜻할 것이다.

307. "그럼에도 불구하고 당신은 변장한 행태주의자가 아닌가? 당신은 어쨌든, 근저에서는, 인간의 행동 이외의 모든 것이 허구라고 말하고 있지 않은가?"—내가 허구에 관해 이야기하고 있다면, 그것은 문법적 허구에 관한 것이다.[76]

308. 대체 어떻게 해서 심리적 과정들과 상태들의, 그리고 행태주의의 철학

적 문제가 일어나게 되는가?——그 첫걸음은 전혀 눈에 띄지 않는다. 우리는 과정들과 상태들에 관해 이야기하며, 그것들의 본성을 미정인 채로 놔둔다! 아마 언젠가 우리는 그 본성에 관해 더 많이 알게 될 것이다—라고 우리는 생각한다. 그러나 바로 이로 인해 우리는 특정한 고찰 방식으로 고착되었다. 왜냐하면 우리는 어떤 과정을 더 자세히 알게 된다는 것이 무엇을 뜻하는지에 대해 특정한 개념을 갖기 때문이다. (요술 부리기에서의 결정적인 한 걸음이 내딛어졌는데, 바로 그것이 우리에게는 무해한 것으로 보였다.)—그리고 이제, 우리의 생각들을 우리에게 파악될 수 있게 만들었어야 할 비교가 와해된다. 우리는 그러니까 아직 탐구되지 않은 매체 속의 아직 이해되지 않은 과정을 부정해야 한다. 그리고 그렇게 해서 우리는 정신적 과정들을 부정한 것처럼 보인다. 그런데 그럼에도 불구하고 물론 우리는 그것들을 부정하기를 원하지 않는다!

309. 철학에서 당신의 목적은 무엇인가?—파리에게 파리통에서 빠져나갈 출구를 보여 주는 것.

310. 내가 누군가에게, 나는 고통스럽다고 말한다. 그때 나에 대한 그의 태도는 믿음, 믿지 않음, 믿지 못함 등이 된다.

그가 다음과 같이 말한다고 가정해 보자: "괜찮아질 거예요."—이것은 그가 고통의 표명 뒤에 있는 어떤 것을 믿는다는 증명이 아닌가?——그의 태도는 그의 태도의 증명이다. "나는 고통스럽다"란 문장뿐 아니라 "괜찮아질

76 (옮긴이주) 비트겐슈타인의 유고 MS 124 5f 참조: "…… 그러나 허구는 **실제로는** 표명(Äußerung)을 우리의 내적 감각 앞에 있는 사적 대상에 의해 설명하는 것이다. 우리의 말이 의미를 지니려면, /어떤 것을 의미하려면,/ 내가 다른 사람에게는 아니라도 어쨌든 나 자신에게는 가리킬 수 있는 어떤 것을 넌지시 암시해야 한다는 것, 그것이 허구이다. (**문법적** 허구)"

거예요"란 대답도 본능적인 소리와 몸짓들로 대체된다고 생각해 보라!

311. "어떤 차이가 그보다 더 클 수 있으랴!"—고통의 경우에 나는 내가 이 차이를 나에게 사적으로 제시할 수 있다고 믿는다. 그러나 나는 부러진 이와 부러지지 않은 이 사이의 차이는 누구에게나 제시할 수 있다.—그러나 사적인 제시를 위해서 당신이 자신에게 고통을 불러일으킬 필요는 전혀 없다; 당신이 고통을 상상하면—예컨대 얼굴을 찡그리면—충분하다. 그런데 당신은 당신이 자신에게 그렇게 제시하는 것이 고통이고 예컨대 얼굴 표정이 아니라는 것을 아는가? 또한 당신이 자신에게 그걸 제시하기 전에 당신이 자신에게 무엇을 제시해야 할지 당신은 어떻게 아는가? 이 사적인 제시는 하나의 환상이다.

312. 그러나 이의 경우와 고통의 경우는 어쨌든 다시 비슷하지 않은가? 왜냐하면 전자에서 그걸 보는 시각(視覺)은 후자에서 그걸 느끼는 통각(痛覺)에 대응하기 때문이다. 나는 시각을 통각과 마찬가지로 나에게 잘 또는 잘못 제시할 수 있다.

우리 이런 경우를 생각해 보자. 즉, 우리 주위의 사물들(돌, 식물 등등)의 표면은 우리의 피부에 닿으면 고통을 야기하는 반점들과 띠들을 지니고 있다. (가령 이 표면들의 화학적 성질에 의해서 말이다. 그러나 그걸 우리가 알 필요는 없다.) 이제 우리는, 오늘날 우리가 붉은 반점을 지닌 특정한 식물의 잎에 관해 이야기하듯이, 고통 반점들을 지닌 잎에 관해 이야기하게 될 것이다. 나는 이 반점들과 그 형태의 지각이 우리에게 유용하리라고, 우리가 그것들로부터 그 사물들의 중요한 속성들을 추론할 수 있으리라고 생각한다.

313. 나는 내가 붉은색을 제시하듯이, 그리고 직선과 곡선, 나무와 돌을 제

시하듯이 고통을 제시할 수 있다.—그것을 일컬어 우리는 바로 "제시한다"라고 하는 것이다.

314. 내가 감각의 철학적 문제에 관해 분명히 하기 위해 나의 두통의 현재 상태를 고찰하는 경향이 있다면, 그것은 근본적인 오해를 내보이는 것이다.

315. 고통이라고는 전혀 느껴 본 적이 없는 사람이 "고통"이란 낱말을 이해할 수 있을까?—그게 되는지, 안 되는지를 경험이 나에게 가르쳐 줄까?—그리고 우리가 "사람은 자기가 일찍이 고통을 느껴 보지 않았다면 고통을 상상할 수 없다"라고 말한다면—우리는 이것을 어디에서 아는가? 이것이 참인지 아닌지 어떻게 결정될 수 있는가?

316. "생각하다"란 낱말의 의미에 관해서 분명히 하기 위해 우리는 생각을 하면서 자기 자신을 바라본다: 거기서 우리가 관찰하는 것이 그 낱말이 의미하는 것이 될 것이다!—그러나 이 개념이 꼭 그렇게 사용되지는 않는다. (그건 마치 내가 장기놀이를 알지 못하면서, "외통수로 몰다"란 낱말의 의미를 장기 시합의 마지막 수를 정확히 관찰함으로써 밝혀내려 하는 것과 비슷할 것이다.)

317. 우리를 오도하는 비교: 외침은 고통의 표현 — 문장은 사고의 표현!

마치 한 사람으로 하여금 다른 사람의 기분이 어떠한지—다만, 말하자면 위장(胃腸)이 아니라 사유(思惟) 기관에서 그 기분이 어떠한지—를 알게 만드는 것이 문장의 목적이기나 한 듯이 말이다.

318. 우리가 생각하면서 말하거나 글을 쓸 때—내 말은, 우리가 일상적으로

그런 일을 할 때—일반적으로 우리는 우리의 말보다 우리의 생각이 더 빠르다고 말하지는 않을 것이다; 오히려 여기서 사고는 표현과 분리되어 있지 않은 것처럼 보인다. 그러나 다른 한편으로 우리들은 사고의 속도에 관해서 이야기한다; 어떻게 하나의 생각이 우리의 머릿속을 번개같이 지나가는지, 어떻게 문제들이 우리에게 일거에 명료해지는지 등등에 관해서 말이다. 이때 이렇게 묻기가 쉽다: 번개 같은 생각을 할 때 일어나는 것은 대단히 신속할 뿐, 생각하면서 말을 할 때 일어나는 것과 같은가? 즉, 전자의 경우에는 태엽 장치가 말하자면 일거에 돌아가지만, 후자의 경우에는 말에 의해 억제되어 조금씩 조금씩 돌아가는 식으로 말이다.

319. 내가 어떤 생각을 몇 마디 말이나 선 몇 획으로 메모해 둘 수 있는 것과 같은 뜻에서 나는 어떤 생각을 번개같이 내 앞에서 보거나 이해할 수 있다.

무엇이 그 메모를 그 생각의 요약으로 만드는가?

320. 번개 같은 생각과 언표된 생각의 관계는, 대수 공식과 내가 그로부터 전개하는 수열의 관계와 같을 수 있다.

예컨대 나에게 어떤 대수 함수가 주어진다면, 나는 내가 독립변수 1, 2, 3에서 10까지에 대해 그 함수의 값을 계산할 수 있을 것이라고 확신한다. 이 확신은 '충분히 근거가 있는' 것으로 불릴 수 있다. 왜냐하면 나는 이러한 함수들을 계산하는 법 등을 배운 적이 있기 때문이다. 다른 경우에는 그 확신이 근거가 없을 것이지만,—그럼에도 불구하고 성공을 통해 정당화될 것이다.

321. "어떤 사람이 갑자기 이해할 때, 무엇이 일어나는가?"—이 물음은 좋

지 않게 제기되었다. 그것이 "갑자기 이해하다"란 표현의 의미를 묻는 것이라면, 그에 대한 대답은 우리가 그렇게 부르는 어떤 과정을 가리키는 것이 아니다.—그 물음은 다음과 같은 의미일 수 있을 것이다: 어떤 사람이 갑자기 이해한다는 것을 나타내는 표시들은 무엇인가; 갑작스러운 이해에 특징적인 심리적 동반 현상들은 어떤 것들인가?

(어떤 사람은 예컨대 자신의 얼굴 표정의 움직임을 느낄 것이라거나, 감정의 움직임에 특징적인 변화들을 자신의 호흡에서 느낄 것이라고 가정하는 것은 아무 근거가 없다. 비록 그가 그것들에 자신의 주의를 기울이자마자 그것들을 느낀다 할지라도 말이다.) ((몸의 자세.))[77]

322. 표현의 의미를 묻는 물음에 대한 대답이 이러한 기술(記述)로써 주어지지 않는다는 점은, 그렇다면 이해란 정말 특유한, 정의될 수 없는 체험이라는 결론을 내리도록 유혹한다. 그러나 우리들은 우리가 관심을 가져야 하는 것은 다음과 같은 문제라는 것을 잊는다. 즉: 우리는 어떻게 이러한 체험들을 비교하는가, 우리는 무엇을 그것들의 발생에 대한 동일성의 기준으로서 결정하는가?

323. "이제 나는 어떻게 계속해 나가야 할지 안다!"는 하나의 외침이다; 그것은 본능적인 소리, 기뻐서 놀람에 상응한다. 물론 나의 감정으로부터, 내가 계속하려고 시도하자마자 내가 막혀 버리지 않는다는 것이 따라 나오지는 않는다.—여기에, "내가 계속해 나갈 줄 안다고 말했을 때, 그때는 실제로 그랬다"라고 내가 말하게 되는 경우들이 존재한다. 예컨대 예기치 않은 방

77 (옮긴이주) 몸이 취하는 자세(포즈)와 관련해서도, 그 느낌에 대해 비슷하게 말할 수 있음을 암시한다. 비트겐슈타인의 《쪽지》 §§478-481 참조.

해가 일어났을 때, 우리들은 그렇게 말할 것이다. 그러나 그 예기치 않은 것이 단순히 내가 막혀 버렸다는 것이어서는 안 될 것이다.

어떤 사람이 되풀이해서 사이비 깨달음을 얻고서 "이제 알았다!"라고 외치고 나서는, 그걸 결코 행위를 통해 정당화할 수 없을 경우도 생각될 수 있을 것이다.—그에게는 마치 자기가 자신에게 떠오른 그림의 의미를 순간적으로 다시 잊어버린 것으로 보일 수 있을 것이다.

324. 여기서 문제 되는 것은 귀납이며, 나는 내가 그 수열을 계속할 수 있다는 것을 내가 이 책을 내버리면 이 책은 땅으로 떨어지게 될 것임을 확신하듯 그렇게 확신한다고 말하는 것은 옳을까? 그리고 만일 내가 그 수열의 전개에서 뚜렷한 원인 없이 갑자기 막혀 버린다면, 그 책이 떨어지는 대신 공중에 떠 있다면 내가 놀랄 것보다 더 놀라지는 않을 것이라고 말하는 것은 옳을까?—이에 대해 나는, 우리는 바로 이러한 확신에 대해서도 아무런 근거들을 필요로 하지 않는다고 대답하고 싶다. 성공보다 그 확신을 더 많이 정당화해 줄 수 있는 게 무엇일까?

325. "내가 이러한 체험을 한 후에—예를 들어 이 공식을 본 후에—나는 계속할 수 있을 것이라는 확신은 단순히 귀납에 근거한다." 이것은 무슨 뜻인가?—"불은 나를 데게 할 것이라는 확신은 귀납에 근거한다." 이는 내가, "나는 언제나 불꽃에 화상을 입었다, 그러므로 지금도 그런 일이 일어날 것이다"라고 내 마음속에서 추론함을 뜻하는가? 또는 이전의 경험은 나의 확신의 근거가 아니라 원인인가?—이전의 경험이 확신의 원인인가,—이는 우리가 확신이란 현상을 고찰하는 가설들의 체계, 자연법칙들의 체계에 달려 있다.[78]

우리의 확신은 정당화되어 있는가?—사람들이 무엇을 정당화로서 인정하는가는 그들이 어떻게 생각하고 사는가를 보여 준다.

326. 우리는 이것을 기대하고 그것에 놀란다; 그러나 근거들의 연쇄에는 끝이 있다.

327. "우리들은 말하지 않고도 생각할 수 있는가?"—그런데 생각이란 무엇인가?—자, 당신은 결코 생각하지 않는가? 당신은 당신 자신을 관찰하고 거기서 무엇이 일어나는지를 볼 수 없는가? 그건 정말 간단할 것이다. 실로 당신은 그것을 천문학적 사건을 기다리듯이 기다리다가 서둘러 관찰할 필요가 없다.

328. 자, 우리들은 무엇을 "생각하다"라고 부르는가? 무엇을 위해 우리들은 그 낱말을 이용하는 법을 배웠는가?—나는 생각했다고 내가 말할 때, 나는 틀림없이 언제나 옳은가?—어떤 종류의 오류가 여기에 존재하는가? "내가 그때 했던 것이 실제로 생각이었는가, 내가 틀린 건 아닌가?"라고 묻게 될 상황들이 존재하는가? 어떤 사람이 어떤 사고 과정이 경과하는 가운데 어떤 측정을 수행한다고 해 보자. 그가 측정을 하면서 자기 자신에게 말하지 않는다면, 그는 생각을 중단한 것인가?

329. 내가 언어로 생각할 때, 내 머릿속에 언어적 표현과 나란히 '의미들'이 또 떠오르지는 않는다; 오히려 언어 자체가 생각의 수단이다.

---

78 (옮긴이주) 앞 절에서부터 언급된 종류의 확신들은 귀납과 같은 더 이상의 어떤 근거에 의존하지 않고 오히려 귀납적 추리와 정당화의 활동이 일어나는 틀을 이룬다. 뒤의 §§472~485 참조. '근거(이유)'와 '원인'의 문법적 차이와 혼동에 관해서는 비트겐슈타인의 《청색 책》 36~38쪽의 논의 참조.

330. 생각함은 일종의 말함인가? 우리들은 그것이 생각하면서 하는 말과 생각 없이 하는 말을 구별해 주는 것이라고 말했으면 한다.—그리고 그때 그것은 말의 동반자로 보인다. 아마 다른 어떤 것에도 동반될 수 있는, 또는 독립적으로 흘러갈 수 있는 하나의 과정으로 보인다.

다음을 말해 보라: "펜이 무척 무디다. 어, 어라, 잘 나가는데." 한번은 생각하면서; 그다음은 생각 없이; 그다음은 말은 빼고 오직 그 사고만을 생각하라.—자, 나는 어떤 행위 과정 속에서 내 펜촉을 시험하고 얼굴을 찌푸리고서는, 체념하는 몸짓으로 계속해서 써 나갈 수 있을 것이다.—또한 나는 어떤 측정 작업에 몰두하면서, 나를 주시하는 사람이 내가 '두 개의 크기가 제3의 것과 같다면 그것들은 서로 같다'라는 생각을—말이 없이—했다고 말하게 되도록 행위할 수 있을 것이다.—그러나 여기서 생각을 이루는 것은, 말이 생각 없이 발화되어서는 안 된다면 말에 동반되어야 하는 어떤 과정이 아니다.

331. 오직 소리 내서만 생각할 수 있는 사람들을 상상해 보라! (오직 소리 내서만 읽을 수 있는 사람들이 존재하듯이 말이다.)

332. 물론 때때로 우리는 문장에 심리적 과정을 동반함을 "생각함"이라고 부른다. 그러나 우리는 그러한 동반자를 "사고"라고 부르지는 않는다.——한 문장을 말하고, 그것을 생각해 보라; 그것을 이해하면서 말해 보라!—그리고 이제는 그것을 말하지 말고, 당신이 그것을 이해하면서 말할 때 그것에 동반한 것만을 해 보라!—(이 노래를 표정을 지으면서 부르라! 그리고 이제 노래는 부르지 말고, 그 표정을 반복하라!—그리고 여기서도 우리들은 무엇인가를 반복할 수 있을 것이다. 예컨대 몸을 흔듦, 빠르고 느린 호흡 등등.)

333. "그것은 오직 그것을 확신하고 있는 사람만이 말할 수 있다."—그가 그것을 말할 때, 그 확신은 어떻게 그를 돕는가?—그때 그 확신은 말해진 표현과 나란히 존재하는가? (또는 그 확신은 이 말해진 표현에 의해 마치 낮은 소리가 큰 소리로 가려지듯 덮여 가려져서, 우리들이 그것을 소리 내어 표현한다면 그것은 말하자면 더는 들을 수 없는 건가?) 만일 어떤 사람이, "어떤 곡조를 기억에 따라 부를 수 있으려면, 우리들은 그것을 마음속에서 듣고 따라 불러야 한다"라고 말한다면 어떻게 될까?

334. "그러니까 당신이 본래 말하고자 한 것은 ……이로군요."—이러한 어법으로 우리는 어떤 사람을 한 표현 형식으로부터 다른 표현 형식으로 이끈다. 우리들은 그가 본래 '말하고자 한' 것, 그가 '뜻한' 것은 우리가 그것을 언표하기 훨씬 이전에 그의 마음속에 존재해 있었다는 그림을 사용하도록 유혹받는다. 우리로 하여금 한 표현을 포기하고 그 대신 다른 한 표현을 받아들이도록 움직이는 것은 다양한 종류일 수 있다. 이를 이해하려면, 수학적 문제들의 해결이 그 문제 제기의 동기와 근원에 대해 지니는 관계를 고찰하는 것이 유익하다. 어떤 사람이 각의 3등분을 구하려 할 때의 '자와 컴퍼스에 의한 각의 3등분'이란 개념과, 다른 한편으로 그런 것은 존재하지 않는다는 게 증명되었을 때의 '자와 컴퍼스에 의한 각의 3등분'이란 개념.

335. 우리가—가령 편지를 쓰면서—우리의 사고들을 위한 올바른 표현을 발견하려고 애쓸 때, 무엇이 일어나는가?—이 어법은 그 과정을 번역 또는 기술(記述)의 과정과 비교하고 있다. 즉, 사고들은 (아마 이미 미리) 거기에 있고, 우리는 단지 그것들의 표현을 찾는 것에 지나지 않는다는 것이다. 이러한 그림은 다양한 경우에 대해 다소간 들어맞는다.—그러나 온갖 것이 여기서 일어날 수 있지 않은가!—내가 어떤 기분에 잠기고, 표현이 떠오른다.

또는: 나에게 어떤 그림이 떠오르고, 나는 그것을 기술하려고 노력한다. 또는: 내 머릿속에 영어 표현이 떠오르고, 나는 거기에 대응하는 국어 표현을 상기해 내려고 애쓴다. 또는: 내가 어떤 몸짓을 하고서, "이 몸짓에 대응하는 말은 어떤 것인가?"라고 자문한다. 등등.

그런데 만일 우리들이 "당신은 표현 이전에 사고를 지니는가?"라고 질문을 받는다면,—우리들은 뭐라고 대답해야 할까? 그리고 "표현 이전에 존재한 사고는 무엇에 있었는가"라는 물음에 대해서는?

336. 여기 우리 앞에 놓여 있는 경우는 누군가가 다음과 같이 상상하는 것과 비슷하다. 즉, 우리들은 독일어나 라틴어의 이상한 어순으로는 문장을 단순히 있는 그대로 생각할 수 없다고 말이다. 우리들은 먼저 문장을 생각하고, 그다음에 낱말들을 그 이상한 순서로 놓아야 한다고 말이다. (언젠가 프랑스의 한 정치가[79]가, 프랑스어에서는 말들이 사람이 생각하는 순서대로 놓여 있다는 점이 프랑스어의 독특성이라고 쓴 바 있다.)

337. 그러나 나는 예컨대 문장의 전체 형식을 문장의 시초에 이미 의도하지 않았는가? 그러니까 문장은 그것이 언표되기 훨씬 이전에 어쨌든 이미 내 마음속에 있었다![80]—그것이 내 마음속에 있었다면, 그렇다면, 일반적으로, 그것은 다른 배어법으로 있지 않았다. 그러나 우리는 여기서 다시 '의도함'에 관해, 즉 이 낱말의 쓰임에 관해, 오해를 일으키는 그림을 그리고 있다. 의도

---

79 (옮긴이주) 《철학적 탐구》의 최근 프랑스어 번역본에 따르면, 이는 필시 리바롤(Antoine de Rivarol)일 것이라고 한다. 그는 《프랑스어의 보편성에 관한 담론》(*Discours sur l'universalité de la langue française*)을 쓴 바 있다.

80 (옮긴이주) 이러한 생각은 W. 제임스의 《심리학 원리》(*Principles of Psychology*) I권 9장에서 볼 수 있다. (비트겐슈타인의 《쪽지》 §1 참조).

는 상황 속에, 인간의 관습과 제도들 속에 깊이 새겨져 있다. 만일 장기놀이의 기술(技術)이 존재하지 않는다면, 나는 장기를 두려고 의도할 수 없을 것이다. 내가 문장 형식을 미리 의도하는 한, 이는 내가 우리말을 할 수 있다는 점에 의해 가능하게 되는 것이다.

338. 아무튼 우리들은 말하기를 배운 경우에만 어떤 것을 말할 수 있다. 그러므로 어떤 것을 말하고자 하는 사람은 언어를 숙달하는 것을 또한 배웠어야 한다; 그렇지만 분명한 것은, 그가 말하고자 할 적에 꼭 말해야 하는 것은 아니라는 점이다. 그가 춤추고자 하면서도 춤추지 않는 것처럼 말이다.

그런데 우리들이 이에 관해 숙고할 때, 우리들의 정신은 춤, 말 등의 표상을 붙잡으려고 한다.

339. 생각함은 말에 생명과 뜻을 주는, 그리고 악마가 슐레밀[81]의 그림자를 지면에서 빼앗아 가듯 말에서 분리될 수 있을 비-육체적 과정이 아니다. ——그러나 어떻게 "비-육체적 과정이 아니"인가? 그러니까 나는 비-육체적 과정들을 알고 있지만, 생각은 그것들 중의 하나가 아니라는 것인가? 아니다; 나는 "생각하다"란 낱말의 의미를 원초적인 방식으로 설명하려고 했을 때 내가 처한 곤경에서 도움을 얻고자 "비-육체적 과정"이란 낱말을 이용한 것이다.

그러나 우리들이 "생각하다"란 낱말의 문법을 예컨대 "먹다"란 낱말의 문법과 구별하고자 한다면, 우리들은 "생각함은 비-육체적 과정이다"라고 말할 수 있을 것이다. 다만, 그렇게 해서는 그 의미들의 차이가 너무 사소한 것

---

81 (옮긴이주) 독일의 시인이자 자연 연구가인 샤미쏘(Adelbert von Chamisso: 1781~1838)의 "페터 슐레밀의 놀라운 이야기(Peter Schlemihls wundersame Geschichte)"에 나오는 인물. 슐레밀의 이야기는 비트겐슈타인의 《문화와 가치》(MS 111 77: 1931.8.11)에도 언급되어 있다.

으로 나타난다. (그것은 숫자들은 현실적 대상들이고, 수는 비-현실적 대상들이라고 말하는 것과 유사하다.) 걸맞지 않은 표현 방식은 혼란 속에 빠진 채 머무르는 확실한 수단이다. 그것은 말하자면 혼란에서 빠져나오는 출구를 차단한다.

340. 한 낱말이 어떻게 기능하느냐는 추측될 수 있는 것이 아니다. 우리들은 그 낱말의 적용을 주시하고, 그로부터 배워야 한다.

그러나 난점은 이러한 배움을 가로막는 선입견을 제거하는 것이다. 그것은 어리석은 선입견이 아니다.

341. 생각 없이 하는 말과 생각을 하면서 하는 말은 음악 작품을 생각 없이 연주하는 것과 생각하면서 연주하는 것에 비교될 수 있다.

342. 윌리엄 제임스[82]는 말이 없는 생각이 가능하다는 것을 보여 주기 위해, 자기는 말할 수 있기 훨씬 이전의 유년기에 신과 세계에 관해 생각들을 한 적이 있다고 쓰고 있는 농아 발라드(Ballard) 씨의 회상을 인용한다.—이것이 대체 무엇을 뜻할 수 있을까!—발라드는 이렇게 쓰고 있다: "내가 나 자신에게 '세계는 어떻게 존재하게 됐을까?'라는 물음을 묻기 시작한 것은 내가 문자 언어의 기초에 입문하기 2, 3년 전쯤에, 즐겁게 유모차를 타던 그 기간 동안이었다."—당신은 이것이 당신의 무언의 생각들을 말로 올바로 옮긴 것이라고 확신하는가?—하고 우리들은 물었으면 한다. 그리고 이러한 물음은 다른 경우에는 전혀 존재하지 않는 것으로 보이는데, 어째서 여기서는 그

82 (옮긴이주) 제임스(William James, 1842~1910): 미국의 심리학자이자 철학자. 《심리학 원리》, 《종교적 경험의 다양성》, 《프래그머티즘》, 《진리의 의미》 등의 저서가 있다. 여기서 언급된 발라드 씨의 회상은 《심리학 원리》 1권 9장 3절에 나온다.

것이 그 머리를 내미는가? 나는 저 글쓴이의 기억이 잘못되어 있다고 말하고 싶은 건가?—내가 그런 말을 하게 될지 나는 전혀 모르겠다. 이 회상들은 이상한 기억 현상이다. 그리고 그것들로부터 그 이야기꾼의 과거에 관해 어떤 결론들을 이끌어 낼 수 있는지 나는 모르겠다!

343. 내가 나의 기억을 표현하는 말은 나의 기억 반응이다.

344. 사람들이 귀로 들을 수 있는 언어는 결코 말하지 않지만, 어떤 언어를 내부에서, 상상 속에서, 자기 자신에게 말하고 있다는 생각은 가능할까?

"만일 사람들이 언제나 그들의 내부에서만 자기 자신에게 말한다면, 그들은 결국 오늘날 그들이 때때로 하고 있는 것을 지속적으로 할 뿐이다."—그러니까 이를 상상하기는 아주 쉽다; 우리들은 단지 몇몇으로부터 전부로의 쉬운 이행을 하기만 하면 된다. (비슷하게: "나무들의 무한히 긴 행렬은 단순히, 끝에 이르지 않는 행렬이다.") 어떤 사람이 자기 자신에게 말하고 있음에 대한 우리의 기준은, 그가 우리에게 하는 말과 그의 나머지 행동이다; 그리고 우리는 일상적인 뜻에서 말할 수 있는 사람에 대해서만, 그는 자기 자신에게 말을 한다고 말한다. 우리는 앵무새에 대해서는 그렇게 말하지 않는다; 축음기에 대해서도 마찬가지이다.

345. "때때로 일어나는 일은 언제나 일어날 수 있다"—이것은 어떤 종류의 명제일까? 그것은 다음과 유사한 명제일 것이다: "F(a)"가 뜻을 지닌다면, "(x).Fx"가 뜻을 지닌다.

"어떤 사람이 어떤 놀이에서 동작을 잘못 하는 일이 일어날 수 있다면, 모든 사람이 모든 놀이에서 잘못된 동작들만 하는 것도 가능할 수 있을 것이다."—그러니까 우리는 여기서 우리의 표현들의 논리를 오해하려는, 우리의 말들의 쓰임을 옳지 않게 묘사하려는 유혹에 빠져 있다.

명령들은 때때로 복종되지 않는다. 그러나 만일 명령들이 결코 복종되지 않는다면, 그 꼴은 어찌 될까? '명령'이란 개념은 그 목적을 잃어버릴 것이다.

346. 그러나 우리는 신이 앵무새에게 갑자기 지성을 선사했고 이 앵무새가 이제 자기 자신에게 말을 한다고 상상할 수 없을까?—그러나 여기서 내가 이러한 상상을 위해 신성(神性)에 관한 상상을 이용했다는 점은 중요하다.

347. "그러나 '자기 자신에게 말한다'는 것이 무슨 뜻인지를 나는 어쨌든 나 자신으로부터 안다. 그리고 만일 내가 음성기관을 빼앗긴다 해도, 나는 속으로 혼잣말을 할 수 있다."

내가 그것을 오직 나 자신의 경우로부터만 안다면, 나는 그러니까 단지 내가 그렇게 부르는 것을 알 뿐, 다른 사람이 그렇게 부르는 것을 아는 것은 아니다.

348. "이 농아들은 모두 몸짓언어만을 배웠다. 그러나 그 각자는 속으로 자기 자신에게 음성언어를 말한다."—자, 이것을 당신은 이해하지 못하는가?—내가 그걸 이해하는지 도대체 나는 어떻게 아는가?!—이러한 보고(그것이 하나의 보고라면)로 나는 무엇을 할 수 있는가? 이해라는 관념 전체가 여기서 의심스러운 냄새를 풍기고 있다. 나는 내가 그걸 이해한다고 말해야 할지, 이해하지 못한다고 말해야 할지 모르겠다. 나는 다음과 같이 대답했으면 한다: "그것은 우리말의 한 문장이다; 즉 우리들이 그걸 가지고 일하려고 하기 전까지는 외관상 아주 잘 질서 잡혀 있는 문장이다; 그것은 다른 문장들과 연관을 맺고 있으며, 이 점이 우리로 하여금, 그것이 우리에게 전달하는 바가 무엇인지 도대체 모르겠다고 말하기 힘들게 만든다; 그러나 철학함으로

인해 무감각해지지 않은 사람은 누구나, 여기서 무엇인가가 맞지 않음을 인지한다."

349. "그러나 그럼에도 불구하고 이 가정은 확실히 어떤 훌륭한 뜻을 지니고 있다!"—그렇다, 일상적 상황 속에서 이러한 말과 이러한 그림에는 우리에게 익숙한 적용이 있다.—그러나 이러한 적용이 폐지되는 경우를 가정한다면, 그때 우리는 말하자면 처음으로 그 말과 그 그림의 적나라함을 의식하게 될 것이다.

350. "그러나 내가 어떤 사람이 고통을 지니고 있다고 가정한다면, 나는 단순히 내가 매우 자주 지닌 적이 있는 것과 같은 것을 그가 지니고 있다고 가정하는 것이다."—이는 더 이상 우리를 인도하지 못한다. 그것은 마치 내가 다음과 같이 말하는 것과 같다: "당신은 '여기는 다섯 시이다'가 무슨 뜻인지 분명 안다; 그렇다면 당신은 '태양에서는 다섯 시이다'라는 게 무슨 뜻인지도 안다. 그것은 바로, 여기가 다섯 시일 때 거기가 여기와 꼭 같은 시간이라는 뜻이다."—같음에 의한 설명은 여기서 기능을 하지 않는다. 왜냐하면 나는 여기서 다섯 시가 저기서 다섯 시와 "같은 시간"이라고 할 수 있다는 것은 알고 있지만, 우리들이 어떤 경우에 여기와 저기의 동시성에 관해서 말해야 할지는 알고 있지 못하기 때문이다.

바로 그와 같이, 그가 고통을 지니고 있다는 가정은 곧 그가 나와 같은 것을 지니고 있다는 가정이라고 말하는 것은 아무런 설명도 아니다. 왜냐하면 문법의 이 부분, 즉 만일 우리들이 '난로가 고통을 지니고 있고 내가 고통을 지니고 있다'고 말한다면, 우리들은 요컨대 '난로가 나와 같은 체험을 한다'고 말할 것이라는 것, 이 점은 나에게 분명하기 때문이다.

351. 그럼에도 불구하고 우리는 언제나 다음과 같이 말했으면 한다: "고통 감각은 고통 감각이다—그가 고통을 지니든, 아니면 내가 고통을 지니든; 그리고 그에게 고통이 있는지 없는지를 내가 어떻게 경험하든 간에."—나는 이에 동의를 표할 수 있을 것이다.—그리고 당신이 나에게 "그러면 당신은 내가 난로는 고통을 지니고 있다고 말할 때 내가 무엇을 뜻하는지 모르겠는가?"라고 묻는다면, 나는 그 말이 나를 온갖 상상들로 이끌 수는 있으나 그 이상 유용성이 있지는 않다고 대답할 수 있다. 그리고 나는 또한 "태양은 정확히 오후 다섯 시였다"라는 말에서도 어떤 것을—즉 가령 다섯 시를 가리키는 추시계를—상상할 수 있다.—그러나 훨씬 더 좋은 예는 "위"와 "아래"를 지구에 적용하는 것일 것이다. 여기서 우리는 모두 "위"와 "아래"가 무엇을 의미하는지에 관해 아주 뚜렷한 표상을 지니고 있다. 나는 분명 내가 위에 있다는 것을 본다; 지구는 분명 내 아래에 있다! (이 예에 대해 웃지 말라. 과연 우리는 이미 초등학교에서, 그런 말을 하는 것은 어리석다고 교육받는다. 그러나 문제를 덮어 버리는 것이 그것을 푸는 것보다 훨씬 더 쉽다.) 그리고 이 경우 "위"와 "아래"가 보통의 방식으로 사용될 수 없다는 점은 숙고를 통해서만 비로소 우리에게 드러난다. (예컨대, 우리가 우리 지역 '아래'에 있는 사람들로서의 대척자(對蹠者)들에 관해 이야기할 수 있으나, 그들이 우리에 대해 같은 표현을 적용할 경우 우리는 그것을 옳다고 승인해야 한다는 점.)

352. 그런데 여기서, 우리의 사유가 우리에게 이상한 장난을 치는 일이 일어난다. 우리는 배중률을 인용해서 다음과 같이 말하고 싶어 한다: "그에게 그런 그림이 떠오르거나 떠오르지 않는다; 제3의 가능성은 존재하지 않는다!"—우리는 이런 이상한 논증을 철학의 다른 영역에서도 만난다. "π의 끝없는 전개에서 언젠가 '7777'군(群)이 나타나거나 나타나지 않는다—제3의 가능

성은 존재하지 않는다." 즉, 신은 그것을 본다—그러나 우리는 모른다. 그러나 이것은 무엇을 의미하는가?—우리는 하나의 그림을 사용하고 있다. 즉, 볼 수 있는 것이긴 하지만, 한 사람은 그 전체를 조망하고 다른 사람은 그러지 못하는 어떤 열(列)이라는 그림 말이다. 배중률은 여기서, 그것은 **이렇게** 보이든가 아니면 **그렇게** 보이든가 둘 중의 하나라고 말한다. 그러므로 그것은 실제로는—사실 이 점은 자명한데—아무것도 말하지 않는다; 그것은 오히려 우리에게 하나의 그림을 제공한다. 그리고 이제 문제는 현실이 그 그림과 일치하는지 여부라야 한다. 그런데 이 그림은 우리가 무엇을 해야 하며 무엇을 어떻게 찾아야 하는지를 결정하는 것으로 **보이기는** 하지만,—실제로 결정하지는 않는다. 왜냐하면 우리는 그것이 어떻게 적용되어야 하는지 모르기 때문이다. 여기서 우리가 "제3의 가능성은 존재하지 않는다"거나 "아무튼 제3의 가능성은 없다!"라고 말한다면,—그 말 속에는 우리가 이 그림으로부터 시선을 돌릴 수 없다는 점이 표현되어 있는 것이다. 그 그림은 마치 그 속에 이미 문제와 그것의 해결이 놓여 있어야 할 것 같이 보이는 반면에, 우리는 그럼에도 불구하고 그것은 사실이 아니라고 느낀다.

똑같이, 어떤 사람이 "그는 이 감각을 지니고 있거나 지니고 있지 않거나 둘 중의 하나이다"라고 말한다면,—이때 우리에게는 무엇보다 먼저, 그 진술들의 뜻을 이미 오해할 수 없게 결정하는 것처럼 보이는 어떤 그림이 떠오른다. "이제 당신은 무엇이 문제인가를 안다"—이렇게 그는 말했으면 한다. 그런데 바로 그것이 그가 그 그림으로는 아직 알지 못하는 것이다.[83]

353. 한 명제의 검증 방식과 검증 가능성에 관한 물음은 "당신은 그것을 어

83 (옮긴이주) 배중률의 적용과 관련한 비트겐슈타인의 《철학적 문법》 p.458의 다음 말 참조: "즉 모종의 가능성들을 배제함에 의해서는, 우리가 제공한 규칙들을 통해 이미 그 배제 속에 놓여 있지 않은 어떤 새로운 가능성이 증명될 수는 없는 것이다."

떤 뜻으로 말하고 있는가?"라는 물음의 특별한 한 형식일 뿐이다. 그 대답은 그 명제의 문법에 대한 하나의 기여이다.

354. 문법에서 기준들과 징후들 사이의 동요는 일반적으로 오직 징후들만이 존재하는 듯한 가상(假象)이 생기게 만든다. 우리는 가령 이렇게 말한다: "경험은 기압계가 떨어지면 비가 온다는 것을 가르쳐 준다. 그러나 경험은 우리가 습기와 추위에 대해 특정한 느낌들을 지니거나 이러이러한 시각 인상을 받으면 비가 온다는 것도 가르쳐 준다." 그러고 나서 이에 대한 논거로서 우리들은 이러한 감각 인상들이 우리를 기만할 수 있음을 진술한다. 그러나 이때 우리들은, 그것들이 우리를 기만하여 다름 아니라 비를 믿게 한다는 사실은 하나의 정의(定義)에 의거하고 있다는 점을 고려하지 않는다.

355. 중요한 것은 우리의 감각 인상들이 우리에게 거짓말을 할 수 있다는 점이 아니라, 우리가 그것들의 언어를 이해한다는 점이다. (그리고 이 언어는 다른 모든 언어와 마찬가지로, 규약(規約)에 의거하고 있다.)

356. 우리들은 다음과 같이 말하는 경향이 있다: "비가 오거나 오지 않는다 ―그걸 내가 어떻게 아는지, 그에 관한 정보가 나에게 어떻게 도달했는지 하는 것은 다른 문제이다." 그러나 그러면 문제를 이렇게 제기해 보자: 나는 무엇을 "비가 온다는 정보"라고 부르는가? (또는, 나는 이 정보에 대해서도 단지 정보만을 얻었는가?) 그리고 대체 무엇이 이 '정보'를 어떤 것에 관한 정보로서 특징짓는가? 여기서 우리의 표현의 형식이 우리를 오도하고 있지 않은가? "나의 눈은 나에게 저기 의자가 하나 있다는 정보를 준다"라고 말하는 것은 우리를 오도하는 은유가 아닌가?

357. 우리는 아마도 개는 자기 자신에게 말을 할 것이라고 말하지 않는다. 이는 우리가 개의 영혼을 매우 정확히 알고 있기 때문인가? 자, 우리들은 다음과 같이 말할 수 있을 것이다: "생물의 행동을 보면, 그 영혼이 보인다."—그러나 나는 나에 대해서도, 내가 이러이러하게 행동하기 때문에 나는 나 자신에게 말을 한다고 말하는가?—나는 그런 말을 내 행동의 관찰에 입각하여 말하지 않는다. 그러나 그 말은 내가 그렇게 행동하기 때문에만 뜻을 지닌다.—그러니까 그것은 내가 그렇게 뜻하기 때문에 뜻을 지니지 않는가?

358. 그러나 문장에 뜻을 주는 것은 우리의 뜻함이 아닌가? (그리고 여기에는 물론, 우리들은 뜻 없는 어순(語順)을 뜻할 수는 없다는 점이 포함된다.) 그리고 뜻함이란 심리적 영역 속에 있는 어떤 것이다. 그러나 그것은 또한 사적인 어떤 것이다! 그것은 붙잡을 수 없는, 오직 의식 자체에만 비교될 수 있는 어떤 것이다.

이것이 얼마나 우습게 보일 수 있을까! 그것은 말하자면 우리 언어의 꿈이다.

359. 기계가 생각할 수 있을까?——기계가 고통스러워할 수 있을까?—자, 인간 신체는 그와 같은 기계라고 해야 할까? 그것은 어쨌든 그와 같은 기계에 가장 가깝기는 하다.

360. 그러나 어쨌든 기계는 생각할 수 없다!—이는 경험 명제인가? 아니다. 우리는 오직 사람 및 그와 비슷한 것에 대해서만, 그것은 생각한다고 말한다. 우리는 인형들에 대해서도, 그리고 실로 유령들에 대해서도 그런 말을 한다. "생각하다"라는 말을 하나의 도구로 간주하라!

361. 의자는 자기 자신 속에서 생각한다: ……

어디서? 그것의 부분들 중 하나에서? 또는 그것의 몸체 밖에, 그것을 둘러싼 공기에서? 또는 전혀 어딘가에서라고 할 수 없는가? 그러나 그렇다면 이 의자의 내적인 말과 그 곁에 있는 다른 한 의자의 내적인 말 사이의 차이는 무엇인가?—그러나 그렇다면 사람의 경우는 어떠한가? 사람은 어디에서 자기 자신에게 말하는가? 어찌 되어서 이 물음은 뜻 없는 것으로 보이는가? 그리고 어찌 되어서, 바로 이 사람이 자기 자신에게 말한다는 점을 제외하고는 아무런 장소 규정도 필요하지 않은가? 반면에, 의자는 어디에서 자기 자신과 말하느냐는 물음은 어떤 대답을 요구하는 것처럼 보인다.—그 이유는 이렇다: 우리는 어떻게 의자가 여기서 사람과 같다고 할 수 있는지, 예컨대 그 등받이의 위쪽 끝에 머리가 있는지 등등을 알고 싶어 한다.

우리들이 내부에서 자기 자신에게 말을 할 때는 어떠한가? 그때 무엇이 일어나는가?—나는 그걸 어떻게 설명해야 할까? 자, 당신이 어떤 사람에게 "자기 자신에게 말을 하다"란 표현의 의미를 가르칠 수 있는 것처럼 단지 그렇게 해야 한다. 그리고 과연 우리는 어린아이일 때 이 의미를 배운다.—다만, 우리에게 그 의미를 가르치는 사람이 '그때 무엇이 일어나는가'를 우리에게 말한다고는 아무도 말하지 않을 것이다.

362. 오히려 우리에게는 마치, 이 경우 선생은—학생에게 그 의미를 직접 말하지 않고도—학생에게 의미를 전해 주지만, 학생은 결국 자신에게 올바른 지시적 설명을 하는 데 이르게 되는 것처럼 보인다. 그리고 여기에 우리의 환상이 놓여 있다.

363. "내가 어떤 것을 상상할 때, 어쨌든 무엇인가가 분명 일어난다!" 자, 무엇인가가 일어난다—그리고 그다음에 나는 떠든다. 무엇 때문에? 아마, 일

어나는 것을 전달하기 위해서. —그러나 우리들은 도대체 어떻게 어떤 것을 전달하는가? 언제 우리들은 어떤 것이 전달된다고 말하는가?—전달한다고 하는 언어놀이는 무엇인가?

나는 이렇게 말했으면 한다: 당신은 우리들이 어떤 사람에게 어떤 것을 전달할 수 있다는 것을 너무 자명한 것으로 보고 있다. 즉: 우리는 대화에서 말을 통한 전달에 매우 익숙해져 있어서, 우리에게는 전달의 전체 요점이 마치 다른 사람이 내 말의 뜻—심리적인 어떤 것—을 파악하는 데 있는 것처럼, 말하자면 그의 마음속에 받아들이는 데 있는 것처럼 보인다. 그렇게 되면 그가 그것으로 무엇인가를 더 한다고 해도, 그것은 언어의 직접적인 목적에 더는 속하지 않는다.

우리들은 이렇게 말했으면 한다: "전달은 내가 고통스럽다는 것을 그가 알게 한다; 그것은 이러한 정신적 현상을 야기한다; 다른 모든 것은 전달에 비본질적이다." 앎이라는 이 이상한 현상이 무엇이냐—이 문제는 서두르지 않아도 된다. 심리적 과정이 바로 이상한 것이다. (그것은 마치 우리들이 다음과 같이 말하는 것과 같다: "시계는 우리에게 시간을 가리킨다. 시간이 무엇이냐는 아직 결정되어 있지 않다. 그리고 무엇 때문에 우리들이 시간을 들여다보느냐—이 문제는 여기서 적절하지 않다.")

364. 어떤 사람이 머릿속에서 계산을 한다. 그는 그 결과를 이를테면 교량이나 기계를 만드는 데 사용한다. —당신은 그가 이 수를 실제로 계산을 통해 발견하지는 않았다고 말하고 싶은가? 그것은 가령 일종의 몽상에 따라서 그의 품속으로 떨어졌다? 어쨌든 거기서 계산이 이루어지는 것은 틀림없을 것이며, 또 계산은 이루어져 있다. 왜냐하면 그는 자기가 그것을 계산했다는 것을, 그리고 어떻게 계산했는지를, 알고 있기 때문이다; 그리고 올바른 결과는 계산 없이는 설명될 수 없을 것이기 때문이다. ——그러나 만일 내가 다

음과 같이 말한다면 어떻게 될까? "그에게는 마치 자기가 계산한 것처럼 보인다. 그리고 올바른 결과는 왜 설명될 수 있어야만 하는가? 그가 말이나 문자 없이도 계산할 수 있었다는 것이 이해 못할 정도는 아니지 않은가?"—

상상 속에서 하는 계산은 어떤 뜻에서는 종이 위에서 하는 계산보다 비실제적인가? 그것은 실제의 계산, 즉 속셈이다.—그것은 종이 위에서 하는 계산과 비슷한가?—나는 내가 그걸 비슷하다고 불러야 할지 모르겠다. 검은 선들이 그려진 하얀 종잇조각은 사람의 신체와 비슷한가?

365. 아델하이트와 주교(主教)[84]는 실제의 장기 시합을 하고 있는가?—물론이다. 그들은 단지 장기를 두는 체하고 있지 않다. 비록 그런 일이 연극에서 일어날 수도 있기는 하지만 말이다.—그러나 그럼에도 불구하고 이 시합에는 예컨대 시작이 없다!—그럴 리가 없다; 그렇지 않다면 그것은 실로 장기 시합이 아닐 것이다.—

366. 머릿속에서 하는 계산은 종이 위에서 하는 계산보다 덜 실제적인가?—우리들은 아마도 그런 어떤 말을 하는 경향이 있다. 그러나 우리들은 자신에게 다음과 같이 말함으로써 그와 반대되는 견해로도 갈 수 있다: "종이, 잉크 등은 단지 우리의 감각 자료들로부터의 논리적 구성물일 뿐이다."[85]

"나는 곱셈 ……을 머릿속에서 했다."—나는 가령 이와 같은 진술을 믿지 않는가?—그러나 그것은 실제로 하나의 곱셈이었는가? 그것은 단지 '하나의' 곱셈이 아니라, 이—머릿속에서의—곱셈이었다. 이것이 내가 길을 잃

---

84 (옮긴이주) '아델하이트(Adelheit)와 주교': 괴테, 《괴츠》(*Gätz von Berlichingen*) 2막 1장 참조. 그 장면은 둘의 체스가 거의 다 끝나가는 것으로 시작된다.

85 (옮긴이주) 물리적 대상들이 감각 자료들로부터의 논리적 구성물이라는 생각은 러셀의 "감각 자료들과 물리학의 관계"(1914)나 《외적 세계에 대한 우리의 지식》(1914)에서 볼 수 있는 것이다.

는 지점이다. 왜냐하면 이제 나는 다음과 같이 말하고 싶어 하기 때문이다: 그것은 종이 위에서 하는 곱셈에 대응하는 그 어떤 정신적 과정이었다. 그래서 "마음속의 이 과정이 종이 위의 이 과정에 대응한다"라고 말하는 게 뜻을 지닐 것이다. 그리고 그렇다면 기호의 표상이 기호 자체를 묘사하는 모사(模寫) 방법에 관해 이야기하는 것이 뜻을 지닐 것이다.

367. 심상(心象)은 어떤 사람이 자신의 상상을 기술할 때 기술되는 그림이다.[86]

368. 내가 어떤 사람에게 어떤 방 하나를 기술한다. 그리고 나서 그에게, 그가 나의 기술을 이해했다는 표시로서, 이 기술에 따라 인상주의적인 그림을 그리게 한다.—이제 그는 내가 초록색으로 기술한 의자들은 진홍색으로 그리고, 내가 "노란색"이라고 말한 곳에서는 파란색으로 그린다.—그것이 그가 이 방으로부터 받은 인상이다. 그리고 이제 나는 말한다: "전적으로 옳다; 그건 그렇게 보인다."

369. 우리들은 다음과 같이 물었으면 한다: "어떤 사람이 머릿속에서 계산할 때, 그것은 무엇과 같은가? 그때 무엇이 일어나는가?"—그리고 특수한 경우 그 대답은 다음과 같을 수 있다: "나는 우선 17과 18을 더하고, 그다음 39를 뺀다……" 그러나 이것은 우리의 물음에 대한 대답이 아니다. 머릿속에서 계산한다는 것이 무엇이냐는 그러한 방식으로는 설명되지 않는다.

---

86 (옮긴이주) 자신의 상상을 기술할 때 우리는 자신의 심상을 기술한다. 즉 후자의 기술이 곧 전자의 기술이다. 그러나 자신의 상상을 기술한다는 것은 그 상상을 나타낼 수 있는 그림을 기술하는 것에 대응되는 것이기도 하다. 그러므로 심상(Vorstellungsbild)은 정신적 이미지로서는 표상(Vorstellung)과 마찬가지로 그림이 아니지만(§301 참조), 상상된 그림에 해당하는 것으로 새길 수는 있다.

370. 우리들이 물어야 하는 것은 무엇이 상상들이냐, 또는 우리들이 어떤 것을 상상할 때 무엇이 일어나느냐 하는 것이 아니라, "상상"이란 낱말이 어떻게 사용되느냐이다. 그러나 이는 내가 오직 말에 관해서만 이야기하고자 한다는 것을 뜻하지 않는다. 왜냐하면 나의 물음에서 "상상"이란 낱말이 이야기되고 있는 한, 상상의 본질에 관한 물음에서도 그것은 마찬가지이기 때문이다. 그리고 내 말은 단지, 이 물음은 어떤 가리킴을 통해서는—상상하는 사람에 대해서도 다른 사람에 대해서도—설명될 수 없다는 것, 그 어떤 과정의 기술을 통해서도 여전히 설명될 수 없다는 것뿐이다. 첫 번째 물음도 역시 낱말 설명을 묻는다; 그러나 그것은 우리의 기대를 잘못된 종류의 대답으로 향하게 한다.

371. 본질은 문법에서 언표된다.

372. 숙고해 보라: "자연 필연성에 대한 언어에서의 유일한 짝은 자의적인 규칙이다. 그것이 우리들이 이 자연 필연성에서 명제로 추출해 낼 수 있는 유일한 것이다."[87]

373. 어떤 것이 어떤 종류의 대상인가는 문법이 말한다. (문법으로서의 신학.[88])

87 (옮긴이주) 《비트겐슈타인의 강의: 케임브리지, 1930~1932》 57쪽과 58쪽의 다음 말 참조: "세계 내의 필연성에 언어 내의 자의적 규칙이 대응한다." "문법적 규칙들은 자의적이지만, 그것들의 적용은 **그렇지 않다.**"

88 (옮긴이주) 이 생각은 루터와 관계된다. 그는 신학이 "신"이란 낱말의 문법이라고 말한 바 있다. 《비트겐슈타인의 강의: 케임브리지 1932~1935》 32쪽 참조.

374. 여기서 커다란 어려움은, 문제를 마치 우리들이 어떤 것을 할 수 없는 듯이 묘사하지 않는 것이다. 마치, 내가 기술(記述)을 추출해 내는 대상이 거기에 분명히 있으나, 나는 그것을 누군가에게 보여 줄 수 없다는 듯이 말이다. ―― 그리고 내가 제안할 수 있는 최선의 것은 분명, 우리는 이러한 그림을 사용하려는 유혹에 굴복하지만, 이제는 이러한 그림의 적용이 어떻게 보이는가를 탐구해야 한다는 것이다.

375. 우리들은 혼자서 나직이 읽는 법을 어떻게 어떤 사람에게 가르치는가? 그가 언제 그렇게 할 수 있는지를 우리들은 어떻게 아는가? 그 자신은 우리들이 그에게 요구하는 것을 자기가 하고 있다는 것을 어떻게 아는가?

376. 내가 ABC를 속으로 읊조릴 때, 그것을 소리 없이 읊조리는 다른 사람과 내가 같은 일을 하고 있다는 기준은 무엇인가? 나의 후두와 그의 후두에서 그때 같은 일이 벌어지고 있다는 것이 발견될 수 있을 것이다. (그리고 우리 둘이 같은 것을 생각할 때, 같은 것을 원할 때 등등의 경우에도 마찬가지일 수 있을 것이다.) 그러나 대체 우리는 "이러이러한 것을 소리 없이 읊조리다"란 말의 사용을 후두나 뇌 속의 과정을 참조함으로써 배웠는가? 소리 a에 대한 나의 표상과 그의 표상에 상이한 생리학적 과정들이 대응하는 것도 충분히 가능하지 않은가? 문제는 우리들이 표상들을 어떻게 비교하는가이다.

377. 논리학자는 아마 다음과 같이 생각할 것이다: 같은 것은 같다―그 같음이 어떻게 확인되는가는 심리학적인 문제이다. (높이는 높이다―사람이 그것을 때로는 보고, 때로는 듣는다는 것은 심리학에 속한다.)

두 표상이 같다는 기준은 무엇인가?―하나의 표상이 붉다는 기준은 무엇인가? 다른 사람이 그 표상을 지닐 경우, 나에게 그 기준은 그가 무엇을 말하고 행하느냐이다. 내가 그 표상을 지닐 경우, 나에게 그 기준은 전혀 아무것도 없다. 그리고 "붉다"에 대해 유효한 것은 또한 "같다"에 대해서도 유효하다.

378. "내가 나의 두 표상이 같다고 판단하기 전에 나는 어쨌든 그 둘이 같다고 인식하지 않으면 안 된다." 그리고 그런 일이 일어났을 경우, 나는 어떻게 "같다"라는 낱말이 나의 인식을 기술한다는 것을 알게 되는가? 그건 오직, 내가 이 인식을 다른 방식으로 표현할 수 있고, 여기서 "같다"는 올바른 낱말임을 다른 사람이 나에게 가르칠 수 있는 경우에만 그러하다.

왜냐하면 내가 어떤 낱말을 사용하는 것에 대해 정당성을 필요로 한다면, 그것은 또한 다른 사람에 대해서도 정당성이어야만 하기 때문이다.

379. 처음에 나는 그것을 이것으로서 인식한다; 그리고 이것이 어떻게 불리는지를 기억해 낸다.—어떤 경우에 이런 말을 정당하게 할 수 있는가? 생각해 보라.

380. 이것이 붉다는 것을 나는 어떻게 인식하는가?—"나는 그것이 이것임을 본다; 그리고 이제 나는 이것이 그렇게 불린다는 것을 안다." 이것이?—무엇이?! 이 물음에 대해 어떤 종류의 대답이 뜻을 지니는가?

(당신은 되풀이해서 어떤 내적인 지시적 설명을 지향해 나가고 있다.)

눈에 보이는 것으로부터 낱말로의 사적인 이행에 대해서는 나는 아무 규칙도 적용할 수 없을 것이다. 여기서 규칙들은 실제로는 공중에 떠 있을 것이다; 왜냐하면 그것들을 적용하는 제도가 결여되어 있기 때문이다.

381. 이 색이 붉은색이라는 것을 나는 어떻게 인식하는가?—하나의 대답은,

"나는 우리말을 배웠다"일 것이다.

382. 내가 이 말들에 대해 이러한 표상들을 떠올린다는 것을 나는 어떻게 정당화할 수 있는가?

누군가가 나에게 파란색의 표상을 가리키고, 그것이 파란색의 표상이라고 말했는가?

"이 표상"이란 말은 무엇을 의미하는가? 어떻게 우리들은 어떤 한 표상을 가리키는가? 어떻게 우리들은 같은 표상을 두 번 가리키는가?

383. 우리는 현상(예컨대 생각함)이 아니라 개념(예컨대 생각함이라는 개념)을 분석하며, 따라서 낱말의 적용을 분석한다. 그래서 마치 우리가 추진하는 것은 명목주의(名目主義)[89]인 듯이 보일 수 있다. 명목주의자들은 모든 낱말들을 이름들로 해석하는 잘못, 그러니까 낱말들의 사용을 실제로 기술하는 것이 아니라, 그러한 기술에 대해 말하자면 단지 공수표를 주는 잘못을 범한다.

384. '고통'이란 개념을 당신은 언어와 함께 배웠다.

385. 자문해 보라: 어떤 사람이 여태껏 글이나 말로 계산한 적이 없는데도 머릿속에서 계산하는 법을 배웠다고 생각될 수 있을까?[90]—"그것을 배운다"는 것은, 그것을 할 수 있게 된다는 것을 뜻할 것이다. 그리고 문제가 되는 것은 단지, 어떤 사람이 이것을 할 수 있다는 데 대한 기준으로서 무엇이

89 (옮긴이주) '명목주의(Nominalismus)': '유명론(唯名論)'이라고도 하는데, 오직 개체만이 실재하며, 보편적인 것은 개체들에서 추상하여 얻은 공통의 이름일 따름이라는 철학적 이론.

90 (옮긴이주) II부 xi [277] 참조.

유효한가 하는 것뿐이다. ——그러나 어떤 종족이 오직 속셈만 알고 있고 다른 종류의 셈은 아무것도 모르는 일도 가능한가? 여기서 우리들은 "그런 일은 어떻게 보일까?"를 자문하지 않으면 안 된다. —그러니까 우리들은 이것을 하나의 한계 경우로서 마음속에 그려야 할 것이다. 그리고 그 경우, 우리가 여기서 여전히 '속셈'이란 개념을 적용하고자 하는지—또는 이런 상황에서는 그 개념은 그것의 목적을 상실하는지가 문제될 것이다; 왜냐하면 이제 그 현상들은 다른 본보기 쪽으로 이끌리기 때문이다.

386. "그러나 왜 당신은 당신 자신을 그렇게 거의 신뢰하지 않는가? 아무튼 당신은 여느 때는 언제나, '계산한다'는 것이 무엇인지를 안다. 그러므로 당신이 상상 속에서 계산했다고 말한다면, 그건 정말 그럴 것이다. 만일 당신이 계산하지 않았다면, 당신은 그렇게 말하지 않았을 것이다. 마찬가지로: 당신이 상상 속에서 어떤 붉은 것을 보았다고 말한다면, 그것은 정말 붉을 것이다. 여느 때 당신은 실로 무엇이 '붉은'지를 안다. —그리고 더 나아가: 당신은 다른 사람들과의 일치에 언제나 의존하지는 않는다; 왜냐하면 당신은 종종, 다른 누구도 본 적이 없는 어떤 것을 당신이 보았다고 보고하기 때문이다." ——그러나 나는 물론 나를 신뢰한다—나는 내가 이것을 머릿속에서 계산했으며, 이러한 색을 상상했다고 주저 없이 말한다. 난점은 내가 붉은 어떤 것을 실제로 상상했는지를 내가 의심한다는 것이 아니다. 난점은 오히려 이것, 즉 우리가 어떤 색깔을 상상했는지를 우리가 그렇게 곧바로 가리키거나 기술할 수 있다는 것, 상상을 현실로 모사하는 것이 우리에게 아무런 난점을 제공하지 않는다는 것이다. 도대체 그것들은 혼동될 만큼 서로 비슷해 보이는가?—그러나 실로 나는 어떤 소묘에 따라 어떤 사람을 곧바로 인식할 수도 있다. —그러나 대체 나는 "이 색깔의 올바른 표상은 어떠해 보이는가?"라거나 "그것은 어떤 상태에 있는가?"라고 물을 수 있는가; 나는 이것

을 배울 수 있는가?

(나는 그의 증언을 받아들일 수 없다. 왜냐하면 그것은 증언이 아니기 때문이다. 그것은 단지, 그가 무슨 말을 하는 경향이 있는지를 나에게 말해 줄 뿐이다.)

387. 깊은 측면은 쉽게 빠져 달아난다.

388. "나에게는 여기서 어떤 보라색도 보이지 않지만, 만일 당신이 나에게 그림물감 상자를 준다면, 나는 거기서 그 색을 당신에게 보여 줄 수 있다." 만일 ……한다면 우리들이 그것을 보여 줄 수 있다는 것, 즉 그것을 본다면 우리들이 그것을 인식할 수 있다는 것을 우리들은 어떻게 알 수 있는가?

어떻게 나는 나의 표상으로부터, 색깔이 실제로 어떻게 보이는지를 아는가?

어떻게 나는 내가 어떤 것을 할 수 있을 것임을 아는가? 즉, 어떻게 나는 내가 지금 처한 상태가 그것을 할 수 있는 상태임을 아는가?

389. "표상은 그것의 대상과 어떠한 그림보다도 더 비슷함이 틀림없다. 왜냐하면 내가 아무리 그림을 그것이 묘사하려는 것과 비슷하게 그린다고 하더라도, 그것은 여전히 다른 어떤 것에 대한 그림일 수 있기 때문이다. 그러나 표상에는 그것이 이것에 대한 표상이고 다른 어떤 것에 대한 표상이 아니라는 점이 내포되어 있다." 이렇게 해서 우리들은 표상을 하나의 초(超)-초상으로 간주하는 데로 이를 수 있을 것이다.

390. 우리들은 돌이 의식을 지니고 있다고 상상할 수 있을까?[91] 그리고 어떤 사람이 그렇게 할 수 있다면—이는 단지 이러한 상상짓거리가 우리에게는

아무 흥미도 없음을 증명할 뿐이어서는 왜 안 되는가?

391. 나는 아마, 내가 거리에서 보는 모든 사람이 무서운 고통을 지니고 있지만 그것을 교묘하게 숨기고 있다고 상상할 수도 있을 것이다(그런 상상이 쉽지는 않지만 말이다). 그런데 내가 여기서 교묘한 숨김을 상상해야 한다는 점은 중요하다. 즉, 내가 나 자신에게 단순히 "자, 그의 영혼은 고통스럽다; 그러나 그것이 그의 몸과 무슨 상관이 있는가!"라거나, "그것이 결국 몸에 나타나야 할 필요는 없다!"라고 말하지 않는다는 점은 중요하다. —그런데 내가 그렇게 상상한다면, —나는 무엇을 하는가; 나는 나 자신에게 무엇을 말하는가; 나는 사람들을 어떻게 바라보는가? 나는 가령 어떤 사람을 바라보고, "사람이 그런 고통을 지니고 있을 때 웃는다는 것은 어려운 일임이 틀림없다"라고 (그리고 그와 같은 많은 것을) 생각한다. 나는 말하자면 어떤 역(役)을 연기한다, 즉 다른 사람들이 고통을 지니고 있는 듯이 그렇게 한다. 내가 그렇게 할 때, 우리들은 가령, 나는 ……을 상상하고 있다고 말한다.

392. "내가 그는 고통을 지니고 있다고 상상할 때, 내 속에서는 실은 단지 ……이 일어날 뿐이다." 그러자 다른 사람이 말한다: "나는 그때 내가 ……을 생각하지 않고도 역시 그것을 상상할 수 있다고 믿는다." ("나는 내가 말하지 않고도 생각할 수 있다고 믿는다.") 이것은 아무것도 안 된다. 그 분석은 자연과학적 분석과 문법적 분석 사이에서 오락가락하고 있다.

393. "웃고 있는 사람이 실제로는 고통을 지니고 있다고 내가 상상할 때, 나는 아무런 고통 행동도 상상하지 않는다; 왜냐하면 나는 바로 그 반대를 보

---

91 (옮긴이주) 비트겐슈타인의 유고 MS 165, 59에 의하면, 스피노자가 이런 상상을 해 보라고 말했다.

기 때문이다. 그러면 나는 무엇을 상상하는가?"—나는 그것을 이미 말했다. 그리고 그것을 위해 내가 필연적으로, 나는 고통을 느낀다고 상상하지는 않는다. ——"그러나 그런 상상을 한다는 것은 그러면 어떻게 일어나는가?" ——도대체 (철학 밖에) 어디에서 우리가 "나는 그가 고통을 지니고 있다고 상상할 수 있다"느니, "나는 그가 고통을 지니고 있다고 상상한다"느니, 또는 "그가 고통을 지니고 있다고 상상해 보라!"느니 하는 말을 사용하는가?

우리들은 예컨대 연극의 한 역을 연기해야 하는 사람에게, "여기서 당신은 이 사람이 고통스러운데 그것을 감추고 있다고 상상해야 한다"라고 말한다—그런데 우리는 그가 실제로 무엇을 해야 하는지에 관해서는 그에게 아무런 지시를, 말을, 해 주지 않는다. 그렇기 때문에 저 분석도 역시 핵심을 찌르지는 못하고 있다.—이제 우리는 이러한 상황을 상상하는 배우를 구경한다.

394. 어떤 상황에서 우리는 어떤 사람에게 "당신이 이것을 상상했을 때, 당신 속에서 실제로 무엇이 일어났는가?"라고 묻게 될까?—그리고 그때 우리는 어떤 대답을 기대하는가?

395. 상상 가능성이 우리의 탐구에서 어떤 역할을 하는지에 관해서는 불명료성이 존재한다. 즉, 그것이 어느 정도까지 문장의 뜻을 보증하는지에 관해서 말이다.

396. 어떤 문장과 관련해서 무엇인가를 상상하는 것은, 그 문장에 따라 어떤 소묘를 하는 것과 마찬가지로, 그 문장의 이해를 위해서 본질적이지 않다.

397. "상상 가능성" 대신 여기서 우리들은 특정한 묘사 수단에서의 묘사 가능성이라고도 말할 수 있다. 그리고 물론 이러한 묘사로부터 그 이상의 사용으로 이어지는 더 확실한 길이 있을 수 있다. 다른 한편으로, 어떤 한 그림이 우리의 뇌리에서 떠나지 않는데 전혀 아무런 쓸모가 없을 수 있다.

398. "그러나 내가 어떤 것을 상상하거나 심지어 실제로 대상들을 볼 때, 아무튼 나는 나의 이웃이 갖고 있지 않은 어떤 것을 **갖고** 있다."—나는 당신을 이해한다. 당신은 당신 주위를 둘러보고, "아무튼 오직 나만이 **이것을** 갖고 있다"라고 말하고 싶어 한다.—무엇 때문에 이런 말을 하는가? 그건 아무 쓸모가 없다.—그뿐 아니라, 우리들은 "여기서 이야기되고 있는 것은 어떤 '봄'이 아니며—따라서 어떤 '갖고 있음'도 아니며—어떤 주체, 그러니까 나도 아니다"라고도 말할 수 있지 않은가? 나는 다음과 같이 물을 수 있지 않을까? 즉, 당신이 오직 당신만이 갖고 있다고 이야기하고 말하는 것—대체 어떤 점에서 당신은 그것을 **갖고** 있는가? 당신은 그것을 소유하고 있는가? 당신은 그것을 **보고** 있지조차 않다. 그렇다, 그것에 관해서 당신은, 아무도 그것을 갖고 있지 않다고 말해서는 안 될까? 그리고 실로 이것도 분명하다. 즉: 다른 사람이 어떤 것을 갖고 있다는 것을 당신이 논리적으로 배제한다면, 당신이 그것을 갖고 있다고 말하는 것 또한 그 뜻을 잃는다.

그러나 그렇다면 당신은 무엇에 대해 이야기하고 있는가? 과연 나는, 당신이 무엇을 뜻하는지를 내가 속으로 안다고 말했다. 그러나 그것은 우리들이 어떻게 이 대상을 파악하려고 하는지, 보려고 하는지, 어떻게 우리들이 그것을 말하자면 눈짓과 손짓으로 지칭하려고 하는지를 내가 안다는 뜻이었다. 나는 우리들이 이 경우 어떤 방식으로 자기 앞과 주위를 돌아보는지—그리고 그 밖에 다른 일들을 하는지—안다. 나는 우리들이 이렇게 말할 수 있다고 믿는다. 즉, 당신은 (예컨대 당신이 방에 앉아 있을 때) '시각적 방'에 관해 이야기하고 있다고 말이다. '시각적 방'은 아무런 소유자도 없는 것이다. 내가 그 방 안에서 돌아다니거나 그 방을 바라보거나 또는 가리킬 수 없는 것과 마찬가지로, 나는 그 방을 소유할 수도 없다. 그것이 다른 누구에게도 속할 수 없는 한, 그것은 나에게 속하지 않는다. 또는: 내가 그것에 내가 앉아 있는 물질적 방 자체에 적용하는 것과 같은 표현 형식을 적용하려 하는 한, 그것은 나에게 속하지 않는다. 물질적 방은 기술(記述)할 때 소유자를 언급할 필요가 없으며, 실은 소유자가 꼭 있어야 하는 것도 아니다. 그러나 그렇다면 시각적 방은 어떠한 소유자도 지닐 수 없다. "왜냐하면 그것은 그 안에도 밖에도 아무런 주인이 없기 때문이다"—라고 우리들은 말할 수 있을 것이다.[92]

하나의 풍경화, 즉 어떤 상상의 풍경과 그 속에 있는 한 집을 생각해 보라. 그리고 누군가가 "그 집은 누구의 것인가?"라고 물었다고 해 보자.—그런데 그에 대한 대답은, "그 집 앞 벤치에 앉아 있는 농부의 것"일 수 있을 것이다. 그러나 그렇다면 이 농부는 자기 집에 예컨대 발을 들여놓을 수 없다.

399. 우리들은 또한 이렇게도 말할 수 있을 것이다: 시각적 방의 소유자는 어쨌든 그것과 동질적이어야 할 것이다; 그러나 그는 그 안에 있지 않으며, 바깥이 존재하는 것도 아니다.

400. 마치 '시각적 방'을 발견한 것같이 보인 사람,—그가 발견했던 것은 새로운 어법, 새로운 비교였다; 그리고 새로운 감각이었다고도 말할 수 있을

92 (옮긴이주) 비트겐슈타인의 《청색 책》 27쪽과 124쪽 이하, 그리고 126-127쪽의 '시각적 공간'에 관한 논의 참조.

것이다.

401. 당신은 그 새로운 파악을 새로운 대상을 보는 것으로서 해석한다. 당신은 당신이 행한 하나의 문법적 운동을 당신이 관찰하는 준(準)-물리적 현상으로 해석한다. (예컨대 "감각 자료들은 우주의 건축 소재인가?"라는 물음을 생각하라.)

그러나 당신이 '문법적' 운동을 했다는 내 표현에 이론의 여지가 없는 것은 아니다. 당신은 무엇보다도 먼저 하나의 새로운 파악 방식을 발견하였다. 마치 당신이 어떤 새로운 화법(畵法)을 창안한 것처럼; 또는 심지어, 새로운 운율이나 새로운 종류의 노래들을 창안한 것처럼 말이다.—

402. "물론 나는 '지금 나는 이러이러한 표상을 지니고 있다'고 말하지만, 그러나 '나는 지니고 있다'란 말은 단지 다른 사람들을 위한 신호일 뿐이다; 표상의 세계는 전적으로 표상의 기술(記述)에 묘사되어 있다."—당신이 뜻하는 바는, "나는 지니고 있다"는 "자, 주목!"과 같다는 것이다. 당신은 그것이 실제로는 달리 표현되어야 마땅했다고 생각하는 경향이 있다. 가령 단순히, 손으로 어떤 신호를 하고 나서 기술함으로써 말이다.—우리들이 여기서처럼 (어쨌든 그 의무를 다하고 있는) 우리의 일상적 언어의 표현들에 동의하지 않을 때, 우리의 머리에는 일상적 표현 방식의 그림과 상충되는 어떤 그림이 자리 잡는다. 한편 우리는 우리의 표현 방식이 사실을 실제 있는 그대로 기술하지 않는다고 말하고 싶은 유혹을 받는다. 마치 (예컨대) "그는 고통을 지니고 있다"란 명제가, 이 사람이 고통을 지니고 있지 않다는 것 이외의 다른 방식으로도 여전히 거짓일 수 있다는 듯이 말이다. 마치, 비록 그 명제는 뭔가 옳은 것을 부득이 주장할지라도, 그 표현 형식은 뭔가 잘못된 것을 말하고 있다는 듯이 말이다.

왜냐하면 관념주의자들과 유아주의자들과 실재주의자들 사이의 다툼들은 실로 그렇게 보이기 때문이다. 한쪽 편 사람들은 마치 어떤 주장을 공격하는 듯이 정상적인 표현 형식을 공격한다; 다른 편 사람들은 그 표현 형식을, 모든 이성적인 사람이 인정하는 사실들을 진술하는 듯이 옹호한다.[93]

403. 내가 "고통"이란 낱말을 내가 이때까지 "나의 고통"이라고 불러 왔던 것과 다른 사람들이 "비트겐슈타인의 고통"이라고 불러 왔던 것에 대해서만 전적으로 요구할 경우, 다른 맥락들에서 "고통"이란 낱말이 상실되는 것을 보상할 표기법이 어떤 방식으로든 제공되기만 하면, 그로써 다른 사람들에게 어떤 부정이 행해지지는 않을 것이다. 그 경우 그럼에도 불구하고 타자들은 불쌍히 여겨지고, 의사에게 진료를 받고 등등을 한다. "그러나 다른 사람들은 당신이 지니고 있는 것과 정확히 동일한 것을 지니고 있다!", 이렇게 말하는 것도 물론 그러한 표현 방식에 대해 아무런 반대가 아닐 것이다.

그러나 그 경우 그러한 새로운 묘사 방식으로부터 나는 무엇을 얻을까? 아무것도. 그러나 유아주의자가 자신의 견해를 내세울 때, 실로 그도 역시 아무런 실제적 이득을 원하지 않는다!

404. "내가 '나는 고통스럽다'고 말할 때, 나는 고통스러운 어떤 인물을 가리키지 않는다. 왜냐하면 어떤 뜻에서 나는 누가 고통스러운지 전혀 모르기 때문이다." 그리고 이는 정당화될 수 있다. 왜냐하면 무엇보다 먼저, 나는 이러이러한 인물이 고통스럽다고 말하지 않고, "나는 ……다"라고 말하기 때문이다. 자, 이로써 나는 아무런 인물도 거명하지 않는다. 내가 고통으로 신음함

---

93 (옮긴이주) '관념주의자들과 유아주의자들과 실재주의자들 사이의 다툼들'에 대해서는 또한 비트겐슈타인의 《청색 책》 89쪽 이하와 103쪽 이하의 논의 참조.

으로써 어떤 인물을 거명하지 않는 것과 마찬가지로 말이다. 비록 다른 사람은 그 신음으로부터, 누가 고통스러운지를 알아 볼 수 있지만 말이다.

누가 고통스러운지를 안다는 것은 대체 무엇을 뜻하는가? 그것은 예컨대, 이 방 안의 누가 고통스러운지 안다는 것을 뜻한다; 즉, 저기 앉아 있는 사람, 또는 이 구석에 서 있는 사람, 저기 금발 머리의 키 큰 사람, 등등 말이다.—내가 말하고자 하는 것은 무엇인가? 그것은 인물 '동일성'의 매우 상이한 기준들이 존재한다는 점이다.

자, '나'는 고통스럽다고 내가 말하도록 결정하는 것은 그중 어느 것인가? 전혀 아무것도 아니다.

405. "그러나 당신이 '나는 고통스럽다'고 말할 때, 어쨌든 당신은 다른 사람들의 주의를 특정한 인물로 이끌고자 한다."—이에 대한 대답은, "아니, 나는 그들의 주의를 단지 나에게로 이끌고자 한다"일 수 있을 것이다.—

406. "그러나 어쨌든 당신은 '나는 고통스럽다'란 말로 당신과 다른 사람을 구별하고자 한다."—모든 경우에 우리들이 이렇게 말할 수 있는가? 내가 단지 신음할 때조차도? 그리고 설혹 내가 나와 다른 사람을 '구별하고자 한다'고 하더라도—그로써 내가 비트겐슈타인이라는 인물과 아무개라는 인물을 구별하고자 하는가?

407. 다음과 같은 일이 생각될 수 있을 것이다: 누군가가 신음하며 말한다, "어느 누군가가 고통스러워하고 있다—누구인지는 모르겠다!"—이 말에 우리들은 이 신음하는 사람을 도우려고 서두른다.

408. "그렇지만 당신은 당신이 고통스러운지, 또는 다른 사람이 고통스러운

지 의심하지 않는다!"—"나는 내가, 또는 다른 사람이, 고통스러운지 모른다"란 명제는 하나의 논리적 곱[積][94]일 것이다. 그리고 그것의 요소들 중 하나는 "나는 내가 고통스러운지 여부를 모른다"일 것이다—그런데 이것은 뜻이 있는 문장이 아니다.

409. 여러 사람이 하나의 원(圓)을 이루어 서 있고, 그 속에 나도 들어 있다고 생각해 보라. 우리 가운데 누군가 한 사람이—한번은 이 사람이, 한번은 저 사람이—기전기의 전극에 연결되는데, 우리는 그 사실을 볼 수 없다. 나는 다른 사람들의 얼굴을 관찰하고, 우리 가운데 누가 지금 막 감전되는지를 알아내려고 시도한다.—언젠가 나는 말한다: "이제 나는 그게 누구인지 안다; 왜냐하면 그건 나니까." 이런 뜻에서는 나는 또한 "이제 나는 누가 쇼크를 느끼는지 안다; 그건 곧 나다"라고 말할 수도 있을 것이다. 이것은 좀 이상한 표현 방식일 것이다.—그러나 여기서 내가, 나는 다른 사람들이 감전되는 경우에도 쇼크를 느낄 수 있다고 가정한다면, "이제 나는 누가 ……는지 안다"라는 표현 방식은 전혀 걸맞지 않게 된다. 그것은 이 놀이에 속하지 않는다.

410. "나"는 어떤 인물을 이름하지 않으며, "여기"는 어떤 장소를 이름하지 않으며, "이것"은 이름이 아니다.[95] 그러나 그것들은 이름들과 관련되어 있

94 (옮긴이주) '논리적 곱(logisches Produkt)'은 어떤 두 문장 'p'와 'q'를 'p 그리고 q'의 형태로 함께 긍정하여 결합한 것이다. 그리고 본문의 명제는 '나는 내가 고통스러운지 모른다, 그리고 나는 다른 사람이 고통스러운지 모른다'와 같이 된다고 할 수 있다.

95 (옮긴이주) 앞 §38 참조. 러셀은 '이것'을 '진짜 고유명사'라고 했을 뿐 아니라, (비트겐슈타인의 비판을 받고 출판을 포기한 그의 지식 이론에 대한 1913년의 원고에서) '나'를 '모호한 고유 명사'라고 할 수 있는 것처럼 말한 바 있다. '나'와 '비트겐슈타인'과 같은 이름의 문법적 차이에 관해서는 《청색 책》110쪽(개정판 109쪽) 이하의 논의 참조.

다. 이름들은 그것들을 이용해서 설명된다. 물리학은 이러한 낱말들을 사용하지 않는다는 점에 의해 특징지어진다는 것도 또한 사실이다.

411. 다음 물음들이 어떻게 적용되고, 어떻게 해결될 수 있는지 숙고해 보라:

(1) "이 책들이 나의 책들인가?"
(2) "이 발이 나의 발인가?"
(3) "이 몸이 나의 몸인가?"
(4) "이 감각이 나의 감각인가?"

이 물음들 각각은 실천적인 (비철학적인) 적용이 있다.

물음 (2)에 대해서: 나의 발이 마취되거나 마비되어 있는 경우들을 생각하라. 어떤 상황에서 그 물음은 내가 이 발에서 고통을 느끼는지를 확인함으로써 해결될 수 있을 것이다.

물음 (3)에 대해서: 여기서 우리들은 거울 속의 어떤 모습을 가리키고 있을 수 있을 것이다. 그러나 어떤 상황에서는 몸을 만지면서 그 물음을 던질 수 있을 것이다. 다른 상황에서는 그 물음은 "내 몸이 그렇게 보이는가?"와 같은 것을 의미한다.

물음 (4)에 대해서: 대체 어느 것이 이 감각인가? 즉: 여기서 그 지시대명사는 어떻게 사용되고 있는가? 아무튼 예컨대 첫 번째 예에서와는 다르다! 여기서 다시 혼란들이 일어나는데, 왜냐하면 우리들은 어떤 감각에 자신의 주의를 집중함으로써 그 감각을 가리킨다고 상상하기 때문이다.

412. 의식과 두뇌 과정 사이의 틈은 메울 수 없다는 느낌: 이러한 느낌이 일

상적 삶의 고찰들 속으로 들어와 장난치지 않는 것은 어째서인가? 이러한 종류 차이의 관념은 우리가 논리적 곡예를 부릴 때 나타나는 가벼운 현기증과 결합되어 있다. (같은 현기증이 집합론의 어떤 정리들에서 우리를 엄습한다.) 우리의 경우 이러한 느낌은 언제 등장하는가? 자, 예컨대 내가 특정한 방식으로 나의 의식에 나의 주의를 기울이고, 그와 동시에 깜짝 놀라면서—말하자면 나의 이마를 붙잡으면서—"이것은 마땅히 두뇌 과정에 의해 생길 것이다!"라고 자신에게 말할 때이다.—그러나 "나의 의식에 나의 주의를 기울인다"는 것이 무엇을 뜻할 수 있는가? 하여간 그런 어떤 것이 존재한다는 것보다 더 이상한 것은 아무것도 없다! 내가 그렇게 부른(왜냐하면 그러한 말은 실로 일상적 삶에서는 사용되지 않으므로) 것은 하나의 응시(凝視) 동작이었다. 나는 내 앞을 꼼짝 않고 바라보았다—그러나 그 어떤 특정한 점이나 대상을 바라본 것은 아니었다. 나의 눈은 크게 열려 있었고, 나의 눈썹은 (내가 특정한 대상에 관심을 가질 때 흔히 그렇게 되는 것처럼) 모아져 있지 않았다. 그런 관심이 그 응시에 선행하지 않았다. 나의 시선은 '멍한' 것이었다; 또는 하늘의 채광(彩光)에 경탄하며 그 빛을 들이마시는 사람과 비슷하였다.

그런데 내가 역설이라고 말한 문장('이것은 두뇌 과정에 의해 생긴다!')에 역설적인 것은 전혀 없었다는 점을 염두에 두라. 나는 그 문장을, 내가 보는 채광 효과가 두뇌의 특정한 부분의 자극에 의해 산출됨을 보여 주려는 목적을 지닌 어떤 실험을 하는 동안 말할 수 있었을 것이다.—그러나 나는 그 문장을 그것이 일상적이고 비역설적인 뜻을 지녔을 환경에서 말하지 않았다. 그리고 나의 주의는 실험에 적합했을 터인 그런 종류의 것이 아니었다. (그런 종류의 것이었다면, 내 시선은 '멍한' 것이 아니라 '집중된' 것이었을 것이다.)

413. 여기서 우리에게 주어진 것은 내성(內省)의 한 경우이다; 윌리엄 제임스가 '자아'는 주로 '머릿속의 운동 및 머리와 목구멍 사이의 특이한 운동들'[96]로 이루어진다고 밝히면서 의거했던 그 내성과 비슷한 것 말이다. 그런데 제임스의 내성이 보여 준 것은 "자아"(이것이 "인격", "사람", "그 자신", "나 자신"과 비슷한 어떤 것을 의미하는 한에서)라는 낱말의 의미가 아니었으며, 그러한 존재의 분석도 아니었다. 그것은 오히려, "자아"라는 낱말을 자신에게 말하면서 그 의미를 분석하고자 하는 한 철학자의 주의(注意) 상태였다. (그리고 이로부터 많은 것을 배울 수 있을 것이다.)

414. 당신은 당신이 아무튼 옷감을 짜고 있는 게 틀림없다고 생각한다: 왜냐하면 당신은 어떤—비록 텅 비어 있지만—베틀 앞에 앉아 옷감 짜는 운동을 하고 있으니까.

415. 우리가 제공하는 것은 실제로는 인간의 자연사(自然史)에 관한 소견들이다; 그러나 진기한 기고(寄稿)들이 아니라, 누구도 의심해 본 적이 없는, 그리고 그저 항상 우리 눈앞에 있기 때문에 주목받지 못하고 사라지는 것들에 관한 확인들이다.

416. "사람들은 일치하여 말하기를, 자신들은 보고, 듣고, 느끼고, 기타 등등을 한다고 한다. (비록 어떤 사람들은 눈이 멀고, 어떤 사람들은 귀가 먹었지만 말이다.) 그러므로 그들은 자신들이 의식을 지니고 있음을 스스로에 대해 증언하고 있다."—그러나 얼마나 이상한가! "나는 의식을 지니고 있다"라고 말할 때, 나는 실제로 누구에게 보고를 하는가? 나 자신에게 그렇게 말하는

96 (옮긴이주) 《심리학 원리》 1권 10장 참조.

목적은 무엇인가, 그리고 다른 사람은 어떻게 나를 이해할 수 있는가?—자, "나는 본다", "나는 듣는다", "나는 의식이 있다"와 같은 문장들은 과연 실제로 그 쓰임을 지니고 있다. 나는 의사에게 "이제 나는 이 귀로 다시 듣습니다"라고 말한다; 나는 내가 기절했다고 믿는 사람에게 "나는 다시 의식이 있습니다"라고 말한다; 등등.

417. 그러니까 나는 나 자신을 관찰하고, 내가 보고 있거나 의식이 있음을 지각하는가? 그런데 대체 무엇 때문에 관찰에 대해 이야기하는가! 왜 단순히 "나는 내가 의식이 있음을 지각한다"라고 말하지 않는가?—그러나 여기서 "나는 지각한다"란 말은 무엇 때문인가—어째서 "나는 의식이 있다"라고 말하지 않는가?—그러나 여기서 "나는 지각한다"라는 말은 내가 나의 의식에 주의를 기울이고 있음을 나타내지 않는가?—이는 일상적으로는 분명 사실이 아니다.—그렇다면 "나는 내가 의식이 있음을 지각한다"란 문장은 내가 의식이 있음을 말하는 것이 아니라, 나의 주의가 이러이러하게 초점이 맞춰져 있음을 말한다.

그러나 그러면 나로 하여금 "나는 다시 의식이 있다"라고 말하도록 유발하는 것은 특정한 경험이 아닌가?—어떤 경험? 어떤 상황에서 우리는 그렇게 말하는가?

418. 내가 의식을 지니고 있다는 것은 경험의 사실인가?—

그러나 우리들은 사람에 대해서는 의식을 지니고 있다는 말을 하지만, 나무나 돌에 대해서는 그것들은 아무 의식도 없다고 말하지 않는가?—만일 그렇지 않다면, 어떻게 될까?—사람들은 모두 무의식 상태일까?—아니다; 그 말의 일상적인 뜻에서는, 그렇지 않을 것이다. 그러나 예컨대, 나는 의식을 지니지 않을 것이다——내가 지금 실제로 지니고 있는 것과 같은 의식을 말이다.

419. 어떤 상황에서 나는 한 부족에게 우두머리가 있다고 말할 것인가? 그런데 그 우두머리는 좌우간 의식을 지니고 있어야 한다. 그는 의식이 없어서는 안 된다!

420. 그러나 나는 내 주위의 사람들이, 비록 그 행위 방식은 여느 때와 같지만, 자동기계들이며 아무런 의식도 없다고 생각할 수 없는가?—내가 지금—내 방에서 혼자—그렇게 상상한다면, 나는 사람들이 (가령 최면 상태에 있는 듯이) 시선을 움직이지 않고 자신들의 일에 전념하고 있음을 본다—이러한 관념은 아마 좀 섬뜩할 것이다. 그러나 이제 일상적 교제 속에서, 가령 길거리에서, 이러한 관념을 고집하려고 한번 시도해 보라! 자신에게 가령 이렇게 말해 보라: "저 아이들은 단지 자동기계들일 뿐이다; 그들의 모든 활기는 단지 자동기계적이다." 이 말은 당신에게 전혀 아무것도 말하는 바가 없을 것이다; 또는 당신은 일종의 섬뜩한 느낌이나 그와 같은 어떤 느낌을 지니게 될 것이다.

살아 있는 사람을 자동기계로 보는 것은 어떤 모양을 다른 모양의 한계 경우나 변형으로 보는 것, 가령 십자 창살을 갈고리십자[97]로 보는 것과 비슷하다.

421. 우리가 다음과 같은 하나의 보고에서 육체의 상태와 의식의 상태를 뒤죽박죽 뒤범벅으로 섞는다는 것은 우리에게는 역설적으로 보인다: "그는 커다란 고통에 시달렸고, 안절부절못해서 몸을 이리저리 뒤척였다." 이것은 아

97 (옮긴이주) 나치 독일의 상징인 역만자(卐) 모양의 문양.

주 일상적이다; 그러면 어째서 그것이 우리에게는 역설적으로 보이는가? 왜냐하면 우리는 그 문장이 유형적(有形的)인 것과 무형적(無形的)인 것을 다룬다고 말하고 싶어 하기 때문이다. — 그러나 내가 "이 세 개의 버팀목이 그 건물에 견실함을 준다"라고 말한다면 당신은 거기서 무슨 염려할 만한 것이라도 발견하는가? 셋과 견실성은 유형적인가? —— 문장을 도구로 간주하라, 그리고 문장의 뜻은 그 사용이라고 간주하라! —

422. 내가 사람에는 영혼이 있다고 믿을 때, 나는 무엇을 믿는 것인가? 내가 이 물질은 탄소 원자들의 두 고리[98]를 포함한다고 믿을 때, 나는 무엇을 믿는 것인가? 그 두 경우에, 어떤 그림이 그 전면에 있으나 그 뜻은 멀리 배후에 있다. 즉, 그 그림의 적용은 조망하기가 쉽지 않다.

423. 확실히, 이 모든 것들이 당신 속에서 일어난다. — 자, 그런데 우리가 사용하고 있는 그 표현을 내가 이해하게만 해 달라. — 그림이 거기에 있다. 그리고 특수한 경우에 그것이 유효함을 나는 부정하지 않는다. — 다만, 이제 그 그림의 적용을 내가 이해하게 해 달라.

424. 그림이 거기에 있다; 그리고 나는 그것의 옳음을 부정하지 않는다. 그러나 무엇이 그것의 적용인가? 눈먼 상태는 맹인의 영혼이나 머릿속의 어두움이라는 그림을 생각하라.

---

98 (옮긴이주) 생명 활동의 근본이 되는 물질은 다양한 탄소 화합물로 이루어진다. 그중 가장 간단한 종류는 탄화수소이며, 여기에는 사슬이나 고리 모양의 것들이 포함된다. 고리 모양은 탄소 원자 3개 이상의 결합으로 이루어지는데, 가령 6개의 탄소 원자가 이루는 하나의 고리는 6각형 모양의 벤젠(C_6H_6)이며, 이 고리 2개가 붙어 이루어진 구조는 나프탈렌($C_{10}H_8$)이 된다. 이런 이야기에 대한 여기서의 비트겐슈타인의 태도는 II부 vii [54]~[55]에서도 비슷하게 볼 수 있다.

425. 요컨대 우리는 수많은 경우에 어떤 그림을 발견하려고 애쓰고, 또 일단 이것이 발견되면 그 적용은 말하자면 저절로 이루어지는 데 반해서, 여기서 우리는 우리의 뇌리에서 떠나지 않는 하나의 그림을 이미 지니고 있으나,— 그 그림은 이제 비로소 시작되는 난점으로부터 우리를 구해 내지 못한다.

예컨대 내가 "이 기계 장치가 이 틀 속에 들어간다는 것을 나는 어떻게 상상해야 하는가?"라고 묻는다면,—가령 축소된 규모의 어떤 소묘가 그 대답으로서 쓰일 수 있다. 그 경우 사람들은 나에게, "보라, 그것은 이렇게 들어간다"라고 할 수 있다; 또는 아마 심지어, "어째서 그렇게 놀라는가? 그것은 당신이 여기서 보는 것처럼 그렇게 저기서도 들어간다"라고 말할 수 있을 것이다.—물론 후자는 더는 아무것도 설명하지 않는다; 그것은 나에게 주어진 그 그림을 이제 적용하도록 나에게 요구하고 있을 뿐이다.

426. 뜻을 일의적으로 확정하는 것처럼 보이는 어떤 그림이 주문에 걸린 듯 불러 나온다. 실제의 사용은 그 그림이 우리에게 그려 보이는 것에 비하면 오염된 어떤 것으로 보인다. 여기서 다시 집합론에서와 같은 일이 벌어진다: 그 표현 방식은 우리는 알지 못하는 것을 아는 어떤 신(神)을 위해 재단되어 있는 것처럼 보인다; 그는 무한수열 전체를 보며, 사람의 의식 속을 들여다본다. 물론 우리에게 이런 표현 형식들은 우리가 몸에 걸치더라도 그로써 많은 일을 행할 수는 없는 제복(祭服)과 같다. 왜냐하면 우리에게는 이런 옷차림에 뜻과 목적을 부여할 실제적 힘이 결여되어 있기 때문이다.

그 표현들의 실제 사용에서 우리는 말하자면 길을 우회해 골목길들을 통해서 간다; 우리는 우리 앞에 곧게 뻗은 대로(大路)를 보기는 하지만, 물론 그 도로를 이용할 수는 없다. 왜냐하면 그 도로는 항시 차단되어 있기 때문이다.

427. "내가 그에게 말하는 동안, 나는 그의 머릿속에서 무엇이 일어나고 있는지 몰랐다." 이렇게 말할 때, 우리들은 두뇌 과정이 아니라 사유 과정들을 생각한다. 그 그림은 진지하게 받아들여져야 한다. 우리는 실제로 그의 머릿속을 들여다보았으면 한다. 그럼에도 불구하고 우리가 뜻하는 것은 단지, 우리는 그가 무엇을 생각하는지 알았으면 한다는 말로써 우리가 으레 뜻하는 것일 뿐이다. 나는 이렇게 말하고 싶다. 즉, 우리에게 있는 것은 생생한 그림이라고—그리고 그 그림에 모순되는 듯 보이면서도 심리적인 것을 표현하는 그런 쓰임이라고.

428. "사고(思考), 이 이상야릇한 것"—그러나 그것은 우리가 생각하고 있을 때는 이상야릇하게 여겨지지 않는다. 사고는 우리가 생각하는 동안에는 불가사의하게 여겨지지 않고, 오직 우리가 말하자면 회고적으로, "어떻게 그것이 가능했는가?"라고 말할 때만 그렇게 여겨진다. 사고가 이 대상 자체를 다룬 것은 어떻게 가능했는가? 우리에게는 마치 우리가 사고로써 실재를 포착한 것처럼 보인다.

429. 사고와 현실의 일치, 조화는 다음과 같은 점에 있다: 내가 어떤 것이 붉다고 잘못 말할 때, 그것은 그럼에도 불구하고 어쨌든 붉지 않다. 그리고 내가 누군가에게 "이것은 붉지 않다"라는 문장에서 "붉은"이란 낱말을 설명하고자 할 때, 나는 그걸 위해 붉은 어떤 것을 가리킨다.

430. "이 물체에 자를 하나 갖다 대라; 그것은 그 물체의 길이가 이러이러하다고 말하지 않는다. 오히려 그것은 그 자체로는—나는 이렇게 말했으면 하는데—죽어 있고, 사고가 성취하는 것 중의 어떤 것도 성취하지 못한다."—이는 마치 우리가 살아 있는 사람에게서 본질적인 것은 외적 형태라고 상상

했고, 이제 이러한 형태의 어떤 통나무 하나를 세워 놓고서, 생물과 유사성이라고는 아무것도 없는 그 죽은 나무토막을 얼굴을 붉히면서 보는 것과 같다.

431. "명령과 수행 사이에는 어떤 틈이 있다. 그 틈은 이해(理解)를 통해 메워져야 한다."

"이해에서 비로소 그것은 우리가 이것을 해야 한다는 것을 뜻한다. 명령 ── 그것은 그야말로 단지 소리, 잉크 자국일 뿐이다.─"

432. 모든 기호는 혼자서는 죽어 있는 것으로 보인다. 무엇이 기호에 생명을 주는가?─쓰임에서 그것은 산다. 그것은 거기에서 자신 속에 생명의 숨을 받아들이는가?─또는 쓰임이 그것의 숨인가?

433. 우리가 어떤 명령을 할 때, 그 명령과 그것의 준수 사이에는 여전히 어떤 틈이 남아 있으므로, 그 명령이 원하는 최종적인 것은 표현되지 않은 채로 남아 있음이 틀림없는 듯 보일 수 있다. 가령 나는 어떤 사람이 특정한 동작을 하기를, 가령 팔을 들어 올리기를 원한다. 이를 아주 분명히 하기 위해서, 나는 그에게 동작을 시범해 보인다. 이 그림은 모호하지 않은 것처럼 보인다; 그는 자기가 이 동작을 해야 한다는 것을 어떻게 아는가라는 물음 이전까지는 말이다.─그는 대체 어떻게, 내가 그에게 주는 어떤 기호들이든지 간에 사용하는 법을 아는가?─이제 나는 가령 그 타자를 향해 가리키고 격려의 몸짓을 하는 등에 의해, 그 명령을 그 밖의 기호들로써 보충하고자 노력할 것이다. 여기서 마치 명령은 말을 더듬기 시작하는 것처럼 보인다.

마치 기호는 불확실한 수단들로써 우리 안에 이해를 불러일으키려고 노력하는 것처럼 보인다.─그러나 이제 우리가 그것을 이해한다면, 우리는 어떤 기호들로 이 이해를 하는가?

434. 몸짓은—우리들은 이렇게 말했으면 한다—예시(豫示)하려고 시도하지만, 그렇게 할 수가 없다.

435. 우리들이 "어떻게 문장은 묘사하는 일을 해내는가?"라고 묻는다면,—그 대답은 다음과 같을 수 있을 것이다: "대체 그걸 모른다고? 당신이 문장을 이용한다면, 아무튼 당신은 그걸 본다." 실로 아무것도 은폐되어 있지 않다.

어떻게 문장은 그 일을 해내는가?—대체 그걸 모른다고? 실로 아무것도 숨겨져 있지 않다.

그러나 "문장이 그 일을 어떻게 해내는지 당신은 안다, 실로 아무것도 숨겨져 있지 않다"라는 대답에 대해 우리들은 이렇게 대답했으면 한다: "그렇다, 그러나 그 모든 것은 매우 신속하게 흘러 지나가 버린다. 나는 말하자면 그것을 더 넓게 서로 떼어 놓고 보았으면 한다."

436. 여기서 우리는 철학함의 저 막다른 골목으로 빠져들기 쉽다. 즉, 우리의 과제의 어려움이, 재빨리 붙잡기 힘든 현상들—잽싸게 빠져나가는 현재적 경험이나 그와 같은 어떤 것들—을 우리가 기술해야 하는 데 있다고 믿는 데로 빠져들기 쉽다. 거기서 일상 언어는 우리에게 너무 거칠게 보이고, 마치 우리는 일상에서 이야기되는 현상들이 아니라 "쉽게 사라져 버리는, 그 생성 소멸과 더불어 저 앞의 현상들[99]을 얼추 산출하는 현상들"과 관계하고 있는 것처럼 보인다.

99 (옮긴이주) 즉, 일상에서 이야기되는 현상들.

(아우구스티누스: 그것들은 대단히 명백하고 일상적이지만, 동일한 그것들이 너무나 잘 숨어 있으며, 그것들의 발견은 뭔가 새로운 것이다.[100])

437. 소망은 무엇이 그것을 충족할지, 또는 충족하게 될는지, 이미 알고 있는 듯이 보인다; 명제, 사고는 무엇이 그것을 참으로 만드는지 이미 알고 있는 듯이 보인다—비록 그 '무엇'이 전혀 여기 있지 않더라도 말이다! 어디에서 오는가, 아직 여기 있지 않은 것에 대한 이러한 확정은? 이러한 전제 군주적 요구는? ("논리적 강제 '……해야 한다'의 견고성.")

438. "계획은, 계획으로서는, 충족되어 있지 않은 어떤 것이다." (소망, 기대, 추측 등과 같이 말이다.)

그리고 여기서 내가 뜻하는 바는, 기대는 그것이 어떤 것에 대한 기대이기 때문에 충족되어 있지 않다는 것이며, 믿음, 의견은 그것이 '어떤 것이 사실이다, 현실적인 것이다, 생각함[101]의 과정 밖에 있는 것이다'라는 의견이기 때문에 충족되어 있지 않다는 것이다.

439. 대체 어떤 점에서 우리들은 소망, 기대, 믿음 등을 "충족되어 있지 않다"고 부를 수 있는가? 충족되어 있지 않음의 원형(原型)은 무엇인가? 텅 빈 공간인가? 그런데 그런 것에 대해 우리들이 그것은 충족되어 있지 않다고 말할까? 이것 역시 하나의 은유가 아닐까?—우리가 충족되어 있지 않음이라고 부르는 것—가령, 배고픔—은 하나의 느낌이 아닌가?

특정한 표현 체계 속에서 우리는 "충족된"과 "충족되어 있지 않은"이란 말

100 (옮긴이주) 아우구스티누스의 《고백》 XI 28. (이 말은 원문에서 라틴어로 인용되어 있다.)
101 (옮긴이주) 원말은 '뜻함'이라는 의미도 있는 'Meinen'이며, 이 말 전후에 '의견'으로 번역된 원말은 '생각', '의사(意思)'란 의미도 있는 'Meinung'이다.

들을 가지고 어떤 대상을 기술할 수 있다. 예컨대 우리가 텅 빈 원통을 "충족되어 있지 않은 원통"으로, 그리고 그것을 꽉 채우는 원통을 "그것의 충족"이라고 부르기로 정할 경우에 말이다.

440. "나는 사과를 먹고 싶다"라고 말하는 것은, '나는 사과가 나의 충족되어-있지-않음이란 느낌을 가라앉힐 것이라고 믿는다'는 말이 아니다. 이 후자의 문장은 소망의 표명이 아니라, 충족되어 있지 않음의 표명이다.[102]

441. 우리는 천성적으로, 그리고 특정한 훈련과 교육을 통해, 특정한 상황들에서 소망을 표명하도록 그렇게 맞춰져 있다. (이러한 '상황'은 물론 소망이 아니다.) 나는 내가 무엇을 소망하는지를 나의 소망이 충족되기 전에 아는가라는 물음은 이 놀이에서는 전혀 등장할 수가 없다. 그리고 어떤 사건이 나의 소망을 잠재운다는 것이, 그것이 그 소망을 충족한다는 것을 의미하지는 않는다. 나의 소망이 충족되었어도, 나는 아마 만족하지 않을 것이다.

다른 한편으로, "소망하다"란 낱말은 또한 이렇게도 사용된다: "내가 무엇을 소망하는지 나 자신도 모르겠다." ("왜냐하면 소망들은 소망의 대상을 우리 자신으로부터 감추기 때문이다."[103])

만일 누가 "나는 내가 갈망하는 것을 내가 그것을 얻기 전에 아는가?"라고 묻는다면 어떻게 될까? 내가 말하기를 배웠다면, 나는 그것을 안다.

442. 나는 어떤 사람이 총을 겨누는 것을 보고, "나는 총소리를 기대한다"라고 말한다. 총성이 울린다. —아무렴, 그것이 당신이 기대한 것이다; 그러니

---

102 (옮긴이주) 여기서 — 그리고 다음 절에서 — 비트겐슈타인이 비판하고 있는 것은 소망에 대한 러셀 식의 견해이다. 비트겐슈타인의 《철학적 소견들》 §22, 《청색 책》 47~48쪽 참조.

103 (옮긴이주) 괴테의 "헤르만과 도로테아" V 69행에 나오는 말.

까 이 총소리는 어떻든 이미 당신의 기대 속에 있었는가? 또는 당신의 기대는 단지 다른 관점에서만 그 일어난 것과 일치하는가? 즉, 이 소음은 당신의 기대 속에는 포함되어 있지 않았고, 그 기대가 충족되었을 때 단지 우연으로서 덧붙여졌는가?—그러나 아니다, 만일 그 소음이 일어나지 않았다면 나의 기대는 충족되지 않았을 것이다; 그 소음이 나의 기대를 충족시켰다; 그것은 내가 기대했던 한 손님에 두 번째 손님이 합류해 오는 것처럼 그 기대의 충족에 덧붙어 오지 않았다.—그 사건 속에 있는 것으로서 또한 기대 속에 있지 않았던 것은 하나의 우연, 운명의 덤이었는가?—그러나 그렇다면 대체 무엇이 덤이 아니었는가? 도대체 이 총성의 그 어떤 것인가가 이미 나의 기대 속에서 나타났는가?—그리고 대체 무엇이 덤이었는가,—왜냐하면 나는 그 총성 전체를 기대하지 않았던가?

"그 총소리는 내가 기대했던 것처럼 크지 않았다."—"그러니까 그것은 당신의 기대 속에서는 더 크게 소리 났는가?"

443. "아무튼 당신이 상상하는 붉은색은 당신이 당신 앞에서 보는 것과는 분명 동일한 것(동일한 사물)이 아니다. 그렇다면 당신은 어떻게 그것이 당신이 상상했던 것이라고 말할 수 있는가?"—그러나 "여기에 붉은 반점이 있다"와 "여기에 붉은 반점이 없다"란 문장들에서도 사정은 비슷하지 않은가? 그 양자에서 "붉은"이란 낱말이 나타난다; 그러므로 이 낱말은 붉은 어떤 것의 현존을 지적할 수 없다.

444. 우리들은 아마, "나는 그가 오기를 기대한다"라는 문장에서 "그가 오기"란 말은 "그가 온다"라는 주장에서와는 다른 의미로 사용된다는 느낌을 받을 것이다. 그러나 만일 그렇다면, 어떻게 나는 나의 기대가 충족되었다고 이야기할 수 있을까? 만일 내가 "그"와 "오다"라는 두 낱말을 가령 지시적 설

명에 의해 설명하려고 한다면, 이 낱말들에 대한 같은 설명이 그 두 문장에 대해 유효할 것이다.

그러나 이제 우리들은 이렇게 물을 수 있을 것이다: 그가 온다면 그 모양은 어떠한가?—문이 열린다, 누군가가 들어온다, 등등.—그가 오기를 내가 기대한다면 그 모양은 어떠한가?—나는 방안에서 이리저리 왔다 갔다 한다, 때때로 시계를 들여다본다, 등등.—그러나 그 하나의 과정은 다른 하나의 과정과 실로 최소한의 유사성도 지니고 있지 않다! 그렇다면 어떻게 똑같은 말이 그것들을 기술하기 위해서 사용될 수 있는가?—그러나 이제 나는 아마도 이리저리 왔다 갔다 하면서 이렇게 말할 것이다: "나는 그가 들어오기를 기대한다."—이제 유사성이 존재한다. 그러나 그것은 어떤 종류인가?!

445. 기대와 충족은 언어 속에서 맞닿는다.

446. 다음과 같이 말하는 것은 희극적일 것이다: "하나의 사건이 일어날 때, 그 사건은 일어나지 않을 때와는 달리 보인다." 또는: "붉은 반점 하나가 여기 있을 때, 그 반점은 여기 있지 않을 때와는 달리 보인다—그러나 언어는 이러한 차이를 추상화하는데, 왜냐하면 언어는 붉은 반점에 관해 그것이 여기 있든지 없든지 간에 말하기 때문이다."

447. 그 느낌은 마치, 부정하는 명제는, 한 명제를 부정하기 위해, 이 명제를 우선 어떤 뜻에서 참이 되게 만들어야 할 것 같은 것이다.

(부정하는 명제의 주장은 부정되는 명제를 포함하지만, 부정되는 명제의 주장을 포함하지는 않는다.)

448. "내가 나는 지난밤에 꿈꾸지 않았다고 말한다면, 그럼에도 불구하고 나

는 그 꿈을 어디에서 찾을 수 있을지는 알아야 한다; 즉 '나는 꿈꾸었다'란 문장은, 실제의 상황에 적용되면 거짓일지 모르지만, 무의미해서는 안 된다."
—그러니까 그것은 당신이 좌우간 뭔가를 감지했다는, 말하자면 꿈이 있었을 장소를 당신이 알게 해 주는 꿈의 암시를 감지했다는 뜻인가?

또는: 내가 "나는 팔에 아무 고통도 없다"라고 말한다면, 그것은 내가 말하자면 고통이 들어갈 수 있을 장소를 암시하는 고통 감각의 그림자를 지니고 있음을 뜻하는가?

어떤 점에서 현재의 고통 없는 상태가 고통의 가능성을 포함하는가?

어떤 사람이 "'고통'이란 낱말이 의미를 지니려면, 고통이 발생할 때 고통을 고통으로 인식하는 게 필요하다"라고 말한다면—우리들은 이렇게 대답할 수 있다: "그것이 고통의 결여를 인식하는 것보다 더 필요하지는 않다."

449. "그러나 내가 고통스럽다면 그게 어떠할지를 내가 모를 수가 있는가?"
—우리들은 문장을 사용한다는 것이 모든 낱말 각각에서 무엇인가를 표상하는 데 있다는 관념에서 떠나지 못한다.

우리들은 우리가 말들을 가지고 계산하며, 일을 처리하며, 시간이 흐르면서 말들을 이런 그림이나 저런 그림으로 옮긴다는 점을 고려하지 않는다.—그것은 마치, 가령 어떤 사람이 나에게 암소를 넘겨줘야 한다는 서면 지시가 그 뜻을 잃지 않으려면, 이 지시는 언제나 암소의 표상을 동반해야 한다고 믿는 것과 같다.

450. 어떤 사람이 어떻게 보이는지를 앎: 그것을 상상할 수 있음—그러나 또한: 그것을 흉내 낼 수 있음. 그것을 흉내 내려면, 그것을 상상할 수 있어야 하는가? 그런데 그것을 흉내 내는 것은 그것을 상상하는 것과 똑같은 정도로 족하지 않은가?

451. 내가 어떤 사람에게 "여기서 붉은 원을 상상하라!"란 명령을 하고—이제, 그 명령을 이해한다는 것은 그것이 수행되었다면 어떠한지를 앎을 뜻한다고 말한다면 어떠할까?—또는 심지어, 그것이 수행되었다면 어떠한지를 상상할 수 있음을 뜻한다고 말한다면?

452. 나는 이렇게 말하고자 한다: "만일 어떤 사람이 기대라는 정신적 과정을 볼 수 있다면, 그는 무엇이 기대되는지를 틀림없이 볼 것이다."—그러나 또한 마찬가지로: 기대의 표현을 보는 사람은 무엇이 기대되는지를 본다. 그리고 어떻게 우리들이 그것을 다른 방식으로, 다른 뜻에서 볼 수가 있을까?

453. 나의 기대를 지각하는 사람이 있다면, 그는 무엇이 기대되는지를 틀림없이 직접적으로 지각할 것이다. 즉, 그는 그것을 지각된 과정으로부터 추론하지 않을 것이다!—그러나 어떤 사람이 기대를 지각한다고 말하는 것은 아무런 뜻을 지니지 않는다. 가령 그가 기대의 표현을 지각한다는 뜻이 아니라면 말이다. 기대하는 사람을 놓고, 그는 기대한다고 말하는 대신, 그는 기대를 지각한다고 말하는 것은 표현에 대한 어리석은 왜곡일 것이다.

454. "모든 것은 이미 …… 속에 놓여 있다." 이 화살표 »——→ 는 어떻게 해서 가리키게 되는가? 그것은 자신 속에 이미 자기 자신 이외의 어떤 것을 지니고 있는 것같이 보이지 않는가?—"그래, 그건 죽은 선이 아니다; 오직 정신적인 것, 의미만이 이런 일을 할 수 있다."—이는 참이면서 거짓이다. 그 화살표는 살아 있는 존재가 그것을 적용하는 가운데에서만 가리킨다.

이러한 가리킴은 오직 마음만이 수행할 수 있는 어떤 마술이 아니다.

455. 우리는 이렇게 말하고자 한다: "우리가 어떤 것을 뜻한다면, 여기에 죽

은 그림은 (그게 어떤 종류이든 간에) 없다. 그것은 오히려, 우리가 누군가를 향해 가는 것과 같다." 우리는 우리가 뜻하는 것을 향하여 간다.

456. "우리들이 어떤 것을 뜻한다면, 우리들 자신이 뜻하는 것이다"; 우리들 자신이 움직이는 것이다. 우리들 자신이 앞으로 돌진하며, 따라서 자신이 돌진하고 있다는 것을 또한 관찰할 수는 없다. 분명코 못한다.

457. 그렇다; 뜻한다는 것은 마치 누군가를 향해 가는 것과 같다.

458. "명령은 그 자신의 수행을 명령한다." 그러니까 명령은 자신의 수행이 있기 전에 이미 자신의 수행을 아는가?—그러나 그것은 하나의 문법적 명제였다. 그리고 그것이 말하는 것은, 명령이 "이러이러한 것을 하라!"라는 내용으로 되어 있다면, 우리들은 "이러이러한 것을 함"을 그 명령의 수행이라고 부른다는 것이다.

459. 우리는 "그 명령은 이것을 명령하고 있다—"라고 말하고는, 그것을 행한다; 그러나 또한, "그 명령은 이것을 명령하고 있다: 나는 ……해야 한다"라고도 한다. 우리는 명령을 어떤 때는 문장으로, 어떤 때는 실연(實演)해 보임으로, 그리고 어떤 때는 행위로 옮긴다.

460. "당신은 '나에게 노란 꽃 하나를 가져오라'고 말했다. 그리고 곧이어 여기 이 꽃이 나에게 만족감을 주었다. 그 때문에 나는 그것을 가져왔다." 이렇게 말하는 것이 어떤 행위를 어떤 명령의 수행으로 정당화하는 것일 수 있을까? 그때 우리들은 이렇게 대답해야 하지 않을까? 즉: "내가 당신에게 말한 것은, 내 말로 인하여 당신이 그런 느낌을 받을 꽃을 나에게 가져오라는 것

이 아니었다."

461. 대체 어떤 점에서 명령은 그 수행을 예견하는가?—명령은 나중에 수행될 그것을 지금 명령한다는 점에 의해서?—그러나 그것은 실은 "나중에 수행되거나 또는 수행되지 않을 것"이라는 뜻일 수밖에 없다. 그리고 그것은 아무것도 말하는 바가 없다.

"그러나 비록 나의 소망이 무엇이 일어나게 될지를 확정하지는 않지만, 그럼에도 불구하고 내 소망은 말하자면 어떤 한 사실의 주제는 확정한다; 그 사실이 이제 그 소망을 충족하든지 않든지 간에 말이다." 우리는—말하자면—어떤 사람이 미래를 안다는 것에 대해서가 아니라, 그가 도대체 (옳게 또는 그르게) 예언할 수 있다는 것에 대해 놀란다.

마치 단순한 예언이, 옳든 그르든 상관없이, 이미 미래의 어떤 그림자를 선취(先取)하기나 한 듯이 말이다; 그것은 미래에 관해 아무것도 모르며, 또 거의 아무것도 알 수가 없는데도 말이다.

462. 그가 여기 없을 때, 나는 그를 찾을 수 있다; 그러나 그가 여기 없을 때, 나는 그를 목매달 수 없다.

우리들은 이렇게 말하고자 할 수 있을 것이다: "내가 그를 찾는다면, 그는 그때도 좌우간 어디 있어야 한다."—그렇다면 그는 내가 그를 발견하지 못할 때도 어디 있어야 하며, 심지어 그가 전혀 존재하지 않을 때도 어디 있어야 한다.

463. "당신은 그를 찾고 있었는가? 당신은 실로 그가 현존하는지 전혀 알 수 없었다!"—그러나 이러한 문제가 수학에서 뭔가를 찾고 있을 때 실제로 발생한다. 예컨대 우리들은 이렇게 물음을 제기할 수 있다: "어떻게 각(角)의 삼

등분을 찾는 일조차 가능했는가?"

464. 내가 가르치고자 하는 것은, 명백히 드러나지 않은 무의미로부터 명백히 드러난 무의미로 넘어가는 것이다.

465. "기대라는 것은, 무엇이 일어나든지 그것과 일치해야 하거나 일치해서는 안 되도록 그렇게 되어 있다."

이제, "그러니까 사실은 기대에 의해서 예, 아니요로 확정되어 있는가, 확정되어 있지 않은가, —즉 무슨 뜻에서 기대가 어떤 한 사건—어떤 사건이 일어나든—에 의해 대답될 것인지는 확정되어 있는가?"와 같이 물음이 제기된다면, 우리들은 이렇게 대답해야 한다: "그렇다; 기대의 표현이 불확정적이지 않다면, 즉 그 표현이 가령 상이한 가능성들의 논리합을 포함하지 않는다면 말이다."

466. 사람은 무엇 때문에 생각하는가? 그것은 무엇에 유용한가?—무엇 때문에 사람은 보일러들을 계산하고, 그것들의 벽 두께를 우연에 맡겨두지 않는가? 그렇게 계산된 보일러들이 그리 자주 폭발하지 않는다는 것은 하여간 단지 경험의 사실일 뿐이다! 그러나 전에 불에 데어 본 적이 있는 사람이 불 속에 손을 집어넣는 일은 아마 결코 하지 않듯이, 사람은 보일러를 계산하지 않는 일은 아마 결코 하지 않을 것이다. —그러나 여기서 원인들은 우리의 관심사가 아니므로, 우리는 이렇게 말할 것이다: 사람들은 실제로 생각한다: 예컨대 보일러를 만들 때, 그들은 이러한 방식으로 해 나간다. —그런데 그렇게 해서 제작된 보일러는 폭발할 수 없는가? 오, 물론 폭발할 수 있다.

467. 그러니까 사람이 생각하는 것은 생각하는 것이 쓸모 있다고 입증되었

기 때문인가?—생각하는 것이 유익하다고 생각하기 때문에 생각하는가?

(사람이 자신의 아이들을 양육하는 것은 그 아이들이 쓸모 있다고 입증되었기 때문인가?)

468. 사람이 왜 생각하는지가 어떻게 밝혀질 수 있을까?

469. 그럼에도 불구하고 생각하는 것은 쓸모 있다고 입증되었다고 할 수 있다. 가령 벽 두께가 더는 느낌에 따라 결정되지 않고 이러이러한 방식으로 계산된 이후로, 이제 보일러 폭발은 이전보다 줄어들었다. 또는, 한 기술자의 모든 계산을 제2의 기술자에 의해 검사받도록 한 이후로.

470. 우리들은 그러니까 때로는, 생각하는 것이 쓸모 있다고 입증되었기 때문에 생각한다.

471. 우리가 "왜"라는 물음을 억제할 때, 비로소 우리는 중요한 사실들을 종종 알아차리게 된다; 그러면 우리의 탐구에서 그것들은 우리를 어떤 대답으로 인도한다.

472. 사건의 제일성(齊一性)에 대한 믿음의 본성은 아마 우리가 기대의 대상에 대해 두려움을 느끼는 경우에 가장 분명해질 것이다. 아무것도 내가 내 손을 불꽃 속에 집어넣도록 움직일 수 없을 것이다,—비록 나는 오직 과거에 불에 덴 적이 있을 뿐이지만 말이다.

473. 불은 나를 데게 할 것이라는 믿음은 불은 나를 데게 할 것이라는 두려움과 같은 종류이다.

474. 내가 손을 불 속에 집어넣으면 내가 불에 델 것이라는 것: 이것이 확신이다.

즉, 여기서 우리는 확신이 무엇을 의미하는지를 본다. ("확신"이란 낱말이 무엇을 의미하는지 뿐만 아니라, 확신이 함의하는 것이 무엇인지도 본다.)

475. 어떤 가정의 근거들에 관해 질문을 받으면, 우리들은 이 근거들을 상기해 낸다. 여기서 일어나는 것은, 어떤 사건의 원인이 무엇이었을까를 숙고할 때와 동일한 것인가?

476. 두려움의 대상과 두려움의 원인은 구별되어야 한다.

우리에게 두려움 또는 황홀함을 불러일으키는 얼굴(두려움 또는 황홀함의 대상)은 그렇기 때문에 그것들을 일으킨 원인이 아니라—우리들은 아마 다음과 같이 말할 수 있을 것이다—그것들이 향하는 표적이다.

477. "어째서 당신은 뜨거운 철판이 당신을 데게 할 것이라고 믿는가?"—이 믿음에 대해 당신은 근거들을 가지고 있는가; 그리고 당신은 근거들을 필요로 하는가?

478. 나는 내 손가락이 책상을 건드리면 어떤 저항을 감지할 것이라고 가정할 어떤 근거들을 갖고 있는가? 어떤 근거들이 있어, 이 연필이 내 손에 꽂히면 고통스러울 것이라고 믿는가?—내가 이렇게 묻는다면, 수백 가지의 근거들이 앞다퉈 나타난다. "어쨌든 나는 그것을 몸소 무수히 경험해 왔다; 그리고 비슷한 경험들에 관해 똑같은 정도로 자주 들어 왔다; 만일 그게 그렇지가 않다면, ……할 것이다; 등등."

479. "어떤 근거에서 당신은 그것을 믿는가?"라는 물음은, "어떤 근거에서 당신은 지금 그것을 도출하고 있는가(지금 그것을 도출했는가)?"를 뜻할 수 있다. 그러나 또한, "이 가정에 대해 당신은 추후에 나에게 어떤 근거들을 제시할 수 있는가?"를 뜻할 수도 있다.

480. 그러므로 어떤 의견에 대한 "근거들"로서는 사실상 어떤 사람이 그 의견에 도달하기 전에 그가 자신에게 예고한 것만이 이해될 수 있을 것이다. 즉, 그가 실제로 수행한 계산 말이다. 그런데 만일 누군가가, "그러나 이전의 경험이 어떻게 이러이러한 것이 나중에 일어날 것이라는 가정에 대한 근거일 수 있는가?"라고 묻는다면,—그 대답은 이렇다: 도대체 우리는 그러한 가정에 대한 근거에 관해 어떤 일반적인 개념을 갖고 있는가? 과거에 관한 이러한 종류의 진술이 바로 우리가 그것이 미래에 일어날 것이라는 가정에 대한 근거라고 부르는 것이다.—그리고 우리가 그러한 놀이를 한다는 것에 놀라는 사람이 있다면, 나는 과거의 어떤 경험의 영향을 (불에 덴 어린아이는 불을 두려워한다는 점을) 언급한다.

481. 어떤 무엇인가가 미래에 일어날 것임을 과거에 관한 진술들에 의해서는 확신할 수 없노라고 말하는 사람,—나는 그를 이해하지 못할 것이다. 우리들은 그에게 이렇게 물을 수 있을 것이다: 당신은 대체 무슨 말을 듣고 싶은 건가? 당신은 어떤 종류의 진술들을 그걸 믿기 위한 근거들이라고 부르는가? 당신은 도대체 무엇을 "확신하다"라고 부르는가? 당신은 어떤 종류의 확신을 기대하고 있는가?—그것들이 근거가 아니라면, 대체 무엇이 근거인가?—당신이 그것들은 근거가 아니라고 말한다면, 어쨌든 당신은 우리의 가정에 대한 근거가 존재한다고 우리가 정당하게 말할 수 있기 위해서는 무엇이 성립해야 할지를 진술할 수 있어야 한다.

왜냐하면, 주의하라, 여기서 근거들은 우리가 믿는 것이 그로부터 논리적으로 따라 나오는 명제들이 아니기 때문이다.

그러나 이는, 믿기 위해서는 알기 위해서보다 더 적어도 충분하다고 말할 수 있으리라는 식의 이야기가 아니다.—왜냐하면 여기서 중요한 것은 논리적 추론에의 근접이 아니기 때문이다.

482. 우리는 다음과 같은 표현 방식에 의해 오도된다: "이 근거는 좋다. 왜냐하면 그것은 그 사건의 발생을 개연성 있게 만들기 때문이다." 여기서, 마치 이제 우리는 그 근거에 관해서, 그것을 근거로서 정당화해 주는 그 이상의 어떤 것을 말한 듯하다; 하지만 이 근거가 그 발생을 개연성 있게 만든다는 명제로 말해진 것은, 이 근거가 좋은 근거의 특정한 한 척도에 상응한다는 것 외에는 아무것도 없다,—그러나 그 척도는 근거가 없다!

483. 좋은 근거란, 그렇게 보이는 근거이다.

484. 우리들은 이렇게 말했으면 한다: "그것이 좋은 근거인 것은 오직, 그것이 그 사건의 발생을 실제로 개연성 있게 만들기 때문이다." 말하자면 그것이 실제로 그 사건에 어떤 영향을 끼치기 때문, 그러니까 말하자면 경험적인 영향을 끼치기 때문이라는 말이다.

485. 경험에 의한 정당화는 끝이 있다. 만일 끝이 없다면, 그것은 정당화가 아닐 것이다.

486. 저기에 의자가 있다는 것이 내가 받는 감각적 인상들로부터 따라 나오는가?—도대체 어떻게 명제가 감각 인상들로부터 따라 나올 수 있는가? 자,

그것은 감각 인상들을 기술하는 명제들로부터 따라 나오는가? 아니다.—그러나 저기에 의자가 있다는 것을 나는 도대체 인상들, 즉 감각 자료들로부터 추론하지 않는가?—나는 추론을 하지 않는다!—그러나 물론 때로는 한다. 예컨대 나는 어떤 사진을 보고, "그러니까 저기에 의자가 있었음이 틀림없다"거나, "나는 여기 보이는 것으로부터 저기에 의자가 있다고 추론한다"라고 말한다. 이것은 하나의 추론이다; 그러나 논리학의 추론은 아니다. 추론이란 어떤 주장으로의 이행이다; 그러니까 그것은 또한 그 주장에 상응하는 행동으로의 이행이기도 하다. 나는 단지 말로만이 아니라 행위들로도 '귀결들을 이끌어 낸다'.

내가 이 귀결들을 이끌어 내는 것은 정당했는가? 여기서 우리들은 무엇을 정당성이라고 부르는가?—"정당성"이란 낱말은 어떻게 사용되는가? 언어놀이들을 기술하라! 정당하다는 것의 중요성 또한 그것들로부터 끌어낼 수 있을 것이다.

487. "나는 그 방을 떠난다, 왜냐하면 당신이 그렇게 명령하기 때문이다."

"나는 그 방을 떠난다, 그러나 당신이 그렇게 명령하기 때문은 아니다."

이 문장은 나의 행위와 그의 명령 사이의 연관을 기술하는가? 또는 그것은 그 연관을 만드는가?

"당신이 그것을 그 때문에 한다거나, 그 때문에 하지 않는다거나 하는 것을 당신은 어떻게 아는가?"라고 물을 수 있는가? 그리고 그 대답은 아마, "나는 그걸 느낀다"인가?

488. 그게 그런지를 나는 어떻게 판단하는가? 상황 증거들에 따라서?

489. 당신 자신에게 물어 보라: 우리는 그것을 어떤 경우에, 어떤 목적으로

말하는가?

어떤 행위 방식들이 이 말을 동반하는가? (인사를 생각하라!) 그것은 어떤 장면들에서 사용되는가; 그리고 무엇 때문에?

490. 이 사고 과정이 나를 이 행위로 이끌었다는 것을 나는 어떻게 아는가?—자, 그것은 하나의 특정한 그림이다: 예컨대, 한 실험적 탐구에서 어떤 계산이 그 이상의 실험으로 이끈다는 그림. 그건 이렇게 보인다——그리고 이제 나는 예를 기술할 수 있을 것이다.

491. "언어가 없으면 우리는 서로 의사소통할 수 없을 것이다", 이건 아니다—그러나 필시: 언어가 없으면 우리는 다른 사람들에게 이러이러하게 영향을 줄 수 없다, 도로와 기계들을 건설할 수 없다, 기타 등등이다. 그리고 또한: 말과 글의 쓰임 없이는 사람들은 의사소통할 수 없을 것이다.[104]

492. 언어를 발명한다는 것은 자연법칙들을 근거로 해서 (또는 그것들과 일치하여) 특정한 목적을 위한 장치를 발명한다는 것을 뜻할 수 있다; 그러나 그것은 또한 우리가 놀이의 발명에 관해 이야기할 때의 뜻과 유사한 다른 뜻도 지니고 있다.

나는 여기서 "언어"라는 낱말의 문법을 "발명하다"란 낱말의 문법과 결합함으로써 "언어"란 낱말의 문법에 관해 어떤 것을 말하고 있다.

493. 우리들은 "수탉은 그 울음으로 암탉들을 불러들인다"라고 말한다—그

104 (옮긴이주) 인용문은 언어가 오직, 또는 주로, 의사소통을 위한 것이라는 듯 들릴 소지가 있다. 물론 언어는 의사소통을 위해서도 쓰이지만, 사유의 경우(§466 참조)와 마찬가지로, 언어는 하나의 일반적 목적을 지니지 않는다. 그리고 이 점이 언어(놀이)와 문법의 자율성의 한 측면을 이룬다.

러나 그 근저에는 이미 우리의 언어와의 비교가 놓여 있지 않은가?—우리가 그 울음은 물리적인 작용에 의해서 암탉들을 움직인다고 상상한다면, 관점이 완전히 바뀌지 않는가?

그러나 만일 "이리 오라!"란 말이 그 말이 건네어진 사람에게 어떤 방식으로 작용하기에 그의 다리 근육이 어떤 조건 하에서 마침내 자극되는지 따위가 보인다면,—그로써 저 문장은 우리에게 문장의 성격을 잃게 될까?

494. 나는 이렇게 말하고 싶다: 우리가 "언어"라고 부르는 것은 무엇보다도 먼저 우리의 일상 언어의 장치, 우리의 낱말 언어의 장치이다; 그러고 나서 다른 것들은 그것과의 유사성 또는 비교 가능성에 따른다.

495. 어떤 사람(또는 동물)이 한 기호에 대해서는 내가 원하는 대로 반응하고, 다른 기호에 대해서는 그렇게 반응하지 않는다는 점을 내가 경험을 통해 확인할 수 있다는 것은 분명하다. 예컨대 어떤 사람은 기호 "⟶"에 대해서는 오른쪽으로, 그리고 기호 "⟵"에 대해서는 왼쪽으로 간다는 점; 그러나 기호 "0⟞"에 대해서는 "⟵"에 대해서처럼 반응하지 않는다는 점 등등.

그렇다, 나는 전혀 어떤 경우를 지어낼 필요가 없다; 나는 오직 국어만 배운 사람은 오직 국어를 가지고서만 다룰 수 있다는 사실적인 경우를 고찰하기만 하면 된다. (왜냐하면 지금 나는 국어의 학습을 단지 어떤 종류의 영향에 대한 메커니즘의 조절로 간주하고 있기 때문이다; 그리고 다른 사람이 그 언어를 배웠는지, 또는 아마 이미 태어나면서부터 국어의 문장들에 대해 국어를 배운 보통 사람처럼 반응하도록 그렇게 구성되어 있는지는 우리에게 상관없을 수 있기 때문이다.)

496. 문법은 언어가 그 목적을 충족하려면, 사람들에게 이러이러하게 영향

을 주려면, 어떻게 구성되어 있어야 하는지를 말하지 않는다. 문법은 기호들의 쓰임을 단지 기술할 뿐이고, 어떤 방식으로도 설명하지 않는다.

497. 우리들은 문법 규칙들을 "자의적"이라고 부를 수 있다; 이것이, 문법의 목적은 단지 언어의 목적이라는 말이라면 말이다.

어떤 사람이 "우리의 언어가 이러한 문법을 지니고 있지 않다면, 그것은 이러한 사실들을 표현할 수 없을 것이다"라고 말한다면—우리들은 여기서 "할 수 있을 것이다"가 무엇을 의미하는지를 자문해야 할 것이다.

498. 내가 "나에게 설탕을 가져오라!"란 명령과 "나에게 우유를 가져오라!"란 명령은 뜻을 지니지만 "우유 나에게 설탕"이란 조합은 뜻을 지니지 않는다고 말한다면, 그것은 이러한 낱말 결합이 아무 효과도 갖지 않음을 뜻하지는 않는다. 그리고 이제 그 조합이 다른 사람이 나를 응시하고 입을 딱 벌리게 하는 효과를 갖는다면, 그 때문에 내가 그 조합을 나를 응시하고 입을 딱 벌리라는 명령이라고 부르지는 않는다. 비록 내가 정확히 그러한 효과를 일으키려고 했다고 하더라도 말이다.

499. "이러한 낱말 결합은 아무 뜻이 없다"라고 말하는 것은 그러한 낱말 결합을 언어의 영역으로부터 배제하고, 이를 통해 언어의 영역을 한정한다. 그러나 우리들이 경계선을 그을 때, 그것은 다양한 이유들을 가질 수 있다. 내가 어떤 장소를 울타리나 선으로, 또는 그 밖의 어떤 것으로든 빙 둘러싼다면, 그것은 누군가를 출입시키지 않으려는 목적이 있을 수 있다; 그러나 그것은 또한 어떤 놀이의 일부일 수 있으며, 그 놀이를 하는 사람들은 가령 그 경계선을 뛰어넘어야 할 수도 있다; 또는 그것은 어디에서 한 사람의 소유지가 끝나고 다른 사람의 소유지가 시작되는지를 나타낼 수도 있다; 등등. 그

러므로 내가 경계선을 긋는다면, 무엇 때문에 내가 그것을 긋는지는 아직 말해지지 않았다.

500. 어떤 문장이 뜻이 없다고 말해진다면, 말하자면 그것의 뜻이 뜻 없는 것이 아니다. 오히려, 어떤 낱말 결합이 언어에서 배제되고 유통되지 않는 것이다.

501. "언어의 목적은 사고들을 표현하는 것이다."—그렇다면 모든 문장 각각의 목적은 아마 어떤 한 사고를 표현하는 것일 것이다. 그러면 예컨대 "비가 온다"란 문장은 어떤 사고를 표현하는가?—

502. 뜻에 관한 물음. 비교하라:

"이 문장은 뜻을 지닌다."—"어떤 뜻?"
"이 어순은 하나의 문장이다."—"어떤 문장?"

503. 내가 누군가에게 명령을 내린다면, 나로서는 그에게 기호들을 주는 것으로 아주 충분하다. 그리고 나는 결코 이렇게 말하지 않을 것이다: "그것은 단지 말일 뿐이고, 나는 그 말의 배후로 뚫고 들어가야 한다." 마찬가지로, 만일 내가 누군가에게 어떤 것을 물었고 그가 나에게 어떤 대답을 (그러니까 어떤 기호를) 준다면, 나는 만족하고—그것이 내가 기대한 것이었다—다음과 같이 반대하지 않는다: "그것은 단지 대답일 뿐이다."

504. 그러나 어떤 사람이 "나는 단지 그의 기호들만을 보는데, 어떻게 나는 그가 무엇을 뜻하는지를 알 수 있을까?"라고 묻는다면, 나는 이렇게 말한다:

"그 역시 단지 그 기호들만을 갖고 있는데, 어떻게 그는 자기가 무엇을 뜻하는지를 아는가?"

505. 내가 어떤 명령에 따라 행위할 수 있기 전에, 나는 그 명령을 이해해야 하는가?—물론이다! 그렇지 않다면 당신은 당신이 무엇을 해야 하는지 모를 것이다.—그러나 앎에서 행함으로의 이행은 또다시 하나의 도약이다!—

506. "우향우!"라는 명령에 좌로 돌고는, 이마를 치면서 "아 참, 우향우"라고 말하고 우향우를 하는 멍한 사람.—그의 머릿속에 무엇이 떠올랐는가? 하나의 해석?

507. "나는 이것을 단지 말하기만 하는 게 아니다. 나는 그것으로 뭔가를 뜻하기도 한다."—우리가 말을 (단지 말하기만 하지 않고) 뜻할 때 우리 내부에서 무엇이 일어나는가를 우리들이 숙고할 때, 우리에게는 마치 그 경우 무엇인가가 이 말과 연결되어 있는 것처럼, 그렇지 않으면 그 말은 헛돌 것처럼 느껴진다.—마치 그 말이, 말하자면 우리의 내부와 맞물려 있는 것처럼 느껴진다.

508. 내가 "날씨가 참 좋다"라는 문장을 말한다. 그러나 말이란 어쨌든 자의적인 기호들이다. 그러므로 그것들 대신에 "a b c d"라고 놓아 보자. 그러나 이제 내가 이것을 읽을 때, 나는 이것과 저 앞 문장의 뜻을 곧바로 결합할 수 없다.—나는 "날씨" 대신에 "a", "……가" 대신에 "b", 등등과 같이 말하는 데 익숙하지 않다고 말할 수 있을 것이다. 그러나 이로써 내가 뜻하는 것은, 내가 "a"와 "날씨"란 낱말을 즉시 연합하는 데 익숙하지 않다는 것이 아니라, 내가 "a"를 "날씨"의 자리에서—그러니까 "날씨"의 의미로—사용하는 데 익

숙하지 않다는 것이다. (나는 이 언어를 숙달하지 못했다.)

(나는 온도를 화씨 눈금으로 측정하는 데 익숙하지 못하다. 따라서 이러한 온도 표시는 나에게 아무것도 '말하지' 않는다.)

509. 우리가 누군가에게 "어떤 점에서 이 말이 당신이 보고 있는 것에 대한 기술인가?"라고 물었는데—그가 대답하기를, "나는 이 말로 그것을 뜻한다"라고 한다면 어떻게 될까? (그는 가령 어떤 풍경을 보고 있었다.) 어째서 "나는 …… 그것을 뜻한다"라는 이 대답은 전혀 대답이 아닌가?

우리들은 자신이 자기 앞에서 보는 것을 어떻게 말로써 **뜻하는가?**

내가 "a b c d"라고 말했고, 날씨가 참 좋다고 뜻했다고 생각해 보라. 즉, 나는 이 기호들을 발화하면서, 보통은 일 년 내내 "a"를 "날씨"의 의미로, "b"를 "……가"의 의미로, 등등으로 사용해 온 사람만이 할 체험을 했다.—그러면 이제 "a b c d"는 날씨가 참 좋다는 말이 되는가?

내가 이러한 체험을 했다는 것에 대한 기준은 무엇이어야 하는가?

510. "여기는 춥다"라고 **말하고** "여기는 따뜻하다"라고 **뜻하는** 실험을 해 보라. 당신은 그렇게 할 수 있는가?—그리고 그때 당신은 무엇을 하는가? 그리고 그것을 하는 방법은 오직 하나만이 있는가?

511. "어떤 진술이 아무 뜻도 없음을 발견한다"는 것은 대체 무슨 말인가?—그리고 "내가 그것으로 어떤 것을 뜻한다면, 그것은 어쨌든 뜻을 지녀야 한다"는 것은 무슨 말인가?—내가 그것으로 어떤 것을 뜻한다면?—내가 그것으로 **무엇을** 뜻한다면?!—우리들은 이렇게 말하고자 한다. 즉, 뜻이 있는 문장은 단지 말해질 수 있을 뿐 아니라, 생각될 수도 있는 문장이라고.

512. 마치 우리들은 이렇게 말할 수 있을 것처럼 보인다: "낱말 언어는 무의미한 낱말 편성들을 허용하지만, 표상 언어는 무의미한 표상들을 허용하지 않는다."—그러니까 소묘 언어도 무의미한 소묘들을 허용하지 않는다? 그것이 물체들의 모형을 만드는 데 쓰일 소묘들이었다고 생각해 보라. 그러면 어떤 소묘들은 뜻이 있고, 어떤 소묘들은 뜻이 없다.—내가 무의미한 낱말 편성들을 상상한다면 어떻게 될까?

513. 다음과 같은 표현 형식을 고찰하라: "내 책은 $x^3+2x-3=0$이라는 방정식의 한 해(解)만큼의 쪽수를 지니고 있다." 또는: "내 친구들의 수는 n이고, $n^2+2n+2=0$이다." 이 문장은 뜻이 있는가? 그것은 즉각 알아차릴 수 없다. 우리들은 이 예에서, 어떤 것이 우리가 이해하는 문장처럼 보이지만 아무 뜻도 산출하지 않는 일이 어떻게 일어날 수 있는지를 본다.[105]

(이것은 '이해함'과 '뜻함'의 개념에 어떤 빛을 던진다.)

514. 어떤 철학자는 말한다. 자기는 "나는 여기에 있다"란 문장이 어떻게, 어떤 경우에 사용되는지 전혀 상기하지 않지만,—그 문장을 이해하며, 그것으로 어떤 것을 뜻하며, 어떤 것을 생각한다고 말이다. 그리고 내가 "장미는 암흑 속에서도 붉다"라고 말한다면, 당신은 문자 그대로 암흑 속의 이 붉은색을 당신 앞에서 본다고 말이다.

515. 암흑 속의 장미를 그린 두 그림. 한 그림은 완전히 검다; 왜냐하면 장미가 눈에 보이지 않기 때문이다. 다른 한 그림에서는 장미가 아주 상세하게

105 (옮긴이주) 방정식 $x^3+2x-3=0$의 해는 1, $(-1+i\sqrt{11})/2$, $(-1+i\sqrt{11})/2$의 셋이고, $n^2+2n+2=0$의 해는 $-1+i$, $-1-i$의 둘이다. 책의 쪽수는 최소 2쪽 이상의 짝수여야 하고, 친구의 수는 음이 아닌 정수여야 하므로, 주어진 두 문장은 모두 불합리하고 뜻이 없다.

그려져 있고, 검은색으로 둘러싸여 있다. 그중 하나는 옳고, 다른 하나는 잘못되었는가? 우리는 암흑 속의 흰 장미에 대해서, 그리고 암흑 속의 붉은 장미에 대해서 이야기하지 않는가? 그리고 그럼에도 불구하고 우리는 그것들이 암흑 속에서는 구별될 수 없다고 말하지 않는가?

516. "π의 전개에서 7777이란 숫자 연속이 나오는가?"란 물음이 무엇을 의미하는지 우리가 이해한다는 것은 분명해 보인다. 그것은 국어의 한 문장이다; 우리들은 π의 전개에서 415가 나타난다는 게 무엇을 뜻하는지 보여 줄 수 있다; 등등. 자, 이러한 설명들이 도달하는 정도만큼, 그 정도만큼 우리들은 저 물음을 이해한다고 말할 수 있다.

517. 문제가 제기된다. 즉, 우리가 어떤 물음을 이해한다고 하는 것에서 우리가 오류를 범할 수는 없는가?

왜냐하면 상당수의 수학적 증명이 우리로 하여금 '우리는 우리가 상상할 수 있다고 믿었던 것을 상상할 수 없다'고 말하게 하기 때문이다. (예컨대, 7각형의 작도.) 그것은 우리에게 상상 가능한 영역으로 간주된 것을 수정하도록 이끈다.

518. 소크라테스가 테아이테토스에게: "그리고 상상하는 사람은 어떤 것인가를 상상해야 하지 않겠는가?"—테아이테토스: "필연적이지요."—소크라테스: "그리고 어떤 것인가를 상상하는 사람은 실재하는 것을 상상해야 하지 않겠는가?"—테아이테토스: "그렇게 보이네요."[106]

---

106 (옮긴이주) 플라톤, 《테아이테토스》 189A. 여기서 비트겐슈타인은 (§46에서와는 달리) 슐라이어마허의 번역을 따르고 있는 것 같으나, 정확히 일치하지는 않는다.

그리고 그림을 그리는 사람은 어떤 것인가를 그려야 하지 않겠는가—그리고 어떤 것인가를 그림 그리는 사람은 실재하는 것을 그려야 하지 않겠는가?—글쎄, 무엇이 그림 그리기의 대상인가? (예컨대) 사람의 그림인가, 또는 그림이 묘사하는 사람인가?[107]

519. 우리들은 이렇게 말하려고 한다. 즉, 명령이란 그에 따라 수행된 행위의 그림이라고. 그러나 또한, 그에 따라 수행되어야 할 행위의 그림이라고.

520. "우리들이 명제를 가능한 사태의 그림으로서 파악하고, 명제가 사태의 가능성을 보여 준다고 말하더라도, 명제는 기껏해야 채색화나 입체화(畵), 또는 영화가 하는 것을 할 수 있을 뿐이다; 그리고 따라서 그것은 일어나지 않는 것은 어떤 경우에도 제시할 수 없다. 그러므로 무엇이 (논리적으로) 가능하다고 불리고, 무엇이 그렇게 불리지 않느냐—즉[108] 정확히 무엇을 문법이 허용하느냐—는 전적으로 우리의 문법에 달려 있는가?"—그렇지만 그것은 자의적이다!—그것이 자의적이라고?—명제 같은 형태를 지닌 모든 것으로 우리가 어떤 것인가를 할 줄 아는 것은 아니며, 모든 기술(技術)이 우리의 삶에서 사용되는 것은 아니다. 그리고 철학에서 우리가 전혀 쓸모없는 어떤 것을 명제들 속에 편입시키려는 유혹을 받는다면, 그것은 종종 우리가 그것의 적용을 충분히 숙고하지 않았기 때문에 일어난다.

---

107 (옮긴이주) 앞 단락에 인용된 《테아이테토스》의 대목에 대한 비트겐슈타인의 논평은 《철학적 문법》 I, §90과 §114, 그리고 《쪽지》 §69에서 더 볼 수 있다.

108 (옮긴이주) 원문에서 이 '즉'으로 시작되는 줄표 안의 말이 무엇과 동격이냐는 좀 모호하지만, 이 줄표가 없는 버전(유고 116과 230)도 있는 것으로 보아, 바로 앞 말(명사절)과 동격으로 보아야 할 것 같다. 영어 번역은 이 부분이 다음의 '우리의 문법'과 동격인 것으로 취급하고 있다.

521. '논리적으로 가능하다'를 '화학적으로 가능하다'와 비교하라. 우리들은 가령 올바른 원자가를 지닌 구조식이 존재하는 어떤 결합(가령 H−O−O−O−H)을 화학적으로 가능하다고 부를 수 있을 것이다. 물론 이와 같은 결합이 반드시 존재해야 하는 것은 아니다; 그러나 HO_2란 화학식에 대해서도 마찬가지로 현실에서는 아무런 결합도 대응할 수 없다.

522. 우리가 명제를 그림과 비교한다면, 우리는 그것을 초상화(역사적 묘사)와 비교하는 것인지, 풍속화와 비교하는 것인지를 생각해야 한다. 그리고 그 비교는 둘 다 뜻을 지닌다.

내가 풍속화를 바라볼 때, 비록 나는 내가 그 속에서 보는 사람들이 현실적이라거나 현실의 사람들이 이러한 상황 속에 존재했다고는 한순간도 믿지(상상하지) 않지만, 그 그림은 나에게 어떤 것을 '말한다'. 왜냐하면, 만일 내가 "그것은 나에게 도대체 무엇을 말하는가?"라고 묻는다면 어떻게 될까?

523. "그 그림은 나에게 그 자신을 말한다"—이렇게 나는 말했으면 한다. 즉, 그것이 나에게 어떤 것을 말한다는 것은 그것 자신의 구조에, 그것의 형태들과 색깔들에 있다고 말이다. ("그 음악적 주제는 나에게 그 자신을 말한다"라고 말한다면, 그것은 무엇을 뜻할까?)

524. 그림들과 지어낸 이야기들이 우리에게 즐거움을 준다는 것, 우리의 정신을 빼앗는다는 것을 자명한 것으로 보지 말고, 하나의 주목할 만한 사실로서 보라.

("그것을 자명한 것으로 보지 말라"—즉 당신을 괴롭히는 다른 것들에 대해서처럼, 그렇게 그것에 대해서 놀라워하라는 말이다. 그러면 그 문제점은 당신이 그 한 사실을 그 다른 사실들처럼 받아들임으로써 사라질 것이다.)

((명백히 드러난 무의미로부터 명백히 드러나지 않은 무의미로의 이행.[109]))

525. "그렇게 말한 후 그는 그 전날처럼 그녀를 떠났다."—나는 이 문장을 이해하는가? 나는 이 문장을, 내가 그것을 어떤 보고의 과정에서 들을 경우에 이해할 것과 똑같이 이해하는가? 그 문장이 고립되어 있다면, 나는 그것이 무엇을 다루고 있는지 모르겠다고 말할 것이다. 그러나 그럼에도 불구하고 나는 우리들이 이 문장을 가령 어떻게 사용할 수 있을지는 알 것이다; 나는 그 문장을 위한 어떤 맥락을 스스로 고안해 낼 수 있을 것이다.

(다수의 잘 알려진 길들이 이러한 말로부터 온갖 방향으로 이어진다.)

526. 어떤 그림, 어떤 소묘를 이해한다는 것은 무엇을 뜻하는가? 여기에도 역시 이해함과 이해하지 못함이 존재한다. 그리고 여기서도 이 표현들은 여러 가지를 의미할 수 있다. 가령 그림은 정물화이지만, 그 일부를 나는 이해하지 못한다: 나는 저기서 물체를 보지 못하고, 단지 화폭 위에 있는 색깔의 반점들만을 본다.—또는 나는 모든 것을 물체로 보지만, 내가 알지 못하는 대상들이 있다. (그것들은 도구들처럼 보이나, 나는 그것들의 쓰임을 알지 못한다.)—그러나 아마 나는 그 대상들은 알지만, 그것들의 배치를, 다른 뜻에서, 이해하지 못한다.

527. 언어의 문장을 이해한다는 것과 음악에서의 주제를 이해한다는 것은 우리들이 믿는 것보다 훨씬 더 근친 관계가 있다. 그러나 내가 뜻하는 바는 이렇다. 즉, 언어적 문장의 이해는 음악적 주제의 이해라고 통상 일컬어지는

109 (옮긴이주) 앞의 §464 참조.

것에 우리들이 생각하는 것보다 더 가까이 있다는 것이다. 음의 세기와 템포가 어째서 바로 이 선에서 움직여야 하는가? 우리들은 "왜냐하면 나는 그 모든 것이 무엇을 뜻하는지 알기 때문이다"라고 말했으면 한다. 그러나 그것은 무엇을 뜻하는가? 나는 할 말을 모를 것이다. '설명'을 위해서 나는 그것을 동일한 리듬(내 말은, 동일한 선)을 지닌 다른 어떤 것과 비교할 수 있을 것이다. (우리들은 이렇게 말한다: "보이지 않는가, 이건 마치 어떤 결론이 내려지는 것과 같다", 또는 "이건 말하자면 하나의 삽입구이다", 등등. 이러한 비교들은 어떻게 정당화되는가?—여기에는 다양한 정당화들이 존재한다.)

528. 언어와 전혀 안 닮은 것은 아닌 어떤 것을 소유하고 있는 사람들이 생각될 수 있을 것이다. 즉, 어휘나 문법이 없는 소리 몸짓들 말이다. ('신들린 사람의 방언(方言).'[110])

529. "그러나 여기서 그 소리들의 의미는 무엇일까?"—그것은 음악에서는 무엇인가? 비록 나는 이 소리 몸짓들의 언어가 음악과 비교되어야 하리라고는 전혀 말하고 싶지 않지만 말이다.

530. 언어 사용에서 말들의 '영혼'이 아무런 역할을 하지 않는 언어도 존재할 수 있을 것이다. 그 언어에서는 예컨대 한 낱말을 임의로 고안된 새로운 낱말로 대체하는 것은 우리에게 아무 상관이 없다.

531. 어떤 문장의 이해에 관하여 이야기할 때, 우리는 그것이 그것과 같은

---

110 (옮긴이주) 원말은 'Mit Zungen reden'. 여기서는 'In Zungen reden'(또는 'Zungenreden')과 같은 뜻으로 새겼다. 후자는 루터가 신약의 "γλωσσολαλία"란 말을 번역하며 사용했다.

것을 말하는 다른 한 문장으로 대체될 수 있다는 뜻으로 이야기한다; 그러나 또한, 그것은 다른 어떤 문장으로도 대체될 수 없다는 뜻으로도 이야기한다. (한 음악적 주제가 다른 한 주제로 대체될 수 없는 것과 같이 말이다.)

전자의 경우에 문장이 지니는 사고는 상이한 문장들에 공통적인 것이다; 후자의 경우에는 오직 이 말만이 이 위치에서 표현하는 어떤 것이다. (시(詩)의 이해.)

532. 그러니까 여기서 "이해하다"는 상이한 두 의미를 지니고 있는가?—나는 오히려, "이해하다"의 이러한 사용 방식들이 그것의 의미를, 이해라는 나의 개념을 형성한다고 말하고 싶다.

왜냐하면 나는 "이해하다"를 그 모든 것에 적용하고자 하기 때문이다.

533. 그러나 저 두 번째 경우에 우리들은 그 표현을 어떻게 설명할 수 있는가? 그 이해를 어떻게 전달할 수 있는가? 이렇게 자문해 보라. 즉, 어떻게 우리들은 누군가가 시(詩)나 주제를 이해하도록 이끄는가? 이에 대한 대답은 우리들이 여기서 그 뜻을 어떻게 설명하는가를 말해 준다.

534. 한 낱말을 이러한 의미로 듣는다는 것. 그런 어떤 것이 있다는 것은 얼마나 이상한가!

이렇게 표현되고, 이렇게 강조되고, 이렇게 들리면, 그 문장은 이러한 문장들, 그림들, 행위들로의 이행의 시작이다.

((다수의 잘 알려진 길들이 이러한 말로부터 온갖 방향으로 이어진다.))

535. 우리가 교회선법(教會旋法)의 종결부를 종결부로 느끼는 것을 배울 때, 무엇이 일어나는가?

536. 나는 말한다: "나는 이 (겁먹은 인상을 주는) 얼굴을 용감한 얼굴로서도 생각할 수 있다." 이로써 우리가 뜻하는 것은, 내가 이런 얼굴을 지닌 누군가가 가령 다른 사람의 생명을 어떻게 구할 수 있는지를 상상할 수 있다는 것이 아니다. (그것은 물론 어떤 얼굴에서도 상상될 수 있다.) 나는 오히려 얼굴 자체의 상(相)에 관해 이야기하고 있다. 내가 뜻하는 것은 또한, 나는 이 사람이 자신의 얼굴을 일상적인 뜻에서 용감한 얼굴로 바꿀 수 있음을 상상할 수 있으리라는 것도 아니다; 내가 뜻하는 것은 필시, 그 얼굴은 아주 일정한 방식으로 해서 이러한 얼굴로 넘어갈 수 있다는 것이다. 얼굴 표정의 재해석은 우리가 음악에서 어떤 화음을 한번은 이러한 조(調)바꿈으로, 한번은 저러한 조바꿈으로 느낄 때의 화음의 재해석에 비교될 수 있다.

537. 우리들은 "나는 이 얼굴에서 겁먹었음을 읽는다"라고 말할 수 있다. 그러나 어쨌든 그 얼굴과 겁먹었음이 단순히 연합되어 있다고는, 즉 외적으로 결합되어 있다고는 보이지 않는다; 오히려 두려움은 그 표정에서 생생하다. 그 표정이 조금 변하면, 우리는 그에 상응하는 두려움의 변화에 관하여 이야기할 수 있다. 만일 우리가 "당신은 이 얼굴을 용기의 표현으로서도 생각할 수 있는가?"라는 질문을 받는다면—우리는, 말하자면, 어떻게 우리가 이러한 표정에 용기를 집어넣을 수 있는지 알지 못할 것이다. 그 경우 나는 가령 이렇게 말한다: "이 얼굴이 용감한 얼굴이면, 나는 그게 무엇을 뜻할지 모르겠다." 그러나 그러한 질문의 답은 어떤 식일까? 우리들은 가령 이렇게 말한다: "그렇다, 이제 나는 그걸 이해한다: 그 얼굴은 말하자면 외부 세계에 대해 무관심하다." 그러니까, 우리가 그 얼굴에 용기를 해석해 넣었다. 용기는—이렇게 우리들은 말할 수 있을 것이다—이제 다시 그 얼굴에 걸맞다. 그러나 여기서 무엇이 무엇에 걸맞은가?

538. 이와 근친적인(아마 그렇게 보이지 않을지도 모르지만) 경우가, 프랑스어에서는 서술 형용사가 성(性)에서 주어와 일치한다는 것에 대해 예컨대 우리[독일인]가 놀랄 때, 그리고 우리가 이것을 우리에게 다음과 같이 설명할 때 존재한다: 그들은 "그 사람은 좋은 사람이다(Der Mensch ist *ein guter*)"라고 뜻하고 있다.[111]

539. 나는 미소 짓는 어떤 얼굴을 묘사하고 있는 그림을 본다. 내가 그 미소를 한번은 호의적인 것으로, 한번은 악의적인 것으로 파악한다면, 나는 무엇을 하는 것인가? 나는 종종 그것을 호의적이거나 악의적인 공간적 · 시간적 환경에서 상상하지 않는가? 이를테면 나는 그 그림을 놓고서, 그 미소 짓는 사람은 놀이하는 아이를 내려다보며 웃고 있다고, 아니면 적의 고통을 내려다보며 웃고 있다고 상상할 수 있을 것이다.

이것은 내가 그 첫눈에 사랑스러운 상황조차도 그 밖의 환경으로 인해 또다시 달리 해석할 수 있다는 점에 의해서는 하나도 바뀌지 않을 것이다.—특별한 상황들이 나의 해석을 바꾸지 않는다면, 나는 어떤 미소를 호의적인 것으로 파악하며, "호의적인" 미소라고 부르며, 그에 알맞게 반응할 것이다.

((개연성, 빈도.))

540. "언어 제도와 그것을 둘러싼 모든 환경이 없어도,—내가 비가 곧 그칠 것이라고 생각할 수 없으리라는 것은 독특하지 않은가?"—당신은 그 환경

---

111 (옮긴이주) 독일어에서와는 달리 프랑스어에서는 서술 형용사가 주어의 성에 따라 변화한다. 예컨대, 독일어에서는 "그 사람(남자)은 좋다"와 "그 여자는 좋다"는 각각 "Der Mensch ist gut", "Die Frau ist gut"가 되어 서술 형용사에 변화가 없는데, 프랑스어에서는 "Cet homme est bon", "Cette femme est bonne"과 같이 형용사가 변화한다. 독일인은 이 변화를 설명하기 위한 한 방편으로, 프랑스어의 서술 형용사는 독일어의 형용사가 부가적으로 쓰일 때 변화하듯 변화한다고 말한다는 것이다. 예컨대, "Der Mensch ist ein guter."(여기서 'gut'는 주어의 성이 아니라 그것 다음에 생략된 명사의 성에 따른다.)

이 없이는 당신이 이 말을 말하고 뜻할 수 없으리라는 것이 이상하다고 말하고 싶은 건가?

누군가가 하늘을 가리키며 이해할 수 없는 일련의 말들을 외쳤다고 가정해 보자. 우리가 그에게 그가 뜻하는 게 무엇이냐고 묻자, 그는 그것이 "하느님 감사합니다, 곧 비가 그칠 것입니다"를 뜻한다고 말한다. 그뿐 아니라, 그는 그 개별 낱말들이 무엇을 의미하는지도 우리에게 설명한다.—나는 그가 말하자면 갑자기 제정신이 들고, 저 문장은 완전한 헛소리였다고, 그러나 그가 그 문장을 말했을 때는 그에게 그것은 자기가 유창하게 구사하는 언어의 문장처럼(실로 잘 알고 있는 인용문처럼) 보였다고 말한다고 가정한다.—자, 나는 뭐라고 말해야 할까? 그가 그 문장을 말했을 때, 그는 그 문장을 이해하지 않았는가? 그 문장은 자신의 모든 의미를 자신 속에 지니고 있지 않았는가?

541. 그러나 저 이해와 의미는 무엇에 있었는가? 그는 그 일련의 소리들을 가령 기뻐하는 어조로, 비가 여전히 오고 있었지만 이미 날씨가 더 맑아지는 가운데 하늘을 가리키면서 말했다; 나중에 그는 자신의 말을 국어의 말과 결합했다.

542. "그러나 그에게는 자신의 말이 꼭 자기가 잘 알고 있는 언어의 말처럼 느껴졌다."—그렇다; 이에 대한 하나의 기준은 그가 나중에 그렇게 말했다는 것이다. 그런데 제발 다음과 같이는 말하지 말라: "우리가 유창하게 구사하는 언어의 낱말들은 정말 아주 특정한 방식으로 느껴진다." (무엇이 이러한 느낌의 표현인가?)

543. 외침과 웃음은 의미로 가득 차 있다,—이렇게 나는 말할 수 없는가?

그리고 그것은 대충, 그것들로부터 많은 것을 읽어 낼 수 있음을 뜻한다.

544. 내가 그리움에서, "오, 그가 그저 오기만 해도 좋으련만!" 하고 말한다면, 그 느낌은 그 말에 '의미'를 부여한다. 그러나 그것은 그 개별 낱말들에 그것들의 의미를 부여하는가?

그러나 여기서 그 느낌은 그 말에 진리성을 부여하는 거라고도 말할 수 있을 것이다. 그리고 그때 당신은 어떻게 여기서 개념들[112]이 서로 용해되는지를 본다. (이것은 다음과 같은 물음을 기억나게 한다: 수학적 명제의 뜻은 무엇인가?)

545. 그러나 우리들이 "나는 그가 오기를 희망한다"라고 말한다면—느낌이 "희망한다"란 낱말에 그 의미를 부여하지 않는가? (그리고 "나는 그가 오기를 더는 희망하지 않는다"란 문장은 어떠한가?) 느낌은 "희망한다"란 낱말에 아마도 특별한 울림을 줄 것이다; 즉, 느낌은 그 울림 속에서 표현된다.—느낌이 낱말에 그 의미를 부여한다면, 여기서 "의미"는 중요한 것을 뜻한다. 그러나 왜 느낌이 중요한가?

희망은 느낌인가? (특징적 표시.)

546. 그래서—나는 이렇게 말했으면 한다—"그가 왔으면 정말 좋겠는데!"라는 말은 나의 소망으로 가득 차 있다. 그리고 말은 우리에게서 새어 나올 수 있다,—하나의 외침처럼 말이다. 말은 하기가 어려울 수 있다: 예컨대, 어떤 것을 포기하거나, 혹은 약점을 고백하는 그런 말들 말이다. (말은 또한 행위이다.)

112 (옮긴이주) 진리(성)와 진실(성), 그리고 '의미'라는 개념들을 말한다. II부 xi [319]절 참조.

547. 부정(否定): 하나의 '정신적 활동'. 어떤 것을 부정하고, 당신이 무엇을 하고 있는지를 관찰하라!—당신은 가령 속으로 머리를 흔드는가? 그리고 그렇다면—이제 이 과정은 가령 어떤 한 문장에 부정 기호를 써넣는 것보다 더 우리의 관심을 받을 가치가 있는가? 이제 당신은 부정의 본질을 아는가?

548. 어떤 것이 일어나기를 소망하는 것, 그리고 그 동일한 것이 일어나지 않기를 소망하는 것. 이 두 과정 사이의 차이는 무엇인가?

우리들이 그것을 그림으로 묘사하고자 한다면, 우리들은 그 사건의 그림을 가지고 여러 가지를 해 볼 것이다. 즉, 그것에 선을 그어 지우기나 그 주위에 울타리를 두르기 등과 같은 것들을 말이다. 그러나 이는 우리가 보기에는 조야한 표현 방법이다. 낱말 언어에서는 우리는 "아니다"라는 기호를 사용한다. 이것은 서투른 미봉책과 같다. 우리들은 사유(思惟) 속에서는 일이 분명히 다르게 일어난다고 생각한다.

549. "어떻게 '아니다'란 낱말이 부정할 수 있는가?!"—"'아니다'란 기호는 그 앞에 오는 것을 당신이 부정적으로 파악해야 한다는 것을 암시한다." 우리들은 부정 기호란 어떤 것—어쩌면 매우 복잡한 것—을 하는 동기라고 말했으면 한다. 마치 부정 기호가 우리로 하여금 어떤 것을 하게 유발하는 듯이 말이다. 그러나 어떤 것을? 그것은 말해지지 않는다. 마치 그것은 단지 암시되기만 하면 되는 듯이; 마치 우리는 그것을 이미 알고 있는 듯이. 마치, 우리는 문제를 그렇지 않아도 이미 알고 있기 때문에, 설명은 불필요하다는 듯이.

550. 부정은 배제하는, 물리치는 몸짓이라고 할 수 있을 것이다. 그러나 이러한 몸짓을 우리는 매우 다양한 경우에 사용한다!

551. "'쇠는 섭씨 100도에서는 녹지 않는다'와 '2 곱하기 2는 5가 아니다'는 같은 부정인가?" 이것이 내성(內省)에 의해서, 즉 그 두 문장에서 우리가 무엇을 생각하는가를 우리가 보려고 노력함에 의해서 결정되어야 할까?

552. 만일 내가 이렇게 묻는다면 어떨까: "이 막대는 길이가 1미터이다"와 "여기에 군인 1명이 서 있다"란 문장들을 우리가 발화하는 동안 우리가 "1"로 서로 다른 것을 뜻한다는 것, "1"이 상이한 의미를 지닌다는 것이 우리에게 분명하게 드러나는가?—그것은 우리에게 전혀 드러나지 않는다.—가령 "1미터마다 군인 1명이 서 있고, 2미터마다는 그러니까 군인 2명이 서 있다"란 문장을 말해 보라. "당신은 그 두 1로써 동일한 것을 뜻하는가?"라고 질문을 받는다면, 우리들은 가령 이렇게 대답할 것이다: "물론 나는 동일한 것을 뜻한다: 하나를!" (이때 우리들은 가령 손가락 하나를 허공에 추켜올린다.)

553. 그런데 한번은 치수를 나타내고 한번은 개수를 나타낼 때, "1"은 상이한 의미를 지니는가? 물음이 이렇게 제기되면, 우리들은 예라고 대답할 것이다.

554. 우리는 우리의 부정에 대응하는 어떤 것이 오직 특정한 문장들에 대해서만—가령 아직 아무런 부정도 포함하지 않은 문장들에 대해서만—존재하는 '더 원시적인' 논리를 지닌 사람들을 쉽게 생각할 수 있다. "그는 집에 들어간다"란 문장은 부정될 수 있을 것이나, 부정문의 부정은 무의미하거나 아니면 단지 부정의 반복으로 여겨진다. 우리의 수단과 다르게 부정을 표현하는 수단을 생각하라; 가령 문장의 소리의 고저로 표현하는 수단을. 여기서 이중부정은 어떻게 보일까?

555. 이 사람들에 대해서 부정이 우리에 대해서와 동일한 의미를 지니느냐 하는 물음은, 5에서 끝나는 수열밖에 없는 사람들에 대해서 "5"라는 숫자가 우리에 대해서와 동일한 것을 의미하느냐 하는 물음과 유사할 것이다.

556. 부정에 대해 "X"와 "Y"라는 두 개의 상이한 말이 있는 어떤 언어를 생각하라. 이중(二重) "X"는 긍정을 낳지만, 이중 "Y"는 강조된 부정을 낳는다. 그 외에는 그 두 낱말은 똑같이 사용된다.—자, "X"와 "Y"가 문장들 속에서 반복 없이 나타난다면, 그것들은 같은 의미를 지니는가?—이에 대해 우리들은 여러 가지로 대답할 수 있을 것이다.

(a) 그 두 낱말은 다른 쓰임을 지닌다. 그러므로 다른 의미를 지닌다. 그러나 그 두 낱말이 반복 없이 들어 있고 그 외에는 똑같은 문장들은 같은 뜻을 지닌다.

(b) 그 두 낱말은 중요하지 않은 관례 문제인 한 가지 차이점을 제외하고는 언어놀이들 속에서 같은 기능을 지닌다. 그 두 낱말의 쓰임은 같은 행위, 몸짓, 그림 등을 통해 같은 방식으로 가르쳐진다; 그리고 그것들의 사용 방식에서의 차이는 지엽적인 어떤 것으로서, 언어의 변덕스러운 특징들 중의 하나로서, 낱말들의 설명에 첨가된다. 그 때문에 우리는 "X"와 "Y"가 같은 의미를 지닌다고 말할 것이다.

(c) 우리는 그 두 부정에 상이한 표상들을 결합한다. "X"는 말하자면 뜻을 180도 돌린다. 그리고 그 때문에 이런 부정 두 개는 뜻을 원래의 자리로 되돌려 놓는 것이다. "Y"는 고개를 가로젓는 것과 같다. 그리고 한 번 고개를 가로젓는 것이 두 번째로 고개를 가로젓는 것에 의해 취소되지 않듯이, 하나의 "Y"도 두 번째의 "Y"에 의해 취소되지 않는다. 그러므로 그 두 부정을 지닌 문장들이 실제적으로 동일한 것으로 귀결된다 하더라도, "X"와 "Y"는 어쨌든 상이한 관념을 표현한다.

□[113]

(a) "삼중부정이 다시 하나의 부정을 낳는다는 것은 내가 지금 사용하는 그 하나의 부정 속에 이미 놓여 있어야 한다." ("의미함"의 신화를 지어내려는 유혹.)

이중부정이 긍정이라는 것은 부정의 본성으로부터 따라 나올 것처럼 여겨진다. (그리고 여기에는 뭔가 올바른 것이 있다. 무엇이? 우리의 본성이 그 양자와 연관되어 있다.)

(b) 이 규칙들이나 다른 규칙들이 "아니다"란 낱말에 대해 올바른 규칙들인지(내 말은, 그것들이 그 낱말의 의미에 적합한지)에 대해서는 아무런 논의도 있을 수 없다. 왜냐하면 이 규칙들 없이는 그 낱말은 아직 아무 의미도 없기 때문이다; 그리고 우리가 그 규칙들을 바꾼다면, 이제 그것은 다른 의미를 지니며(또는 아무 의미도 지니지 않으며), 그렇다면 우리는 그 낱말도 마찬가지로 바꿀 수 있기 때문이다.

557. 내가 이중부정을 발화했을 때, 내가 그것을 긍정이 아니라 강조된 부정으로서 뜻했다는 것은 어떤 점에 있었을까? "그것은 ……이라는 점에 있었다"라는 식의 대답은 존재하지 않는다. "이 이중부정은 강조를 뜻한다"라고 말하는 대신, 나는 어떤 상황에서는 그것을 강조로서 발화할 수 있다. "그 이중부정은 부정의 취소를 뜻하고 있다"라고 말하는 대신 나는 예컨대 괄호들을 칠 수 있다. —"그렇다, 그러나 이 괄호들 자체는 아무튼 상이한 역할들을 할 수 있다; 왜냐하면 그것들이 괄호들로서 파악되어야 한다고 누가 말해 주는가?" 아무도 그것을 말해 주지 않는다. 그리고 당신은 실로 당신이 파악한

113 (옮긴이주) 아래 쪽지의 위치는 비평본에 따른 것이다. 개정4판은 이 쪽지의 위치를 §549 다음에 두고 있다.

바를 다시 말로 설명했다. 괄호들이 무엇을 뜻하는가는 그것들의 적용 기술에 놓여 있다. 문제는 이것이다: 어떤 상황에서 "나는 ……을 뜻했다"라고 말하는 것이 뜻을 지니며, 어떤 상황이 내가 "그는 ……을 뜻했다"라고 말할 권리를 주는가?

558. "장미는 붉다"라는 문장에서 "(이)다"는 "2 곱하기 2는 4이다"에서와 다른 의미를 지니고 있다는 것은 무슨 뜻인가? 그것은 이 두 낱말에 대해 상이한 규칙들이 적용된다는 뜻이라고 누가 대답한다면, 여기서 우리에게는 오직 하나의 낱말만이 있다고 말할 수 있다.—그리고 내가 단지 문법적 규칙들에만 주목한다면, 이것들은 "(이)다"란 낱말의 사용을 두 가지 맥락에서 허용한다.—그러나 "(이)다"란 낱말이 이 문장들에서 상이한 의미를 지니고 있음을 보여 주는 규칙은 두 번째 문장에서 "이다"란 낱말을 등호(等號)로 대체하는 것을 허용하는 규칙이며, 첫 번째 문장에서는 이러한 대체를 금지하는 규칙이다.

559. 우리들은 가령 이 문장 속에서의 낱말의 기능에 관해 이야기했으면 한다. 마치 문장이 그 속에서 낱말이 특정한 기능을 지니는 하나의 기제(機制)인 듯이 말이다. 그러나 이러한 기능은 무엇에 있는가? 그것은 어떻게 백일하에 드러나는가? 왜냐하면 실은 아무것도 숨겨져 있지 않으며, 우리는 실로 그 문장 전체를 보고 있기 때문이다! 기능은 계산법의 운행에서 스스로 드러나야 한다. ((의미체(意味體)[114].))

560. "낱말의 의미는 의미의 설명이 설명하는 것이다." 즉: "의미"란 낱말의 쓰임을 이해하고자 한다면, 무엇이 "의미의 설명"이라고 일컬어지는가를 살펴보라.

561. 그런데 내가 "이다"란 낱말은 상이한 두 의미로 (계사와 등호로) 사용된다고 말하면서, 그것의 의미가 그것의 쓰임—즉 계사와 등호로서의 쓰임—이라고 말하지 않았으면 한다는 것은 이상하지 않은가?

우리들은 이 두 종류의 쓰임이 하나의 의미를 낳지 않는다고, 같은 낱말에 의한 직무 통합은 비본질적인 우연이라고 말했으면 한다.

562. 그러나 어느 것이 표기법의 본질적인 특징이고 어느 것이 비본질적인, 우연적인 특징인지 나는 어떻게 결정할 수 있는가? 대체 표기법의 배후에 그것의 문법이 본받는 어떤 실재가 있는가?

비슷한 경우를 놀이에서 생각해 보자. 서양 바둑에서 왕은 돌 두 개를 겹쳐 놓음으로써 표시된다. 그런데 우리들은 왕이 두 개의 돌로 이루어져 있다는 것은 그 놀이에 비본질적이라고 말하지 않을까?

563. 돌(장기 알)의 의미는 놀이에서 그것이 행하는 역할이라고 말하자.—이제 장기 두는 사람 중 어느 쪽이 한(漢)을 잡는가는 장기 시합이 시작되기 전에 매번 추첨에 의해 결정된다고 하자. 이를 위해 한 사람은 두 손을 주먹 쥐고 그 속에 궁(宮) 하나를 잡는다. 그리고 다른 사람은 그 두 손 중 하나를 운에 맡기고 고른다. 그런데 궁이 그렇게 제비뽑기에 사용된다는 것이 장기에서 궁의 역할로 간주될까?

---

114 (옮긴이주) 실체화된 어떤 것으로서의 의미. §556의 쪽지 (a)에서 언급된 '의미함'의 신화와 연관된 이 '의미체(Bedeutungskörper)' 신화에 따르면, 각 낱말은 그 쓰임과 무관하게 단지 '의미함'만으로 그 배후에 실체화된 의미를 지니며, 문장의 뜻은 '실제로는' 그런 의미체들의 숨겨진 조합 메커니즘에 의해 생성된다. 비트겐슈타인의 《철학적 문법》 I §16과 F. 바이스만의 《언어 철학의 원리들》(*The Principles of Linguistic Philosophy*) p.234 이하 참조.

564. 그러므로 나는 놀이에서도 본질적인 규칙들과 비본질적인 규칙들을 구별하는 경향이 있다. 놀이는—우리들은 이렇게 말했으면 한다—규칙들만이 아니라 요점도 지니고 있다.

565. 무엇 때문에 같은 낱말인가? 우리는 계산법에서는 이러한 같음을 사용하지 않는다!—왜 그 두 목적에 대해 같은 장기 알들인가?—그러나 여기서 "같음을 사용하다"란 무슨 뜻인가? 우리가 정말로 같은 낱말을 사용한다면, 그것은 도대체 하나의 쓰임이 아닌가?

566. 여기서 이제 같은 낱말의 쓰임, 같은 돌의 쓰임은—그 같음이 우연적, 비본질적이지 않다면—어떤 **목적**을 지니고 있는 듯이 보인다. 그리고 그 목적은, 우리들이 그 돌을 재인식할 수 있고, 어떻게 놀이를 해야 하는지를 알 수 있는 것인 듯이 보인다.—여기서 이야기되고 있는 것은 물리적 가능성인가, 또는 논리적 가능성인가? 후자라면, 돌의 같음은 놀이에 속한다.

567. 아무튼 놀이는 규칙들에 의해 정해져야 한다! 그러므로 어떤 놀이 규칙이 장기 시합 전에 제비뽑기를 위해 궁이 사용되어야 한다고 규정한다면, 이것은 그 놀이에 본질적으로 속한다. 이에 대해 무슨 이의가 제기될 수 있을까? 이러한 규정의 요점이 이해되지 않는다는 것이다. 가령, 모든 장기 알은 움직이기 전에 세 번 돌려져야 한다는 규칙의 요점이 역시 이해되지 않을 터이듯이 말이다. 만일 우리가 이 규칙을 장기 류(類)의 놀이에서 발견한다면 우리는 놀랄 것이고, 그 규칙의 목적에 관해 추측들을 할 것이다. ("이 규정은 우리들이 숙고 없이 돌을 움직이는 것을 금지하는 것일까?")

568. 내가 놀이의 성격을 올바로 이해하고 있다면—나는 이렇게 말할 수 있

을 것이다—그것은 그 놀이의 본질적 일부가 아니다.

((의미는 하나의 관상[115].))

569. 언어는 하나의 도구이다. 언어의 개념들은 도구들이다. 이제 우리들은 가령, 우리가 어떤 개념들을 사용하느냐는 큰 차이가 될 수 없다고 생각한다. 우리들이 결국 물리학을 미터와 센티미터로도, 피트와 인치로도 할 수 있듯이, 그 차이는 단지 편리성의 차이일 뿐이라는 것이다. 그러나 이것도 참은 아니다—예컨대 어떤 측정 체계에서의 계산들이 우리가 들일 수 있는 것보다 더 많은 시간과 노력을 요구한다면 말이다.

570. 개념들은 우리를 탐구로 이끈다. 개념들은 우리의 관심의 표현이며, 우리의 관심을 주도한다.

571. 오해를 일으키는 비교: 물리학이 물리적 영역의 과정들을 다루는 것처럼, 심리학은 심리적 영역의 과정들을 다룬다.

---

115 (옮긴이주) 이 말은 의미에 대한 하나의 직접적 정의라기보다는, 의미의 본성을 드러내기 위한 또 하나의 방편이라고 할 수 있다. 비트겐슈타인은 이미 '의미는 사용'이라는 일종의 표어(標語) 같은 말로, 우리가 의미를 사용에서 찾도록 인도하였다. '의미는 관상'이란 말은 더 나아가, 그 사용에서 우리가 보아야 할 것(의미)이 무엇과 같은가를 암시한다. 그에 의하면, 사람의 얼굴은 순간순간 변하고 결코 언제나 동일한 형태가 아닌데도 그의 관상을 그림 그릴 수 있듯이, 한 낱말의 사용—이것 역시 그때그때 변하고 결코 언제나 동일한 형태가 아니다—을 통해 낱말에 주어지는 일종의 '얼굴'에서 우리는 그 사용의 통일된 성격적 특징을 지닌 요점으로서 '관상'을 포착할 수 있다. 그러나 이 관상은 일상의 익숙한 사용에서는 (말하자면 이미 체화되어) 별달리 눈에 들어오지 않고, 어떤 계기가 있어야 다시 주목되곤 하는데, 철학자는 문제된 낱말의 사용을 일목요연하게 볼 수 있을 만큼 관상을 정확히 기술하는 것이 중요하다. (앞 §235의 각주 및 비트겐슈타인의 《쪽지》 §514, 《심리학의 철학에 관한 소견들》 I권 §654, II권 §299, 《소품집》 68쪽 등 참조.) 의미가 관상과 같은 것이라는 생각은—본질이 (사용의) 문법에서 언표된다는 앞 §371에서의 생각과 비슷하게—의미가 내적으로 숨어 있지 않고 사용에서 공적으로 볼 수 있는 어떤 요점이라는 것으로서, II부 xi에서 의미의 파악을 상(相)-보기와 연결하여 보는 고찰들에서 더 천착된다.

본다는 것, 듣는다는 것, 생각한다는 것, 느낀다는 것, 원한다는 것은 물체의 운동, 전기적 현상 등이 물리학의 대상들인 것과 같은 뜻에서 심리학의 대상들이 아니다. 당신은 이 점을, 물리학자는 이러한 현상들을 보고, 듣고, 숙고하고, 우리에게 보고하는데, 심리학자는 주체의 발언들[116](행동)을 관찰한다는 것에서 알 수 있다.

572. 기대는 문법상으로는 하나의 상태이다. 어떤 의견을 지님, 어떤 것을 희망함, 어떤 것을 앎, 어떤 것을 할 수 있음과 같이 말이다. 그러나 이 상태들의 문법을 이해하기 위해서는, 우리들은 이렇게 물어야 한다: "무엇이 어떤 사람이 이러한 상태에 있다는 기준으로 간주되는가?" (딱딱함의 상태, 무거움의 상태, 걸맞음의 상태.)

573. 견해를 지닌다는 것은 하나의 상태이다. ―무엇의 상태? 영혼의? 정신의? 자, 우리들은 무엇에 대해서, 그것이 어떤 견해를 지닌다고 말하는가? 예컨대 아무개 씨에 대해서. 그리고 이것은 올바른 대답이다.

우리들은 그 물음에 대한 대답으로부터 아직 어떠한 해명도 기대해서는 안 된다. 더 깊이 파고드는 물음들은 다음과 같은 것들이다: 특수한 경우에 우리는 무엇을 어떤 사람이 이러이러한 의견을 지니고 있다는 것에 대한 기준으로 보는가? 언제 우리는 그가 그때 이러한 의견에 도달했다고 말하는가? 언제 우리는 그가 그의 의견을 바꾸었다고 말하는가? 등등. 이러한 물음들에 대한 대답들이 우리에게 주는 그림은 여기서 무엇이 문법적으로 상태로서 취급되는가를 보여 준다.

---

116 (옮긴이주) 원말은 'Äußerungen'. 이 표현에 대해서는 §245의 각주 참조. 이 절과 관련해서는 II부 v [28] 참조.

574. 문장은, 그리고 따라서 다른 뜻에서 사고는, 믿음, 희망함, 기대함 등등의 '표현'일 수 있다. 그러나 믿음이 생각함은 아니다. (하나의 문법적 소견.) 믿음, 기대함, 희망함의 개념들은 생각함의 개념에 대해서보다는 서로 덜 이질적이다.

575. 내가 이 의자에 앉았을 때, 나는 물론 그것이 나를 받쳐 줄 것이라고 믿었다. 나는 그것이 부서질 수 있으리라고는 전혀 생각하지 않았다.

그러나: "그가 행한 그 모든 것에도 불구하고, 나는 ……라는 믿음을 고수했다." 여기에서 생각이 이루어진다; 그리고 가령 어떤 특정한 입장이 되풀이하여 쟁취된다.

576. 나는 불타는 도화선을 바라보고 극도로 긴장하면서 그 연소가 어떻게 진행되는지, 그리고 어떻게 폭발물에 접근해 가는지를 추적한다. 나는 아마도 전혀 아무것도 생각하지 않거나, 다수의 지리멸렬한 생각들을 한다. 이것은 분명 기대의 한 경우이다.

577. 우리가 그는 올 것이라고 믿을 때, 그러나 그가 오는 것에 우리의 생각이 몰두하고 있지는 않을 때, 우리는 "나는 그가 오기를 기대한다"라고 말한다. (여기서 "나는 그가 오기를 기대한다"는 "만일 그가 오지 않는다면, 나는 놀랄 것이다"를 뜻한다. 그리고 이것은 심리 상태의 기술이라고 불리지 않을 것이다.) 그러나 우리는 "나는 그가 오기를 기대한다"라는 말을, 이 말이 "나는 그가 오기를 고대한다"를 뜻할 때도 역시 말한다. 우리는 이러한 경우에 시종일관 상이한 동사들을 이용하는 어떤 언어를 생각해 볼 수 있을 것이다. 그리고 우리가 '믿다', '희망하다' 등등에 관해 이야기하는 곳에서 하나 이상의 동사를 이용하는 언어도 생각해 볼 수 있을 것이다. 이러한 언어의 개념

들은 심리학의 이해를 위해서 우리 언어의 개념들보다 아마 더 적합할 것이다.

578. 당신 자신에게 물어 보라: 골드바흐[117]의 명제를 믿는다는 것은 무엇을 뜻하는가? 이 믿음은 무엇에 있는가? 우리가 그 명제를 말하거나, 듣거나, 생각할 때의 확신감에 있는가? (그것은 우리에게 흥미를 주지 못한다.) 그리고 무엇이 이러한 느낌의 특징적 표시인가? 실로 나는 어느 정도까지 그 느낌이 그 명제 자체에 의해 야기될 수 있을지조차 모른다.

믿음은 사고의 색조(色調)라고 나는 말해야 할까? 어디서 이런 관념이 나오는 걸까? 자, 의심하는 어조(語調)가 존재하듯, 믿음의 어조가 존재한다.

나는 이렇게 물었으면 한다: 그 믿음은 어떻게 이 명제와 맞물리는가? 이 믿음이 어떤 귀결들을 갖는지, 그것이 우리를 어디로 데려가는지를 살펴보자. "그것은 내가 이 명제의 증명을 추구하도록 만든다."—좋다, 이제 당신의 추구는 실제로 무엇에 있는가를 더 살펴보자! 그러면 우리는 그 명제에 대한 믿음이 함의하는 바가 무엇인지를 알게 될 것이다.

579. 확신감. 그것은 행동에서 어떻게 표출되는가?

580. '내적 과정'은 외적 기준들을 필요로 한다.

581. 기대는 그것이 생기는 상황 속에 깊이 박혀 있다. 예컨대 폭발의 기대

117 (옮긴이주) 골드바흐(Christian Goldbach, 1690~1764): 프로이센의 쾨니히스베르크에서 태어나고 러시아의 상트페테르부르크와 모스크바에서 활동한 수학자. 그는 1742년 오일러에게 보낸 편지에서 "2보다 큰 모든 짝수는 두 소수(素數)의 합으로 나타낼 수 있다"라는 가정을 했는데, '골드바흐의 추측'으로 불리는 이 가정은 아직도 완전히 증명되지 않았다.

는 폭발이 기대될 수 있는 상황에서 생길 수 있다.[118]

582. 어떤 사람이 "나는 지금 당장이라도 폭발이 있을 것으로 기대하고 있다"라고 말하는 대신 "곧 터질 것이다"라고 속삭인다면, 그의 말은 분명 아무런 감정도 기술하고 있지 않다; 비록 그의 말과 어조는 그의 감정의 표출일 수 있지만 말이다.

583. "그러나 당신은 마치 내가 지금—내가 희망한다고 믿고 있을 때—실제로는 기대하지 않는 듯이, 희망하지 않는 듯이 말한다. 마치 지금 일어나는 것은 깊은 의미가 없는 듯이 말이다."—"지금 일어나는 것은 의미가 있다"거나 "깊은 의미가 있다"는 것은 무엇을 뜻하는가? 깊은 감정이란 무엇인가? 어떤 사람이 진심 어린 사랑이나 희망을 1초 동안—그 1초에 선행하거나 후행하는 것이 무엇이든 간에—느끼는 일이 가능할까?——지금 일어나는 것은 의미를—이러한 환경에서—지닌다. 주위 환경이 그것에 중요성을 준다. 그리고 "희망하다"란 낱말은 인간의 삶이라는 현상과 관련되어 있다. (미소 짓는 입은 오직 인간의 얼굴에서만 미소 짓는다.)

584. 이제 내가 내 방에 앉아, 아무개 씨가 나에게 돈을 가져오기를 희망하고 있는데, 이 상태 가운데 한순간이 그 맥락에서 도려내어져 격리될 수 있다고 해 보자. 그러면 그 안에 일어나는 일은 아무런 희망도 아닐까?—예컨대 당신이 대략 이 시간 안에 발화하는 말들을 생각해 보라. 그것들은 이제 더는 이 언어에 속하지 않는다. 그리고 다른 환경에서는 화폐 제도도 역시 존재하지 않는다.

118 (옮긴이주) 앞의 §337 및 비트겐슈타인의《쪽지》§67 참조.

대관식은 장려함과 위엄을 지닌 광경이다. 즉위 망토를 걸친 왕의 머리 위에 왕관이 놓이는 이 한순간의 과정을 그 주위 환경에서 도려내라. —그러나 어떤 다른 환경에서는 금(金)은 가장 값싼 금속이다; 그 광채는 비천한 것으로 간주된다. 거기서는 그 망토의 천은 값싸게 생산된다. 왕관은 품위 있는 모자의 패러디이다. 등등.

585. "나는 그가 오기를 희망한다"라고 어떤 사람이 말할 때, —그것은 그의 심리 상태에 관한 보고인가, 아니면 그의 희망의 표명인가?—나는 그것을 예컨대 나 자신에게 말할 수 있다. 그렇지만 나는 나 자신에게 아무런 보고도 하지 않는다. 그것은 어떤 한숨일 수 있다; 그러나 한숨이어야만 하는 것은 아니다. 내가 누군가에게 "오늘 나는 일에 생각을 집중할 수가 없다; 나는 계속해서 그의 도착을 생각하고 있다"라고 말한다면—이것은 나의 심리 상태에 대한 하나의 기술이라고 불릴 것이다.

586. "나는 그가 올 것이라고 들었다; 나는 이미 하루 종일 그를 기다리고 있다." 이것은 내가 어떻게 하루를 보냈는가에 관한 하나의 보고이다. ——어떤 대화중에 나는 특정한 사건이 기대될 수 있다는 결론에 도달하고, 다음과 같은 말로써 이러한 결론을 내린다: "그러므로 이제 나는 그의 도착을 기다려야 한다." 이것은 이러한 기대의 최초 사고, 최초 동작이라고 일컬어질 수 있다. ——"나는 그를 손꼽아 기다리고 있다!"라는 외침은 기대의 동작이라고 일컬어질 수 있다. 그러나 나는 동일한 말을 자기 관찰의 결과로서 발화할 수 있으며, 그 경우 그 말은 가령 이런 뜻이다: "그러므로 일어난 그 모든 일에도 불구하고 나는 그를 손꼽아 기다리고 있다." 중요한 것은, 이러한 말에 어떻게 도달했는가이다.

587. "당신이 그것을 믿는다는 것을 당신은 어떻게 아는가?"라고 묻는 것은 뜻이 있는가—그리고 그 대답은 "나는 그것을 내성을 통해 인식한다"인가?

상당수의 경우에 그런 말을 할 수 있을 것이나, 대부분의 경우에는 할 수 없다.

"나는 그녀를 실제로 사랑하는가? 나는 단지 나 자신에게 그렇게 꾸미고 있는 것은 아닌가?"라고 묻는 것은 뜻이 있다. 그리고 내성의 과정은 기억들의 환기(換起)이다; ……할 경우 가능한 상황들과 우리들이 지닐 느낌들에 대한 표상들의 환기.

588. "나는 내일 떠날 결심을 했다가 말았다가를 거듭하며 몸을 뒤척이고 있다." (이것은 심정의 상태에 대한 묘사라고 불릴 수 있다.) ——"당신의 이유들은 납득이 안 된다; 나는 여전히 내일 떠나려는 의도를 지니고 있다." 여기서 우리들은 의도를 느낌이라고 부르고 싶은 유혹을 받는다. 그 느낌은 어떤 굳셈의 느낌, 변경할 수 없는 결심의 느낌이다. (그러나 여기에도 서로 다른 많은 특징적인 느낌들과 태도들이 존재한다.) ——어떤 사람이 나에게 묻는다: "당신은 얼마 동안 여기 머뭅니까?" 나는 대답한다: "나는 내일 떠납니다; 내 휴가가 끝납니다."—그러나 이와 반대로, 나는 어떤 다툼 끝에 말한다: "그래 좋다; 그럼 나는 내일 떠나겠어!" 나는 결심을 한다.

589. "나는 그걸 가슴 속에서 결심했다." 그리고 그와 동시에 우리들은 또한 가슴을 가리키는 경향이 있다. 이러한 어법은 심리학적으로 진지하게 받아들여져야 한다. 어째서 그것이 믿음은 영혼의 상태라는 진술보다 덜 진지하게 받아들여져야 한단 말인가? (루터: "믿음은 왼편 젖꼭지 아래에 있다."[119])

590. 어떤 사람은 "말하는 바를 진지하게 뜻하다"란 표현의 의미를 이해하는

법을 가슴을 가리키는 몸짓을 통해서 배울 수 있을 것이다. 그러나 이제 우리들은 "그가 그것을 배웠다는 것은 어떻게 드러나는가"를 물어야 한다.

591. 의도를 지니고 있는 사람은 경향을 체험한다고 나는 말해야 할까?[120] 즉, 일정한 경향 체험들이 존재한다고?—당신은 다음과 같은 경우를 기억하는가? 우리들이 토론에서 긴급히 한 소견을 말하려고 할 때, 이의를 제기하고자 할 때, 우리들은 입을 열고 숨을 들이마신 채 멈추는 일이 자주 있다; 그러고 나서 우리들이 이의 제기를 단념하기로 결정하면, 우리들은 숨을 내쉰다. 이런 과정의 체험은 명백히, 말하려는 경향의 체험이다. 나를 관찰하는 사람은 내가 무엇인가를 말하고자 했으며, 그러고 나서는 생각을 바꿨다는 것을 인식할 것이다. 즉, 이러한 상황 속에서는 말이다.—다른 상황에서는 그는 나의 행동을 그렇게 해석하지 않을 것이다; 현재의 상황에서 아무리 그것이, 말하려는 의도에 특징적이라고 하더라도 말이다. 그리고 이 동일한 체험이 어떤 전혀 다른 상황—그 체험이 경향과 아무 상관이 없는 상황—에서 등장하지 않으리라고 가정할 그 어떤 근거라도 존재하는가?

592. "그러나 '나는 떠나려는 의도를 지니고 있다'고 당신이 말할 때, 당신은 분명 그걸 뜻하고 있다! 여기서 또다시, 그 문장에 생명을 주는 것은 바로 정신적인 뜻함이다. 당신이 그 문장을 단지 다른 사람을 따라서—가령 그의 어투를 조롱하기 위해서—말한다면, 당신은 이러한 뜻함이 없이 그 문장을 말한다."—우리가 철학을 하고 있을 때는, 때때로 그렇게 보일 수 있다.

---

119 (옮긴이주) 이 말은 루터(Martin Luther)의 말 그대로가 아니라 루터가 1533년 12월 27일에 행한 설교에 나오는 다음과 같은 말을 비트겐슈타인이 잘못 기억하거나 재현한 것일 수 있다고 한다: "그리스도가 구세주라는 우리의 앎은 외적 삶에 있지 않고, 왼편 젖꼭지 아래에 있다".

120 (옮긴이주) W. 제임스가 그의 《심리학 원리》 I권 9장 3절 중 "경향의 느낌들" 부분에서 그렇게 말한다.

그러나 우리 정말 다른 상황들과 대화들을 생각해 내고, 거기에서 저 문장이 어떻게 발화되는지를 생각해 보자!—"나는 언제나 어떤 정신적 저음(低音)을 발견한다; 아마도 언제나 같은 저음은 아니어도 말이다."—그런데 당신이 그 문장을 다른 사람을 따라 말할 때는 아무런 저음도 거기 존재하지 않았는가? 그리고 이제 그 '저음'은 말하기의 나머지 체험과는 어떻게 분리되는가?

593. 철학적 질병들의 한 가지 주요 원인은 편식이다: 우리들은 자신의 사유를 오직 한 종류의 예들로 먹여 기른다.

594. "그러나 말이란, 뜻 있게 발화되면, 표면뿐 아니라 심층 차원도 지닌다!" 말이 뜻 있게 발화되면, 말이 그저 발화될 때와는 뭔가 다른 것이 분명 발생한다.—내가 그것을 어떻게 표현하느냐는 문제가 되지 않는다. 내가 첫 번째 경우에 그 말이 깊이를 지닌다고 말하든; 그때 무엇인가가 내 속에서, 나의 내부에서 일어난다고 하든; 또는, 그 말이 어떤 분위기를 지니고 있다고 하든—언제나 그것은 같은 것으로 귀결된다.

"그런데 우리가 모두 이 점에서 일치하면, 그것은 참이 되지 않는가?"

(나는 다른 사람의 증언을 받아들일 수 없다; 왜냐하면 그것은 증언이 아니기 때문이다. 그것은 단지, 그가 무엇을 말하는 경향이 있는가를 나에게 말할 뿐이다.)

595. 우리에게는 한 문장을 이러이러한 맥락에서 발화하는 것이 자연스럽다; 그리고 그것을 분리해서 말하는 것은 부자연스럽다. 우리는 우리가 자연스럽게 발화하는 모든 문장 각각의 발화에 동반되는 어떤 특정한 느낌이 존재한다고 말해야 하는가?

596. '친숙함'과 '자연스러움'의 느낌. 친숙하지 않음과 부자연스러움의 느낌은 발견하기가 더 쉽다. 또는: 느낌들은. 왜냐하면 우리에게 친숙하지 않은 모든 것이 우리에게 친숙하지 않음의 인상을 주지는 않기 때문이다. 그리고 여기서 우리들은 우리가 무엇을 "친숙하지 않다"라고 부르는가를 숙고해야 한다. 우리는 우리가 길에서 보는 자갈을 자갈로서는 인식하지만, 언제나 거기 놓여 있는 것으로서는 아마 인식하지 않을 것이다. 가령 어떤 사람을 사람으로서는 인식하지만, 잘 아는 사람으로서는 인식하지 않을 것이다. 낯익음의 감정들이 존재한다; 그 감정들은 때때로 어떤 시선이나 "이 오래된 방!" (나는 여러 해 전에 그 방에 거주한 적이 있고, 이제 그 방이 변함없음을 재발견한다)이란 말로 표명된다. 마찬가지로, 낯섦의 느낌들이 존재한다; 나는 멈칫하고 서서, 대상을, 혹은 사람을, 검사하듯 또는 불신하듯 바라보며, "모든 것이 나에게는 낯설다"라고 말한다.—그러나 이제 이러한 낯섦의 느낌이 존재하기 때문에 다음과 같이 말할 수는 없다. 즉, 우리가 잘 알고 우리에게 낯설게 보이지 않는 모든 대상이 우리에게 친숙함의 느낌을 준다고 말이다.—우리는 말하자면 언젠가 낯섦의 느낌이 차지하고 있던 곳은 어쨌든 어떤 방식으로든 채워져야 한다고 생각한다. 이러한 분위기를 위한 장소가 현존하며, 그곳을 어떤 분위기가 차지하지 않는다면 다른 분위기가 차지한다고 말이다.

597. 영어를 잘 말하는 독일인이 먼저 독일어 표현을 형성한 다음에 그것을 영어로 번역하지 않더라도 그에게는 독일 말투가 나타나는 것처럼, 즉 그가 영어를 '무의식적으로' 독일어로부터 번역하듯 말하는 것처럼, 우리는 종종 우리의 사유에는 어떤 사유 도식이 밑에 놓여 있는 듯이 생각한다. 마치 우리가 더 원초적인 어떤 사유 방식으로부터 우리의 사유 방식으로 번역하고 있는 듯이 말이다.

598. 우리가 철학을 할 때, 우리는 아무 느낌도 없는 곳에서 느낌들을 실체화했으면 한다. 그것들은 우리에게 우리의 사고들을 설명하는 데 기여한다.

'여기서 우리의 사유에 대한 설명은 어떤 느낌을 요구한다!' 마치 이러한 요구를 받고 우리의 확신이 그에 따른다는 듯이 말이다.

599. 철학에서는 결론들이 내려지지 않는다. "어쨌든 사정은 이러이러해야 한다!"는 철학의 명제가 아니다. 철학은 누구나 인정하는 것을 확인할 뿐이다.

600. 우리 눈에 띄지 않는 모든 것이 눈에-띄지-않음의 인상을 주는가? 일상적인 것이 우리에게 언제나 일상성의 인상을 주는가?

601. 내가 이 책상에 관해 이야기할 때, —나는 이 대상이 "책상"이라고 불린다는 것을 기억해 내는가?

602. 내가 "오늘 아침 당신 방에 들어갔을 때, 당신은 당신의 책상을 다시 알아보았는가?"라는 질문을 받는다면, —아마 나는 "물론이다!"라고 말할 것이다. 그렇지만 여기서 재인식이 일어났다고 말하는 것은 오해를 일으킬 것이다. 물론 그 책상은 나에게 낯설지 않았다; 나는 그것을 보고서, 만일 다른 책상이 거기 놓여 있거나 낯선 대상이 거기 놓여 있다면 내가 놀랐을 것처럼 그렇게 놀라지 않았다.

603. 내가 내 방에 들어갈 때마다, 즉 오랫동안 익숙한 환경에 들어갈 때마다, 내가 보고 있고 또 골백번 보아 온 모든 것에 대한 재인식이 일어난다고는 아무도 말하지 않을 것이다.

604. "재인식"이라고 불리는 과정들에 관해서 우리는 쉽게 어떤 잘못된 그림을 지닌다; 마치 재인식이란 언제나, 우리가 두 인상을 서로 비교하는 데 있는 듯이 말이다. 마치 내가 어떤 한 대상의 그림을 지니고 있고, 그다음에 어떤 한 대상을 그 그림이 묘사하는 것으로서 식별하는 듯이 말이다. 우리에게는 우리의 기억이 우리가 이전에 보았던 것의 그림을 보존하거나 우리에게 과거를 (관(管) 같은 것을 통해서) 들여다보게 허락함으로써 그와 같은 어떤 비교를 매개해 주는 것처럼 보인다.

605. 그리고 실로 그것은 마치 내가 그 대상을 그 옆에 있는 어떤 그림과 비교하는 것과 같다기보다는, 마치 그 대상이 그 그림과 합치하는 것과 같다. 그러니까 나는 단지 하나를 보는 것이지, 둘을 보는 게 아니다.

606. 우리는 "그의 목소리의 표정은 진지했다"라고 말한다. 그것이 진지하지 않았다면, 우리는 말하자면 그 표정 뒤에 다른 표정이 있다고 생각한다.—그는 바깥으로는 이러한 얼굴을 하고 있지만, 속으로는 다른 얼굴을 하고 있다.—이는 그러나, 그의 표정이 진지하다면 그는 두 개의 같은 얼굴을 지닌다는 것을 뜻하지는 않는다.

(("아주 일정한 표정."))

607. 지금 몇 시인지 우리들은 어떻게 어림짐작하는가? 나는 그러나 외적인 근거들, 즉 태양의 위치, 방 안의 밝기 등과 같은 것에 의거하는 것을 뜻하지 않는다.—우리들은 가령 "지금 몇 시일까?"라고 자문하고, 잠시 멈춰 서서는 아마도 시계의 문자판을 상상한다; 그러고 나서 우리들은 시간을 말한다.—또는, 우리들은 여러 가지 가능성들을 숙고한다; 우리들은 어떤 한 시간을 생각하고, 그다음엔 다른 어떤 한 시간을 생각하며, 마침내 어떤 한 시

간에서 멈춘다. 이런 따위의 일들이 벌어진다. ——그러나 그 떠오른 생각에는 어떤 확신의 느낌이 동반되지 않는가? 그리고 이는 그 떠오른 생각이 이제 어떤 내적인 시계와 일치함을 뜻하지 않는가?—아니다, 나는 시간을 어떠한 시계에서도 읽어 내지 않는다; 확신의 느낌은, 내가 의심의 감정 없이, 침착하게 확신을 갖고 시간을 말하는 한 존재한다.—그러나 이렇게 시간 진술을 할 적에 뭔가가 찰칵하고 끼어들지 않는가?—내가 알 만한 것 중에, 그런 것은 없다; 당신이, 숙고를 정지하거나 어떤 수(數)에서 멈추어 섬을 그렇게 부르지 않는다면 말이다. 또한 여기서 나는 결코 '확신의 느낌'에 관해서도 이야기하지 않았을 것이다. 내가 말한 것은 오히려, 나는 잠시 동안 숙고하고 나서 5시 15분이라고 결정했다는 것일 것이다.—그러나 나는 무엇에 의거해서 결정했는가? 나는 아마 이렇게 말했을 것이다: "단지 느낌에 의거해서." 이는 내가 그것을 떠오르는 생각에 맡겼다는 것을 뜻할 뿐이다. ——그러나 시간을 어림잡으려면 당신은 최소한 어떤 특정한 상태로 자신을 옮겨야 한다; 그리고 어쨌든 당신은 시간 진술의 모든 상상을 올바른 시간 진술로서 받아들이지는 않는다!—이미 말했다시피, 나는 나 자신에게 "지금 몇 시일까?" 하고 물었다. 즉, 나는 이 물음을 예컨대 소설 속에서 읽지 않았다; 다른 사람의 언사로서 인용한 것도 아니었다; 이 말의 발음을 연습한 것도 아니었다; 등등. 나는 이러한 상황에서 그 말을 하지 않았다.—그러나 그럼 어떤 상황에서?—나는 나의 아침 식사를 생각했고, 오늘은 식사가 늦어지게 될 것인지를 생각했다. 그 상황은 이런 종류의 것이었다.—그러나 그럼에도 불구하고 당신은 도대체, 비록 파악 불가능하기는 하지만 시간을 어림짐작하기에 특징적인 어떤 상태 속에, 말하자면 그 일에 특징적인 분위기 속에 당신이 있었다는 것을 정말로 알지 못하는가?—아니, 특징적인 것은 내가 나 자신에게 "지금 몇 시일까?"라고 물었다는 것이다.—그리고 이 문장이 어떤 특정한 분위기를 지니고 있다면,—어떻게 내가 그 분위기를 그 문장 자체로부터 분리할 수 있을까? 만일 내가 그 문장이 어떻게 해서 또한 다른 방식으로도—즉 인용문으로, 농담으로, 회화 연습 등으로—말해질 수 있는지를 생각해 본 적이 없다면, 그 문장이 그와 같은 분위기를 지녔다는 생각은 나에게 결코 떠오르지 않았을 것이다. 그리고 그때 갑자기 나는 이렇게 말하고자 했다, 그때 갑자기 나에게는 이렇게 보였다. 즉, 나는 어쨌든 그 말을 어떤 방식으로든 특별하게—저 다른 경우들에서와는 달리—뜻했음이 틀림없다고 말이다. 특별한 분위기의 그림이 나의 뇌리에서 떠나지를 않았다; 나는 그 분위기를 내 앞에서 명백하게 본다—즉, 내 기억에 따르면 현실적이었던 것을 내가 주시하지 않는 한에 있어서 말이다.

그리고 확신의 느낌에 관해서는: 나는 때때로 나에게 "나는 지금 ……시라고 확신한다"라고 말한다; 그리고 다소 확신에 찬 어조로 말한다; 등등. 당신이 이러한 확신의 근거를 묻는다면, 나는 아무 근거도 갖고 있지 않다.

내가 나는 그것을 어떤 내적인 시계에서 읽어 낸다고 말한다면,—이것은 하나의 그림이며, 이에 대응하는 것은 그저 내가 이러한 시간 진술을 했다는 것뿐이다. 그리고 그 그림의 목적은 이런 경우를 다른 경우에 동화시키는 것이다. 나는 서로 다른 그 두 경우를 승인하는 것에 온몸의 털이 곤두선다.

608. 시간을 어림짐작하기에서 저 정신적 상태의 파악 불가능성이란 관념은 대단한 중요성이 있다. 어째서 그것은 파악 불가능한가? 그건 우리가, 우리의 상태에서 파악 가능한 것을 우리가 요청하는 그 특유한 상태에 속하는 것으로 셈하여 넣기를 거부하기 때문이 아닌가?

609. 분위기의 기술(記述)은 특별한 목적들을 위한, 언어의 특별한 적용이다.

(('이해'를 분위기로서, 심적 작용으로서 해석하는 일. 우리들은 모든 것에 대해 어떤 분위기를 덧붙여 구성할 수 있다. '기술 불가능한 성격.'))

610. 커피의 향기를 기술하라!—어째서 안 되는가? 우리에게 말들이 결여되어 있는가? 그리고 그것들은 무엇 때문에 우리에게 결여되어 있는가?—그러나 그와 같은 기술이 어쨌든 가능해야 한다는 생각은 어디에서 오는가? 언젠가 당신에게 그와 같은 기술이 부족했는가? 당신이 커피 향기를 기술하려 시도했는데, 성공하지 못했는가?

((나는 말했으면 한다: "이 음(音)들은 뭔가 멋진 것을 말하고 있지만, 그게 무엇인지 나는 모르겠다." 이 음들은 강한 몸짓이지만, 나는 그것에 필적할 어떠한 설명도 제시할 수 없다. 몹시 진지한 고개 끄덕임. 제임스[121]: "우리에겐 말들이 결여되어 있다." 그렇다면 왜 우리는 그것들을 도입하지 않는가? 우리가 그렇게 할 수 있으려면 무엇이 성립해야 할까?))

611. "의욕도 하나의 경험일 뿐이다", 이렇게 우리들은 말했으면 한다. ('의지'도 단지 '표상'일 뿐이라고 말이다.) 그것은 그것이 올 때 오며, 내가 그것을 일으킬 수는 없다.

일으킬 수 없다고?—무엇처럼? 나는 대체 무엇을 일으킬 수 있는가? 내가 의욕을 이야기할 때, 나는 그것을 무엇과 비교하는가?

612. 나는 예컨대 내 팔의 움직임에 대해서는, 그것은 그것이 올 때 온다는 따위로 말하지 않을 것이다. 그리고 여기에, 어떤 것이 단순히 우리에게 일어나기만 하는 것이 아니라 우리가 그것을 행한다고 말하는 것이 뜻을 지니는 영역이 있다. "나는 내 팔이 올라갈 때까지 기다릴 필요가 없다,—나는 내 팔을 들어 올릴 수 있다." 그리고 여기서 나는 내 팔의 움직임을 가령 내

121 (옮긴이주) 《심리학 원리》 I권 9장 3절 중 "경향들의 느낌" 부분 참조. 제임스는 "우리의 심리학적 어휘는 …… 존재하는 차이들을 이름 짓기에는 전적으로 부적절하다"라고 말한다.

심장의 격렬한 고동이 가라앉을 것이라는 것과 대조하고 있다.

613. 무릇 내가 어떤 것을 일으킬 수 있다(가령 과식으로 위통을 일으킬 수 있다)는 뜻에서는, 나는 의욕도 일으킬 수 있다. 이러한 뜻에서는, 나는 물속에 뛰어듦으로써 수영에의 의욕을 일으킨다. 내가 말하고자 했던 것은 물론, 나는 의욕을 의욕할 수는 없을 것이라는 것이다. 즉, 의욕의 의욕에 관해 이야기하는 것은 아무런 뜻이 없다는 것이다. "의욕"은 행위에 대한 이름이 아니며, 따라서 수의적(隨意的) 행위에 대한 이름도 아니다. 그리고 나의 잘못된 표현[122] 은, 우리들이 의욕을 어떤 직접적인, 비인과적인 일으킴으로서 생각하고자 하는 데에서 기인한 것이다. 그러나 이러한 관념의 근저에는 우리를 오도하는 유추가 놓여 있다. 즉, 인과 관계가 기계의 두 부분을 결합하는 어떤 기계 장치를 통해 수립되는 것으로 보인다는 것이다. 그 기계 장치가 교란되면, 그 결합은 풀어져 버릴 수 있다. (우리들은 기계 장치가 보통의 방식으로 겪게 되는 교란들만을 생각한다; 가령 톱니바퀴들이 갑자기 연약해진다거나 서로 꿰뚫고 지나간다거나 하는 따위는 생각하지 않는다.)

614. 내가 내 팔을 '수의로' 움직일 때, 나는 그 움직임을 일으키는 수단을 이용하지 않는다. 나의 소망조차도 이러한 수단이 아니다.

615. "의욕은, 그것이 일종의 소망이 아니어야 마땅하다면, 행위 자체여야 한다. 그것은 행위 이전에 멈추어서는 안 된다." 그것이 행위라면, 그것은 그 말의 일상적인 뜻에서 행위이다. 그러니까: 말하다, 글 쓰다, 가다, 어떤 것을 들어 올리다, 어떤 것을 상상하다와 같은 뜻에서 행위이다. 그러나 또한:

122 (옮긴이주) 앞 §611의 첫째 단락에서 '내가 의욕을 일으킬 수는 없다'고 한 것.

말하려고, 글 쓰려고, 어떤 것을 들어 올리려고, 어떤 것을 상상하려고 등등을—노력하다, 시도하다, 애쓰다와 같은 뜻에서 행위이다.

616. 내가 내 팔을 들어 올릴 때, 나는 내 팔이 올라가기를 바라지 않았다. 수의적 행위는 이러한 소망을 배제한다. 물론, 우리들이 이렇게 말할 수는 있다: "나는 내가 원(圓)을 정확히 그리기를 희망한다." 그리고 이로써 우리들은 손이 이러이러하게 움직였으면 하는 소망을 표현하고 있다.

617. 우리가 우리의 손가락들을 특별한 방식으로 엇갈리게 끼었을 때, 그중 특정한 손가락을 움직이라고 명령하는 사람이 그 손가락을 단지 가리키기만 하면—그것을 우리 눈에 단지 보여 주기만 하면—때로 우리는 그 손가락을 명령대로 움직일 수 없다. 반면에 그가 그 손가락을 건드리면, 우리는 그것을 움직일 수 있다. 우리들은 이러한 경험을 이렇게 기술했으면 한다. 즉, 우리는 그 손가락을 움직이려고 의욕할 수 없다고 말이다. 그 경우는 그 손가락을 가령 누군가가 꽉 붙잡고 있기 때문에 우리가 그것을 움직일 수 없는 경우와는 전혀 다르다. 이제 우리들은 첫 번째 경우를 이렇게 기술하는 경향이 있을 것이다. 즉, 그 손가락이 건드려지기 전에는[123] , 의지를 위한 착수 지점이 발견될 수 없다고 말이다. 우리들이 그 손가락을 느낄 때야 비로소, 의지는 자신이 어디에서 착수해야 할지를 알 수 있다고 말이다.—그러나 이러한 표현 방식은 우리를 오도한다. 우리들은 이렇게 말했으면 한다: "느낌이 그 장소를 지시하지 않는다면, 나는 어디서 내가 의지를 가지고 일을 시작해야 할지 도대체 어떻게 알까?" 그러나 우리들은 느낌이 거기 있을 때 내가 의지

123 (옮긴이주) 원문대로 하면 '건드려지지 않기 전에는'이 되어야 하는데, 원문의 부정 표현('nicht')은 착오일 것이다.

를 어디로 향하게 해야 하는지는 도대체 어떻게 아는가?

이 경우 우리가 그 손가락에서 어떤 접촉을 느끼기 전까지는 그 손가락이 말하자면 마비되어 있다는 것, 이것은 경험이 보여 준다; 그것은 선천적으로는 통찰될 수 없었다.

618. 의욕하는 주체는 여기서 질량 없는 (관성 없는) 어떤 것으로서, 자기 자신 속에 극복해야 할 아무런 관성 저항도 지니지 않은 하나의 발동기(發動機)로서 표상된다. 따라서 그것은 단지 움직이게 하는 것이고, 움직여지는 것이 아니다. 즉, "나는 의욕한다, 그러나 내 몸이 나를 따르지 않는다"라고는 말할 수 있다—그러나 "나의 의지가 나를 따르지 않는다"라고는 말할 수 없다. (아우구스티누스.[124])

그러나 내가 의욕하기를 실패할 수 없다는 뜻에서, 나는 의욕하기를 시도할 수도 없다.

619. 그리고 우리들은 이렇게 말할 수 있을 것이다: "내가 의욕하려고 결코 시도할 수 없는 한에서만, 나는 언제라도 의욕할 수 있다."

620. 행함 자체는 아무런 경험의 부피도 없는 것처럼 보인다. 그것은 연장(延長) 없는 점, 바늘의 뾰족한 끝처럼 보인다. 이 뾰족한 끝이 본래의 동작 주체처럼 보인다. 그리고 현상적으로 일어나는 일은 단지 이 행함의 결과처럼 보인다. "나는 행한다"는 모든 경험으로부터 분리된 확정된 뜻을 지니는 것처럼 보인다.

124 (옮긴이주) 《고백》 VIII 8. 참조.

621. 그러나 우리, 하나는 잊지 말자. 즉, '내가 내 팔을 들어 올릴' 때, 나의 팔은 올라간다. 그런데 문제가 발생한다: 내가 내 팔을 들어 올린다는 사실에서 나의 팔이 올라간다는 사실을 빼면 남아 있는 것은 무엇인가?
((그럼 운동감각들이 나의 의욕인가?))

622. 내가 내 팔을 들어 올릴 때, 대체로 나는 그걸 들어 올리려고 시도하지 않는다.

623. "어떤 일이 있어도 나는 이 집에 도달하고자 한다." 그러나 거기에 아무런 어려움도 없다면,—나는 어떤 일이 있어도 이 집에 도달하려고 노력할 수 있는가?

624. 실험실에서, 가령 전류의 영향 하에서, 어떤 사람이 눈을 감은 채 "나는 내 팔을 위아래로 움직이고 있다"라고 말한다—비록 그 팔은 움직이고 있지 않지만 말이다. "그러니까", 하고 우리는 말한다, "그는 이러한 움직임의 특별한 느낌을 지니고 있다."—눈을 감은 채 당신의 팔을 이리저리 움직이라. 그리고 이제 그렇게 하면서, 그 팔은 정지해 있는데 당신이 근육과 관절에 어떤 이상한 감각들을 지니고 있을 뿐이라고 당신 자신을 설득하려고 시도해 보라!

625. "당신이 당신의 팔을 들어 올렸다는 것을 당신은 어떻게 아는가?"—"나는 그것을 느낀다." 그러니까 당신이 재인식하는 것은 감각인가? 그리고 당신은 당신이 그것을 올바로 재인식한다고 확신하는가?—당신은 당신 팔을 들어 올렸다고 확신한다; 이것은 재인식의 기준, 척도가 아닌가?

626. "내가 막대기로 이 대상을 건드릴 때, 나는 그 막대기를 쥔 손이 아니라 그 막대기의 끝에서 촉감을 느낀다." 어떤 사람이 "나는 여기 손이 아니라, 손목이 고통스럽다"라고 말한다면, 그 귀결은 의사가 손목을 조사한다는 것이다. 그러나 내가 대상의 딱딱함을 막대기 끝에서 느낀다고 말하느냐, 아니면 손에서 느낀다고 말하느냐 하는 것은 어떤 차이를 낳는가? 내가 말하는 것은 "그건 마치 내가 막대기 끝에 말초 신경들을 지니고 있는 것과 같다"라는 뜻인가? 어떤 점에서 그러한가?—자, 아무튼 나는 이렇게 말하는 경향이 있다: "나는 막대기 끝에서 딱딱함 등을 느낀다." 그리고 이와 함께 벌어지는 일은, 그 대상을 막대기로 건드릴 때 나는 내 손이 아니라 막대기 끝을 본다는 것이다; 나는 내가 느끼는 것을 "나는 엄지손가락과 가운뎃손가락과 집게손가락 …… 끝에서 어떤 압박을 느낀다"라는 말로써가 아니라, "나는 거기서 어떤 딱딱한 것, 둥근 것을 느낀다"라는 말로써 기술한다는 것이다. 만일 나에게 가령 누군가가 "당신은 지금 그 탐침(探針)을 쥐고 있는 손가락에서 무엇을 느끼는가?"라고 묻는다면, 나는 그에게 이렇게 대답할 수 있을 것이다: "모르겠다——나는 거기서 뭔가 딱딱한 것, 거친 것을 느낀다."

627. 수의적 행위에 대한 다음의 기술을 고찰하라: "나는 5시에 벨을 울리려고 결심한다; 그리고 시계가 5시를 칠 때, 내 팔은 이러이러한 움직임을 한다."—이것이 올바른 기술인가? "……그리고 시계가 5시를 칠 때, 나는 내 팔을 들어 올린다"라는 이 기술이 아니고?——우리들은 첫 번째 기술을 이렇게 보충했으면 한다: "그리고 보라! 시계가 5시를 칠 때, 내 팔이 올라간다." 그런데 바로 이 "보라!"야말로, 여기서 떨어져 나가는 것이다. 내가 내 팔을 들어 올릴 때, 나는 "보라, 내 팔이 올라간다"라고 말하지 않는다.

628. 그러므로 수의적 운동은 놀람의 부재에 의해 특징지어진다고 말할 수 있을 것이다. 그리고 이제 나는 "그러나 우리들은 여기서 왜 놀라지 않는가?"라는 물음이 제기되는 것을 원하지 않는다.

629. 사람들이 미래에 대한 예지(豫知) 가능성에 관해 이야기할 때, 그들은 수의적 운동들이 예언(豫言)된다는 사실을 늘 망각한다.

630. 다음의 두 언어놀이를 고찰하라:

(a) 한 사람이 다른 사람에게, 특정한 팔 운동을 하라거나 특정한 자세를 취하라고 명령한다. (체조 교사와 학생.) 그리고 이 언어놀이의 한 변형은, 학생이 자기 자신에게 명령들을 하고, 그다음 그 명령들을 수행하는 것이다.

(b) 어떤 사람이 어떤 규칙적인 과정들을—예컨대 산(酸)에 대한 상이한 금속들의 반응들을—관찰하고, 이에 의거해서 특정한 경우에 발생할 반응들에 관한 예언을 한다.

이 두 언어놀이 사이에는 명백한 근친성이 있으며, 또한 근본적인 차이점도 있다. 그 두 경우에 우리들은 그 발화된 말들을 "예언"이라고 부를 수 있을 것이다. 그러나 첫 번째 기술(技術)로 이끄는 훈련을 두 번째 기술을 위한 훈련과 비교해 보라.

631. "나는 지금 가루약 두 봉지를 복용할 것이다. 그다음 반 시간 안에 나는 토할 것이다."—내가 첫 번째 경우에 나는 동작 주체이고 두 번째 경우에는 단지 관찰자라고 말한다면, 그것은 아무것도 설명하는 게 없다. 또는, 첫 번째 경우에 나는 인과적 연관을 내부에서 보고 있고, 두 번째 경우에는 외부에서 보고 있다고 말한다면, 그것은 아무것도 설명하는 게 없다. 그리고 그 비슷한 많은 말들도 마찬가지이다.

첫 번째 종류의 예언이 두 번째 종류의 예언과 마찬가지로 잘못될 수 없다고 말하는 것 역시 문제의 핵심을 벗어나는 것이다.

내가 나는 지금 가루약 두 봉지를 복용할 것이라고 말하는 것은 나의 행동에 대한 관찰들에 근거한 것이 아니다. 그 진술의 전제 조건들은 다른 것들이었다. 나는 그 진술로 이끌어 간 사고들, 행위들 등을 뜻하고 있다. 그리고 "당신 발언의 유일한 본질적 전제는 바로 당신의 결심이었다"라고 말하는 것은 우리를 오도할 뿐이다.

632. 나는 "나는 가루약을 복용할 것이다"라는 의지 표명의 경우에 그 예언은 원인이고 그 예언의 실현은 결과라고 말하고 싶지 않다. (이는 아마도 생리학적 탐구에 의해 결정될 수 있을 것이다.) 그러나 우리가 종종 결심의 표명으로부터 어떤 사람의 행위를 예언할 수 있다는 것, 거기까지는 참이다. 중요한 언어놀이.

633. "당신은 좀 전에 말이 막혔다; 당신은 자신이 무엇을 말하려고 했는지 여전히 알고 있는가?"—내가 이제 그것을 알고, 또 말한다면—이는 내가 그것을 이전에 이미 생각했는데, 단지 말하지 않았을 뿐임을 뜻하는가? 아니다. 당신이 내가 그 막혔던 문장을 계속해 나갈 때 지녔던 확신을 그때 이미 그 사고가 완성되어 있었다는 기준으로 간주하지 않는다면 말이다.—그러나 물론, 그 문장이 계속되도록 돕는 모든 가능한 것은 그 상황 및 나의 사고들 속에 이미 놓여 있었다.

634. 내가 그 막혔던 문장을 계속하고, 나는 그때 이렇게 그 문장을 계속하려고 했었노라고 말한다면, 이는 내가 간단한 메모에 의거해서 어떤 사고 과정을 수행하는 것과 비슷하다.

그러니까 나는 이 메모를 해석하지 않는가? 저 상황에서는 오직 하나의 계속만이 가능했는가? 분명히 아니다. 그러나 나는 이러한 해석들 가운데에서 선택하지 않았다. 나는 내가 그것을 말하려고 했다는 것을 기억해 냈다.

635. "나는 ……라고 말하려 했다."—당신은 여러 가지 세부 사항들을 기억해 낸다. 그러나 그것들 모두가 이러한 의도를 보여 주는 것은 아니다. 이는 마치 어떤 풍경의 사진이 찍혔지만 그것으로부터는 단지 몇몇 흩어진 세부 사항들만을 볼 수 있는 것과 같다; 여기에는 한 손, 저기에는 어떤 얼굴의 일부, 또는 모자,—그리고 그 나머지는 어둡다. 자, 그런데 마치 나는 그 사진 전체가 무엇을 묘사하고 있는지를 어쨌든 아주 확실하게 아는 듯하다. 마치 내가 그 어둠을 읽어 낼 수 있을 것같이 말이다.

636. 이 '세부 사항들'은 내가 마찬가지로 기억해 낼 수 있는 다른 상황들이 무관하다는 뜻에서 무관하지는 않다. 그러나 "일순 나는 ……라고 말하려 했다"라고 나에게 보고를 받는 사람은 이로써 그 세부 사항들을 경험하지 않으며, 또한 그것들을 추측해야 할 필요도 없다. 예컨대, 그는 내가 말하기 위해 이미 입을 열었었다는 것을 알아야 할 필요가 없다. 그러나 그는 일어난 일을 그렇게 '그려 넣을' 수 있다. (그리고 이러한 능력은 나의 보고를 이해함의 일부에 속한다.)

637. "나는 내가 무엇을 말하려고 했는지 정확히 안다!" 그렇지만 나는 그것을 말하지 않았다.—그렇지만 나는 그것을 그 당시 발생했으며 내 기억 속에 있는 다른 어떤 과정으로부터 읽어 내지 않는다.

그리고 나는 그 당시의 상황 및 그 앞의 일[前史]을 해석하지도 않는다. 왜냐하면 나는 그것들을 숙고하지 않으며, 판단하지 않기 때문이다.

638. 그럼에도 불구하고, 내가 "일순 나는 그를 속이려고 했다"라고 말할 때 내가 거기에서 어떤 해석을 보려는 경향이 있는 것은 어째서인가?

"일순 당신이 그를 속이려 했다고 당신은 어떻게 확신할 수 있는가? 당신의 행위와 사고들은 너무나 미숙하지 않았는가?"

도대체 증거가 너무 부족할 수는 없는가? 그렇다, 우리들이 증거를 뒤쫓아 가면, 그것은 대단히 부족해 보인다; 그러나 이는 우리들이 이 증거의 역사를 고려하지 않기 때문이 아닌가? 내가 다른 사람에게 기분이 좋지 않은 척 가장하려는 의도를 일순 지녔을 때, 그렇게 하기 위해서는 어떤 전사(前史)가 필요했다.

"일순 ……"이라고 말하는 사람은 실제로 일순간의 과정만을 기술하고 있는가?

그러나 심지어 전체 역사조차도, 내가 "일순 ……"이라고 말했을 때 의거한 증거는 아니었다.

639. 우리들은 의사(意思)[125]가 개진된다고 말했으면 한다. 그러나 여기에도 역시 잘못은 있다.

640. "이 사고는 내가 이전에 지녔던 사고들과 결부된다." ―어떻게 그것은 그렇게 되는가? 결부의 느낌에 의해서? 그러나 어떻게 느낌이 사고들을 실제로 결부시킬 수 있는가?―"느낌"이란 낱말은 여기서 아주 우리를 오도하기 쉽다. 그러나 "이 사고는 이전의 저 사고들과 연관되어 있다"라고 확신을 갖고 말하는 것은, 우리들이 그 연관을 보여 줄 수 없어도 때때로 가능하다. 그 연관을 보여 주는 일은 아마도 나중에 성취될 것이다.

---

125 (옮긴이주) 원말은 '의견', '생각'으로도 번역되는 'Meinung'. (§438의 각주 참조)

641. "만일 내가 '이제 나는 그를 속이려고 한다'는 말을 했더라면, 나는 그 말보다 더 확실하게 의도를 지니지 않았을 것이다."—그러나 만일 당신이 그 말을 했더라면, 당신은 그 말을 아주 진지하게 뜻했겠는가? (그러므로 최고로 명시적인 의도의 표현 하나만으로는 의도의 충분한 증거가 아니다.)

642. "나는 그 순간 그를 미워했다."—그때 무엇이 일어났는가? 그것은 사고들과 느낌들, 그리고 행위들에 있지 않았는가? 그리고 이제 내가 그 순간을 떠올린다면, 나는 어떤 특정한 얼굴을 할 것이고, 어떤 사건들을 생각할 것이며, 특정한 방식으로 숨을 쉴 것이며, 내 속에 어떤 느낌들을 끄집어 낼 것이다. 나는 그 미움이 치밀어 오르게 된 대화, 장면 전체를 생각해 낼 수 있을 것이다. 그리고 나는 이 장면을 실제 사건에서의 느낌들에 근접하는 느낌으로 연기해 낼 수 있을 것이다. 이때 내가 비슷한 일을 실제로 체험한 적이 있다는 것은 당연히 나에게 도움이 될 것이다.

643. 이제 내가 그 사건을 부끄러워한다면, 나는 그 전체를 부끄러워하는 것이다. 즉, 그 말, 그 독살스러운 어조 등등을 말이다.

644. "나는 내가 그 당시 한 일을 부끄러워하는 것이 아니라, 내가 지녔던 의도를 부끄러워하고 있다."—그런데 그 의도는 내가 한 일에도 역시 놓여 있지 않았는가? 무엇이 그 부끄러움을 정당화하는가? 그 사건의 전체 역사.

645. "일순 나는 ……하려고 했다." 즉, 나는 어떤 특정한 느낌을 지녔다, 내적 체험을 했다; 그리고 나는 그것을 기억해 낸다. ——자, 그런데 아주 정확하게 기억해 내라! 그러자 의욕의 그 '내적 체험'은 다시 사라지는 것처럼 보인다. 그 대신 우리들은 사고들, 느낌들, 움직임들을 기억해 내며, 또한 이전

상황들과의 연관도 기억해 낸다.

이는 마치 우리들이 현미경의 초점을 변경한 것과 같다; 지금 초점 맞춰진 것은 이전에는 보이지 않았다.

646. "자, 그건 단지 당신이 현미경을 잘못 맞춰 놓았다는 것을 보여 줄 뿐이다. 당신은 표본의 특정한 한 층(層)을 바라보아야 했는데, 다른 한 층을 보고 있는 것이다."

이 말에는 올바른 뭔가가 있다. 그러나 내가 (렌즈를 특정하게 초점 맞춤으로써) 어떤 한 감각을 기억해 낸다고 가정하자; 어떻게 나는 그것이 내가 "의도"라고 부르는 것이라고 말할 수 있는가? (예컨대) 일정한 근질근질함이 나의 모든 의도에 동반되었을 수 있을 것이다.

647. 의도의 자연적 표현은 무엇인가?—한 마리 새에게 살금살금 다가갈 때의 고양이를 바라보라; 또는 도망가려고 할 때의 어떤 동물을 바라보라.

((감각에 관한 명제들과의 연결.))

648. "나는 내 말이 더는 기억나지 않지만, 나의 의도는 정확히 기억한다; 나는 내 말로 그를 진정시키려고 했다." 나의 기억은 나에게 무엇을 보여 주는가? 나의 기억은 무엇을 내 마음에 가져다주는가? 자, 만일 그것이 나에게 이러한 말을—그리고 아마도 그 상황을 훨씬 더 정확하게 그려 내는 다른 말을—암시하는 것 외에는 하는 일이 아무것도 없다면!—("나는 내 말이 더는 기억나지 않지만, 내 말의 정신은 확실히 기억하고 있다.")

649. "그러니까 아무 언어도 배우지 않은 사람은 모종의 기억들을 가질 수 없는가?" 물론이다,—그는 언어적 기억들, 언어적 소망들이나 공포들 따위

를 지닐 수 없다. 그리고 언어로 된 기억 등은 원래의 체험들의 단지 뻔한 묘사가 아니다; 도대체 언어적인 것은 체험이 아닌가?

650. 우리는 개가 주인한테 두들겨 맞을까봐 두려워한다고 말한다. 그러나 개가 주인한테 내일 두들겨 맞을까봐 두려워한다고는 말하지 않는다. 어째서 그렇게는 말하지 않는가?[126]

651. "나는 내가 그 당시 훨씬 더 오래 머물고 싶어 했던 것을 기억한다."—이러한 갈망을 나타내는 무슨 그림이 내 마음에 떠오르는가? 전혀 어떤 것도. 내가 내 기억 속에서 보는 것은 나의 느낌들에 관해 어떠한 결론도 허용하지 않는다. 그럼에도 불구하고 나는 느낌들이 현존해 있었다는 것을 아주 똑똑히 기억한다.

652. "그는 적대적인 시선으로 그를 노려보고, ……라고 말했다." 소설의 독자는 이것을 이해한다; 그는 마음속에 아무런 의심도 지니고 있지 않다. 그런데 당신은 말한다: "물론, 그는 의미를 보충해서 생각하고 있다; 그는 의미를 추측하고 있다."—일반적으로는, 그렇지 않다. 일반적으로 그는 아무것도 보충하여 생각하지 않으며, 아무것도 추측하지 않는다.—그러나 그 적대적 시선과 말이 위장(僞裝)이었음이 나중에 입증되거나, 그것들이 위장인지 아닌지에 관해 독자가 의심을 유지하는 것, 그리고 따라서 그가 하나의 가능한 해석을 실제로 추측하는 것도 또한 가능하다.—그러나 그 경우 그는 무엇보다 먼저 맥락을 추측한다. 그는 자신에게 가령 이렇게 말한다. 즉, 여기서 그렇게 적대적으로 굴고 있는 그 두 사람은 실제로는 친구이다, 등등, 등

126 (옮긴이주) II부 i [1] 참조.

등이라고 말이다.

((“당신이 문장을 이해하고자 한다면, 당신은 심리적 의미, 심리 상태들을 덧붙여서 생각해야 한다.”))

653. 이러한 경우를 생각해 보라. 내가 어떤 사람에게, 나는 내가 이전에 작성한 지도에 따라서 어떤 길을 갔다고 말한다. 그러고 나서 나는 그에게 이 지도를 보여 준다. 그리고 그것은 종이 위에 그려진 선들로 이루어져 있다. 그러나 나는 이 선들이 어떤 점에서 나의 도보 여행 지도인지 설명하지 못하며, 그 지도를 해석할 수 있는 어떠한 규칙도 그 사람에게 말하지 못한다. 그러나 분명 나는 독도법(讀圖法)의 모든 특징적 표시를 내면서 저 소묘를 뒤따라갔다. 나는 그와 같은 소묘를 ‘사적(私的)’ 지도라고 부를 수 있을 것이다. 또는 내가 기술한 현상을 “사적 지도를 따르기”라고 부를 수 있을 것이다. (그러나 물론 이 표현은 매우 쉽게 오해될 수 있다.)

이제 나는 다음과 같이 말할 수 있을까: “비록 지도는 거기 없지만, 나는 내가 그 당시 이러이러하게 행위하려 했다는 것을 말하자면 지도에서 읽어 내듯 읽어 낸다”? 그렇지만 이는 다음과 같이 내가 지금 말하려는 경향이 있다는 것 외에 다른 아무것도 뜻하지 않는다: “나는 그렇게 행위하려는 의도를 내가 기억해 내는 어떤 심리 상태들에서 읽는다.”

654. 우리의 잘못은, 우리가 사실들을 ‘원현상(原現象)들’로 보아야 할 곳에서 어떤 설명을 구하는 것이다. 즉, 이러한 언어놀이가 행해지고 있다고 말해야 할 곳에서 말이다.

655. 언어놀이를 우리의 체험들에 의해 설명하는 것이 아니라, 언어놀이를 확인하는 것이 중요하다.

656. 무엇 때문에 나는 내가 이전에 이러이러한 소망을 지니고 있었다고 어떤 사람에게 말하는가?—언어놀이를 일차적인 것으로 보라! 그리고 느낌들 따위는 언어놀이의 어떤 한 고찰 방식, 어떤 한 해석을 보듯 보라!

우리들은 이렇게 물을 수 있을 것이다. 즉, 사람은 일찍이 어떻게 해서 "과거의 소망에 대한 보고" 또는 과거의 의도에 대한 보고라고 불리는 언어적 발언을 하는 데로 이르렀는가?

657. 이러한 발언이 언제나 다음과 같은 형식을 취한다고 생각해 보자: "나는 속으로, '내가 더 오래 머무를 수만 있다면!' 하고 말했다." 이러한 보고의 목적은 다른 사람에게 나의 반응들을 알게 하려는 것일 수 있다. ("meinen"과 "vouloir dire"의 문법을 비교하라.)[127]

658. 우리가 어떤 사람의 의도를 언제나 다음과 같이 말함으로써 표현했다고 생각해 보라: "그는 말하자면 자기 자신에게 '나는 ……을 하려고 한다'고 말했다."—이것은 그림이다. 자, 그런데 나는 "어떤 것을 말하자면 자기 자신에게 말하다"란 표현이 어떻게 사용되는지를 알고 싶다. 왜냐하면 그 표현은, 어떤 것을 자기 자신에게 말한다는 것을 의미하지는 않기 때문이다.

659. 어째서 나는 내가 한 것 외에 의향(意向)까지도 그에게 알리려고 하는가?—의향도 그 당시 일어난 어떤 것이었기 때문은 아니다. 오히려, 내가 나에 관해 그 당시 일어난 것을 넘어서는 어떤 것을 그에게 알리려고 하기 때문이다.

---

127 (옮긴이주) "vouloir dire"는 글자 그대로는 '말하려고 (의도)하다'이지만 "meinen"처럼 '뜻하다'라는 의미로 쓰인다.

내가 무엇을 하려고 했는지를 내가 말할 때, 나는 그에게 나의 내부를 열어 보인다.—그러나 자기 관찰의 토대 위에서가 아니라 하나의 반응(그것은 직관이라고도 불릴 수 있을 것이다)에 의해서이다.

660. "그 당시 나는 ……라고 말하려 했다"란 표현의 문법은 "그 당시 나는 계속할 수 있었을 것이다"란 표현의 문법과 근친적이다.

전자의 경우에 그 기억은 의도에 관한 것이고, 후자의 경우에는 이해에 관한 것이다.

661. 나는 내가 그를 뜻했던 것을 기억한다. 나는 과정이나 상태를 기억하는 것인가?—그것은 언제 시작했는가? 그것은 어떻게 진행되었는가? 등등.

662. 단지 조금 다른 어떤 상황에서, 그가[128] 어떤 사람에게 말없이 손가락으로 신호하는 대신 "N한테 나에게 오라고 말하라"라고 말했다고 해 보자. 이제 우리들은 "나는 N이 나에게 오기를 원했다"란 말은 그 당시의 내 마음의 상태를 기술하고 있다고 말할 수 있다. 그리고 또다시, 그렇게 말할 수 없기도 하다.

663. 내가 "나는 그를 뜻했다"라고 말한다면, 그때 아마도 어떤 그림이, 가령 내가 그를 어떻게 바라보았는지 하는 따위에 관한 그림이, 내 머리에 떠오를 수도 있다. 그러나 그 그림은 단지 어떤 이야기에 대한 하나의 삽화와 같을 뿐이다. 그것만으로는 대개는 전혀 아무것도 해명될 수 없을 것이다; 그 이야기를 알 때야 비로소 우리들은 그 그림이 무엇을 뜻하는지를 안다.

---

128 (옮긴이주) 앞뒤 문맥상 이는 '내가'로 되어야 할 것으로 보인다.

664. 낱말의 쓰임에서 '표층 문법'이 '심층 문법'과 구별될 수 있을 것이다. 한 낱말의 쓰임에서 우리에게 즉시 각인되는 것은 **문장 구성**에서 그 낱말이 사용되는 방식, 그 낱말의 쓰임 중—말하자면—귀로 파악될 수 있는 부분이다. ——그리고 이제 가령 '뜻하다'라는 낱말의 심층 문법을 우리가 그 낱말의 표층 문법 때문에 추측하게 될 것과 비교하라. 우리들이 훤히 알기가 어렵다는 것을 발견한다 해도 하등 놀라운 일이 아니다.

665. 누군가가 고통스러운 표정으로 자기의 뺨을 가리키면서 "아브라카다브라!"라고 말했다고 생각해 보라. —우리는 "당신은 무엇을 뜻하는가?"라고 묻는다. 그리고 그는 "나는 치통을 뜻했다"라고 대답한다. —당신은 곧 생각한다: 도대체 어떻게 우리들이 그 말로 '치통을 뜻할' 수 있는가? 또는 그 말로 고통을 **뜻한다**는 것은 대체 무엇을 **뜻할까**? 그럼에도 불구하고 당신은, 다른 맥락에서는, 이러이러한 것을 뜻하는 정신적 활동이 바로 언어의 쓰임에서 가장 중요한 것이라고 주장했을 것이다.

그러나 어떻게, —도대체 나는 "'아브라카다브라'로 나는 치통을 뜻한다"라고 말할 수 없는가? 물론 할 수 있다. 그러나 그것은 하나의 정의이다; 내가 그 말을 할 때 내 속에서 일어나는 것에 대한 기술이 아니다.

666. 당신이 고통스러운데, 동시에 옆방에서 피아노 조율하는 소리가 들린다고 생각해 보라. 당신이 말한다: "곧 끝나겠지." 그렇지만 당신이 고통을 뜻하느냐, 아니면 피아노 소리를 뜻하느냐는 분명 차이가 있다! —물론이다. 그러나 이러한 차이는 무엇에 있는가? 나는 인정하거니와, 어떤 것을 뜻함에는 많은 경우 어떤 주의 기울임이 대응할 뿐 아니라, 또한 어떤 시선, 어떤 몸짓, 또는 "내부를 향한 시선"이라고 불릴 수 있을 터인 어떤 눈 감음이 종종 대응할 것이다.

667. 어떤 사람이 고통을 흉내 내고서는, "곧 누그러질 것이다"라고 말한다고 생각해 보라. 우리들은 그가 고통을 뜻한다고 말할 수 없는가? 그럼에도 불구하고 그는 자신의 주의를 어떠한 고통에도 집중하고 있지 않다. —그리고 마침내 내가 "고통은 이미 끝났다"라고 말한다면 어떻게 될까?

668. 그러나 우리들은 또한 이렇게 거짓말을 할 수 있지 않은가? 즉, 우리들은 "곧 끝나겠지"라고 말하고 고통을 뜻한다, —그러나 "당신은 무엇을 뜻했는가?"라는 물음에 대해서는 "옆방의 소음"이라고 대답한다. 이런 종류의 경우에 우리들은 가령 이렇게 말한다: "나는 ……라고 대답하려고 했으나, 곰곰이 생각하고서는 ……라고 대답했다."

669. 우리들은 말할 적에 어떤 대상을 가리킴으로써 그 대상과 관계할 수 있다. 여기서 그 가리킴은 언어놀이의 일부이다. 그런데 이제 우리에게는 마치, 우리들은 말할 적에 어떤 감각에 주의를 기울임으로써 그 감각에 관해 말하는 것처럼 보인다. 그러나 어디에 그 유사성이 있는가? 그것은 명백히, 우리들은 **바라봄**과 **귀 기울임**으로써 어떤 것을 가리킬 수 있다는 점에 있다.

그러나 상황에 따라서는, 우리들이 말하고 있는 대상을 **가리키는** 것조차도 실은 언어놀이를 위해서, 사고를 위해서, 전혀 비본질적일 수 있다.

670. 당신이 어떤 사람에게 전화를 걸어, "이 책상은 너무 높다"라고 말하면서 손가락으로 책상을 가리킨다고 생각해 보라. 여기서 그 가리킴은 어떤 역할을 하는가? 나는 말할 수 있는가, 그 책상을 가리킴으로써 나는 문제의 그 책상을 뜻한다고? 이러한 가리킴은 무엇 때문인가? 그리고 이러한 말과 그 밖에 그 말에 동반될 수도 있는 어떤 것을 하는 것은 무엇 때문인가?

671. 그리고 귀 기울임의 내적 활동을 통해 나는 도대체 무엇을 가리키는가? 내 귀에 도달하는 소리를? 그리고 내가 듣는 것이 아무것도 없을 때는, 정적(靜寂)을?

귀 기울임은 말하자면 어떤 청각 인상을 찾는다. 따라서 그것은 그 인상을 가리킬 수는 없고, 단지 그 인상을 찾는 장소만을 가리킬 수 있다.

672. 수용적 태도가 어떤 것에 대한 하나의 '지시'라고 불린다면,—그 지시는 우리가 그것을 통해 얻는 감각에 대한 것이 아니다.

673. 정신적 태도는 말에 몸짓이 동반되는 것과 동일한 뜻에서 말에 '동반'되지 않는다. (말에 몸짓이 동반되는 것은, 어떤 사람이 혼자서 여행할 수 있지만 나의 소망이 그와 동행할 수 있는 것과, 그리고 어떤 공간이 비어 있지만 빛이 거기를 관류(貫流)할 수 있는 것과 비슷하다.)

674. 우리들은 예컨대 "나는 지금 실제로는 나의 고통을 뜻하지 않았다; 나는 그것에 충분히 주의를 기울이지 않았다"라고 말하는가? 가령 나는 나 자신에게 다음과 같이 묻는가: "나는 지금 이 말로 대체 무엇을 뜻했는가? 나의 주의는 나의 고통과 그 소음 사이에서 양분되어 있었다—"?

675. "나에게 말하라. 당신이 ……란 말을 했을 때, 당신 속에서 무엇이 일어났는가?"—이에 대해 "나는 ……라고 뜻했다"라고 하는 것은 대답이 아니다.

676. "나는 그 말로 이것을 뜻했다"는 마음의 정동(情動)에 대한 보고와는 달리 사용되는 보고이다.

677. 한편: "방금 당신이 저주했을 때, 당신은 정말로 그렇게 뜻했는가?" 이것은 가령 "당신은 그때 정말로 화가 났었는가?"와 같은 정도의 뜻을 지닌다. —그리고 그에 대한 대답은 내성에 근거해서 주어질 수 있으며, 종종 다음과 같은 종류이다. 즉, "나는 그걸 아주 진지하게 뜻하지는 않았다", "나는 그걸 반은 농담으로 뜻했다", 등등. 여기에는 정도 차이가 존재한다.

그리고 우리들은 물론 이렇게도 말한다: "나는 이 말을 하면서 얼마쯤은 그를 생각했다."

678. 이러한 (고통 또는 피아노 소리를) 뜻함은 무엇에 있는가? 아무런 대답도 나오지 않는다—왜냐하면 첫눈에 우리에게 나타나는 대답들은 쓸모가 없기 때문이다. —"그렇지만 내가 그 당시 뜻한 것은 그 하나였지 다른 하나가 아니었다." 그렇다, —그런데 당신은 아무도 반대한 적이 없는 한 명제를 단지 강조하여 반복했을 뿐이다.

679. "그러나 당신은 당신이 그것을 뜻했다는 것을 의심할 수 있는가?" —없다; 그러나 나는 그것을 안다고 확신할 수도 없다.

680. 당신이 나에게, 당신은 저주를 했으며 그와 동시에 N을 뜻했다고 나에게 말한다면, 당신이 그때 그의 그림을 바라보았느냐, 당신이 그를 상상했느냐, 그의 이름을 말했느냐 등은 나에게 상관없을 것이다. 그 사실에서 나의 흥미를 끄는 결론들은 이것들과는 아무 상관이 없다. 그러나 다른 한편으로 어떤 사람은 나에게 이렇게 설명할 수 있을 것이다. 즉, 저주는 우리들이 사람을 분명하게 표상하거나, 사람의 이름을 큰 소리로 발화하는 경우에만 효능이 있다고 말이다. 그러나 우리들은 다음과 같이 말하지는 않을 것이다: "그것은 저주하는 사람이 그의 희생물을 어떻게 뜻하느냐에 달려 있다."

681. 물론 우리들은 다음과 같이 묻지도 않는다: "당신은 당신이 그를 저주했다고, 그와의 연결이 확립되었다고 확신하는가?"

그러니까 필시 이 연결은 우리들이 그 연결을 그렇게 확신할 수 있을 정도로 아주 쉽게 확립될 수 있는가?! 그것이 빗나가지 않는다는 것을 알 수 있을 정도로?!—자, 내가 어떤 사람에게 편지를 쓰려고 하는데 사실은 다른 사람에게 편지 쓰는 일이 일어날 수 있는가? 그리고 그것은 어떻게 일어날 수 있을까?

682. "당신은 '곧 끝나겠지'라고 말했다.—당신은 소음을 생각했는가, 아니면 당신의 고통을 생각했는가?" 그런데 그가 "나는 피아노 소리를 생각했다"라고 대답한다면,—그는 이러한 연결이 있었음을 확인하는 것인가, 아니면 이 말로써 그러한 연결을 만들고 있는 것인가?—내가 그 둘 다라고 말할 수는 없는가? 그가 말한 것이 참이었다면, 거기에는 저 연결이 있지 않았는가,—그리고 그럼에도 불구하고 그는 존재하지 않았던 연결을 만들고 있지 않은가?

683. 내가 머리를 그린다. 당신은 "그건 누구를 나타내는 걸까?" 하고 묻는다.—나: "이건 N이라네."—당신: "그러나 그건 그와 비슷해 보이지 않는데; 오히려 M과 더 비슷해 보이는데."—내가 그것은 N을 나타낸다고 말했을 때,—나는 연관을 만든 것인가, 아니면 연관에 관해 보고를 한 것인가? 대체 무슨 연관이 존재했었는가?

684. 내 말이 이미 존재한 연관을 기술하고 있음을 말해 주는 것은 무엇인가? 자, 내 말은 처음에 내 말과 함께 나타나지 않은 여러 가지 것들과 관련되어 있다. 내 말은 예컨대, 만일 내가 질문을 받았더라면 그 당시 나는 특정

한 대답을 했으리라고 말하고 있다. 그리고 비록 이것은 단지 조건적이지만, 그럼에도 불구하고 그것은 과거에 관해서 어떤 것을 말하고 있다.

685. "A를 찾아라"는 "B를 찾아라"를 뜻하지 않는다; 그러나 내가 그 두 명령을 따름으로써, 나는 정확히 같은 일을 할 수도 있다.

그때 뭔가 다른 일이 일어나야 한다고 말하는 것은, "오늘은 내 생일이다"란 문장과 "4월 26일은 내 생일이다"란 문장은 그 뜻이 같지 않으므로 서로 다른 날과 관련되어 있어야 하리라고 말하는 것과 비슷할 것이다.

686. "물론 나는 B를 뜻했다; 나는 A는 전혀 생각지도 않았다!"

"나는 ……하기 위해서 B가 나에게 오기를 원했다."—이 모든 것은 더 큰 어떤 맥락을 가리킨다.

687. 물론 때때로 우리들은 "나는 그를 뜻했다" 대신 "나는 그를 생각했다"라고 말할 수 있다; 또한 때로는, "그렇다, 우리는 그에 관해서 이야기했다"라고도 말할 수 있다. 그러면 '그에 관해서 이야기한다'는 것은 무엇에 있는지 자문해 보라!

688. 상황에 따라서는 우리들은 이렇게 말할 수 있다: "내가 말을 했을 때, 나는 내가 그것을 당신에게 말한다고 느꼈다." 그러나 내가 그렇지 않아도 당신과 이야기하고 있었다면, 나는 그런 말을 하지 않을 것이다.

689. "나는 N을 생각하고 있다." "나는 N에 관해서 이야기하고 있다."

어떻게 나는 그에 관해서 이야기하는가? 나는 가령 "나는 오늘 N을 방문해야 한다"라고 말한다. ——그러나 그건 아무래도 충분하지 않다! 어쨌든

"N"으로 나는 이 이름을 지닌 서로 다른 사람들을 뜻할 수 있을 것이다. —
"그러니까 내 이야기와 N과의 다른 연결이 더 존재해야 한다. 왜냐하면 그렇지 않다면 어쨌든 나는 그를 뜻하지 않았을 터이기 때문이다."

확실히, 그러한 연결이 존재한다. 다만, 그것은 당신이 상상하는 것과 같은 연결, 즉 어떤 정신적 기제에 의한 연결이 아니다.

(우리들은 "그를 뜻하다"를 "그를 겨냥하다"와 비교한다.)

690. 내가 한번은 외견상 악의 없는 소견을 말하면서 이에 동반해 어떤 사람에게 은밀한 곁눈질을 하고, 다음번에는 눈을 아래로 깔고 그 자리에 있는 어떤 사람의 이름을 부르면서 공공연히 그 사람에 관해 이야기한다면 어떠할까, — 내가 그의 이름을 사용할 때, 나는 실제로 특별히 그를 생각하는가?

691. 내가 N의 얼굴을 나의 기억에 따라서 소묘한다면, 아무튼 나는 나의 소묘로 그를 뜻한다고 할 수 있다. 그러나 나는 그 소묘가 행해지는 동안의 (또는 그 이전이나 그 이후의) 어떤 과정에 관해서, "이것이 뜻함이다"라고 말할 수 있을까?

왜냐하면 우리들은 당연히 이렇게 말했으면 하기 때문이다. 즉, 그가 그를 뜻했을 때, 그는 그를 겨냥했다고 말이다. 그러나 어떤 사람이 다른 사람의 얼굴을 기억 속으로 불러낼 때, 그는 어떻게 그렇게 하는가?

내 말은, 그는 어떻게 **그를** 기억 속으로 불러내느냐는 것이다.

그는 어떻게 그를 불러내는가?

692. 어떤 사람이 말하기를, "내가 당신에게 이 규칙을 주었을 때, 나는 당신이 이 경우에 ……해야 한다고 뜻했다"라고 한다면, 그것은 옳은가? 그가 그 규칙을 주었을 때, 그가 이 경우를 전혀 생각하지 않았더라도? 물론 그것은

옳다. "그것을 뜻한다"는 '그것을 생각한다'를 꼭 뜻하지 않았다. 그러나 이제 문제는, 어떤 사람이 이것을 뜻했는지를 우리는 어떻게 판단해야 하는가이다.—그가 예컨대 산수와 대수의 특정한 기술(技術)을 숙달했으며, 다른 사람에게 어떤 수열의 전개를 통상적인 방식으로 가르쳤다는 것이 그와 같은 기준이다.

693. "내가 어떤 사람에게 ……라는 수열의 형성을 가르칠 때, 아무튼 나는 그가 100번째 자리에서는 ……을 써야 한다고 뜻한다."—전적으로 옳다; 당신은 그걸 뜻한다. 그리고 명백히, 꼭 그걸 생각하는 일조차도 없이 말이다. 이는 "뜻하다"란 동사의 문법이 "생각하다"란 동사의 문법과 얼마나 다른가를 당신에게 보여 준다. 그리고 뜻함을 정신적 활동이라고 부르는 것보다 더 잘못된 것은 없다! 즉, 우리들이 혼란을 일으키려고 노리는 게 아니라면 말이다. (버터 가격이 오를 때, 우리들은 버터의 활동에 관해서도 이야기할 수 있을 것이다; 그리고 그로 인해 아무런 문제도 생기지 않는다면, 그것은 무해하다.)

II*

* 이 자리는 3판까지는 '제2부'라고 표시되어 있었다. 개정4판은 (《철학적 탐구》가 앞의 I 부분에서 완성되었다고 보고) 이 표현을 삭제하고, 이 자리에 대신 "심리학의 철학—하나의 단편"이라는 별도의 새로운 제목을 넣었다.

i

[1]* 우리들은 동물이 성내고, 두려워하고, 슬퍼하고, 기뻐하고, 깜짝 놀라는 것을 상상할 수 있다. 그러나 희망하는 것은? 그리고 왜 못하는가?

개는 자기 주인이 문간에 있다고 믿는다. 그러나 개는 자기 주인이 모레 올 것이라고도 믿을 수 있는가?—그런데 개는 무엇을 할 수 없는가?—도대체 나는 그걸 어떻게 하는가?—나는 여기에 대해 뭐라고 대답해야 하는가?

오직 말할 수 있는 자만이 희망할 수 있는가? 오직 언어의 사용에 숙달한 자만이 희망할 수 있다. 즉, 희망한다는 현상들은 이 복잡한 삶의 형태의 변양(變樣)[1]이다. (어떤 개념이 인간 필적의 성격을 겨냥하고 있다면, 그것은 글을 쓰지 않는 존재에게는 적용되지 않는다.)

[2] "고뇌"는 삶의 융단에서 상이한 편차를 가지고 반복되는 어떤 무늬를 우리에게 기술한다. 만일 어떤 사람에게서 슬픔과 기쁨의 신체적 표현이 가령 시계의 똑딱거림과 더불어 엇갈린다면, 여기에는 슬픔 무늬의 특징적 경과가 없을 것이며, 기쁨 무늬의 특징적 경과도 없을 것이다.[2]

---

* 이하 일련번호는 원래는 없던 것으로, 개정4판의 편집자들이 붙인 것이다. 괄호는 옮긴이가 쳤다.

1 (옮긴이주) 원말은 'Modifikationen', 즉 부분적으로 모양이 변경(modifizieren)된 것들.

2 (옮긴이주) 비트겐슈타인의 《쪽지》 §568 참조.

[3] "그는 1초 동안 격렬한 고통을 느꼈다."—어째서 "그는 1초 동안 깊은 고뇌를 느꼈다"란 말은 이상하게 들리는가? 단지 그것이 매우 드물게 나타나기 때문인가?

[4] 그러나 당신은 지금 고뇌를 느끼고 있지 않은가? ("그러나 당신은 지금 장기를 두고 있지 않은가?") 그 대답은 긍정적일 수 있다; 그러나 그것이 고뇌의 개념을 감각의 개념과 더 비슷하게 만들지는 않는다.—그 물음은 실은 본래 시간적이고 개인적인 것이었다; 우리가 제기하고자 했던 논리적인 물음이 아니었다.

[5] "좀 알아주시오, 나는 두렵소."

"좀 알아주시오, 나는 그게 무섭소."—그렇다, 우리들은 이것을 미소 짓는 어조로도 말할 수 있다.

그리고 당신은 우리들이 그것을 감지하지 못한다고 나에게 말하고 싶은 건가?! 도대체 우리들이 그걸 달리 어떻게 아는가?—그러나 그것이 하나의 보고일 때조차도, 우리들은 그것을 자신의 감각들로부터 배우지 않는다.

[6] 왜냐하면 공포의 몸짓들이 불러일으키는 감각들을 생각해 보라: "나는 그게 무섭소"란 말도 실은 그러한 몸짓이다; 그리고 내가 그러한 몸짓을 그 말이 발화될 적에 듣고 느낀다면, 이는 저 나머지 감각들에 속한다. 도대체 왜 무언(無言)의 몸짓이 유언(有言)의 몸짓을 뒷받침해야 할까?

ii

[7] "내가 그 낱말을 들었을 때, 그것은 나에게 ……을 의미했다"라는 그의 말로 그는 어떤 시점(時点) 및 낱말 사용 방식과 관계한다. (우리가 파악하지 못하는 것은 물론 이러한 조합이다.)

그리고 "나는 그 당시 ……라고 말하려고 했다"란 표현은 어떤 시점 및 행위와 관련된다.

우리의 표현의 다른 특수성들로부터 분리하기 위해서, 나는 발언의 본질적 관련들에 관해 이야기한다. 그리고 그 밖의 점에서는 우리에게 낯선 종류의 표현을 우리에게서 통용되는 이러한 형식으로 옮기도록 우리를 유인할 터인 관련들이 발언에 본질적인 것이다.

[8] "죄다"[3]란 낱말이 동사이자 부사일 수 있다고 말할 수 없는 사람, 또는 그 낱말이 한번은 부사이고, 한번은 동사인 문장들을 형성할 수 없는 사람은 단순한 학교 과제들을 제대로 해낼 수 없을 것이다. 그러나 그 낱말을 맥락 밖에서 이렇게 또는 저렇게 파악하는 것, 또는 자신이 그것을 어떻게 파악했는지 보고하는 것은 학생에게 요구되지 않을 것이다.

3 (옮긴이주) 원문은 'sondern'인데, 이는 동사로는 '나누다', 접속사로는 '……이 아니라 (오히려)'의 의미가 있다.

[9] "장미는 붉다"라는 말은 "(이)다"란 낱말이 "(……와) 같다"란 의미를 지니고 있다면 뜻이 없다.—이는, 당신이 그 문장을 말하고 거기에서 "(이)다"란 낱말을 등호로 뜻했다면, 그 뜻이 와해된다는 것을 뜻하는가?

우리가 한 문장을 취해서 어떤 사람에게 그 문장의 모든 낱말을 설명한다; 이에 의해 그는 그 낱말들을 적용하는 법을 배우고, 따라서 그 문장을 적용하는 법도 배운다. 만일 우리가 그 문장 대신에 뜻 없는 어순을 골랐다면, 그는 그것을 적용하는 법을 배우지 못할 것이다. 그리고 우리들이 "……(이)다"란 낱말을 등호로서 설명한다면, 그는 "장미는 붉다"란 문장을 사용하는 법을 배우는 것이 아니다.

그런데 그럼에도 불구하고 '뜻의 와해'도 또한 정당성을 지니고 있다. 그 정당성은 다음과 같은 예에 있다. 즉, 우리들은 어떤 사람에게 이렇게 말할 수 있을 것이다. 당신이 "어유, 어유!"라는 외침을 실감나게 말하고자 한다면, 그때 당신은 어유(魚油)를 생각해서는 안 된다고![4]

[10] 의미를 체험하는 것과 심상을 체험하는 것. 우리들은 이렇게 말했으면 한다: "우리들은 전자와 후자에서 체험한다. 다만, 다른 어떤 것을 체험할 뿐이다. 다른 내용이 의식에 제공된다. 즉, 의식 앞에 선다."—어느 것이 표상 체험의 내용인가? 그 대답은 어떤 그림, 또는 기술이다. 그리고 무엇이 의미 체험의 내용인가? 나는 어떻게 대답해야 할지 모르겠다.—저 발언이 그 어떤 뜻을 지닌다면, 그것은 그 두 개념이 '붉다'와 '파랗다'란 두 개념과 비슷하게 서로 관계한다는 것이다; 그런데 이는 거짓이다.

---

4 (옮긴이주) 동음이의어를 이용한 일종의 언어유희이다. 원문에서는 "어유, 어유!"가 "Ei, ei!"("아유, 아유!")이고 '어유(魚油)'는 'Eier(계란들)'인데, 'Ei'는 '계란'이란 뜻이기도 하다.

[11] 우리들은 심상을 고수하듯 의미 이해를 고수할 수 있는가? 즉, 나에게 낱말의 의미가 갑자기 떠오른다면, ―그 의미도 나의 마음 앞에 머물러 있을 수 있는가?

[12] "전체 계획이 전격적으로 내 마음 앞에 나타났고, 5분 동안 그렇게 머물러 있었다." 어째서 이 말은 이상하게 들리는가? 우리들은 반짝 떠오르는 것과 계속 머무르는 것은 동일할 수가 없었다고 믿고 싶어 한다.

[13] 내가 "이제 알았다!" 하고 소리쳤다. ―그것은 갑작스러운 번쩍임이었다: 그러고 나서 나는 그 계획을 상세하게 제시할 수 있었다. 무엇이 거기 머물러 있었을까? 아마도, 어떤 심상(心象). 그러나 "이제 알았다"는 내가 그 심상을 지니고 있다는 것을 뜻하지 않았다.

[14] 어떤 사람의 머리에 낱말의 의미가 떠올랐고, 그가 그 의미를 다시 잊지 않았다면, 이제 그 낱말은 이러이러한 방식으로 적용될 수 있다.

어떤 사람의 머리에 의미가 떠올랐다면, 이제 그는 그 의미를 안다; 그리고 머리에 퍼뜩 떠오름은 앎의 시작이었다. 그렇다면 어떻게 그것이 표상의 체험과 비슷한가?

[15] 내가 "왕(王)씨는 왕이 아니다"[5]라고 말한다면, 나는 첫 번째 "왕"을 고유명사로서, 두 번째 "왕"은 보통명사로서 뜻한다. 그러니까 첫 번째 "왕"에서는 두 번째 "왕"에서와는 다른 어떤 것이 내 마음속에서 일어나야 하는가? (내가 그 문장을 '앵무새같이' 발화하는 경우는 제외하자.) ―― 첫 번째

5 (옮긴이주) 원문은: "Herr Schweizer ist kein Schweizer(슈바이처 씨는 스위스인이 아니다)".

"왕"을 보통명사로, 그리고 두 번째 것을 고유명사로 뜻하려고 시도해 보라! ——우리들은 어떻게 하는가? 내가 그것을 시도할 때, 나는 그 두 말 각각에서 올바른 의미를 내 마음속에 전시해 보이려고 시도하면서 긴장한 눈으로 깜빡인다.—그러나 나는 도대체 낱말들의 일상적인 쓰임에서도 그것들의 의미를 내 마음속에 전시하는가?

[16] 내가 저 의미가 뒤바뀐 문장을 발화할 때, 나에게 그 문장의 의미는 와해된다.—자, 그것은 나에게는 와해되지만, 내가 그 보고를 하는 다른 사람에게는 와해되지 않는다. 그러니 무슨 지장이 있는가?——"그러나 그 문장의 일상적 발화에서는 어쨌든 다른 어떤 특정한 것이 일어난다."—거기서 저 '의미의 전시'는 일어나지 않는다.

iii

[17] 무엇이 그에 관한 나의 표상을 그에 관한 표상으로 만드는가?

생긴 모습의 유사성은 아니다.

"나는 지금 그를 생생하게 내 앞에서 보고 있다"라는 발언에 관해서도 실은 표상에 관해서와 마찬가지로 같은 물음이 성립한다. 무엇이 이 발언을 그에 관한 발언으로 만드는가?—그 발언 속에 들어 있거나 그 발언과 동시적인 ('그 배후에 있는') 어떤 것도 아니다. 그가 누구를 뜻했는지 알고자 한다면, 그에게 물어 보라!

(그러나 나에게 어떤 얼굴이 떠오르고, 그뿐 아니라 내가 그 얼굴을 그릴 수 있으면서도, 나는 그것이 누구의 얼굴인지, 어디서 내가 그 얼굴을 보았는지 모를 수도 있다.)

[18] 그러나 어떤 사람이 표상하는 중에, 또는 표상하는 대신에, 선으로 그림을 그린다고 해 보자; 단지 손가락으로 허공에다 그릴 뿐이지만 말이다. (그것은 "운동하는 표상"이라고 부를 수 있을 것이다.) 그렇다면 우리들은 "그건 누구를 표상하고 있는가?" 하고 물을 수 있을 것이다. 그리고 그의 대답이 결정할 것이다.—그것은 마치 그가 말로 기술을 한 것과 전적으로 같으며, 이 기술은 또한 바로 그 표상을 대신할 수도 있다.

iv

[19] "나는 그가 괴로워하고 있다고 믿는다." ―― 나는 그가 자동기계가 아니라고도 믿는가?

그 낱말을 나는 단지 마지못해 이 두 맥락에서 발화할 수 있을 것이다.

(또는 그건 이런 것일까? 즉: 나는 그가 괴로워한다고 믿는다; 나는 그가 자동기계가 아니라고 확신한다. 헛소리!)

[20] 내가 한 친구에 관해서, "그는 자동기계가 아니다"라고 말한다고 생각하라. ―무엇이 여기서 보고되는가? 그리고 그것은 누구를 위한 보고일까? 일상적 상황에서 타자를 만나는 어떤 사람을 위한 보고일까? 그것이 그에게 무엇을 보고할 수 있을까? (기껏해야, 이 사람이 때때로 기계처럼 행동하지 않고, 언제나 사람처럼 행동한다는 것.)

[21] "나는 그가 자동기계가 아니라고 믿는다"는, 그렇게 그냥 그대로는, 아직 전혀 아무런 뜻도 지니고 있지 않다.

[22] 그에 대한 나의 태도는 영혼에 대한 태도이다. 나는 그가 영혼을 지니고 있다는 의견을 갖고 있지 않다.

[23] 종교는 몸이 멸(滅)해도 영혼은 존재할 수 있다고 가르친다. 나는 그 가

르침을 정말로 이해하는가?—물론 나는 이해한다——나는 그때 많은 것들을 상상할 수 있다. 그뿐 아니라 우리들은 이러한 것들에 관해 그림들도 그려 왔다. 그와 같은 그림이 어째서 언표된 사상의 단지 불완전한 재생일 뿐이어야 할까? 그것이 언어적 교리와 같은 직무를 수행해서는 왜 안 되는가? 중요한 것은 직무이다.

[24] 머릿속의 사고에 대한 그림이 우리의 뇌리에서 떠나지 않을 수 있다면, 영혼 속의 사고에 대한 그림이 훨씬 더 그럴 수는 왜 없는가?

[25] 인간 신체는 인간 영혼의 가장 좋은 그림이다.

[26] 그러나 다음과 같은 표현은 어떠한가? "당신이 그것을 말했을 때, 나는 그걸 내 가슴 속에서 이해했다." 이와 동시에 우리들은 가슴을 가리킨다. 그리고 우리들은 가령 이러한 몸짓을 뜻하지 않는가?! 물론 우리들은 그것을 뜻한다. 또는 우리들은 단지 그림을 사용하고 있을 뿐이라고 의식하는가? 확실히 아니다.—그것은 어쨌든 그림 같은 표현이지만, 우리가 선택한 그림, 즉 비유가 아니다.[6]

---

6 (옮긴이주) 이 절과 관련해서 I부 §589 및 II부 xi의 [265] 참조.

v

[27] 우리가 어떤 한 점(예컨대 영사막 위의 광점(光点))의 운동을 관찰한다고 생각하라. 대단히 상이한 종류의 중요한 결론들을 이 점의 행동으로부터 이끌어 낼 수 있을 것이다. 그러나 얼마나 많은 종류가 그것에서 관찰될 수 있는가!—그 점의 궤도와 그 궤도의 어떤 측정량들(예컨대 진폭과 파장), 또는 그것이 변하는 속도와 법칙, 또는 그것이 비약적으로 변하는 장소의 수나 위치, 또는 이러한 장소들에서의 궤도의 곡률, 그리고 그 밖의 무수한 것들.—그리고 이러한 행동의 특징들 각각이 우리의 관심을 끄는 유일한 것일 수 있다. 예컨대 우리는 어떤 시간 내에 만들어진 고리들의 수 이외에는 이 운동의 모든 것에 무관심할 수 있을 것이다. ——그리고 이제 우리의 관심을 끄는 것이 그러한 특징 하나가 아니라 다수의 특징들이라면, 그 특징들 모두가 각각 우리에게 특별한, 다른 모든 것들과 각자 자기 방식대로 다른 해명을 제공할 수도 있다. 그리고 이는 인간 행동의 경우에 그러하다; 우리가 관찰하는 인간 행동의 여러 가지 특성들의 경우에 그러하다.

[28] 그러면 심리학은 마음이 아니라 행동을 다루는가?

심리학자는 무엇을 보고하는가?—그는 무엇을 관찰하는가? 인간의 행동, 특히 발언들이 아닌가? 그러나 이것들은 행동을 다루지 않는다.

[29] "나는 그가 기분이 언짢다는 것을 알아차렸다." 이것은 그의 행동에 관

한 보고인가 아니면 심리 상태에 관한 보고인가? ("하늘이 험악해 보인다": 이것은 현재를 다루고 있는가, 미래를 다루고 있는가?) 둘 다이다; 그러나 병렬적으로가 아니라, 하나에 관해 다른 하나를 통해 하는 보고이다.

[30] 의사가 묻는다: "그의 기분은 어떤가?" 간호사가 말한다: "신음하고 있어요." 행동에 관한 하나의 보고. 그러나 이 신음이 정말로 진정한 것인지, 정말로 어떤 것의 표현인지를 묻는 물음이 도대체 그 두 사람에게 존재해야 하는가? 그들은 예컨대 "그가 신음하고 있다면, 그에게 진통제를 더 주어야 한다"라는 결론을—어떤 매개항을 숨기지 않고도—이끌어 낼 수 있지 않을까? 중요한 것은 그들이 그러한 행동의 기술(記述)에 부과하는 직무(職務)가 아닌가?

[31] "그러나 그렇다면 이것은 암묵적인 전제를 하고 있다." 그렇다면 우리의 언어놀이의 과정은 언제나 어떤 암묵적인 전제에 근거하고 있다.

[32] 내가 어떤 심리학적 실험을 기술한다. 즉, 그 장비와, 실험자의 설문들과, 피험자의 행위들 및 대답들을. 그리고 이제 나는 이것이 연극의 한 장면이라고 말한다.—이제 모든 것은 변했다. 그러므로 다음과 같은 설명이 주어질 것이다: 만일 심리학에 관한 책에서 이 실험이 같은 방식으로 기술된다면, 그 행동의 기술은 곧 심리적인 것의 표현으로서 이해될 것이다; 왜냐하면 우리들은 피험자가 우리를 우롱하고 있지 않으며, 대답을 암기하지 않았다는 등등의 많은 것을 전제하기 때문이다.—그러니까 우리는 어떤 전제를 하고 있다?

우리가 실제로 우리 자신을 표현하여, "나는 당연히 ……라는 전제를 하고 있다"라고 할까?—또는 다른 사람이 그것을 이미 알고 있다는 이유만으로도, 그렇게는 표현하지 않을 것인가?

[33] 전제는 의심이 존재하는 곳에 존재하지 않는가? 그리고 의심은 전적으로 결여될 수 있다. 의심에는 끝이 있다.

[34] 여기서 사정은 물리적 대상과 감각 인상들의 관계와 비슷하다. 여기서 우리에게는 두 가지 언어놀이가 있다. 그리고 그것들의 상호 관계는 복잡한 종류의 것이다. ── 이러한 관계들을 하나의 단순한 공식으로 몰아넣으려고 한다면, 우리들은 길을 잘못 드는 것이다.

vi

[35] 어떤 사람이 이렇게 말했다고 생각해 보자. 즉, 우리에게 친숙한 (예컨대 어떤 책의) 모든 낱말은 이미 우리의 마음속에 희미하게 암시된 사용들의 어떤 분위기, 어떤 '무리[暈]'를 지니고 있다고 말이다.—마치 어떤 그림에서 인물 하나하나가 부드럽고 어슴푸레하게 그려진 장면들에 의해 흡사 다른 차원에 있는 듯이 둘러싸여 있고, 우리는 여기서 그 인물들을 다른 맥락에서 보듯이 말이다. ——어디 우리 이러한 가정을 진지하게 취급해 보자!—그러면 그 가정은 지향(志向)[7]을 설명할 수 없다는 게 드러난다.

왜냐하면 말하거나 들을 적에 어떤 한 낱말의 사용 가능성들이 우리 머릿속에 반음(半音) 상태로 떠오른다면,—그렇다면 그것은 바로 우리에게 적용되기 때문이다. 그러나 우리는 다른 사람들도 이러한 체험들을 하고 있는지 모르면서도 그들과 의사소통을 한다.

[36] 자기에게는 이해가 하나의 내적 과정이라고 말하는 사람에게 우리는 대체 뭐라고 대꾸해야 할까? ——만일 그가, 자기에게는 장기를 둘 수 있음이 하나의 내적 과정이라고 말한다면, 우리는 그에게 뭐라고 대꾸해야 할까?—

7 (옮긴이주) 원말은 이 번역의 다른 곳에서는 '의향'으로 옮긴 'Intention'. 여기서는 거의 (낱말의 사용 가능성과 관련된) '지향성'의 뜻으로 사용되었다고 할 수 있다. (영어 번역 개정4판은 그 이전 판에서 'intention'으로 된 것을 'intentionality'로 바꿨다.) 문제의 가정은 '지향'의 본성을 심리학적으로, "기호를 사고 속에서 사용하는 것"(비트겐슈타인의 《쪽지》 §231)과 같은 내적 과정으로 여기고 있다고 할 수 있다.

그가 장기를 둘 수 있는지를 우리가 알고자 할 때, 그의 내부에서 일어나는 어떤 것도 우리의 관심사가 아니라고 해야 할 것이다.—그런데 그가 거기에 대해서, 어쨌든 그것이 바로 우리의 관심사라고, 즉 그가 장기를 둘 수 있는지가 우리의 관심사라고 대답한다면,—우리는 그로 하여금 자신의 능력을 우리에게 증명할 기준들에 주목하게 하고, 다른 한편으로는 '내적 상태'의 기준들에 주목하게 해야 할 것이다.

비록 어떤 사람이 특정한 것을 느낄 때만, 그리고 오직 그런 한에서만, 특정한 능력을 지닌다고 할지라도, 그 느낌이 그 능력은 아닐 것이다.

[37] 의미는 낱말을 듣거나 발화할 때의 체험이 아니며, 문장의 뜻은 이러한 체험들의 복합체가 아니다.—("나는 아직까지 그를 본 적이 없다"란 문장의 뜻은 그 낱말들의 의미로부터 어떻게 합성되는가?) 문장은 낱말들로부터 합성된다. 그리고 그것으로 충분하다.

[38] 모든 낱말은—우리들은 이렇게 말했으면 한다—비록 상이한 맥락에서 상이한 성격을 지닐 수 있지만, 그럼에도 불구하고 그것은 언제나 하나의 성격—하나의 얼굴—을 지니고 있다. 아무튼 그것은 우리를 바라본다.——그러나 그림 속의 얼굴 또한 우리를 바라본다.

[39] 당신은 '만일에'라는 하나의 느낌이 존재한다고 확신하는가?[8] 아마도 다수가 아니라? 당신은 그 낱말을 매우 상이한 맥락에서 발화하려고 시도해 본 적이 있는가? 예컨대 그것이 문장의 주(主) 악센트를 지니고 있을 경우와,

8 (옮긴이주) W. 제임스(《심리학 원리》 I권 9장 3절)는 "그리고(and)", "만일에(if)", "그러나(but)", "……에 의하여(by)"와 같은 느낌들에 관해 말할 수 있어야 한다고 한다.

그 바로 다음 낱말이 주 악센트를 지니고 있을 경우에 말이다.

[40] 낱말들에 대한 자신의 느낌들에 관해 우리에게 말하기를, 자기에게는 "만일에"와 "그러나"가 같은 느낌을 지닌다고 하는 어떤 사람을 우리가 발견했다고 생각하자.—우리가 그의 말을 믿지 않아도 될까? 그의 말은 아마 우리에게 기이한 느낌을 줄 것이다. 우리들은 "그는 전혀 우리의 놀이를 하고 있지 않다"라고 말했으면 한다. 또는 심지어, "이 사람 별종이네"라고 말이다.

이 사람이 "만일에"와 "그러나"라는 말들을 우리처럼 사용한다면, 우리는 그가 그 말들을 우리가 이해하듯 이해한다고 믿게 되지 않을까?

[41] 우리들이 '만일에'라는 느낌을 어떤 의미의 자명한 상관자로 간주한다면, 우리들은 그 느낌의 심리학적 흥미로움을 잘못 평가하는 것이다. 우리들은 그것을 오히려 다른 맥락 속에서, 즉 그것이 등장하는 특별한 상황들의 맥락 속에서 보아야 한다.

[42] 어떤 사람이 "만일에"라는 낱말을 발화하지 않는다면, 그는 '만일에'라는 느낌을 결코 지니지 않는가? 확실히, 오직 이러한 원인만이 이러한 느낌을 불러일으킨다면, 그건 아무튼 주목할 만한 일이다. 그리고 이는 일반적으로 낱말의 '분위기'의 경우도 마찬가지이다:—어째서 우리들은 오직 이 낱말만이 이러한 분위기를 지닌다는 것을 그렇게 자명한 것으로 보는가?

[43] '만일에'라는 느낌은 "만일에"라는 낱말에 동반되는 느낌이 아니다.

[44] '만일에'라는 느낌은 어떤 악구(樂句)가 우리에게 주는 특별한 '느낌'에

비교되어야 할 것이다. (때때로 우리들은 그러한 느낌을, "여기서 마치 결론이 내려진 듯하다"거나, "나는 '그러니까 ……'라고 말했으면 한다"거나, 또는 "나는 여기서 언제나 어떤 몸짓을 했으면 한다—"라고 말하고는 그 몸짓을 함으로써 기술한다.)

[45] 그러나 이러한 느낌이 그 악구로부터 분리될 수 있는가? 그럼에도 불구하고 그 느낌은 그 악구 자체가 아니다; 왜냐하면 우리들은 그것을 이러한 느낌 없이도 들을 수 있기 때문이다.

[46] 이런 점에서 그 느낌은 그 악구가 연주될 때의 '표정'과 비슷한가?

[47] 우리는 이 악절이 우리에게 아주 특별한 느낌을 준다고 말한다. 우리는 그 악절을 노래 부른다. 그리고 그와 동시에 어떤 동작을 하며, 어쩌면 그 어떤 특별한 감정을 갖기도 한다. 그러나 이 동반물들—그 동작, 그 감정—을 우리는 다른 맥락에서는 전혀 재인식하지 않을 것이다. 그것들은 우리가 이 악절을 노래 부르는 바로 그 경우 이외에는 전적으로 공허하다.

[48] "나는 그 악절을 아주 특정한 표정으로 노래한다." 이 표정은 그 악절로부터 분리될 수 있는 어떤 것이 아니다. 그것은 다른 하나의 개념이다. (다른 하나의 놀이.)

[49] 그 체험은 이렇게 연주된 이 악절이다. (가령 내가 시연해 보이듯, 이렇게; 기술(記述)은 그걸 단지 암시할 수 있을 뿐이다.)

[50] 사물로부터 분리될 수 없는 분위기,—그것은 그러니까 분위기가 아니다.

서로 밀접하게 연합되는 것은, 그리고 연합된 것은, 서로 걸맞아 보인다. 그러나 그건 어떻게 보인다는 것인가? 걸맞아 보인다는 것은 어떻게 표출되는가? 가령 이렇게. 즉: 우리는 이 이름과 이 얼굴, 그리고 이러한 필적을 지녔던 사람이 이 작품들이 아니라 가령 완전히 다른 작품들(다른 위대한 사람의 작품들)을 제작해 냈다고는 생각할 수 없다.

우리가 그것을 생각할 수 없다고? 대체 우리는 그렇게 시도해 보기라도 하는가?—

[51] 그건 이와 같을 수 있을 것이다: 누군가가 "9번 교향곡을 쓸 때의 베토벤"이란 그림을 그리고 있다는 말을 내가 듣는다. 나는 그와 같은 그림에서 가령 무엇을 볼 수 있을지 쉽게 상상해 낼 수 있을 것이다. 그러나 만일 어떤 사람이, 괴테가 9번 교향곡을 쓸 적에 어떻게 보였을지 묘사하려고 한다면 어떻게 될까? 여기서 나는 괴롭고 우스꽝스러운 것들밖에는 아무것도 상상할 수 없을 것이다.

vii

[52] 잠을 깬 다음에 (자기가 이러저러한 곳에 있었다는 따위의) 어떤 사건들을 우리에게 이야기하는 사람들. 이제 우리는 그들에게, 그런 이야기에 앞서 "나는 꿈을 꿨어요"라는 표현을 하도록 가르친다. 그러고 나서 나는 그들에게 때때로 "지난밤 뭐 꿈꾼 거 있나요?"라고 물으며, 긍정적이거나 부정적인 대답을 받는다; 때로는 꿈 이야기를 듣고, 때로는 듣지 못한다. 이것이 그 언어놀이이다. (지금 나는 나 자신은 꿈꾸고 있지 않다고 가정했다. 그러나 나는 또한 눈에 보이지 않는 현재에 대한 느낌들도 전혀 지니고 있지 않다. 그런데 다른 사람들은 그런 느낌들을 지니고 있으며, 나는 그들에게 그들의 경험에 관해 물을 수 있다.)

그런데 나는 사람들이 잘못 기억하지나 않았는지 여부에 관해서, 또는 그들이 잠자는 동안에 실제로 이러한 심상들을 보았는지, 아니면 그건 단지 그들이 깨어난 다음에 그렇게 그들에게 보이는 것뿐인지에 관해서 가정을 해야 하는가? 그리고 이러한 물음은 어떤 뜻을 지니는가?—그리고 어떤 흥미로움을 지니는가?! 우리는 어떤 사람이 우리에게 자기의 꿈을 이야기할 때마다 그렇게 자문하는가? 그리고 그렇지 않다면,—그건 우리가 그의 기억이 잘못되지 않았을 거라고 확신하기 때문인가? (그리고 아주 특별하게 기억이 나쁜 사람이 있다고 가정해 보자.—)

[53] 그리고 이는, 꿈이 잠자는 동안에 실제로 발생하는지, 또는 깨어난 사람

의 기억 현상인지 하는 물음을 제기하는 것은 무의미하다는 것을 뜻하는가? 그것은 그 물음의 사용에 좌우될 것이다.

[54] "정신은 낱말에 의미를 줄 수 있는 것으로 보인다."—이는 마치 내가 다음과 같이 말하는 듯하지 않은가? "벤젠에서는 탄소 원자들이 육각형의 모서리들에 놓여 있는 것처럼 보인다." 그렇지만 이것은 가상이 아니다; 하나의 그림이다.

[55] 고등 동물들과 인간의 진화, 그리고 특정한 단계에서 의식의 깨어남. 그 그림은 대략 이러할 것이다. 즉: 세계를 가득 채우는 에테르의 진동에도 불구하고 세계는 어둡다. 그러나 어느 날 인간이 그의 보는 눈을 뜨고, 세상은 밝아진다.

우리의 언어는 처음에는 일단 어떤 그림을 기술한다. 그 그림으로 무엇이 행해져야 하는지, 그 그림이 어떻게 사용되어야 하는지는 어둠 속에 머물러 있다. 그러나 우리들이 우리의 진술의 뜻을 이해하고자 한다면, 그런 문제가 탐구되어야 한다는 것은 실로 분명하다. 그러나 그 그림은 이런 일로부터 우리를 면제시켜 주는 것처럼 보인다; 그것은 이미 특정한 사용을 가리키고 있다. 그렇게 해서 그것은 우리를 우롱한다.

viii

[56] "나의 운동감각들이 내 팔다리의 움직임과 위치를 나에게 알려 준다."

나는 내 집게손가락이 소폭의 가볍게 흔들리는 운동을 하도록 놔둔다. 나는 그것을 거의 또는 전혀 느끼지 못한다. 아마도 손가락 끝에 가벼운 긴장으로서 조금은 느낄지도 모른다. (손가락 마디에서는 전혀 느끼지 못한다.) 그런데 이러한 감각이 나에게 그 움직임을 알려 준다?—왜냐하면 내가 그 움직임을 정확히 기술할 수 있기 때문이다.

[57] "그럼에도 불구하고 당신은 그것을 느끼고 있음이 틀림없다, 그렇지 않다면 당신은 당신의 손가락이 어떻게 움직이는지를 (보지 않고서는) 알 수 없을 것이다." 그러나 그것을 "안다"는 것은 그것을 기술할 수 있다는 것을 뜻할 뿐이다.—내가 어떤 소리가 나는 방향을 진술할 수 있는 것은 단지, 그 소리가 한쪽 귀를 다른 쪽 귀보다 더 강하게 자극하기 때문이다. 그러나 나는 그것을 귀에서 느끼지는 못한다. 그러나 그것은 효과를 일으킨다. 즉: 나는 어느 방향에서 그 소리가 오는지를 '안다'; 예컨대 나는 이 방향으로 시선을 보낸다.

[58] 고통 감각의 징표가 우리에게 신체에서 그 감각이 있는 장소를 알려 줌이 틀림없으며, 기억 심상의 징표가 그것이 속하는 시간을 알려 줌이 틀림없다는 생각들의 경우도 마찬가지이다.

[59] 감각은 우리에게 팔다리의 움직임이나 위치에 관해서 알려 줄 수 있다. (예컨대 자기의 팔이 펴져 있는지를 정상인처럼 알지 못하는 사람에게는 팔꿈치의 찌르는 듯한 고통이 그것을 확신시켜 줄 수 있을 것이다.)—그리고 그렇게 해서 또한 고통의 성격은 우리에게 상처의 자리를 알려 줄 수 있다. (그리고 사진의 빛바램은 그 사진의 햇수에 관해서 알려 줄 수 있다.)

[60] 감각 인상이 나에게 색과 형태에 관해 알려 준다고 하는 기준은 무엇인가?

[61] 어떤 감각 인상? 자, 이것; 나는 그것을 말로, 또는 그림으로 기술한다.

그리고 이제: 당신의 손가락들이 이러한 위치에 있을 때 당신은 무엇을 느끼는가?—"느낌이 어떻게 설명될 수 있단 말인가? 그것은 설명될 수 없는 어떤 것, 특별한 것이다." 그러나 그럼에도 불구하고 말의 쓰임은 가르칠 수 있어야 한다!

[62] 나는 지금 문법적 차이를 찾고 있다.

[63] 우리 한번 운동감각적 느낌을 도외시해 보자!—내가 어떤 사람에게 어떤 느낌을 기술하고자 하여, 그에게 "이렇게 해 보라, 그러면 당신은 그 느낌을 지니게 될 것이다"라고 말한다. 그리고 그와 동시에 나는 나의 팔 또는 나의 머리를 특정한 위치에 둔다. 그런데 이것이 느낌의 기술인가? 그리고 언제 나는, 내가 어떤 느낌을 뜻했는지를 그가 이해했다고 말하게 될까?—그는 뒤이어 그 느낌에 대한 그 이상의 기술을 해야 할 것이다. 그리고 그것은 어떤 종류의 기술이어야 하는가?

[64] 나는 "이렇게 해 보라, 그러면 당신은 그 느낌을 지니게 될 것이다"라고 말한다. 여기에 의심이 있을 수는 없는가? 느낌이 뜻해졌다면, 있어야 하지 않는가?

[65] 이것은 이렇게 보인다; 이것은 이렇게 맛난다; 이것은 이렇게 느껴진다. "이것은"과 "이렇게"는 다르게 설명되어야 한다.

[66] 우리에게 '느낌'은 아주 특정한 관심사이다. 그리고 여기에는 예컨대 '느낌의 정도', 느낌의 '장소', 한 느낌이 다른 한 느낌에 의해 압도됨 등이 속한다. (어떤 움직임이 매우 고통스러워서, 그 고통이 이 자리의 다른 모든 약한 감각을 압도해 버린다면, 당신이 그 움직임을 실제로 했는지가 그 때문에 불확실해지는가? 그 때문에 당신이 가령 당신 눈으로 그걸 확인해 보는 일이 초래될 수 있을까?)

ix

[67] 자신의 고뇌를 관찰하는 사람은 어떤 감각 기관으로 그것을 관찰하는가? 특별한 감각 기관으로? 즉, 고뇌를 느끼는 감각 기관으로? 그래서 그가 그것을 관찰할 때 그는 그것을 달리 느끼는가? 그리고 그때 그는 어떤 고뇌를 관찰하는가? 오직 관찰되는 동안에만 거기 있는 고뇌?

'관찰함'이 관찰되는 것을 낳지는 않는다. (이는 하나의 개념적 진술이다.)

또는: 나는 관찰함을 통해 비로소 생기는 것을 '관찰하지' 않는다. 관찰의 대상은 다른 것이다.

[68] 어제는 만지면 아직도 고통스러웠던 것이 오늘은 더는 그렇지 않다.

오늘은 나는 고통을 생각할 때만 고통을 느낀다. (즉, 어떤 상황에서만.)

나의 고뇌는 더는 같은 것이 아니다; 일 년 전에는 견딜 수 없었던 기억이 오늘은 더는 그렇지 않다.

이것들은 관찰의 결과이다.

[69] 언제 우리들은 어떤 사람이 관찰하고 있다고 말하는가? 대충: 그가, (예컨대) 어떤 인상들이 그에게 가르쳐 주는 것을 기술하기 위해, 그 인상들을 받아들이기에 좋은 위치로 자리를 옮길 때.

[70] 붉은 것을 보면 특정한 소리를 내지르고, 노란 것을 보면 다른 특정한

소리를 내지르고, 다른 색깔들에 대해서는 다른 특정한 소리들을 내지르도록 훈련받은 사람은, 그로써는 아직 대상들을 그 색깔들에 따라서 기술하는 것이 아닐 것이다. 비록 그가 우리가 기술하는 데 도움을 줄 수는 있겠지만 말이다. 기술이란 어떤 한 공간(예컨대 시간 공간)에서의 배치에 관한 묘사이다.

[71] 내가 방 안을 여기저기 두리번거리며 본다; 눈에 띄게 붉은 색깔을 띤 어떤 대상이 갑자기 내 눈에 띈다; 그리고 나는 '빨강!'이라고 말한다. —그로써 나는 아무 기술도 하지 않았다.

[72] "나는 두렵다"란 말은 심리 상태의 기술인가?

[73] "나는 두렵다"라고 내가 말한다. 다른 사람이 나에게 묻는다: "그건 무엇이었는가? 불안의 외침? 또는 당신은 당신의 기분이 어떠한지를 나에게 전달하려고 하는 것인가? 또는 그것은 당신의 현재 상태에 관한 고찰인가?" —내가 그에게 언제나 분명한 대답을 할 수 있을까? 내가 그에게 결코 아무런 대답도 하지 못할 수 있을까?

[74] 우리들은 매우 다양한 것들을 상상할 수 있다. 예컨대:

"아냐, 아냐! 나는 두려워!"

"나는 두렵다. 유감스럽지만 나는 그걸 고백하지 않을 수 없다."

"나는 아직도 역시 조금 두렵다. 그러나 더는 전처럼 그렇게 두렵지는 않다."

"고백하고 싶지는 않지만, 내 마음 깊은 곳에서는 나는 여전히 두렵다."

"나는 온갖 두려운 생각으로 괴로워하고 있다."

"나는 두렵다—내가 두려워하지 않아야 할 지금!"
이 문장들 각각에는 특별한 어조와 다른 맥락이 포함되어 있다.
우리들은 우리보다 말하자면 훨씬 더 특정하게 생각하고, 우리가 하나의 낱말을 사용하는 곳에서 여러 가지 낱말을 사용할 사람들을 생각해 볼 수 있을 것이다.

[75] "'나는 두렵다'는 본래 무엇을 의미하는가, 나는 그 말로 무엇을 노리는가?" 하고 우리들은 자문한다. 그리고 물론 아무 대답도 나오지 않는다. 또는, 충분하지 않은 대답만 나온다.
문제는 이것이다: "그것은 어떤 종류의 맥락에 놓여 있는가?"

[76] "나는 무엇을 노리는가?", "그때 나는 무엇을 생각하는가?"라는 물음에 대해, 내가 두렵다는 발언을 반복하면서 동시에 나 자신에 주의를 기울임으로써, 말하자면 나의 영혼을 곁눈질로 관찰함으로써 대답하고자 한다면, 아무 대답도 나오지 않을 것이다. 그러나 물론 구체적인 경우에 나는 "왜 내가 그렇게 말했지, 나는 무얼 원했나?"라고 물을 수 있다—그리고 나는 또한 그 물음에 대답도 할 수 있을 것이다; 그러나 그 말의 동반 현상들에 대한 관찰의 토대 위에서는 아니다. 그리고 나의 대답은 이전의 발언을 보충하고 부연할 것이다.

[77] 두려움이란 무엇인가? "두려워하다"란 무엇을 뜻하는가? 만일 내가 그것을 한 번의 보여줌으로써 설명하고자 한다면—나는 그 두려움을 연기(演技)해 보일 것이다.

[78] 나는 희망도 역시 그렇게 묘사할 수 있을까? 거의 못한다. 더군다나 믿

음은?

[79] 나의 심리 상태(가령 두려움)를 기술하는 일을 나는 특정한 맥락에서 행한다. (특정한 행위가 오직 특정한 맥락에서만 하나의 실험인 것과 같이 말이다.)

같은 표현을 상이한 놀이들에서 사용한다는 것이 대체 그렇게 놀라운가? 그리고 때때로, 말하자면, 놀이들 사이에서도 사용한다는 것이?

[80] 그리고 대체 나는 언제나 아주 특정한 의도를 지니고 이야기하는가?—그리고 내가 그렇게 하지 않기 때문에, 내가 이야기하는 것은 뜻이 없는가?

[81] 장례식 조사에서 "우리는 ……의 죽음을 애도합니다"라고 할 때, 그것은 분명 애도를 표현하지, 참석자들에게 무엇을 전달하지 않을 것이다. 그러나 무덤에서 기도할 때는 이 말은 일종의 전달일 것이다.

[82] 그렇지만 문제는 이것이다. 즉: 기술(記述)이라고 불릴 수 없는, 모든 기술보다 더 원초적인 외침이, 그럼에도 불구하고 정신생활의 기술이라는 직무를 수행한다는 것이다.

[83] 외침은 기술이 아니다. 그러나 이행 단계들이 존재한다. 그리고 "나는 두렵다"란 말은 외침으로부터 더 가까울 수도, 더 멀 수도 있다. 그 말은 외침에 아주 가까이 있을 수 있으며, 아주 멀리 떨어져 있을 수도 있다.

[84] 아무튼 우리는 어떤 사람이 자기는 고통스럽다고 말하기 때문에 그는 하소연하고 있다고 무조건 말하지는 않는다. 그러므로 "나는 고통스럽다"란

말은 하소연일 수 있으며, 또한 다른 어떤 것일 수도 있다.

[85] 그러나 "나는 두렵다"가 항상은 아니지만 아무튼 때때로는 하소연과 비슷한 어떤 것이라면, 왜 그것이 언제나 심리 상태에 대한 기술이어야 한단 말인가?

x

[86] 어떻게 해서 우리들은 "나는 ……라고 믿는다"와 같은 표현을 사용하게 되었는가? 언젠가 어떤 한 현상(믿음이란 현상)에 주목하게 된 것인가?

우리들은 자기 자신과 남들을 관찰하고서 믿음을 발견했는가?

[87] 무어[9]의 역설은 다음과 같이 말해질 수 있다. 즉: "나는 사정이 이러이러하다고 믿는다"란 발언은 "사정이 이러이러하다"라는 주장과 비슷하게 사용된다; 그럼에도 불구하고, 나는 사정이 이러이러하다고 믿는다는 가정은 사정이 이러이러하다는 가정과 비슷하게 사용되지 않는다.

[88] 여기서 마치 "나는 믿는다"란 주장은 "나는 믿는다"란 가정이 가정하는 것에 대한 주장이 아닌 듯이 보인다!

[89] 마찬가지로, "나는 비가 올 것이라고 믿는다"란 진술은 "비가 올 것이다"와 비슷한 뜻, 즉 비슷한 사용을 지닌다. 그러나 "그 당시 나는 비가 올 것

---

9 (옮긴이주) 무어(George Edward Moore, 1873~1958): 영국의 철학자로, 케임브리지대학 교수 역임. 주요 저서로 《윤리학 원리》(*Principia Ethica*), 《윤리학》(*Ethics*)이 있고, 주요 논문으로 "관념주의 반박", "상식의 옹호" 등이 있다. 비트겐슈타인은 케임브리지 대학의 학생 시절 무어에게서 배웠으며, 후일(1939년) 무어의 교수직을 계승했다. 이른바 '무어의 역설'은 무어가 1944년 케임브리지의 도덕과학 클럽에서 발표한 하나의 관찰, 즉, 우리는 참이 아닌 어떤 것을 종종 믿지만, 가령 다음과 같이 말하는 것은 불합리하다는 점을 가리켜 일컫는다: "비가 온다. 그러나 나는 그렇게 믿지 않는다."

이라고 믿었다"는 "그 당시 비가 왔다"와 비슷한 뜻을 지니지 않는다.

"그러나 아무튼 '나는 믿었다'는 '나는 믿는다'가 현재로 말하는 바로 그것을 과거로 말하고 있음이 틀림없다!" ―― 아무튼 $\sqrt{-1}$은 $\sqrt{1}$이 1에 대해 의미하는 바로 그것을 -1에 대해 의미하고 있음이 틀림없다! 이는 전혀 아무것도 뜻하지 않는다.

[90] "근본적으로는, '나는 ……라고 믿는다'는 말로써 나는 나 자신의 정신 상태를 기술한다, ― 그러나 여기서 이 기술은 내가 믿는 사태 자체의 간접적 주장이다." ― 마치 내가, 상황에 따라서는, 어떤 사진이 무엇을 촬영한 것인지를 기술하기 위해 그 사진을 기술하는 것처럼 말이다.

그러나 그렇다면 나는 그 사진이 좋은 사진이라고도 말할 수 있어야 한다. 그러니까 이렇게도 말할 수 있어야 한다: "나는 비가 온다고 믿으며, 나의 믿음은 신뢰할 수 있다; 그러므로 나는 내 믿음을 신뢰한다." ― 그렇다면 나의 믿음은 일종의 감각 인상일 것이다.

[91] 우리들은 자기 자신의 감각을 불신할 수 있다. 그러나 자기 자신의 믿음을 불신할 수는 없다.

[92] 만일 '잘못 믿다'란 의미를 지닌 하나의 동사가 존재한다면, 그것에는 유의미한 일인칭 직설법 현재형이 있을 수 없을 것이다.

[93] "믿다", "소망하다", "의욕하다"란 동사들이 "자르다", "씹다", "달리다"도 역시 지니고 있는 모든 문법적 형식들을 내보인다는 것을 자명하다고 보지 말고, 매우 주목할 만한 어떤 것으로서 보라.

[94] 보고라는 언어놀이는 그 보고가 수신자에게 보고 대상에 관해서가 아니라 그 보고자에 관해서 알리도록 변경될 수 있다.

예컨대 선생이 학생을 시험할 때가 그러하다. (우리들은 잣대를 검사하기 위해 잴 수 있다.)

[95] 내가 어떤 표현을—예컨대 "나는 믿는다"를—다음과 같이 도입한다고 가정하자. 즉: 그 표현은, 보고가 보고자 자신에 관해 정보를 주기 위해 쓰이는 곳에서는, 보고 앞에 놓여야 한다. (그러므로 그 표현에는 불확실성이 결부될 필요가 없다. 주장의 불확실성은 비인칭적으로도 표현될 수 있음을 염두에 두라: "그는 오늘 올지도 모르겠다.")—"나는 믿는다 ……, 그런데 사정은 그렇지 않다"는 모순일 것이다.

[96] "나는 ……라고 믿는다"는 나의 상태를 조명한다. 이 발언으로부터 나의 행동에 관한 결론들이 도출될 수 있다. 그러므로 여기에는 정서의 표명, 기분의 표명 등과의 유사성이 있다.

[97] 그러나 "나는 사정이 어떠어떠하다고 믿는다"가 나의 상태를 조명한다면 "사정이 어떠어떠하다"란 주장도 그렇다. 왜냐하면 "나는 믿는다"란 기호는 그런 일을 할 수 없고, 기껏해야 암시할 수 있을 뿐이기 때문이다.

[98] "사정이 어떠어떠하다"란 주장의 어조에 의해서만 "나는 사정이 어떠어떠하다고 믿는다"란 표현이 가능한 어떤 언어. 거기서는 "그는 믿는다" 대신에, "그는 ……라고 말하는 경향이 있다"라고들 말한다. 그리고 "내가 ……하는 경향이 있다고 가정하면"이라는 가정(접속법)도 존재한다. 그러나 "나는 말하는 경향이 있다"란 발언은 존재하지 않는다.

무어의 역설은 이 언어에서는 존재하지 않을 것이다; 그러나 그 대신, 어떤 어형(語形)이 결여된 동사가 존재할 것이다.

그러나 우리는 이에 놀라서는 안 될 것이다. 우리들이 자신의 미래의 행위를 의도의 표명에서 예언할 수 있다는 것을 생각하라.

[99] 나는 다른 사람에 관해 "그는 ……라고 믿는 것처럼 보인다"라고 말한다. 그리고 다른 사람들은 나에 관해 그렇게 말한다. 그런데, 다른 사람들이 나에 관해서 그렇게 말하는 것이 정당할 때조차도, 어째서 나는 나 자신에 관해서는 결코 그렇게 말하지 않는가?—도대체 나는 나 자신을 보고, 듣지 않는가?—그렇다고 말할 수 있다.

[100] "우리들은 확신을 자신 속에서 느낀다; 우리들은 확신을 자신의 말 또는 그 어조에서 추론하지 않는다."—우리들이 자신의 말에서 자신의 확신을 추론하지 않는다는 것, 또는 이러한 확신에서 나오는 행위들을 추론하지 않는다는 것은 참이다.

[101] "여기서 마치 '나는 믿는다'는 주장은 그 가정이 가정하고 있는 것에 대한 주장이 아닌 듯이 보인다."—그러므로 나는 그 동사가 일인칭 직설법 현재로 달리 전개되는 것을 찾아보려는 유혹을 받는다.

[102] 나는 다음과 같이 생각한다. 즉: 믿음은 마음의 상태이다. 그것은 지속한다; 그리고 예컨대, 그것이 문장으로 표현되어 나옴에서 독립하여 지속한다. 그러므로 그것은 믿는 사람의 성향의 일종이다. 다른 사람의 경우 나에게 그 성향을 드러내는 것은 그의 행동, 그의 말이다. 그러니까, "나는 ……라고 믿는다"란 발언도 그의 단순한 주장과 마찬가지로 잘 성향을 드러낸

다. —그런데 나의 경우는 어떠한가? 나 자신은 자신의 성향을 어떻게 인식하는가?—여기서 나는 실로 다른 사람과 마찬가지로 나에게 주의를 기울이고, 나의 말을 듣고, 그로부터 결론들을 이끌어 낼 수 있어야만 할 것이다!

[103] 나는 나 자신의 말에 대해 다른 사람들과는 전혀 다른 태도를 취한다.

만일 내가 "나는 믿는다고 보인다"라고 말할 수만 있다면, 앞에서 언급한 저 일인칭 직설법 현재로의 다른 전개를 발견할 수 있을 것이다.

[104] 만일 내가 나의 입에서 나오는 이야기에 귀를 기울여 듣는다면, 나는 다른 사람이 나의 입으로부터 이야기하고 있다고 말할 수 있을 것이다.

[105] "나의 발언으로 판단하건대, 나는 이것을 믿고 있다." 자, 이런 말이 뜻을 지닐 상황들을 생각해 내는 게 가능할 것이다.

그리고 그렇다면 어떤 사람이 "비가 온다, 그런데 나는 그걸 믿지 않는다"거나, "나의 자아는 그걸 믿는다고 보이지만, 사정은 그렇지 않다"라고 말하는 것도 가능할 것이다. 그러자면 우리들은 두 존재가 나의 입으로부터 이야기하고 있음을 가리키는 어떤 행동을 마음속에 그려야 할 것이다.

[106] 그 가정[10]에서 이미 선(線)은 당신이 생각하는 것과 다르게 놓여 있다.

"내가 ……라고 믿는다고 가정하면"이란 말에서 당신은 이미 "믿는다"란 낱말의 전체 문법을, 당신이 숙달한 일상적 쓰임을 전제하고 있다. —당신은 말하자면 어떤 하나의 그림에 의해 명백히 당신 눈앞에 있는 사물들의 상태를 가정해서, 그다음에 이러한 가정에 일상적인 주장과는 다른 주장을 잇댈

---

10 (옮긴이주) '나는 ……라고 믿는다'는 가정.

수 있는 것이 아니다. —만일 당신이 "믿다"의 사용에 이미 익숙해 있지 않다면, 당신은 당신이 여기서 무엇을 가정하고 있는지 (즉, 예컨대 무엇이 그러한 가정으로부터 따라 나오는지) 전혀 모를 것이다.

[107] 예컨대 "나는 오늘 비가 올 것이라고 말한다"에서 "나는 …… 말한다"란 표현을 생각하라. 앞의 문장은 단순히, "오늘 비가 올 것이다"란 주장과 동등하다. "그는 오늘 비가 올 것이라고 말한다"는 대충, "그는 오늘 비가 올 것이라고 믿는다"를 뜻한다. "내가 오늘 비가 올 것이라고 말한다고 가정하면"은 "오늘 비가 올 것이라고 가정하면"을 뜻하지 않는다.

[108] 상이한 개념들이 여기서 접하고 있으며, 한 구간의 짧은 거리를 같이 가고 있다. 우리들은 선들이 모두 원(圓)이라고 믿어서는 안 된다.[11]

[109] 또한 다음과 같은 비문(非文)을 고찰하라: "비가 올지도 모르겠다; 그러나 비는 오지 않는다."

그런데 여기서 우리들은 이렇게 말하지 않도록 조심해야 한다. 즉, "비가 올지도 모르겠다"는 본래, '나는 비가 올 것이라고 믿는다'를 뜻한다고 말이다.[12]—왜냐하면 그렇다면 어째서 반대로 후자가 전자를 뜻해서는 안 된단 말인가?

[110] 소심한 주장을 소심함의 주장으로 간주하지 말라.

11 (옮긴이주) 개정4판은 여기서 이해를 돕기 위해, 비트겐슈타인이 원래 그려 넣었다 삭제한 도해를 이 문단 아래에 복원해 넣었다.

12 (옮긴이주) 앞 문장(원문 "Es dürfte regnen")은 현재 비가 오고 있을 가능성이나 개연성을 (소심하게) 주장한다. 뒷 문장은 미래에 비가 올 것('es wird regnen')이라는 나의 믿음을 주장한다.

xi

[111] "본다"라는 낱말의 두 가지 사용.

그 하나: "당신은 거기서 무엇을 보는가?"—"나는 이것을 본다"(그러고는 어떤 기술(記述), 소묘, 사본(寫本)이 뒤따른다.) 다른 하나: "나는 이 두 얼굴에서 유사성을 본다"—나에게 이것을 보고받는 사람은 나 자신과 마찬가지로 그 두 얼굴을 똑똑히 보고 있을 수 있다.

중요한 것: 보고 있는 그 두 '대상'의 범주적 차이.

[112] 한 사람은 두 얼굴을 정확히 그리고, 다른 사람은 이 그림에서 첫 번째 사람이 보지 못한 유사성을 인지할 수 있을 것이다.

[113] 내가 한 얼굴을 바라보고, 갑자기 그 얼굴과 다른 한 얼굴의 유사성을 인지한다. 나는 그 얼굴이 변하지 않았음을 본다; 그렇지만 그것을 달리 본다. 이러한 경험을 나는 "상(相)의 인지"라고 부른다.

[114] 그것의 원인들은 심리학자들의 관심사이다.

[115] 우리의 관심사는 그 개념, 그리고 경험의 개념들 안에서의 그것의 위치이다.

[116] 우리들은 어떤 책, 예컨대 교과서의 여러 곳에 다음과 같은 삽화가 실려 있다고 생각할 수 있을 것이다.

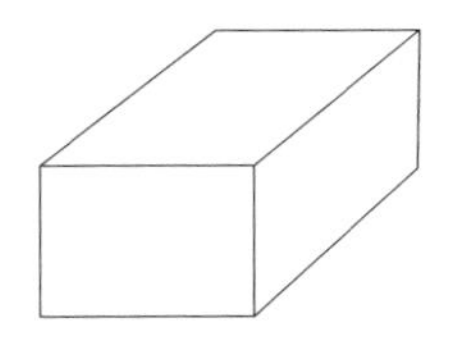

이에 딸린 본문에는 매번 어떤 다른 것에 관한 이야기가 실려 있다: 한번은 유리 입방체에 관한 이야기, 한번은 뒤집어진 빈 상자에 관한 이야기, 한번은 이런 형태를 지닌 철사 틀에 관한 이야기, 한번은 입체각을 이루는 세 개의 널빤지에 관한 이야기. 본문은 매번 그 삽화를 해석한다.

그러나 우리는 또한 그 삽화를 한번은 한 사물로, 한번은 다른 사물로 볼 수 있다. —우리는 그러므로 그것을 해석한다; 그리고 그것을 우리가 해석하는 바와 같이 본다.

[117] 여기서 우리들은 아마 다음과 같이 대꾸했으면 할 것이다: 시각 체험이라는 직접적 경험을 해석에 의해 기술하는 것은 간접적 기술이다. "나는 그 도형을 상자로 본다"는, 나는 그 도형을 상자로서 해석함 또는 상자를 바라봄을 경험상 동반하여 나타나는 특정한 시각 체험을 한다는 뜻이다. 그러나 그것이 이런 뜻이라면, 나는 그걸 알고 있어야 할 것이다. 나는 그 체험과 단지 간접적으로가 아니라 직접적으로 관련될 수 있어야 할 것이다. (내가 붉은색을 무조건 피의 색깔로서 이야기해야 하는 것은 아니듯이 말이다.)

[118] 다음의 도형은 재스트로[13]로부터 차용한 것인데, 이하의 소견들에서 나는 이 도형을 토끼-오리 머리라고 부를 것이다. 우리들은 이것을 토끼 머

리로, 또는 오리 머리로 볼 수 있다.

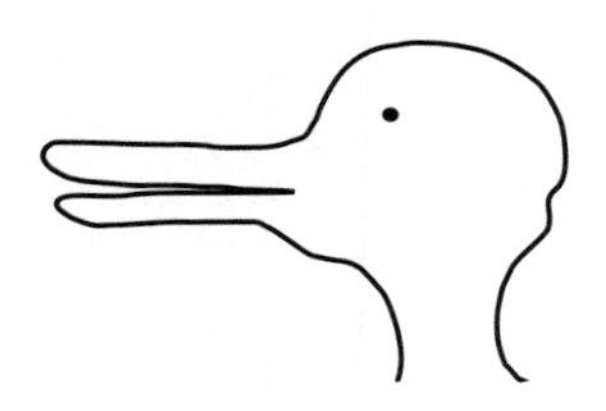

그리고 나는 상(相)의 '지속적인[14] 봄'과 상의 '번쩍 떠오름'을 구별해야 한다.

그 그림이 나에게 보였는데, 나는 거기서 토끼 외에 다른 어떤 것은 전혀 보지 못했을 수도 있다.

[119] 여기서, 그림-대상이란 개념을 도입하는 게 쓸모가 있다. 예컨대 "그림-얼굴"은 다음과 같은 도형일 것이다.

나는 이것에 대해 여러모로 사람 얼굴에 대해서와 같은 태도를 취한다. 나

13 (옮긴이주) 재스트로(Joseph Jastrow, 1863~1944): 폴란드 출신의 미국 심리학자. 저서로 《심리학에서의 사실과 우화》(Fact and Fable in Psychology)(1900)가 있는데, 여기에 토끼-오리 머리 그림이 실려 있다.

14 (옮긴이주) '《철학적 탐구》 2부를 위한 예비 연구'라는 부제가 붙은 비트겐슈타인의 《심리철학에 관한 최후 저술》(*Letzte Schriften über die Philosophie der Psychologie*) I권 §463에서는 '만성적인'(변형: '정태적인')이라는 표현이 쓰였다.

는 그 표정을 연구하고, 그것에 대해 사람 얼굴의 표정에 대해서와 같이 반응할 수 있다. 어린아이는 그림-사람 또는 그림-동물에게 이야기하고, 그것들을 인형을 대하는 것처럼 대할 수 있다.

[120] 그러니까 나는 토끼-오리 머리를 처음부터 단순히 그림-토끼로 볼 수 있었다. 즉, "그것은 무엇인가?", 또는 "여기서 당신은 무엇을 보는가?"라고 질문을 받았다면, 나는 "그림-토끼"라고 대답했을 것이다. 그건 또 뭐냐고 계속해서 내가 질문을 받았다면, 나는 설명을 위해서 각종 토끼 그림들과 아마도 실제 토끼들을 가리키거나, 이 동물들의 삶에 관해 이야기하거나, 그것들을 흉내 내거나 했을 것이다.

[121] "당신은 여기서 무엇을 보는가?"라는 그 물음에 대해 내가, "나는 이제 그것을 그림-토끼로 본다"라고 대답하지는 않았을 것이다. 나는 단순히 지각을 기술했을 것이다; 내가 "나는 저기서 붉은 원을 본다"라고 말했을 경우와 다름없이 말이다.—

그럼에도 불구하고 다른 사람은 나에 관해서, "그는 그 도형을 그림-토끼로 보고 있다"라고 말할 수 있다.

[122] "나는 이제 그것을 ……로 본다"라고 말하는 것은, 나이프와 포크를 보았을 때 "나는 이제 그것을 나이프와 포크로 본다"라고 말하는 것과 마찬가지로 나에게는 뜻이 없었을 것이다. 이러한 발언은 이해되지 않을 것이다.—다음과 같은 표현들과 마찬가지로 말이다: "그것은 이제 나에게는 포크이다", 또는 "그것은 또한 포크일 수 있다."

[123] 우리들은 또한 우리들이 식사 중에 식기류로 인식하는 것을 식기류라

고'여기지'않는다; 우리들이 먹을 때 통상 입을 움직이려고 시도하거나 움직이려고 애쓰지 않는 것과 마찬가지로 말이다.

[124] "이제 나에게 그것은 얼굴이다"라고 말하는 사람에게 우리들은 이렇게 물을 수 있다: "당신은 어떤 변화를 암시하고 있는가?"

[125] 나는 두 그림을 본다; 그중 하나에서는 토끼-오리 머리가 토끼들로 둘러싸여 있고, 다른 하나에서는 오리들로 둘러싸여 있다. 나는 그 둘의 같음을 깨닫지 못한다. 이로부터, 나는 그 두 경우에 다른 것을 본다는 결론이 나오는가?—그것은 우리에게 여기서 이러한 표현을 사용할 하나의 근거를 준다.

[126] "나는 그것을 전혀 다르게 보아 왔다, 나는 그걸 인식한 적이 한 번도 없었을 거다!" 자, 이것은 하나의 외침이다. 그리고 그것은 또한 정당화도 될 수 있다.

[127] 나는 그 두 머리를 그렇게 포개어 놓는 것, 그것들을 그렇게 비교하는 것은 전혀 생각하지 못했을 것이다. 왜냐하면 그것들은 다른 비교 방식을 암시하기 때문이다.

이렇게 본 머리는 이렇게 본 머리와 최소한의 유사성조차도 지니고 있지 않다 —— 비록 그 둘은 합동(合同)이지만 말이다.

[128] 어떤 사람이 나에게 그림-토끼를 보여 주고는, 그것이 무엇이냐고 묻는다. 나는 "그것은 토끼다"라고 말한다. "이제 그것은 토끼이다"라고 말하지 않는다. 나는 나의 지각을 보고한다.—어떤 사람이 나에게 토끼-오리 머리를 보여 주고는, 그것이 무엇이냐고 묻는다. 여기서 나는 "그것은 토끼-오

리 머리다"라고 말할 수 있다. 그러나 그 물음에 대해 나는 또한 전혀 다르게 반응할 수 있다. ─그것은 토끼-오리 머리라고 하는 대답 역시 지각의 보고이다; "이제 그것은 토끼이다"는 그렇지 않다. 만일 내가 "그것은 토끼다"라고 말했더라면, 나에게서 모호함은 사라졌을 테고, 나는 나의 지각을 보고한 게 되었을 것이다.

[129] 상(相)의 전환. "아무튼 당신은 그 그림은 이제 완전히 변했다고 말할 것이다!"

그러나 무엇이 다른가? 나의 인상? 나의 관점? ── 내가 그걸 말할 수 있을까? 나는 그 변화를 하나의 지각처럼, 꼭 마치 대상이 내 눈앞에서 변한 것처럼 기술한다.

[130] 나는 (예컨대 다른 그림을 가리키면서) "나는 이제 정말 이것을 본다"라고 말할 수 있을 것이다. 그것은 새로운 지각의 보고 형식이다.

상의 전환의 표현은 변하지 않은 지각의 표현인 동시에 새로운 지각의 표현이다.

[131] 갑자기 나는 조각그림 맞추기의 해답을 본다. 이전에는 나뭇가지들이 있던 곳에 지금은 사람의 모습이 있다. 나의 시각 인상이 변했다. 그리고 이제 나는 그것이 단지 색깔과 형태뿐만 아니라, 아주 특정한 '조직'도 지니고 있었다는 것을 인식한다. ── 나의 시각 인상이 변했다; ─그것은 이전에는 어떠했으며, 이제는 어떠한가? ── 내가 그것을 정확한 사본으로 묘사한다면─그리고 이것은 좋은 묘사가 아닌가?─아무런 변화도 드러나지 않는다.

[132] 그리고 "나의 시각 인상은 어쨌든 소묘가 아니다; 그것은 내가 아무에

게도 보여 줄 수 없는 것 ―― 이것이다"라고만은 제발 말하지 말라. ―물론 그것은 소묘가 아니다. 그러나 그것은 또한 내가 내 속에 지니고 있는 같은 범주의 것도 아니다.

[133] '내적인 그림'이라는 개념은 우리를 오도하기 쉽다. 왜냐하면 이 그림의 본보기는 '외적인 그림'인데도 불구하고, 이 개념어들의 사용은 "숫자"와 "수"의 사용보다 서로 더 유사하지가 않기 때문이다. (그렇다, 수를 "이상적인 숫자"라고 부르고자 하는 사람은 그로써 비슷한 혼란을 야기할 수 있을 것이다.)

[134] 시각 인상의 '조직'을 색깔과 형태들을 가지고 조립하는 사람은 내적 대상으로서의 시각 인상으로부터 출발한다. 물론 이로 인해 이 대상은 하나의 괴물, 이상하게 흔들리는 하나의 구성물이 된다. 왜냐하면 이제 그림과의 유사성이 교란되었기 때문이다.

[135] 내가 입방체 도식의 상이한 상(相)들이 존재한다는 것을 안다면, 나는 다른 사람이 무엇을 보고 있는지를 알아내기 위해, 그에게 사본 외에 자기가 보고 있는 것에 대한 모형을 더 만들어 내거나 가리키도록 할 수 있다; 비록 그는 내가 무엇 때문에 두 가지 설명을 요구하는지 전혀 모를지라도 말이다.

그러나 상의 전환이 이루어질 적에 상황은 일변한다. 이전에 그 사본에 따르면 아마 쓸모없는 규정으로 보였거나 심지어 실제로 그러했던 것이, 유일하게 가능한 체험의 표현이 된다.

[136] 그리고 단지 이 점에 의해서, 그 '조직'을 시각 인상 속의 색깔 및 형태와 비교하는 것은 끝장난다.

[137] 내가 토끼–오리 머리를 토끼로 보았을 때, 나는 이러이러한 형태들과 색깔들을 보았다(나는 그것들을 정확하게 재현한다)—그리고 그 외에 이러이러한 어떤 것을 더 보았다: 그와 동시에 나는 다수의 상이한 토끼 그림들을 가리킨다.—이것은 개념들의 차이점을 보여 준다.

'……로(서) 봄'은 지각에 속하지 않는다. 그리고 그 때문에 그것은 봄 같기도 하고 또 봄이 아닌 것 같기도 하다.

[138] 나는 어떤 동물을 바라보고 있다. 어떤 사람이 나에게 묻는다: "당신은 무엇을 보고 있는가?" 내가 대답한다: "토끼."——나는 어떤 풍경을 보고 있다. 갑자기 토끼 하나가 달려 지나간다. 나는 "토끼!" 하고 외친다.

그 보고와 외침은 둘 다 지각과 시각 체험의 표현이다. 그러나 그 외침이 그러한 것은 그 보고가 그러한 것과는 다른 뜻에서이다. 그것은 우리 입에서 저절로 새어 나온다.—그것과 체험의 관계는 비명과 고통의 관계와 비슷하다.

[139] 그러나 그 외침은 지각에 대한 기술이므로, 우리들은 그것을 사고의 표현이라고도 부를 수 있다. ——그 대상을 바라보는 사람은 그 대상을 생각할 필요가 없다; 그러나 그 외침으로 표현되는 시각 체험을 하고 있는 사람은 자기가 보고 있는 것을 생각하고 있기도 하다.

[140] 그리고 그 때문에, 상이 번쩍 떠오름은 반은 시각 체험으로, 반은 생각으로 보인다.

[141] 어떤 사람이 자기가 인식하지 못하는 어떤 현상을 자기 앞에서 갑자기 본다. (그것은 그가 잘 알고 있지만, 특이한 위치에 있거나 특이한 조명을 받

고 있는 대상일 수도 있다.) 그걸 인식하지 못하는 것은 아마도 단지 몇 초 동안밖에 지속하지 않을 것이다. 그는 그 대상을 즉시 인식한 사람과는 다른 시각 체험을 하고 있다고 하는 것이 옳은가?

[142] 어떤 사람이 자기 앞에 갑자기 나타나는 미지의 형태를 그 형태에 낯익은 나만큼 정확히 기술할 수는 도대체 없는 것일까? 그리고 그것이 답이 아닌가?—물론, 일반적으로 그건 그렇지 않을 것이다. 그의 기술조차도 완전히 다르게 될 것이다. (예컨대 나는 "그 동물은 긴 귀를 지니고 있었다"라고 말할 것이고,—그는 "거기에는 두 개의 긴 돌기물(突起物)이 있었다"라고 말하고는 그걸 그린다.)

[143] 내가 여러 해 동안 보지 못한 어떤 사람을 만난다. 나는 그를 똑똑히 보지만, 그를 인식하지 못한다. 갑자기 나는 그를 인식한다; 그의 변한 얼굴에서 그의 예전 얼굴을 본다. 내가 그림을 그릴 수 있다면, 이제 나는 그의 초상을 달리 그릴 것이라고 나는 믿는다.

[144] 군중 속에 내가 잘 알고 있는 사람이 들어 있는데, 내가 그 사람이 있는 방향으로 아마도 꽤 오랫동안 바라본 다음에야 그를 인식한다면,—그것은 특별한 봄인가? 그것은 봄이며 생각인가? 또는—나는 거의 이렇게 말했으면 하는데—그 둘의 융합인가?

문제는 이것이다: 왜 우리들은 그렇게 말하고 싶어 하는가?

[145] 보이는 것에 대한 보고이기도 한 그 동일한 표현이 지금은 인식의 외침이다.

[146] 시각 체험의 기준은 무엇인가?—그 기준은 무엇이어야 마땅한가?

'보이는 것'의 묘사.

[147] 보이는 것의 묘사 및 복사라는 개념은 매우 신축적이다. 그리고 그와 더불어, 보이는 것이라는 개념도 그렇다. 그 두 개념은 밀접히 관련되어 있다. (그런데 이는 그 둘이 비슷하다는 뜻은 아니다.)

[148] 사람들이 입체적으로 본다는 것을 우리들은 어떻게 인지하는가?——나는 어떤 사람에게, 그가 (저기) 내려다보고 있는 지형(地形)이 어떻게 되어 있는지를 묻는다. "그건 이렇게 되어 있는가?"(나는 이를 손으로 보여 준다.)——"그렇다." ——"어떻게 당신은 그걸 아는가?" ——"안개가 끼어 있지 않다, 나는 그걸 아주 분명하게 볼 수 있다." ——그 추측에 대한 근거들은 주어지지 않는다. 보이는 것을 입체적으로 묘사하는 것이 우리에게는 유일하게 자연스럽다; 이에 반해서, 소묘에 의한 것이든 말에 의한 것이든, 평면적 묘사를 위해서는 특별한 연습과 교육이 필요하다. (어린아이들이 그린 소묘들의 기묘함.)

[149] 미소를 미소로서 인식하지 못하는 사람, 즉, 미소로서 이해하지 못하는 사람은 그것을 이해하는 사람과 다르게 미소를 보는가?—예컨대 그는 그것을 다르게 흉내 낸다.

[150] 얼굴의 소묘를 거꾸로 해 보라. 그러면 당신은 그 표정을 인식할 수 없다. 아마 당신은 그것이 미소 짓고 있다는 것은 볼 수 있을 것이다. 그렇지만 그것이 어떻게 미소 짓고 있는지는 정확히 볼 수 없을 것이다. 당신은 그 미소를 흉내 낼 수 없다; 또는 그 미소의 성격을 더 정확하게 기술할 수 없다.

그런데 그럼에도 불구하고 그 거꾸로 된 그림은 어떤 사람의 얼굴을 극히 정확하게 묘사하고 있을 수도 있다.

[151] 도형 (a) 는 도형 (b) 를 전도시킨 것이다. 도형 (c) 가 도형 (d) *Freude* 를 전도시킨 것이듯이 말이다. 그러나—나는 이렇게 말했으면 하는데—(c)와 (d)에 대한 나의 인상 사이에는 (a)와 (b)에 대한 나의 인상 사이에서와는 다른 차이가 있다. 예컨대 (d)는 (c)보다 더 정돈되어 보인다. (루이스 캐럴의 소견[15]과 비교하라.) (d)는 베끼기가 쉬우나, (c)는 어렵다.

[152] 엉켜 있는 선(線)들 속에 숨겨져 있는 토끼-오리 머리를 생각해 보라. 그런데 언젠가 나는 그것을 그 그림 속에서 인지한다; 더 정확히 말하면 단순히 토끼 머리로 인지한다. 나중에 언젠가 나는 똑같은 그 그림을 바라보고 똑같은 선을, 그러나 오리로 인지한다; 그리고 그때 나는 아직도, 그것이 두 번 모두 똑같은 선이었다는 것을 알아야 할 필요가 없다. 그런데 나중에 내가 그 상(相)이 전환하는 것을 본다면,—나는 그때 그 토끼와 오리 상들은 내가 그것들을 엉켜 있는 선들 속에서 개별적으로 인식했을 때와는 다르게 보인다고 말할 수 있는가? 없다.

그러나 그 전환은 그 인식이 불러일으키지 못하는 어떤 놀라움을 불러일으킨다.

[153] 어떤 도형 (1)에서 다른 도형 (2)를 찾다가 그것을 발견하는 사람은 그

---

15 (옮긴이주) 비트겐슈타인의 《심리철학에 관한 최후 저술》 I권 §599에 따르면, 이것은 《거울나라의 앨리스》(*Through the Looking Glass*)를 가리킨다. 캐럴의 이 작품 1장에 등장하는 유명한 무의미 시 '재버워키'(Jabberwocky)의 첫 연은 (c)처럼 전도된 글씨체로 되어 있다.

로써 (1)을 새로운 방식으로 본다. 그는 그것에 대해 새로운 종류의 기술을 할 수 있을 뿐 아니라, 그 다른 도형의 인지는 새로운 시각 체험이었다.

[154] 그러나 그가 다음과 같이 말했으면 하는 일이 반드시 일어나는 것은 아니다: "도형 (1)은 이제 완전히 다르게 보인다; 그것은 이전의 것과 합동이지만, 그것과는 아무런 유사성도 없다!"

[155] 여기에는 서로 근친적인 현상들과 가능한 개념들이 무수히 많이 존재한다.

[156] 그러니까 그 도형의 사본은 나의 시각 체험에 대한 불완전한 기술인가? 아니다. ―더 자세한 규정들이 필요한가, 또는 어떤 규정들이 필요한가 하는 것은 좌우간 상황들에 달려 있다. ―그것은 불완전한 기술일 수 있다; 어떤 물음이 남아 있다면 말이다.

[157] 물론 우리들은 다음과 같이 말할 수 있다: '그림-토끼'의 개념에도 속하고 '그림-오리'의 개념에도 속하는 어떤 것들이 존재한다. 그리고 그림, 소묘가 그와 같은 것이다. ―그러나 인상은 그림-오리에 관한 것인 동시에 그림-토끼에 관한 것이 아니다.

[158] "내가 실제로 보는 것은 아무튼 대상의 작용으로 인해 내 속에서 성립하는 것이어야 한다." ―내 속에서 성립하는 것은 그렇다면 일종의 모사(模寫), 우리들 자신이 다시 볼 수 있을 어떤 것, 자기 앞에 가질 수 있을 어떤 것이다; 거의 화신(化身)과 같은 어떤 것이다.

그리고 이 화신은 공간적인 어떤 것이며, 전적으로 공간적인 개념들로 기술될 수 있음이 틀림없다. 예컨대 (그것이 얼굴이라면) 그것은 미소 지을 수 있다. 그러나 그것의 묘사에 친절함의 개념은 속하지 않으며, 오히려 이러한 묘사에 낯설다. (비록 그러한 묘사에 도움은 된다 하더라도 말이다.)

[159] 당신이 나에게 내가 무엇을 보았는지를 묻는다면, 나는 아마 그것을 보여 주는 어떤 스케치를 할 수 있을 것이다; 그러나 나의 시선이 어떻게 움직여 다녔는지는 대부분의 경우 나는 도대체 기억해 내지 못할 것이다.

[160] '본다'라는 개념은 뒤엉켜 있는 인상을 준다. 자, 그건 그렇다.—나는 풍경을 바라본다; 나의 시선이 사방을 죽 훑는다; 나는 갖가지 분명한 움직임과 불분명한 움직임을 본다; 이것은 나에게 분명한 인상을 남기고, 저것은 단지 아주 희미한 인상만을 남긴다. 아무튼 우리가 보는 것은 우리에게 얼마나 완전히 누덕누덕해 보일 수 있을까! 그리고 이제 "보이는 것의 기술"이 무엇을 뜻하는지를 보라!—그러나 바로 그것이, 보이는 것의 기술이라고 불리는 것이다. 그와 같은 기술의 하나의 본래적인, 정연(整然)한 경우는 존재하지 않는다—그리고 그 나머지는 그저 불분명할 뿐, 여전히 해명을 기다리거나, 단순히 쓰레기로서 구석으로 치워져 버려야 한다.[16]

[161] 여기서 우리에게는 무서운 위험이 있다. 즉, 미세한 구별을 하고자 하는 것이 그것이다. ——그것은 우리들이 물리적 물체의 개념을 '실제로 보이

---

16 (옮긴이주) 즉, 보이는 것의 기술은 하나의 본래 정연한 경우로 되어 있지 않고, 나머지 불분명한 것들(미세한 구별을 하고자 하면 위험한 것들)을 함께 누덕누덕 포함한다는 말이다. 마지막 문장은 비트겐슈타인의 《심리학의 철학에 관한 소견들》 II권 §452에서는 다음과 같이 되어 있다: 우리는 그와 같은 기술의 진정한, 존경할 만한 한 경우를 갖고 있지 않으며, "자, 그 나머지는 그저 더 불분명할 뿐, 여전히 해명을 기다리거나, 단순히 쓰레기로서 구석으로 치워져 버려야 한다"라고 말한다. (비트겐슈타인은 《문화와 가치》(MS 128 46)에서 "누더기는 누더기로 남아 있어야 한다"라고 말한 바 있는데, 이것도 아마 비슷한 취지로 읽을 수 있을 것이다.)

는 것'으로부터 설명하고자 할 때와 비슷하다.—우리들은 오히려 평상시의 언어놀이를 받아들여야 하고, 잘못된 묘사는 잘못된 것으로서 특징지어야 한다. 어린아이가 배우는 원초적 언어놀이는 정당화를 필요로 하지 않는다; 정당화의 시도들은 거부될 필요가 있다.

[162] 이제 하나의 예로서, 삼각형의 상(相)들을 고찰하자. 다음의 삼각형

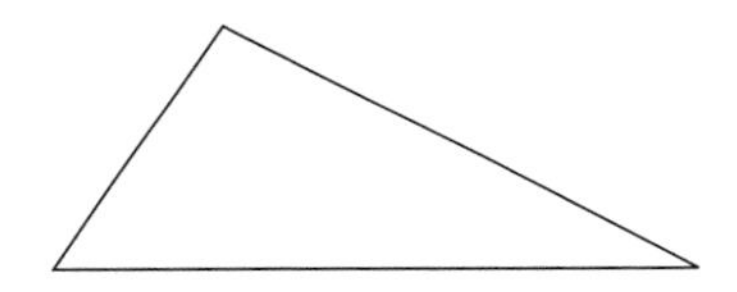

은 삼각 구멍으로서, 물체로서, 기하학적 소묘로서; 그 밑변 위에 서 있는 것으로서, 그 꼭짓점에 매달려 있는 것으로서; 산(山)으로서, 쐐기로서, 화살로서, 또는 표시기로서; 직각을 끼고 있는 변 중 (예컨대) 짧은 변 위에 서야 될 물체가 넘어진 것으로서, 반쪽의 평행사변형으로서, 그리고 다른 여러 가지로서 보일 수 있다.

[163] "당신은 그때 한번은 이것을, 한번은 이것을 생각할 수 있고, 한번은 그것을 이것으로, 한번은 이것으로 간주할 수 있다. 그러고 나서 당신은 그것을 한번은 이렇게, 한번은 이렇게 보게 될 것이다."—도대체 어떻게? 실로 더 이상의 규정은 존재하지 않는다.

[164] 그러나 사물을 해석에 따라 본다는 것은 어떻게 가능한가?——이 물음은 그것을 어떤 이상한 사실로서 묘사하고 있다; 마치 여기서 본래는 들어맞지 않는 어떤 것을 어떤 형식 속에 강제로 들이밀기나 하는 듯이 말이다. 그

러나 여기서는 아무런 밀어붙임과 들이밀음도 발생하지 않았다.

[165] 다른 형식들 사이에 그러한 형식을 위한 자리가 없어 보인다면, 당신은 그것을 다른 차원에서 탐색해야 한다. 여기에 아무 자리도 없다면, 그것은 분명 다른 어떤 차원에 있다.

(이런 뜻에서 또한 실수(實數)의 연속선상에는 허수를 위한 자리가 없다. 그렇지만 이것이 뜻하는 바는, 허수 개념과 실수 개념의 적용은 계산들을 바라볼 때 드러나는 것보다는 덜 비슷하다는 것이다. 우리들은 적용으로 내려가야 한다. 그러면 저 개념은 말하자면 예상외로 다른 자리를 차지하고 있다.)

[166] "나는 어떤 것을 이것으로서 볼 수 있고, 이것에 대해 그것은 하나의 그림일 수 있다"라는 설명은 어떠할까?

그것이 뜻하는 바는, 상(相) 전환에서의 상들은 그 도형이 상황에 따라서는 하나의 그림 속에서 항구적으로 지닐 수 있을 상들이라는 것이다.

[167] 삼각형은 실제로 어떤 그림 속에서는 서 있을 수 있으며, 다른 그림 속에서는 매달려 있을 수 있으며, 제3의 그림 속에서는 넘어져 있는 어떤 것을 묘사하고 있을 수 있다.—과연 그래서 관찰자인 나는, "이것은 또한 넘어져 있는 어떤 것을 묘사하고 있을 수 있다"라고 말하지 않고, "유리잔이 넘어져 깨진 조각으로 놓여 있다"라고 말한다. 우리는 그림에 대해 이렇게 반응한다.

[168] 하나의 그림이 이런 효과를 일으키려면 그것이 어떤 성질을 지녀야 하는지 나는 말할 수 있을까? 없다. 예컨대, 나에게는 이런 직접적인 방식으로

전달하는 게 아무것도 없지만 다른 사람들에게는 뭔가를 전달하는 화법(畵法)들이 존재한다. 나는 관습과 교육이 여기서 한몫을 한다고 믿는다.

[169] 그런데 내가 그림에서 공이 '떠다니는 것을 본다'는 것은 무슨 뜻인가?

그것은 이러한 기술(記述)이 나에게 가장 가까운, 자명한 것이라는 점에 있는가? 아니다; 그 기술은 여러 가지 근거에서 그럴 수 있을 것이다. 예컨대 그것은 단순히 전래된 기술일 수 있을 것이다.

그러나 내가 그 그림을 예컨대 단지 이렇게 이해할 뿐만 아니라(그것이 무엇을 묘사한다고 해야 마땅한지 알 뿐 아니라), 이렇게 본다는 것을 나타내는 표현은 무엇인가?——"그 공은 떠다니는 것처럼 보인다", "우리들은 그것이 떠다니는 것을 본다", 또는 심지어, 특별한 어조로, "그것이 떠다닌다!"와 같은 것들이 그러한 표현이다.

그러니까 그것은 어떠하다고-여김의 표현이다. 그러나 그러한 것으로서 사용되고 있지는 않다.

[170] 여기서 우리는 그 원인들이 무엇인가, 그리고 특수한 경우에 이러한 인상을 불러일으키는 것이 무엇인가를 자문하고 있지 않다.

[171] 그리고 그것은 특별한 인상인가?—"공이 떠다니는 것을 내가 본다면, 어쨌든 나는 그것이 단지 놓여 있는 것을 볼 때와는 다른 어떤 것을 본다."—이는 본래 이런 뜻이다. 즉, 이 표현은 정당화되었다! (왜냐하면, 말 그대로 보면, 그것은 실은 단지 반복일 뿐이기 때문이다.)

(그렇지만 나의 인상은 실제로 떠다니는 공에 대한 인상도 아니다. '입체적인 봄'에는 변종들이 존재한다. 사진의 입체성과 입체경을 통해 보이는 것의 입체성.)

[172] "그리고 그것은 실제로 다른 인상인가?"—이에 대답하기 위해서, 나는 다른 어떤 것이 실제로 내 속에 존재하는지를 나 자신에게 물었으면 한다. 그러나 나는 어떻게 그것을 확인할 수 있는가?——나는 내가 보는 것을 다르게 기술한다.

[173] 어떤 소묘들은 언제나 평면상의 도형으로 보이고, 다른 것들은 때때로, 또는 심지어 언제나, 입체적으로 보인다.

여기서 이제 우리들은 이렇게 말했으면 한다. 즉, 입체적으로 보이는 소묘들의 시각 인상은 입체적이라고. 예컨대 입방체 도식에 대한 시각 인상은 하나의 입방체라고 말이다. (왜냐하면 그 인상의 기술은 어떤 한 입방체의 기술이기 때문에.)

[174] 그리고 그렇다면, 우리의 인상들이 상당수의 소묘에 대해서는 평면적인 어떤 것이고, 상당수의 소묘에 대해서는 입체적인 어떤 것이라는 것은 이상하다. 우리들은 자문한다: "이것은 어디서 끝날까?"

[175] 질주하는 말을 그린 그림을 내가 볼 때,—나는 이러한 운동 방식이 뜻해졌다는 것을 단지 알 뿐인가? 내가 그림 속에서 말이 질주하는 것을 본다는 것은 미신인가?——그리고 이제 나의 시각 인상도 이렇게 질주하는가?

[176] "나는 이제 그것을 ……으로서 본다"라고 말하는 사람은 나에게 무엇을 보고하는가? 이러한 보고는 어떤 결과들을 갖는가? 나는 그것으로 무엇을 할 수 있는가?

[177] 사람들은 종종 색깔들과 모음(母音)들을 연합한다.[17] 어떤 모음이 빈번하게 잇달아 발음될 때, 상당수의 사람에게는 그 모음의 색깔이 바뀌는 일이 일어날 수 있을 것이다. 그에게 *a*는 예컨대 '이제는 파랗다 —— 이제는 붉다'이다.

"나는 이제 그것을 ……으로서 본다"란 발언은 우리에게 "*a*는 이제 나에게는 붉다"란 표현 이상을 의미할 수 없을 것이다.

(생리학적 관찰들과 결합되면, 심지어 이러한 전환조차도 우리에게 중요해질 수 있을 것이다.)

[178] 여기서, 미학적 대상들에 관한 대화에서 다음과 같은 말들이 사용된다는 것이 내 머릿속에 떠오른다: "당신은 그것을 이렇게 보아야 한다, 그것은 이렇게 뜻해져 있다"; "당신이 그것을 이렇게 본다면, 당신은 어디에 잘못이 있는지를 본다"; "당신은 이 박자들을 도입부로서 들어야 한다"; "당신은 이러한 조(調)에 따라서 귀 기울여야 한다"; "당신은 그것을 이렇게 악구로 나눠야 한다"(그리고 이것은 듣기 및 연주와 관계될 수 있다).

[179] 다음의 도형

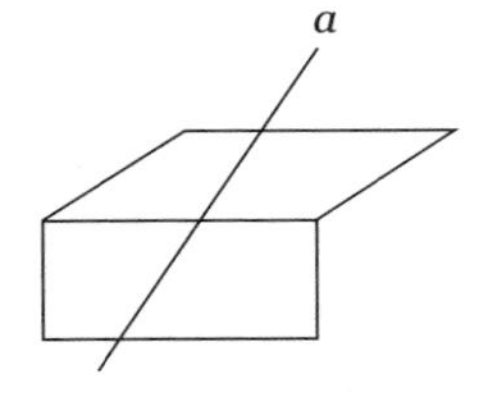

은 볼록 계단을 나타내며, 어떤 입체적인 사상(事象)들을 증명하기 위해 사용

17 (옮긴이주) 예를 들어, 랭보(A. Rimbaud)의 시 '모음들(Voyelles)' 참조: "A는 검정, E는 하양, I는 빨강, U는 초록, O는 파랑: 모음들이여……" 또한 비트겐슈타인의 《갈색 책》 II 4의 논의 참조.

된다고 해 두자. 이를 위해 우리는 가령 직선 *a*가 두 평면의 중심점들을 통과하도록 그린다. ―― 그런데 만일 어떤 사람이 그 도형을 단지 잠시 동안만 입체적으로 본다면, 그리고 심지어 그 경우에도 혹은 오목 계단으로 혹은 볼록 계단으로 본다면, 그가 우리의 증명을 따라오기는 그 때문에 어려워질 수 있을 것이다. 그리고 그에게 평면적인 상(相)이 입체적인 상과 번갈아 전환된다면, 여기서 그것은 마치 내가 증명을 하는 동안 그에게 완전히 다른 대상들을 보여 주는 것과 다르지 않다.

[180] 내가 화법(畵法) 기하학에서의 어떤 한 도안을 고찰하면서, "나는 이 선이 여기서 다시 출현한다는 것을 알지만, 나는 그것을 그렇게 볼 수 없다"라고 말한다면 그것은 무엇을 뜻하는가? 그것은 단지, 내가 그 도안에서의 일처리[操作]에 능숙하지 못하다는 것, 내가 그 도안을 그렇게 '훤히 알지' 못한다는 것을 뜻하는가?―자, 이러한 능숙함은 확실히 우리의 기준들 중 하나이다. 어떤 사람이 도안을 입체적으로 보고 있다는 것을 우리에게 확신시켜 주는 것은 어떤 종류의 '훤히 앎'이다. 예컨대, 입체적 관계들을 암시하는 어떤 몸짓들: 행동의 미세한 음영(陰影)들.

나는 그림 속에서 화살이 동물을 관통하고 있는 것을 본다. 화살은 그 동물의 목을 맞혔고, 목덜미로 튀어나와 있다. 그 그림은 하나의 실루엣이라고 해두자.―당신은 그 화살을 보는 것인가―또는 당신은 이 두 토막이 한 화살의 부분들을 묘사하고 있는 것이라는 것을 단지 아는 것인가?

(쾰러[18]의 상호 관통하고 있는 육각 도형을 참조하라.)

[181] "아무튼 그건 봄이 아니다!" ―― "아무튼 그건 봄이다!"―둘 다 개념적으로 정당화될 수 있어야 한다.

[182] 아무튼 그것은 봄이다! 어느 정도까지 그것은 봄인가?

[183] "그 현상은 처음에는 사람을 놀라게 하지만, 그러나 그에 대한 어떤 생리학적 설명이 틀림없이 발견될 것이다."—

우리의 문제는 인과적인 것이 아니라, 개념적인 것이다.

[184] 만일 화살에 꿰뚫린 동물의 그림이나 상호 관통하고 있는 육각형의 그림이 나에게 잠시 동안만 보이고, 내가 그것을 기술해야 한다면, 그것은 기술일 것이다. 만일 내가 그것을 소묘해야 한다면, 나는 틀림없이 매우 결함 있는 사본을 만들어 내게 되겠지만, 그것은 화살에 꿰뚫린 일종의 동물, 또는 상호 관통하고 있는 두 개의 육각형을 보여 줄 것이다. 즉: 나는 어떤 잘못들은 범하지 않을 것이다.

[185] 이 그림에서 나의 눈에 띄는 첫 번째 것은 두 개의 육각형이 있다는 것

---

18 (옮긴이주) 쾰러(Wolfgang Köhler, 1887~1967): 베르트하이머(M. Wertheimer), 코프카(K. Koffka)와 함께 형태심리학 이론을 창시한 독일의 학자로, 1935년 이후에는 미국에서 활동함. 주저로 《형태심리학》(*Gestalt Psychology*)(1929)이 있다. 여기서 말하는 '상호 관통하고 있는 육각 도형'의 출처는 정확히 알 수 없으나, 할렛에 의하면 아마도 《형태 심리학》에 나오는 다음의 도형 (a)를 가리킬 것이라고 한다, 이 도형에서 선들을 어떻게 연결하느냐에 따라 우리는 여러 형태의 육각 도형들을 찾아낼 수 있다. 그중에는 작은 육각형이 큰 육각형 안에 부분적으로 포함된 (그러므로 상호 관통하는?) 형태도 있다. 그러나 아마도 더 쉬운 예는, 형태심리학 책에 흔히 나오는 다음의 (b)나 (c)와 같은 도형일 것이다. 도형 (b)는 여기서 이야기되는 화살 맞은 동물이나 조금 뒤 이야기되는 '뒷발로 서는 동물'([187])의 인상을 주는 그림에 해당될 수 있을 것이다. 도형(c)는 그다음 언급되는 상(相) 바뀜의 체험("아하, 그건 두 개의 육각형이로구나!")을 유발할 수 있을 것이다.

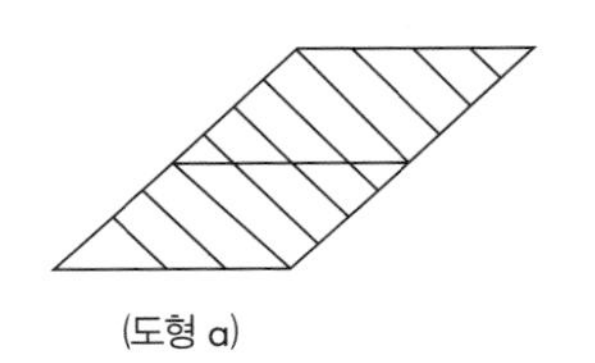

(도형 a)

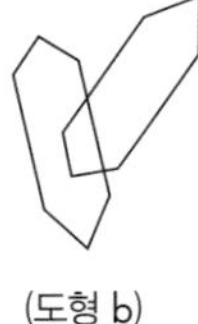

(도형 b)

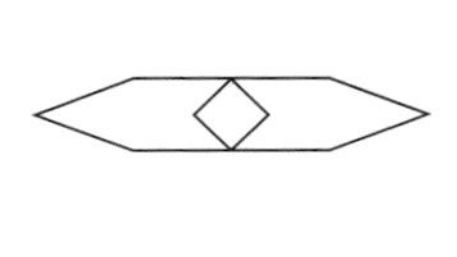

(도형 c)

이다.

그런데 내가 그것들을 바라보고 나 자신에게 묻는다: "나는 그것들을 실제로 육각형으로서 보는가?"—게다가, 그것들이 내 눈앞에 있는 전 시간 동안? (그때 그것들의 상(相)은 변하지 않았다고 전제하고서 말이다.)—그리고 나는 이렇게 대답했으면 한다: "그 전 시간 동안 내가 그것들을 육각형으로서 생각하지는 않는다."

[186] 어떤 사람이 나에게 말한다: "나는 곧 그것을 두 개의 육각형으로 보았다. 실로 그것이 내가 본 모든 것이었다." 그러나 나는 이를 어떻게 이해하는가? 나는 그가 "당신은 무엇을 보고 있는가?"란 물음에 대해 즉시 이러한 기술로써 대답했을 것이고, 그가 그 기술을 다수의 가능한 기술들 중의 하나로서 취급하지도 않았을 것이라고 생각한다. 여기서 그 기술은 내가 그에게 다음과 같은 도형

을 보여 주었을 때의 "얼굴"이란 대답과 같다.

[187] 나에게 잠시 동안 보인 것에 대해 내가 할 수 있는 최선의 기술은 이것이다: …….

"그 인상은 뒷발로 서는 동물의 인상이었다." 그러므로 아주 특정한 기술이 나왔다.—그것은 봄이었는가, 또는 사고(思考)였는가?

[188] 당신 자신 속에서 체험을 분석하려고 시도하지 말라!

[189] 내가 처음에는 그 그림을 다르게 본 다음에, "아하, 그건 두 개의 육각형이로구나!" 하고 말하는 것도 실로 가능했을 것이다. 그러니까, 상(相)이 바뀌었을 것이다. 그런데 이것이, 나는 사실상 그것을 특정한 것으로서 보았다는 것을 증명하는가?

[190] "그것은 진정한 시각 체험인가?" 문제는, 어느 정도까지 그것이 시각 체험인가 하는 것이다.

[191] 여기서, 문제가 되고 있는 것이 개념 규정들이라는 것을 보기는 어렵다.

개념은 뇌리에서 떠나지 않는다. (당신은 이것을 잊어서는 안 된다.)

[192] 도대체 언제 나는 그것을 단지 앎이라고, 봄이 아니라고 부르게 될까? —가령, 어떤 사람이 그 그림을 하나의 제작도(製作圖)처럼 취급할 때, 그것을 하나의 청사진처럼 읽을 때. (행동의 미세한 음영들.—그것들은 어째서 중요한가? 그것들은 중요한 결과들을 갖고 있다.)

[193] "그것은 나에게는 화살에 꿰뚫린 동물이다." 나는 그것을 이러한 것으로서 취급한다; 이것이 그 도형에 대한 나의 태도이다. 이것이 그것을 '봄'이라고 부르는 것의 한 의미이다.

[194] 그러나 나는 또한 "이것은 나에게는 두 개의 육각형이다"라고 같은 뜻으로 말할 수 있는가? 같은 뜻으로는 아니지만, 비슷한 뜻으로.

[195] 당신은 (제작도들과는 대조적으로) 회화의 성격을 지닌 그림들이 우리의 삶에서 행하는 역할을 생각해야 한다. 그리고 여기에 획일성이라고는 전혀 존재하지 않는다.

다음과 비교하라: 우리들은 때때로 격언들을 벽에 건다. 그러나 역학(力學)의 정리들을 벽에 걸지는 않는다. (이 둘에 대한 우리의 관계.)

[196] 나는 그 소묘를 이러이러한 동물로 보는 사람에 대해서는 그것이 무엇을 나타내고 있는지를 단지 아는 사람에 대해서와는 상당히 다른 것을 기대하게 될 것이다.

[197] 아마 이렇게 표현하는 게 더 나았을 것이다. 즉, 우리는 사진과 벽에 걸린 그림을 그것들 속에서 묘사되고 있는 대상 자체(사람, 풍경 등)로 간주한다고 말이다.

[198] 반드시 그렇지는 않을 것이다. 우리는 그러한 그림들에 대해 이러한 관계를 갖지 않을 사람들을 쉽게 상상할 수 있을 것이다. 예컨대, 색깔 없는 얼굴, 그리고 심지어 아마도 축소된 규모의 얼굴은 비인간적으로 보이기 때문에 사진에 반발할 사람들.

[199] 그런데 내가 "우리는 초상화를 사람으로 간주한다"라고 말한다면,— 우리는 언제, 그리고 얼마나 오랫동안 그렇게 간주하는가? 무릇 우리가 그것을 본다면 (그리고 그것을 가령 다른 어떤 것으로 보지 않는다면) 언제나?

이에 대해 나는 예라고 대답할 수 있을 것이다. 그리고 이에 의해 나는, 간주함이란 개념을 규정하게 될 것이다. ──문제는, 다른 하나의 근친적 개념, 즉 (묘사된) 대상의 그림에 내가 몰두하는 동안에만 발생하는 (요컨대)

그렇게-봄이란 개념이 우리에게 중요하게 되느냐이다.

[200] 나는 이렇게 말할 수 있을 것이다: 내가 그림을 보고 있는 동안, 그림이 언제나 나를 위해 살지는 않는다.

"그녀의 그림이 벽에서 나에게 미소를 보낸다." 나의 시선이 거기에 이를 바로 그때 그것이 언제나 그래야 하는 것은 아니다.

[201] 토끼-오리 머리. 우리들은 자신에게 묻는다: 어떻게 눈이, 이 점(点)이, 어떤 방향으로 바라보는 게 가능한가?—"보라, 그것이 어떻게 바라보고 있는가를!" (그리고 그때 우리들은 자신을 '바라본다'.) 그러나 그림을 관찰하는 동안 우리들이 끊임없이 그렇게 말하고 행하지는 않는다. 그런데 "보라, 그것이 어떻게 바라보고 있는가를!"이라는 이것은 무엇인가—그것은 감각의 표현인가?

[202] (나는 이 모든 예들을 가지고 그 어떤 완전성을 얻고자 애쓰지 않는다. 심리학적 개념들에 대한 어떤 분류를 얻고자 애쓰지 않는다. 그것들은 단지 독자 스스로 개념적 불명료성에서 빠져 나올 수 있게 해 주려는 것뿐이다.)

[203] "나는 이제 그것을 ……로서 본다"는, "나는 그것을 ……로서 보려고 시도한다"나 "나는 아직 그것을 ……로서 볼 수 없다"와 동행한다. 그러나 나는 사자의 상투적인 그림을 사자로서 보려고 시도할 수는 없다; 내가 F를 이 글자로서 보려고 시도할 수 없는 것과 마찬가지로 말이다. (그러나 예컨대 하나의 교수대로서 보려고 시도할 수는 있을 것이다.)

[204] 그런데 "나의 경우는 형편이 어떠한가?"라고 자문하지 말라. —"나는 다른 사람에 관해 무엇을 아는가?"라고 물으라.

[205] "그것은 또한 이것일 수도 있을 것이다"라는 놀이는 도대체 어떻게 행해지는가? (그 도형이 또한 이것일 수도 있을 것이라고 할 때의 그 이것은—그리고 이것은 그 도형이 이렇게 보일 수 있는 것으로서의 이것이다—단순히 다른 도형이 아니다. "나는 △을 ↘ 로서 본다"라고 말하는 사람은 여전히 매우 상이한 것을 뜻할 수 있을 것이다.)

어린아이들은 이러한 놀이를 한다. 그들은 예컨대 상자를 놓고, 이제 그것은 집이라고 말한다; 그리고 그 후에 그것은 완전히 하나의 집으로서 해석된다. 그것 속으로 하나의 허구가 엮어 넣어진다.

[206] 그런데 어린아이는 그 상자를 집으로 보는 것인가?

"그는 그것이 상자라는 것을 완전히 잊었다; 그에게 그것은 사실상 집이다." (이에 대해서는 일정한 징후들이 존재한다.) 그렇다면 그는 그것을 집으로 본다고 말하는 것도 옳지 않을까?

[207] 그리고 이제 그렇게 놀이할 수 있고, 특정한 상황에서는 특별한 표정으로 "이제 그것은 집이다!"라고 외치는 사람—그가 표현하는 것은 상(相)이 번쩍 떠오름일 것이다.

[208] 만일 내가 어떤 사람이 토끼-오리 그림에 관해 이야기하는 것을 듣고, 이제 이 토끼의 특별한 표정에 관해 모종의 방식으로 이야기하는 것을 듣는다면, 나는 그가 이제 그 그림을 토끼로 보고 있다고 말할 것이다.

[209] 그러나 그 목소리와 몸짓의 표현은 마치 그 대상이 변했고 이제 마침내 이 또는 저 대상으로 된 듯한 것과 같은 표현이다.

내가 어떤 주제를 나에게 반복적으로, 그리고 그때마다 더 느린 템포로 연주되게 한다. 마침내 나는 "이제 그것은 옳다", 또는 "이제 비로소 그것은 행진곡이다", "이제 비로소 그것은 무곡(舞曲)이다"라고 말한다. —이러한 어조에서 또한 상이 번쩍 떠오름이 표현된다.

[210] '행동의 미세한 음영들'——그 주제에 대한 나의 이해가 내가 그 주제를 올바른 표정으로 휘파람을 부는 데서 표출된다면, 그것은 이러한 미세한 음영들의 한 예이다.

[211] 삼각형의 상(相)들: 마치 어떤 표상이 시각 인상과 접촉하고서는 한동안 접촉한 채 머물러 있는 것 같다.

[212] 그러나 그 점에서 이 상들은 (예컨대) 계단의 오목하고 볼록한 상과는 구별된다. 또한 검은 바탕에 흰 십자가, 또는 흰 바탕에 검은 십자가로서의 다음과 같은 도형

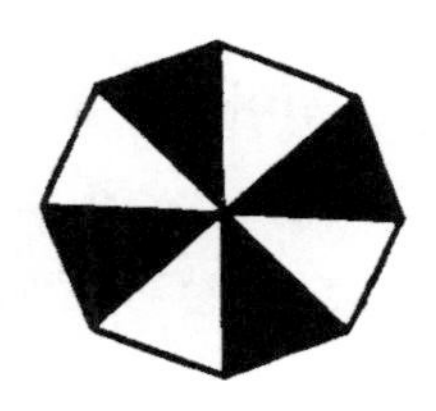

(나는 이것을 "이중 십자가"라고 부를 것이다)의 상들과도 구별된다.

[213] 당신은 서로 교대하여 나타나는 상에 대한 기술들은 각각의 경우에 다른 종류라는 것을 염두에 두어야 한다.

[214] ("그것"과 "이렇게"란 말로 같은 것을 가리키면서, "나는 그것을 이렇게 본다"라고 말하려는 유혹.) 사적인 대상을 언제나 다음과 같이 제거하라. 즉, 그것은 끊임없이 변하지만, 당신의 기억이 끊임없이 당신을 속이기 때문에 당신은 그 변화를 알아차리지 못한다고 가정하라.

[215] 이중 십자가의 저 두 가지 상(相)(나는 그것들을 A-상들이라고 부를 것이다)은 단순히, 예컨대, 관찰자가 고립된 흰 십자가와 고립된 검은 십자가를 교대로 가리킴으로써 전달될 수 있을 것이다.

그렇다, 우리들은 이것이 어린아이가 말을 할 수 있기 훨씬 이전에 보이는 하나의 원초적 반응이리라고 생각할 수 있을 것이다.

(그러므로 A-상들을 전달할 때는 이중 십자가 도형의 일부를 손으로 가리킨다.—토끼-상과 오리-상은 유사한 방식으로 기술될 수 없을 것이다.)

[216] 토끼와 오리라는 두 동물의 형태에 정통해 있는 사람만이 '토끼와 오리 상들을 본다'. A-상들에 대해서는 유사한 조건이 존재하지 않는다.

[217] 토끼-오리 머리를 어떤 사람이 단순히 토끼 그림으로 여길 수 있고, 이중 십자가를 검은 십자가의 그림으로 여길 수 있으나, 단순한 삼각 도형을 넘어진 대상의 그림으로 여길 수는 없다. 삼각형의 이러한 상(相)을 보기 위해서는 상상력이 필요하다.

[218] A-상들은 본질적으로 입체적인 상들이 아니다; 흰 바탕 위의 검은 십

자가는 본질적으로, 흰 평면을 배경으로 하는 십자가가 아니다. 우리들은 어떤 사람에게 전지(全紙) 위에 그려진 십자가들 이외의 다른 것이라고는 보여주지 않고서도, 다른 색깔을 바탕으로 한 검은 십자가의 개념을 가르칠 수 있을 것이다. 여기서 '배경'은 단순히 십자가 도형의 주위이다.

A-상들은 입방체의 소묘나 계단 소묘의 입체적 상들과 같은 방식으로 어떤 가능한 착각과 연관되어 있지 않다.

[219] 나는 입방체 도식을 상자로 볼 수 있다;—그러나 한번은 종이 상자로, 한번은 양철 상자로도 볼 수 있는가? 만일 어떤 사람이 자기는 그렇게 할 수 있노라고 나에게 단언한다면, 이에 대해서 나는 뭐라고 말해야 할까?—나는 여기서 개념의 한계를 그을 수 있다.

그러나 어떤 그림을 관찰할 때의 '느꼈다'란 표현을 생각하라. ("우리들은 이 소재의 부드러움을 느낀다.") (꿈속에서의 앎: "그리고 나는 방에 ……가 있었다는 것을 알았다".)

[220][19] 어떤 종류의 상(相)들은 "조직의 상"이라고 불릴 수 있을 것이다. 그 상이 변하면, 이전에는 함께 속하지 않았던 그림의 일부들이 함께 속한다.

[221] 어떻게 우리들은 어린아이에게 (가령 계산할 적에) "이제 이 점들을 모아 합쳐라!" 또는 "이제 이것들은 함께 하나의 전체를 이룬다"라고 가르치는가? 분명, 어린아이에게는 원래 "모아 합치다"와 "함께 하나의 전체를 이루다"는 어떤 것을 이러이러하게 본다는 의미와는 다른 의미를 지녔음이 틀림없다.—그리고 이는 개념들에 관한 소견이지, 교육 방법에 관한 소견이 아니다.

19 (옮긴이주) 이전 판에서는 이 절이 다음 [221]절 다음에 놓여 있었다.

[222] 나는 삼각형에서 이제 이것을 꼭짓점으로, 이것을 밑변으로 볼 수 있다—이제는 이것을 꼭짓점으로, 그리고 이것을 밑변으로 볼 수 있다. ——꼭짓점, 밑변 등의 개념을 겨우 갓 처음으로 알게 된 학생에게 "나는 이제 이것을 꼭짓점으로 본다"란 말이 아직 아무것도 말해 줄 수 없다는 것은 분명하다. —그러나 나는 이것을 하나의 경험 명제로서 뜻하고 있지 않다.

도형을 능숙하게 모종의 방식으로 적용할 수 있는 사람에 대해서만 우리들은 그가 그것을 이제 이렇게, 이제는 이렇게 본다고 말할 것이다.

이러한 체험의 기초는 기술(技術)의 숙달이다.

[223] 그러나 이것이 어떤 사람이 이러이러한 것을 체험한다는 것의 논리적 조건이어야 한다는 것은 얼마나 이상한가! 어쨌든 당신은 이러이러한 것을 할 수 있는 사람만이 '치통이 있다'고는 말하지 않는다. ——이로부터 나오는 결론은, 여기서 우리는 동일한 체험 개념과 관계하고 있을 수 없다는 것이다. 그것은 근친적이기는 하지만 다른 개념이다.

[224] 이러이러한 것을 할 수 있고, 배웠고, 숙달한 사람에 대해서만, 그는 이것을 체험했다고 말하는 것이 뜻을 지닌다.

그리고 이것이 어리석게 들린다면, 당신은 봄의 개념이 여기서 변경된다는 것을 염두에 두어야 한다. (유사한 고려가 수학에서의 어지러운 느낌을 추방하기 위해서 종종 필요하다.)

우리는 말한다, 발언들을 한다, 그리고 나중에야 비로소 그것들의 생명에 관해 어떤 그림을 얻는다.

[225] 이러한 자세가 소심한 것이었다는 것을 나는 도대체 어떻게, 내가 그것은 하나의 자세이며 이 생물의 해부가 아니라는 것을 알기 이전에 볼 수

있었는가?

그러나 그것은 단지, 그렇다면 나는 단지 시각적인 것에만 관계되지 않는 이 개념을, 보이는 것의 기술을 위해 사용할 수 없을 것이라는 말일 뿐이지 않은가?—그럼에도 불구하고 나는 소심한 자세, 두려워하는 얼굴에 대한 순수 시각적 개념을 가질 수 있지 않을까?

[226] 그 경우 그러한 개념은 '장조(長調)'와 '단조(短調)'란 개념들과 비교될 수 있을 것이다. 이것들은 분명히 어떤 느낌 값을 갖고 있으나, 또한 오직 지각된 구조의 기술을 위해서만 사용될 수도 있다.

[227] 예컨대 얼굴의 윤곽도(輪廓圖)에 적용되는 "슬픈"이란 형용어는 하나의 타원형 안에 있는 선들의 모음을 특징짓는다. 사람에 적용되면 그것은 (비록 근친적이기는 하지만) 다른 의미를 지닌다. (이는 그러나 슬픈 얼굴 표정이 슬픔의 느낌과 유사하다는 것을 뜻하지는 않는다!)

[228] 이것을 또한 고려하라. 즉, 나는 붉은색과 초록색을 단지 볼 수만 있고, 들을 수는 없다—그러나 슬픔은, 내가 그것을 볼 수 있는 한, 나는 그것을 들을 수도 있다.

[229] "나는 탄식하는 멜로디를 들었다"란 표현을 생각해 보라! 그리고 이제 문제는 이것이다: "그는 그 탄식을 듣는가?"

[230] 그리고 내가 "아니다, 그는 그걸 듣지 않는다; 그는 그걸 단지 느낄 뿐이다"라고 대답한다면——이로써 이루어진 것은 무엇인가? 실로 우리들은 이러한 '감(感)'의 감각 기관을 결코 제시할 수 없다.

상당수의 사람들은 이제 이렇게 대답했으면 한다: "물론 나는 그걸 듣는다!" ―― 상당수의 사람들은: "나는 그것을 실제로는 듣지 않는다."

그러나 개념의 차이들은 확인될 수 있다.

[231] 우리는 얼굴 표정[20]에 대해 그것을 (이 말의 충분한 뜻에서) 두려워하는 인상으로서 인식하지 않는 사람과는 달리 반응한다. ―자, 그러나 나는 우리가 이러한 반응을 근육과 관절들에서 감지한다고, 그리고 이것이 '감각'이라고 말하고 싶지 않다. ―아니다, 여기서 우리는 변경된 감각 개념을 가지고 있다.

[232] 우리들은 어떤 사람에 관해서, 그는 얼굴의 표정에 대해서는 눈이 멀었다고 말할 수 있을 것이다. 그러나 그 때문에 그의 시각에 뭔가 결함이 있을까?

그러나 이것은 물론 단순히 생리학의 물음이 아니다. 여기서 생리학적인 것은 논리적인 것에 대한 상징이다.

[233] 멜로디의 엄숙함을 느끼는 사람은 무엇을 지각하는 것인가? ―들은 것의 재생을 통해 전달될 수 있는 어떤 것이 아니다.

[234] 임의의 어떤 글자―가령 ℋ―에 관해서 나는 그것이 엄밀하게 똑바로 씌어 있는 그 어떤 외국 알파벳의 한 문자라고 상상할 수 있다. 아니면, 그것은 잘못 씌어 있고, 게다가 이런저런 방식으로, 예컨대 날림으로, 또는

20 (옮긴이주) 이전 판까지 원말이 'Gesichtseindruck(시각 인상)'으로 되어 있었으나, 관련 문헌과의 비교에 근거하여 개정4판에서 'Gesichtsausdruck(얼굴 표정)'로 수정되었다.

전형적으로 어린아이처럼 서투르게, 또는 관료주의적 장식체로 잘못 씌어 있다고 상상할 수 있다. 그것은 똑바로 씌어 있는 것과 여러 가지 방식으로 어긋날 수 있을 것이다.—그리고 내가 그 그림을 어떤 허구로 둘러싸느냐에 따라 나는 그것을 여러 가지 상(相)으로 볼 수 있다. 그리고 여기에 '한 낱말의 의미를 체험함'과의 밀접한 근친성이 존립한다.

[235][21] 그건 마치 '이러한 맥락에서 기호를 봄'이 사고의 메아리인 것과 거의 같다.

"봄에서 메아리치는 사고"—라고 우리들은 말했으면 한다.

[236] 체험에 대한 생리학적 설명을 생각해 보라. 그것은 이러할 것이다: 도형을 고찰할 때 시선은 그 대상을 특정한 궤도를 따라 되풀이하여 훑는다. 그 궤도는 눈동자가 바라볼 때의 특수한 진동 형식에 대응한다. 이러한 운동 방식이 다른 방식으로 건너뛰어, 그 둘이 서로 교대하여 나타나는 일이 일어날 수 있다(A-상들). 어떤 운동 형식들은 생리학적으로 불가능하다; 그래서 나는 예컨대 입방체 도식을 두 개의 서로 관통하는 프리즘으로서 볼 수 없다. 등등. 이것이 그 설명일 것이다.—"그렇다, 그것이 일종의 봄이라는 것을 이제 나는 안다."—— 지금 당신은 봄의 새로운, 생리학적인 기준을 도입하였다. 그런데 이것은 옛 문제를 숨길 수는 있으나, 해결할 수는 없다.—이러한 소견의 목적은 그러나, 생리학적 설명이 우리에게 제공될 때 무엇이 일어나는가를 우리 눈앞에 보여 주려는 것이었다. 심리학적 개념은 이러한 설명 너머에서, 건드려지지 않은 채 떠다닌다. 그리고 우리의 문제의 본성은 이로써 더 분명해진다.

21 (옮긴이주) 이전 판에서 이 절과 다음 [236]절은 현재의 [247]절 다음에 놓여 있었다.

[237] 나는 여기서 번쩍 떠오르는 것은 관찰되는 대상에 일정하게 몰두하고 있는 동안에만 머무른다고 말했으면 한다. ("보라, 그것이 어떻게 바라보고 있는가를!"[22]) ——'나는 말했으면 한다'—그런데 그것은 실제로 그러한가? —자문해 보라: "얼마나 오랫동안 어떤 것이 나의 이목을 끄는가?"—얼마나 오랫동안 그것은 나에게 새로운가?

[238] 상(相)에는 나중에는 사라지는 어떤 하나의 관상(觀相)이 존재한다. 그건 마치 내가 처음에는 흉내 내고, 그다음에는 흉내 내지 않고 받아들이는 어떤 하나의 얼굴이 거기에 있는 것과 거의 같다.—그리고 이것은 실제로 설명으로 충분하지 않은가?—그러나 그것은 과도하지 않은가?

[239] "나는 그와 그의 아버지 사이의 유사성을 몇 분 동안 인지한 다음에 더는 인지하지 못했다."—이 말은, 그의 얼굴이 변하고 단지 짧은 시간 동안만 그의 아버지와 비슷해 보이는 경우에 할 수 있을 것이다. 그러나 그것은 또한, 몇 분 후에는 그들의 유사성이 더는 내 눈에 띄지 않았다는 뜻일 수도 있다.

[240] "그 유사성이 당신 눈에 띈 후에,—당신은 얼마나 오랫동안 그것을 의식했는가?" 이 물음에 우리들은 어떻게 대답할 수 있을까? ——"나는 곧 그것을 더는 생각하지 않았다", 또는 "그것은 이따금 다시 내 눈에 띄었다", 또는 "그들은 실로 얼마나 비슷한가! 하는 생각이 내 머리를 몇 번 스쳐 지나갔다", 또는 "나는 확실히 1분 동안 그 비슷함에 놀라 멍하니 바라보았다". ——그 대답들은 가령 이런 식으로 될 것이다.

---

22 (옮긴이주) 앞 [201]절 참조.

[241] 나는 다음과 같은 물음을 제기했으면 한다: "나는 어떤 대상(예컨대 이 책장)의 공간성을, 깊이를, 내가 그것을 보는 동안 언제나 의식하는가?" 나는 그것을, 말하자면, 전 시간 동안 느끼는가?——그러나 물음을 삼인칭으로 제기하라.—언제 당신은 그가 그것을 언제나 의식한다고 말하게 될까? 그리고 언제 그 반대를 말하게 될까?—물론 우리들은 그에게 물어 볼 수 있을 것이다,—그러나 이러한 물음에 대답하는 것을 그는 어떻게 배웠는가?——그는 "끊임없이 고통을 느낀다"라는 것이 무엇을 뜻하는지 안다. 그러나 여기서 그것은 (나를 혼란시키는 것과 마찬가지로) 그를 혼란시키기만 할 것이다.

그런데 그가 자기는 그 깊이를 지속적으로 의식한다고 말한다면,—나는 그의 말을 믿는가? 그리고 그가 자기는 그것을 단지 이따금 (가령 그가 그것에 관해 이야기할 때) 의식한다고 말한다면,—나는 그것을 믿는가? 나에게는 이 대답들은 잘못된 기초에 근거하고 있는 것처럼 보일 것이다.—그러나 그가, 자기에게 그 대상은 어떤 때는 평면적으로, 어떤 때는 입체적으로 보인다고 말한다면, 사정은 달라질 것이다.

[242] 어떤 사람이 나에게 이야기한다: "나는 그 꽃을 보았다. 그러나 나는 다른 어떤 것을 생각하고 있었고, 그 색깔을 의식하지 않았다." 이 말을 나는 이해하는가?—이를 위해 나는 유의미한 맥락을 생각해 낼 수 있다. 그것은 가령 이렇게 계속될 것이다: "그러고 나서 갑자기 나는 그것을 보았고, 그것이 ……색을 지니고 있는 것임을 인식했다."

또는 이렇게도 계속될 것이다: "만일 내가 그 당시 얼굴을 돌렸다면, 나는 그것이 어떤 색을 지니고 있었는지 말할 수 없었을 것이다."

"그는 그것을 봄이 없이 그것을 바라보았다."—이런 게 존재한다. 그러나 그에 대한 기준은 무엇인가?—여기에는 정말 여러 가지 경우들이 존재한다.

[243] "나는 지금 색깔보다는 형태에 더 주목했다." 이러한 표현 방법으로 혼란스러워하지 않도록 하라. 무엇보다도, "그때 눈에서, 또는 뇌에서, 실로 무엇이 일어나고 있을까?"라고 생각하지 말라.

[244] 유사성이 내 눈에 띈다, 그리고 눈에 띔은 소멸한다.

그것은 단지 몇 분 동안 눈에 띄었을 뿐, 더는 눈에 띄지 않았다.

그때 무엇이 일어났는가?—나는 무엇을 기억해 낼 수 있는가? 나 자신의 얼굴 표정이 마음에 떠오른다. 나는 그것을 흉내 낼 수 있을 것이다. 만일 나를 아는 어떤 사람이 내 얼굴을 보았다면, 그는 이렇게 말했을 것이다: "그의 얼굴에서 어떤 것이 지금 당신 눈에 띄었다."—내가 그런 경우에 가령 남이 들을 수 있게 말하거나 단지 속으로 말하는 것도 역시 내 머리에 떠오른다. 그리고 그것이 전부다.—그런데 그것이 눈에 띔인가? 아니다. 그것은 눈에 띔의 현상들이다. 그러나 그것들이 '일어나는 것'들이다.

[245] 눈에 띔은 바라봄+생각함인가? 아니다. 우리의 많은 개념들이 여기서 서로 교차한다.

[246] ('생각함'과 '상상 속에서 말함'—나는 "자기 자신에게 말함"을 말하고 있지 않다—은 다른 개념이다.)

[247] 대상의 색깔에 시각 인상의 색깔이 대응한다(이 압지(押紙)는 나에게 장밋빛으로 보인다; 그리고 그것은 장밋빛이다)——대상의 형태에는 시각 인상의 형태가 대응한다(그것은 나에게 직사각형으로 보인다; 그리고 그것은 직사각형이다)——그러나 상이 번쩍 떠오름에서 내가 지각하는 것은 대상의 속성이 아니다. 그것은 그 대상과 다른 대상들 사이의 내적 관계이다.

[248][23] 나는 실제로 매번 다른 것을 보는가, 또는 내가 보는 것을 나는 단지 상이한 방식으로 해석할 뿐인가? 나는 전자라고 말하는 경향이 있다. 그러나 왜?—해석한다는 것은 하나의 생각, 하나의 행위이다; 본다는 것은 하나의 상태이다.

[249] 자, 우리가 해석하는 경우들은 알아보기가 쉽다. 우리가 해석하는 경우, 우리는 거짓으로 실증될지도 모르는 가설들을 세운다. ——"나는 이 도형을 ……로서 본다"는 "나는 밝은 빨간색을 본다"와 마찬가지로 (또는 오직 그런 뜻으로) 검증될 수 없다. 그러므로 그 두 맥락에서 "본다"의 사용에는 유사성이 존재한다.

[250] 다만, "봄의 상태"가 여기서 무엇을 의미하는지 당신은 미리 알고 있었노라고 생각하지는 말라! 쓰임이 당신에게 그 의미를 가르치게 하라.

[251] 본다는 것에서 어떤 것이 우리에게 수수께끼같이 보인다. 왜냐하면 우리에게는 본다는 것 전체가 충분히 수수께끼같이 보이지 않기 때문이다.

[252] 사람들, 집들, 나무들에 관한 사진을 관찰하는 사람에게는 사진에서 입체성이 떨어져 나가지 않는다. 사진을 평면상의 색채 반점들의 집합으로 기술하는 것은 우리에게 쉽지 않을 것이다. 그러나 우리가 입체경에서 보는 것은 또 다른 방식으로 입체적으로 보인다.

[253] (우리가 두 눈으로 '입체적으로' 본다는 것은 전혀 자명하지 않다. 두

23 (옮긴이주) 이전 판에서 이 절 앞에는 현재 [235]절과 [236]절로 옮겨 배치된 두 절이 놓여 있었다.

시각 상이 하나로 융합된다면, 그 결과로서 하나의 희미한 시각 상이 기대될 수 있을 것이다.)

[254] 상(相)의 개념은 상상의 개념과 근친 관계이다. 즉, '이제 나는 그것을 ……로서 본다'는 개념은 '나는 지금 이것을 상상하고 있다'와 근친적이다.

어떤 것을 특정한 주제의 변주로 듣는 데에는 상상력[24]이 들어 있지 않은가? 그럼에도 불구하고 우리들은 그것을 통해 어떤 것을 지각한다.

[255] "그것이 이렇게 변했다고 상상해 보라. 그러면 당신은 다른 것을 얻게 된다." 상상을 하는 가운데 우리들은 증명을 할 수 있다.

[256] 상을 보는 것과 상상하는 것은 의지에 종속되어 있다. "이것을 상상하라!"라는 명령과 "이제 이 도형을 이렇게 보라!"라는 명령은 존재하지만, "이제 그 잎을 초록색으로 보라!"라는 명령은 존재하지 않는다.

[257] 이제 다음과 같은 문제가 일어난다. 즉, 어떤 것을 어떤 것으로서 볼 수 있는 능력이 결핍된 사람들이 존재할 수 있을까? 그리고 그것은 어떠할까? 그것은 어떤 결과들을 가질까?——이러한 결함은 색맹과 비교될 수 있을까? 또는 절대 음감의 결여와 비교될 수 있을까?—우리는 그것을 "상맹(相盲)"이라 부르고자 한다. 그리고 이제 그것이 무엇을 뜻할 수 있을지를 숙고해 보고자 한다. (개념적 탐구.)

상-맹인은 A-상들이 바뀌는 것을 보지 못할 것이다. 그러나 그는 이중

24 (옮긴이주) 원말은 '상상', '공상', '환상'으로도 번역되는 'Phantasie'. 이 책의 다른 곳에서 나오는 '상상력'의 원말은 모두 'Vorstellungskraft'이다.

십자가가 검은 십자가와 흰 십자가를 포함한다는 것도 인식하지 못할까? 그러니까 그는 "이 도형들 가운데에서 검은 십자가를 포함하는 것들을 나에게 가리키라"라고 하는 과제를 해낼 수 없을 것인가? 아니다. 그는 그것을 마땅히 할 수 있다. 그러나 그가 다음과 같이 말하지는 않을 것이다: "이제 그것은 흰 바탕에 검은 십자가이다!"

그는 두 얼굴의 유사성에 대해서 눈이 멀어야 마땅한가?—그러나 그러면 그것들의 같음이나 대략적인 같음에 대해서도? 나는 이것을 확정하고 싶지 않다. (그는 "이것처럼 보이는 것을 나에게 가져오라!"와 같은 종류의 명령들을 마땅히 수행할 수 있다.)

[258] 그는 입방체 도식을 입방체로서 볼 수 없어야 마땅한가?—이로부터 그가 그것을 입방체의 묘사로서 (예컨대 제작도로서) 인식할 수 없을 것이라는 결론이 나오지는 않을 것이다. 그러나 그에게 그것은 하나의 상(相)에서 다른 상으로 건너뛰지는 않을 것이다.—물음: 그는 그것을 우리처럼, 상황에 따라서는, 하나의 입방체라고 여길 수 있어야 마땅한가?—그렇지 않다면, 이것[25]은 아마 눈멂[盲]이라고 할 수 없을 것이다.

'상-맹인'은 그림들에 대해 우리와는 전혀 다른 관계를 가질 것이다.

[259] (이러한 종류의 비정상들을 우리는 쉽게 상상할 수 있다.)

[260] 상맹은 '음감'의 결핍과 근친적이 될 것이다.

[261] 이 개념의 중요성은 '상을 본다'는 개념과 '낱말의 의미를 체험한다'는

25 (옮긴이주) 입방체 도식을 하나의 입방체로 여길 수 없음.

개념의 연관에 놓여 있다. 왜냐하면 우리는 다음과 같이 묻고자 하기 때문이다: "낱말의 의미를 체험하지 못하는 사람에게는 무엇이 결핍된 것일까?"

예컨대 '죄다'란 낱말을 발화하고 그것을 동사로 뜻하라는 요구를 이해하지 못하는 사람, ―또는 그 낱말이 차례로 열 번 발화된다면 그것은 그에게 그 의미를 상실하고 단순한 소리가 될 뿐이라는 것을 느끼지 못하는 사람에게는 무엇이 결핍된 것일까?

[262] 예컨대 법정에서, 어떤 사람이 어떤 낱말을 어떻게 뜻했는가 하는 문제가 논의될 수 있을 것이다. 그리고 그것은 어떤 사실들로부터 추론될 수 있다. ―그것은 의도의 문제이다. 그러나 그가 어떤 낱말을―예컨대 "은행"[26]이란 낱말을―어떻게 체험했는가 하는 것이 비슷한 방식으로 의미를 지닐 수 있을까?

[263] 내가 어떤 사람과 어떤 은어(隱語)에 대해 약속하기를, "탑(塔)"이 은행을 의미한다고 하기로 했다고 해 보자. 내가 그에게 "지금 탑으로 가라!"라고 말한다―그는 내 말을 이해하고 그에 따라 행위한다. 그러나 그에게는 이렇게 사용된 "탑"이란 낱말은 낯설어 보인다. 그 낱말은 아직 그 의미를 '받아들이지' 못했다.

[264] "내가 시나 소설을 감정을 곁들여 읽으면, 내 속에서는 내가 그 글줄들을 단지 정보를 얻기 위해 대강 훑어볼 때는 일어나지 않는 어떤 것이 분명 일어난다."―나는 어떤 일들을 암시하고 있는가?―문장들이 다르게 들

26 (옮긴이주) 우리말에서 '은행'이 서로 다른 두 의미가 있듯이, 원말 'Bank'는 '은행' 외에도 '벤치', '작업대(판매대, 도박대)'와 같은 뜻이 있다.

린다. 나는 어조에 면밀히 주의를 기울인다. 때때로 낱말의 억양이 잘못되어, 너무 심하게, 또는 너무 적게 강조된다. 나는 그것을 알아채며, 나의 얼굴은 그걸 나타낸다. 나중에 나는 내가 행한 낭독의 상세한 점들에 관해서 이야기할 수 있을 것이다. 예컨대 억양에서 옳지 않은 점들에 관해서 말이다. 때로는 어떤 그림이, 말하자면 삽화가, 내 머리에 떠오르기도 한다. 그렇다, 이것이 내가 올바른 표정으로 읽도록 도와주는 것처럼 보인다. 그리고 이와 같은 것들을 나는 아직도 상당수 들 수 있을 것이다. —나는 또한 어떤 낱말에는, 그 낱말이 거의 마치 사태의 그림인 양, 그 의미를 나머지 것들에서 두드러지게 하는 억양을 부여할 수도 있다. (그리고 이는 물론 문장의 구조에 의해 제약될 수 있다.)

[265] 내가 풍부한 표정으로 읽으면서 이 낱말을 발화할 때, 그것은 완전히 그 의미로 충만해 있다. —"의미가 낱말의 쓰임이라면, 어떻게 그럴 수 있는가?" 자, 내 표현은 그림 같이[27] 뜻해진 것이었다. 그러나 그건 마치 내가 그 그림을 선택한 것과 같은 게 아니라, 그 그림이 나의 뇌리에서 떠나지 않는 것과 같은 것이었다. —그러나 낱말의 그림 같은[27] 사용이 원래의 사용과 충돌할 수는 없다.

[266] 어째서 정확히 이러한 그림이 나에게 나타나는가 하는 것은 아마도 설명될 수 있을 것이다. (그저, "딱 들어맞는 말"이라는 표현 및 그 표현의 의미를 생각해 보라.)

[267] 그러나 문장이 나에게 낱말로 된 그림처럼 보일 수 있다면, 그뿐 아니

---

27 (옮긴이주) '그림 같은'/'그림 같이': 원말은 'bildlich'로, '비유적인'/'비유적으로'의 뜻으로도 쓰인다.

라 문장 속의 개별적인 낱말이 그림처럼 보일 수 있다면, 고립되고 목적 없이 발화된 낱말이 그 자체로 특정한 의미를 지니는 것처럼 보일 수 있다는 것은 더는 그리 놀랄 만한 일이 아니다.

[268] 여기서 이 문제에 빛을 던져 주는 특별한 종류의 착각에 관해 생각해 보자.—내가 지인과 함께 도시의 주변을 산책한다. 대화 중에 나는 도시가 우리의 오른쪽에 있다고 상상하고 있음이 드러난다. 이 가정에 대해서 나는 내가 알고 있는 어떠한 근거도 갖고 있지 않을 뿐만 아니라, 나는 도시가 우리 앞의 약간 왼쪽에 있다는 것을 아주 단순한 고려에 의해 확인할 수 있었다. 도대체 내가 어째서 그 도시가 이 방향에 있다고 상상하느냐는 물음에 대해 나는 처음엔 아무 대답도 할 수 없다. 나는 그렇게 믿을 아무런 근거도 없었다. 그러나 비록 근거는 아무것도 없었지만, 그럼에도 불구하고 나는 어떤 심리학적 원인들은 알고 있는 것처럼 보인다. 더 정확히 말하면, 그것은 어떤 연상들이고 기억들이다. 예를 들어, 우리는 요컨대 운하를 따라 걸었고, 나는 전에 언젠가 비슷한 상황에서 어떤 운하를 따라간 적이 있으며, 그 당시 그 도시는 우리의 오른쪽에 있었다고 하는 이런 것들 말이다.—나는 나의 근거 없는 확신의 원인들을 말하자면 정신분석적으로 발견하려고 시도할 수 있을 것이다.

[269] "그러나 그것은 얼마나 이상한 체험인가?"—그것은 물론 다른 모든 체험보다 더 이상하지는 않다; 그것은 우리가 가장 근본적인 체험들이라고 간주하는 것, 가령 감각 인상들과 단지 다른 종류일 뿐이다.

[270] "나에게는 마치 내가 그 도시가 거기에 있다는 것을 아는 듯한 느낌이 든다."——"나에게는 마치 '슈베르트'라는 이름이 슈베르트의 작품들과 그의

얼굴에 걸맞은 듯한 느낌이 든다."

[271] 당신은 자신에게 "차"[28]라는 낱말을 말하고, 그와 동시에 그것을 한번은 명령문으로서, 한번은 명사로서 뜻할 수 있다. 자 이제, "차!"라고 말하라 ―그리고 나서 "이제 그만 차!"라고 말하라. ―그 낱말에 두 번 모두 같은 체험이 동반되는가? 당신은 그렇게 확신하는가?

[272] 내가 저 놀이에서 낱말을 때로는 이렇게, 때로는 저렇게 체험한다는 것을 어떤 예민한 귀 기울임이 나에게 보여 준다면, ―이는 내가 그것을 이야기의 흐름 속에서 종종 전혀 체험하지 않는다는 것도 나에게 보여 주지 않는가? ―― 왜냐하면 그 경우 내가 그것을 때로는 이렇게 때로는 저렇게 뜻하고, 의도하고, 나중에는 아마 그렇게 설명하기도 한다는 것은 실로 문제가 되지 않기 때문이다.

[273] 그러나 그렇다면 왜 우리가 도대체 이러한 낱말 체험의 놀이[29]에서 '의미'와 '뜻함'에 관해서도 말해야 하는가라는 문제가 남는다. ―― 이는 다른 종류의 문제이다. ―― 이 언어놀이의 특징적 현상은, 이러한 상황에서 우리는 우리가 그 낱말을 그 의미로 발화했노라는 표현을 사용한다는 것, 그리고 이러한 표현을 저 다른 언어놀이로부터 넘겨받는다는 것이다.

그것을 하나의 꿈이라고 부르라. 그것은 아무것도 변화시키지 않는다.

---

28 (옮긴이주) 원말은 "Weiche"로, 'weichen'(물러나다, 후퇴하다)의 명령형이자 'weich'(연약한)의 명사형.

29 (옮긴이주) 낱말을 이렇게 또는 저렇게 뜻할 때의 의미 체험 놀이. (비트겐슈타인의 《심리철학에 관한 최후 저술》 I권 §56과 §67에서 이것은 '뜻함의 놀이'라고 되어 있었는데, 여기서 '낱말 체험의 **놀이**'로 바뀌었다.) 다음의 '이 언어놀이는' 이러한 놀이를, '저 다른 언어놀이'는 그러한 체험의 존재 여부가 문제 되지 않는 (통상적인) 언어놀이를 가리킨다. 다음 단락('꿈')에 대해서는 I부 §358 참조.

[274] '기름진'이란 개념과 '기름기 없는'이란 두 개념이 주어지면, 당신은 수요일은 기름지고 화요일은 기름기가 없다고 말하는 데로 오히려 기울 것인가, 아니면 그 반대로 기울 것인가?[30] (나는 결단코 전자로 기운다.) 그런데 여기서 "기름진"과 "기름기 없는"은 그것들의 일상적 의미와는 다른 의미를 지니는가?—그것들은 다른 사용을 지닌다.—그러므로 원래 나는 다른 낱말들을 사용해야 했을까? 분명 그렇지 않다.—나는 (나에게 친숙한 의미들을 지닌 채로의) 이 낱말들을 여기서 사용하기를 원한다.—그런데 나는 이러한 현상의 원인들에 관해서는 아무것도 말하고 있지 않다. 그것들은 나의 유년 시절에서 떠오르는 연상(聯想)들일 수 있을 것이다. 그러나 이것은 가설이다. 그 설명이 어떠하든,—저 경향은 존재한다.

[275] "당신은 여기서 '기름진'과 '기름기 없는'으로 실제로 무엇을 뜻하는가?"라고 질문을 받는다면,—나는 그 의미들을 아주 일상적인 방식으로밖에 설명할 수 없을 것이다. 나는 그 의미들을 화요일과 수요일의 예에서 보여 줄 수는 없을 것이다.

[276] 여기서 우리들은 한 낱말의 '일차적' 의미와 '이차적' 의미에 관해 이야기 할 수 있을 것이다. 낱말에 일차적 의미가 있는 사람만이 낱말을 이차적 의미로 사용한다.

---

30 (옮긴이주) '기름진'(fett; fat) 날과 '기름기 없는'(mager; lean) 날이란 전통 기독교에서 행해졌던, 고기(肉)를 먹어도 되는 날과 먹어서는 안 되는 날의 구분을 가리킨다. '기름기 없는' 날—보통 금요일이지만, 때때로 수요일이나 토요일도 되었다—의 금식 또는 절식은 속죄의 의미와 함께 예수나 일부 성인들의 삶에서 중요했던 어떤 순간들을 기념하는 의미를 지녔다. 오늘날 이런 의미로 지켜지고 있는 날은 재(灰) 수요일과 성(聖) 금요일 정도이다.

[277] 우리들은 계산하는 법을—문자나 구두로—배운 사람에게만, 이러한 계산의 개념을 이용해, 속셈이 무엇인가를 이해하도록 만들 수 있다.

[278] 이차적 의미는 '전의(轉義)된' 의미가 아니다. 내가 "모음 *e*는 나에게는 노랗다"라고 말한다면, 내가 뜻하는 것은 전의된 의미의 '노랗다'가 아니다. 왜냐하면 나는 내가 말하고자 하는 것을 '노랗다'란 개념을 이용하지 않고 달리 표현할 수가 전혀 없을 터이기 때문이다.

[279] 어떤 사람이 나에게 "은행에서 나를 기다리라"라고 말한다. 물음: 당신이 그 말을 했을 때, 당신은 이 은행[31]을 뜻했는가?——이 물음은 "그를 만나러 가는 도중에 당신은 그에게 이러이러한 것을 말하려고 꾀했는가?"라는 물음과 같은 종류이다. 그것은 (첫 번째 물음이 이야기의 시간과 관련되듯이, 가는 시간이라는) 특정한 시간과 관련되지만,—이 시간 동안의 체험과는 관련되지 않는다. 뜻함은 꾀함과 마찬가지로 체험이 아니다.

그러나 무엇이 그것들을 체험과 구별하는가?——그것들은 체험 내용을 지니고 있지 않다. 왜냐하면 그것들을 동반하고 도해(圖解)하는 내용들(예컨대 표상들)은 뜻함이나 꾀함이 아니기 때문이다.

[280] 사고가 말을 '동반'하지 않는 것과 마찬가지로, 행위에 들어 있는 의도는 행위를 '동반'하지 않는다. 사고와 의도는 '분절'되어 있지도 '비-분절'되어 있지도 않으며, 행위하거나 이야기하는 동안에 울려 퍼지는 개별적인 어조나 곡조 어느 것에도 비교될 수 없다.

31 (옮긴이주) 금융기관이 아니라 은행나무. 앞 [262]의 각주 참조.

[281] (소리 내어 말하든 소리 없이 말하든) '말함'과 '생각함'은 같은 종류의 개념이 아니다; 비록 그 둘이 극히 밀접한 연관이 있기는 하지만 말이다.

[282] 말할 때의 체험과 의도는 같은 흥미로움을 지니고 있지 않다. (체험은 아마 심리학자에게는 '무의식적인' 의도에 관해 가르쳐 줄 수 있을 것이다.)

[283] "이 말에 우리는 둘 다 그를 생각했다." 그때 우리 각자가 같은 말을 자기 자신에게 소리 없이 말했다고 가정하자—그렇지만 그것이 그 이상을 뜻할 수는 없다. ——그러나 이 말도 단지 하나의 맹아(萌芽)일 뿐이지 않을까? 그것이 실제로 저 사람에 대한 사고의 표현이려면, 그것은 아무튼 어떤 언어와 어떤 맥락에 속해야 한다.

[284] 만일 신(神)이 우리의 영혼을 들여다보았다면, 거기서 그는 우리가 누구에 관해 말하고 있는지를 볼 수 없었을 것이다.

[285] "당신은 어째서 이 말에 나를 바라보았는가? 당신은 ……을 생각하고 있었는가?" ——그러니까 이 시점에 어떤 반응이 존재한다. 그리고 그것은 "나는 ……을 생각했다", 또는 "나는 갑자기 ……을 기억해 냈다"라고 하는 말로 설명된다.

[286] 이러한 발언으로 당신은 이야기의 시점과 관계한다. 당신이 이러한 시점과 관련되느냐 또는 저러한 시점과 관련되느냐는 차이가 난다.

단순한 낱말 설명은 발화 시점에서의 사건과 관련되지 않는다.

[287] "나는 이것을 뜻한다(또는 뜻했다)"란 언어놀이(낱말에 대한 사후 설명)

는 "나는 그때 ……을 생각했다"란 언어놀이와는 전혀 다르다. 후자는 "그것은 나에게 ……을 기억나게 했다"와 근친적이다.

[288] "그에게 편지를 써야 한다는 것을 나는 오늘 이미 세 번이나 기억해 냈다." 그때 내 속에서 무슨 일이 일어났느냐가 어떤 중요성이 있는가? ── 그러나 한편으로, 그 보고 자체는 어떤 중요성, 어떤 흥미로움이 있는가? ── 그것은 모종의 추론들을 허용한다.

[289] "이 말에 그가 내 머릿속에 퍼뜩 떠올랐다." ── 그 언어놀이가 더불어 시작하는─그리고 나서는 이러한 말로 변환될 수 있는─원초적 반응은 무엇인가? 어떻게 사람들은 이러한 말을 사용하게 되는가?

그 원초적 반응은 어떤 시선, 어떤 몸짓일 수 있었다. 그러나 또한 어떤 낱말일 수도 있었다.

[290] "당신은 어째서 나를 바라보고 머리를 흔들었는가?"─"나는 당신이 ……함을 당신에게 암시하려고 했다." 이는 기호 규칙을 표현하는 게 아니라, 나의 행위의 목적을 표현할 것이다.

[291] 뜻함은 말[32]에 동반되는 과정이 아니다. 왜냐하면 어떠한 과정도 뜻함의 귀결들을 지닐 수 없을 것이기 때문이다.

(비슷하게, 계산은 실험이 아니라는 말이 가능하리라고 나는 믿는다. 왜냐하면 어떠한 실험도 곱셈의 특별한 귀결들을 지닐 수 없을 것이기 때문이다.)

32 (옮긴이주) 원문은 'dies Wort (이 낱말)'로 되어 있으나, 비트겐슈타인의 《심리철학에 관한 최후 저술》 I권 §820에 따라 'die Worte'로 고쳐 읽는다.

[292] 생각 없는 말에는 종종 결여되는, 그리고 그러한 말을 특징짓는 중요한 동반 과정들이 우리의 말에는 존재한다. 그러나 그것들은 생각이 아니다.

[293] "이제 나는 그걸 안다!" 여기서 무엇이 일어났는가? ―― 그러니까 내가 이제 나는 그걸 안다고 단언했을 때, 나는 그것을 알지 못했는가?

당신은 문제를 잘못 바라보고 있다.

(그 신호는 무엇에 사용되는가?)

그리고 우리들은 '앎'을 외침의 동반물이라고 말할 수 있을까?

[294] 한 낱말이 지니는 낯익은 얼굴, 그것이 그것의 의미를 자신 속에 흡수했다는, 그것의 의미와 꼭 닮았다는 감정, ―이 모든 것이 낯선 사람들이 존재할 수 있을 것이다. (그들에게는 그들의 말에 대한 애착이 결여될 것이다.) ―그런데 이 느낌들은 우리의 경우에는 어떻게 표출되는가?―우리가 말을 어떻게 선택하고 평가하느냐에서.

[295] 어떻게 나는 '올바른' 낱말을 발견하는가? 어떻게 나는 말들 가운데에서 선택하는가? 아마 때때로 나는 마치 그것들을 그것들이 지닌 냄새의 미세한 차이에 따라 비교하는 듯할 것이다. 즉(나는 이렇게 한다): 이것은 너무 ……하다, 이것은 너무 ……하다, ―이것이 올바른 것이다. ―― 그러나 내가 언제나 판단하고, 설명해야 하는 것은 아니다; 종종 나는 단지, "그건 단순히 아직 맞지 않다"라고만 말할 수 있을 것이다. 나는 만족하지 않고, 계속해서 찾는다. 마침내 어떤 한 낱말이 나타난다: "바로 그거야!" 때때로 나는 그 이유를 말할 수 있다. 찾는다는 것은 여기서 바로 이와 같은 것이다. 그리고 발견한다는 것도 그렇다.

[296] 그러나 당신에게 퍼뜩 떠오르는 낱말은 좀 특별한 방식으로 '오지' 않는가? 좌우간 주의를 기울이라! ── 면밀하게 주의를 기울이는 것은 나에게 아무 소용이 없다. 그것은 단지, 지금 내 속에서 무엇이 일어나고 있는가를 발견할 수 있을 뿐이다.

그런데 도대체 어떻게 나는, 바로 지금, 그것에 귀를 기울일 수 있는가? 어쨌든 나는 한 낱말이 나에게 다시 떠오를 때까지 기다려야 할 것이다. 그러나 실로 이상한 것은, 마치 내가 그 경우를 기다려야 하는 것이 아니라, 비록 그것이 실제로 일어나지 않더라도 내가 그것을 나에게 제시할 수 있는 것처럼 보인다는 것이다. …… 어떻게? ―나는 그것을 연기(演技)한다. ―그러나 나는 이런 방식으로 해서 무엇을 경험할 수 있는가? 대체 나는 무엇을 흉내 내는가?―특징적 동반 현상들. 주로, 몸짓들과 표정들과 어조.

[297] 미세한 미학적 차이에 관해서 많은 것이 말해질 수 있으며, 이 점은 중요하다. ―최초의 발언은 물론, "이 낱말은 어울리고, 이 낱말은 어울리지 않는다"―또는 그와 같은 것들―일 수 있을 것이다. 그러나 이제 그 낱말들 각각이 형성하는, 갈래가 많은 모든 맥락들이 여전히 논의될 수 있다. 저 최초의 판단으로써 그냥 끝나 버리지는 않는다. 왜냐하면 결정적인 것은 한 낱말의 장(場)이기 때문이다.

[298] "낱말이 내 혀끝에서 맴돈다." 이때 내 의식 속에서는 무엇이 일어나는가? 그것은 전혀 문제가 되지 않는다. 무엇이 일어났든, 그것은 저 발언이 뜻하는 바가 아니었다. 더 흥미 있는 것은, 그때 나의 행동에서 무엇이 일어났느냐이다. ―"낱말이 내 혀끝에서 맴돈다"가 당신에게 전달하는 것은, 나는 여기에 적합한 낱말이 생각나지 않으며, 나는 그것을 곧 발견하기를 희망한다는 것이다. 그 나머지에 대해서는 저 언어 표현은 모종의 말없는 행동

이상으로 하는 것이 없다.

[299] 이에 관해서 제임스[33]는 실제로 다음과 같이 말하고자 한다: "얼마나 이상한 체험인가! 낱말이 아직 거기 있지 않은데도 불구하고, 어떤 뜻에서는 이미 거기에 있다. 또는, 오직 이 낱말로 자라날 수 있는 어떤 것이 거기에 있다." ── 그러나 그건 전혀 체험이 아니다. 체험으로 해석되면, 그것은 물론 이상해 보인다. 행위의 동반물로서 해석된 의도, 아니면 기수(基數)로서 해석된 −1과 다를 바 없이 말이다.

[300] "낱말이 내 혀끝에서 맴돈다"란 말은 "이제 나는 계속해 나갈 줄 안다!"와 마찬가지로, 체험의 표현이 아니다.—우리는 그 말을 어떤 상황들 속에서 사용한다. 그리고 그 말은 특별한 종류의 행동에 의해서, 그리고 또한 상당수의 특징적인 체험들에 의해서 둘러싸여 있다. 특히, 그것들에 뒤이어 낱말을 발견하는 일이 자주 일어난다. (자문해 보라: "만일 사람들이 그들의 혀끝에서 맴도는 낱말을 결코 발견하지 못한다면 어찌 될까?")

[301] 소리 없는, '내적인' 말은 베일을 통해 지각되는 반쯤 숨겨진 현상이 아니다. 그것은 전혀 숨겨져 있지 않다. 그러나 그 개념은 우리를 쉽게 혼란시킬 수 있다. 왜냐하면 그것은 '외적' 과정의 개념을 따라 먼 거리를 밀착해서 가지만 그럼에도 불구하고 그것과 합치지는 않기 때문이다.

(내적인 말을 할 적에 후두 근육들이 자극되는지 여부 및 그 비슷한 물음들은 커다란 흥미가 있을 수도 있겠지만, 우리의 탐구에서는 그렇지 않다.)

---

33 (옮긴이주) 《심리학 원리》 I권 9장 참조. 여기 인용문은 제임스가 한 말 그대로는 아니다.

[302] '내적인 말'과 '말' 사이의 밀접한 근친성은, 내적으로 말해진 것이 귀로 들을 수 있게 전달될 수 있다는 점에서, 그리고 내적인 말은 외적인 행위를 동반할 수 있다는 점에서 표현된다. (나는 내적으로 노래하거나 소리 없이 글을 읽거나 속셈을 하면서, 동시에 손으로 박자를 맞출 수 있다.)

[303] "그러나 내적인 말은 어쨌든 내가 배워야 하는 어떤 활동이다!" 물론이다. 그러나 여기서 '행한다'는 것은 무엇이며, '배운다'는 것은 무엇인가?

말들의 사용이 그 의미를 당신에게 가르치게 하라! (비슷하게, 우리들은 수학에서 이렇게 말할 수 있다: 무엇이 증명되었는가는 증명이 당신에게 가르치게 하라.)

[304] "그렇다면 내가 머리로 계산할 때, 나는 실제로는 계산하는 게 아닌가?"—아무튼 당신도 속셈을 지각 가능한 계산과 구별하고 있다! 그러나 당신은 '계산'이 무엇인지를 배움으로써만 '속셈'이 무엇인지를 배울 수 있다; 당신은 계산하는 법을 배움으로써만 속셈을 배울 수 있다.

[305] 우리들이 상상 속에서 이야기할 때 문장들의 어조를 (입술을 닫고서) 흥얼거림으로써 재현한다면, 그때 우리들은 매우 '또렷하게' 이야기할 수 있다. 후두의 움직임들도 도움이 된다. 그러나 실로 정말 주목할 만한 것은, 그때 우리들은 상상 속에서 말을 듣는다는 것, 그리고 말하자면 그 골격을 후두에서 단지 느끼지 않는다는 것이다. (왜냐하면 우리들이 손가락으로 계산할 수 있는 것과 마찬가지로, 사람들이 후두의 움직임으로 소리 없이 계산하는 것도 역시 생각될 수 있기 때문이다.)

[306] 내적인 말[34]을 할 적에 우리의 신체에서는 이러이러한 것이 일어난다

는 것과 같은 가설은, 그것이 우리에게 "나는 나 자신에게 ……라고 말했다"란 발언의 가능한 사용을 보여 주는 한에서만 흥미가 있다. 즉, 그 발언으로부터 생리학적 과정을 추론하는 사용을 보여 주는 한에서만 말이다.

[307] 다른 사람이 내적으로 말하는 것이 나에게는 숨겨져 있다는 것은, '내적으로 말하다'란 개념 속에 들어 있다. 다만, 여기서 "숨겨져 있다"는 잘못된 말이다; 왜냐하면 그것이 나에게 숨겨져 있다면, 그것은 그 사람 자신에게는 명백해야, 즉, 그는 그것을 알고 있어야 할 것이기 때문이다. 그러나 그는 그것을 '알고 있지' 않다. 단지, 나에게는 존재하는 의심이 그에게는 존재하지 않을 뿐이다.

[308] 물론 "어떤 사람이 자기 자신에게 내부에서 말하는 것은 나에게는 숨겨져 있다"는, 내가 대개는 그것을 추측할 수 없으며, 예컨대 그의 후두의 움직임으로부터 읽어 내는 (실로 가능할 터인) 일 역시 할 수 없다는 것을 뜻할 수도 있을 것이다.

[309] "나는 내가 무엇을 원하는지, 바라는지, 믿는지, 느끼는지, ……를 안다"(말줄임표 자리는 기타의 모든 심리학적 동사들로 채워짐)는 철학자의 헛소리이거나, 또는 아무튼 선천적 판단이 아니다.

[310] "나는 …… 안다"는 "나는 …… 의심하지 않는다"를 뜻할 수도 있다. 그러나 그것은 "나는 …… 의심한다"란 말이 뜻이 없음을, 의심이 논리적으로

---

34 (옮긴이주) 이전 판에는 '내적인 계산'으로 되어 있었으나, 유고(MS144, 92)에 근거해 개정4판에서 수정되었다.

배제되어 있음을 뜻하지는 않는다.

[311] "나는 안다"는 "나는 믿는다", 또는 "나는 추측한다"라고도 말할 수 있는 곳에서 말해진다. 즉, 확인이 가능한 곳에서. (그러나 우리들은 때때로 "내가 고통스러운지를 아무튼 나는 알고 있음이 틀림없다!", "당신이 무엇을 느끼고 있는지는 오직 당신만이 알 수 있다", 그리고 그 비슷한 말들을 한다고 나에게 훈계하는 사람은 이러한 어법의 동기들과 목적을 눈여겨보아야 할 것이다. 실로 "전쟁은 전쟁이다!"조차 동일률의 예가 아니다.)

[312] 내가 두 손이 있음을 내가 확인할 수 있을 경우가 생각될 수 있다. 그러나 정상적으로는, 나는 그런 일을 할 수 없다. "그러나 당신은 두 손을 그저 당신 눈앞에 두기만 하면 된다." ── 내가 두 손이 있는지를 내가 지금 의심하고 있다면, 나는 나의 두 눈도 또한 믿을 필요가 없다. (그 경우 내가 내 친구에게 물어 보는 것도 똑같이 좋을 수 있을 것이다.)

[313] 이것은 예컨대 "지구는 수백만 년 동안 존재해 왔다"란 문장이 "지구는 최근 5분 동안 존재해 왔다"란 문장보다 더 명료한 뜻을 지니고 있다는 점과 연관된다. 왜냐하면 후자를 주장하는 사람에게 나는 이렇게 물을 것이기 때문이다: "이 문장은 어떤 관찰들과 관계되는가? 그리고 어떤 관찰들이 그것과 대립될 것인가?" ─ 반면에 나는 첫 번째 문장은 어떤 사고의 범위와 어떤 관찰들에 속하는지를 안다.

[314] "신생아는 이가 없다." ─ "거위는 이가 없다." ─ "장미는 이가 없다." ─ 어쨌든 후자는 명백히 참이다! 라고 우리들은 말했으면 한다. 심지어 거위가 이가 없다는 것보다도 더 확실하다고 말이다. ─ 그렇지만 그것이 그렇

게 분명하지는 않다. 왜냐하면 장미가 어디에 이가 있을 수 있단 말인가? 거위는 그 턱에 이가 없다. 그리고 그것은 물론 날개에도 이가 없다. 그러나 거위는 이가 없다고 말하는 어느 누구도 그걸 뜻하지는 않는다.—만일 우리들이, 소는 사료를 씹고 나서 그것으로 장미에 거름을 준다, 그러므로 장미는 동물의 입에 이가 있다고 말한다면 과연 어떻게 될까? 이것은 우리들이 장미의 어디에서 이빨을 찾아야 할지를 처음부터 전혀 모르기 때문에, 불합리하지 않을 것이다. ((‘다른 사람의 몸에 있는 고통’과의 연관.))

[315] 나는 다른 사람이 무엇을 생각하고 있는지는 알지만, 내가 무엇을 생각하고 있는지는 알 수 없다.

“나는 당신이 무엇을 생각하고 있는지 안다”라고 말하는 것은 옳다. 그리고 “나는 내가 무엇을 생각하고 있는지 안다”라고 말하는 것은 잘못이다.

(철학의 구름 전체는 한 방울의 언어 규범[35]으로 응축된다.)

[316] “사람의 생각은 의식의 내부에서 폐쇄되어 일어난다. 이에 비하면 모든 물리적 폐쇄 상태는 열려 있는 것이다.”

다른 사람의 소리 없는 혼잣말을 언제나—가령 후두의 관찰을 통해—읽어 낼 수 있을 사람들,—그들도 역시 전적인 폐쇄 상태의 이미지를 사용하는 경향이 있을까?

[317] 만일 내가 참석자들이 이해하지 못하는 언어로 나 자신에게 큰 소리로 말한다면, 나의 사고들은 그들에게 숨겨져 있는 게 될 것이다.

---

35 (옮긴이주) ‘언어 규범’: 원말은 ‘Sprachlehre’로, 본디 희랍어에서 온 외래어인 ‘Grammatik(문법)’과 같은 뜻이나 (우리말의 ‘말본’처럼) 독일어로 순화한 표현이다. 유고(MS 144)에는 ‘문법’이란 말도 ‘언어 규범’의 이형으로 표기되어 있었다.

[318] 내가 마음속으로 나에게 말하는 것을 언제나 올바로 추측하는 어떤 사람이 있다고 가정해 보자. (그가 어떻게 그 일에 성공하느냐는 상관없다.) 그러나 그가 그것을 올바로 추측한다는 기준은 무엇인가? 자, 나는 진리를 사랑하는 사람이라서 고백하거니와, 그는 그것을 올바로 추측했다.—그러나 내가 오류를 범할 수는 없을까? 내가 잘못 기억할 수는 없는가? 그리고 내가 마음속에서 생각한 것을 내가—거짓말하지 않고—언표할 때, 그것은 언제나 그럴 수 있지 않을까? ——그러나 '나의 내부에서 무엇이 일어났는가'는 실로 전혀 문제가 되지 않는다고 보인다. (여기서 나는 하나의 보조 작도를 하고 있다.)

[319] 내가 이러이러한 것을 생각했노라는 고백의 진리성을 위한 기준들은 그것이 어떤 과정에 대한 있는 그대로의 기술이냐 하는 것들이 아니다. 그리고 참된 고백의 중요성은 그것이 어떤 과정을 확실하게 올바로 재현한다는 데 있지 않다. 그것은 오히려, 진실성이라는 특별한 기준들에 의해 그 진리성이 보증되어 있는 고백으로부터 이끌어 낼 수 있는 특별한 귀결들에 있다.

[320] (꿈을 꾼 사람에 관해 꿈이 우리에게 중요한 해명을 해 줄 수 있다고 가정한다면, 해명을 제공하는 것은 진실한 꿈 이야기일 것이다. 꿈을 꾼 사람이 잠을 깬 다음 그 꿈을 보고할 때 그가 잘못 기억하지나 않았는지 하는 물음은, 우리가 그 보고와 꿈의 '일치'에 대해 전적으로 새로운 기준, 즉 여기서 진리성을 진실성과 구별하는 기준을 도입하지 않는다면, 일어날 수 없다.)

[321] '사고를 추측하기'라는 놀이가 존재한다. 그것의 한 변형은 이러할 것이다. 즉: 나는 A에게 B가 이해하지 못하는 언어로 보고를 한다. B는 그 보고의 뜻을 추측해야 한다. ——다른 변형: 나는 다른 사람이 볼 수 없는 문장

을 적어 놓는다. 그는 그 자구(字句)나 뜻을 추측해야 한다. ── 또 다른 변형: 나는 조각그림 맞추기 수수께끼를 작성한다. 다른 사람은 나를 볼 수 없지만, 때때로 나의 사고들을 추측하고 그것을 언표한다. 그는 예컨대, "이 조각은 대체 어디 있는 거야!"─"이제 나는 그게 어떻게 걸맞은지 안다!" ── "나는 여기에 맞는 게 무엇인지 전혀 모르겠다"─"하늘이 언제나 제일 어려운 부분이다" 등등이라고 말한다. 그러나 이때 나는 소리 내어서든 소리 없이든 나 자신에게 말할 필요가 없다.

[322] 이 모든 것이 사고를 추측하기일 것이다; 그리고 그것이 실제로 일어나지 않을 때, 이것이 사고를 우리들이 지각하지 못하는 물리적 과정보다 더 숨겨져 있는 것으로 만들지는 않는다.

[323] "내적인 것은 우리에게 숨겨져 있다." ── 미래는 우리에게 숨겨져 있다. ─ 그러나 천문학자가 일식을 계산할 때 그렇게 생각하는가?

[324] 원인이 명백한 고통에 몸부림치는 사람을 내가 볼 때, 나는 그의 느낌들이 그럼에도 불구하고 나에게 숨겨져 있다고 생각하지는 않는다.

[325] 우리는 또한 어떤 사람에 관해서, 그는 우리에게 투명하다고 말한다. 그러나 한 사람이 다른 사람에 대해 완전한 수수께끼일 수 있다는 점은 이러한 고찰을 위해 중요하다. 이 점을 우리들은 완전히 낯선 전통을 지니고 있는 외국에 갈 때 경험한다; 게다가 우리들이 그 나라의 언어에 숙달한 경우에조차도 경험한다. 우리들은 그 사람들을 이해하지 못한다. (그리고 이는 그들이 자기 자신에게 무슨 말을 하는지 우리들이 모르기 때문이 아니다.) 우리는 그들 속에서 익숙해질 수가 없다.

[326] "나는 그의 속에서 무엇이 일어나고 있는지 알 수 없다"는 무엇보다도 하나의 그림이다. 그것은 어떤 확신의 설득력 있는 표현이다. 그것은 그 확신의 근거들을 제공하지는 않는다. 그것들은 손바닥에 놓여 있듯이 명백하지가 않다.

[327] 만일 사자가 말할 수 있다면, 우리는 그를 이해할 수 없을 것이다.

[328] 사고를 추측하기와 비슷하게, 의도를 추측하기가 생각될 수 있다. 그러나 또한, 어떤 사람이 이제 실제로 무엇을 할 것인지를 추측하기도 생각될 수 있다.

"그가 무엇을 꾀하고 있는지는 오직 그만이 알 수 있다"라고 말하는 것은 헛소리이다; "그가 무엇을 할 것인지는 오직 그만이 알 수 있다"는 거짓이다. 왜냐하면 나의 의도의 표현(예컨대, "시계가 다섯 시를 치자마자 나는 집으로 간다") 속에 놓여 있는 예언이 반드시 맞는 것은 아니며, 실제로 무엇이 일어날지는 다른 사람이 알 수도 있기 때문이다.

[329] 그러나 두 가지는 중요하다. 즉, 많은 경우에 다른 사람은 나의 행위들을 예언할 수 없는 데 반해서, 나는 그것들을 나의 의도 속에서 예견한다는 점이다. 그리고 (나의 의도 표현 속에서의) 나의 예언은 나의 행위에 대한 그의 예언과 같은 기초에 근거하고 있지 않으며, 이러한 예언들로부터 이끌어낼 수 있는 결론들은 전혀 다르다는 점이다.

[330] 나는 다른 사람의 감정을 그 어떤 사실을 확신하는 것만큼이나 확신할 수 있다. 그러나 이로써, "그는 몹시 의기소침해 있다", "25×25=625", 그리고 "나는 60세이다"란 문장들이 비슷한 도구들이 되지는 않는다. 그 설명은

명백한데, 즉 그 확실성이 다른 종류라는 것이다.—이 설명은 심리학적 차이를 가리키는 것처럼 보인다. 그러나 그 차이는 논리적인 것이다.

[331] "그러나 당신이 확신한다면, 당신은 의심을 마주하고서 그저 눈을 감아버리는 것 아닌가?"—내 눈은 감겨 있다.

[332] 나는 이 사람이 고통스러워한다는 것을 2×2=4라는 것보다 덜 확신하는가?—그러나 그 때문에 전자(前者)가 수학적 확실성인가?——'수학적 확실성'은 심리학적 개념이 아니다.

확실성의 종류는 언어놀이의 종류이다.

[333] "그의 동기는 오직 그만이 안다"—이것은 우리가 그의 동기들을 그에게 묻는다는 사실을 나타내는 하나의 표현이다.—그가 솔직하다면, 그는 자신의 동기들을 우리에게 말할 것이다; 그러나 내가 그의 동기들을 추측하기 위해서는, 나는 솔직성 이상을 필요로 한다. 여기에 앎의 경우와의 근친성이 있다.

[334] 그러나 '나의 행위의 동기를 고백하기'라는 우리의 언어놀이와 같은 그런 어떤 것이 존재한다는 점이 당신 눈에 띄게 하라!

[335] 나날의 모든 언어놀이들이 지닌 이루 말할 수 없는 차이점은 우리의 의식에 와 닿지 않는다. 왜냐하면 우리의 언어의 옷들이 모든 것을 같게 만들기 때문이다.

새로운 것(자연발생적인 것, '특유한 것')은 언제나 어떤 하나의 언어놀이이다.

[336] 동기와 원인의 차이는 무엇인가?—우리들은 동기를 어떻게 발견하는가? 그리고 원인은?

[337] "이것은 사람의 동기를 판단하는 신뢰할 만한 방법인가?"라는 물음이 존재한다. 그러나 그렇게 묻기 위해서는, 우리는 "동기를 판단한다"라는 게 무엇을 의미하는지를 이미 알고 있어야 한다; 그리고 우리는 이것을, '동기'가 무엇이며 '판단하다'가 무엇이냐를 경험함으로써 배우지 않는다.

[338] 우리들은 막대의 길이를 판단한다. 그리고 그것을 더 정확하게 또는 더 신뢰할 만하게 판단하기 위한 방법을 찾고 발견할 수 있다. 그러므로—당신은 말한다—여기서 판단되는 것은 판단의 방법으로부터 독립적이다. 길이가 무엇이다라는 것은 길이의 결정 방법에 의해서 설명될 수 없다.—그렇게 생각하는 사람은 잘못을 저지르고 있다. 어떤 잘못인가?—"몽블랑의 높이는 우리들이 그것을 어떻게 오르느냐에 달려 있다"라고 말하는 것은 이상할 것이다. 그리고 우리들은 '길이를 점점 더 정확하게 측정한다'는 것을 대상에 점점 더 가까이 접근하는 것과 비교하려고 한다. 그러나 "대상의 길이에 더 가까이 접근한다"는 게 무엇을 뜻하느냐는 어떤 경우에는 명료하고 어떤 경우에는 명료하지 않다. 우리들은 "길이를 결정한다"는 것이 무엇을 뜻하느냐를, 길이가 무엇이며 결정한다가 무엇이냐를 배움으로써 배우지 않는다; 오히려, 특히, 길이를 결정한다는 것이 무엇이냐를 배움으로써 "길이"란 낱말의 의미를 배운다.

(그렇기 때문에 "방법론"이란 낱말은 이중적 의미를 지니고 있다. "방법론적 탐구"는 물리적 탐구를 일컬을 수 있으나, 또한 개념적 탐구를 일컬을 수도 있다.)

[339] 확신과 믿음에 관해서 때때로 우리들은, 그것들은 사고의 색조들이라고 말했으면 한다. 그리고 그것들이 말의 어조에서 표현된다는 것은 참이다. 그러나 그것들이 말하거나 생각할 때의 '느낌들'이라고 생각하지는 말라!

"우리가 ……라고 확신할 때, 그때 우리 속에서는 무엇이 일어나는가?"라고 묻지 말고, '사정이 어떠어떠하다는 확신'은 사람의 행위에서 어떻게 표현되는가 하고 물어라.

[340] "당신이 다른 사람의 심리 상태에 관해 완전한 확신을 가질 수는 있지만, 그것은 언제나 단지 주관적인 확신이지, 객관적인 확신은 아니다." —— 이 두 낱말은 언어놀이들 간의 차이를 가리키고 있다.

[341] 계산(예컨대, 비교적 긴 덧셈)의 올바른 결과가 무엇이냐에 관해서 논쟁이 일어날 수 있다. 그러나 그러한 논쟁은 드물게 일어나며, 오래 지속되지 않는다. 그것은, 소위 말하듯이, '확신을 갖고' 결정될 수 있다.

일반적으로 수학자들 사이에서는 계산의 결과에 관한 논쟁은 벌어지지 않는다. (이는 중요한 사실이다.)—만일 그렇지 않다면, 예컨대 만일 한 수학자가 어떤 숫자가 눈에 띄지 않은 채로 변했다거나, 자신이나 다른 사람의 기억이 잘못되었다거나 등등이라고 확신하고 있다면, —'수학적 확실성'이라는 우리의 개념은 존재하지 않을 것이다.

[342] 그때도 여전히 다음과 같이 이야기하는 사람이 있을 수 있을 것이다: "과연 우리는 계산의 결과가 무엇인지 결코 알 수 없지만, 그럼에도 불구하고 그것은 언제나 전적으로 확정된 결과를 갖는다. (신은 그것을 안다.) 수학은 틀림없이 최고의 확실성을 지니고 있다—비록 우리는 그것에 관해 단지 조야한 모사(模寫)를 소유하고 있을 뿐이지만 말이다."

[343] 그러나 내가 말하고자 하는 것은 가령 수학의 확실성이 잉크와 종이의 신뢰 가능성에 의거한다는 것인가? 아니다. (그것은 하나의 악순환일 것이다.) —— 내가 말한 것은, 왜 수학자들 사이에서는 그런 논쟁이 벌어지지 않는가가 아니라, 그런 논쟁이 벌어지지 않는다는 사실뿐이다.

[344] 우리들이 어떤 종류의 종이와 잉크로—즉 그것들이 어떤 이상한 변화를 겪었다면—계산할 수 없으리라는 것은 분명 참이다. 그러나 그것들이 변한다는 것은 어쨌든 다시 오직 기억 및 다른 계산 수단들과의 비교에 의해서 밝혀질 뿐이다. 그런데 이것들은 다시 어떻게 검사되는가?

[345] 받아들여져야 하는 것, 주어진 것은 삶의 형태들이라고 할 수 있을 것이다.

[346] 사람들은 그들이 내리는 색채 판단들과 관련하여 일반적으로 일치한다고 말하는 것은 뜻이 있는가? 만일 그렇지 않다면 어떻게 될까?—이 사람은 꽃이 붉다고 말하는데, 저 사람은 파랗다고 부를 것이다. 등등, 등등.—그러나 그렇다면 어떤 권리로 우리들은 이 사람들의 "붉다"와 "파랗다"란 낱말들이 우리의 '색채어'라고 부를 수 있을까?—

저 낱말들을 사용하는 법을 그들은 어떻게 배울까? 그리고 그들이 배우는 언어놀이는 여전히, 우리가 '색깔 이름들'의 쓰임이라고 부르는 언어놀이인가? 여기에는 명백히 정도 차이들이 존재한다.

[347] 그러나 이러한 고려는 수학에 대해서도 적용됨이 틀림없다. 만일 충분한 일치가 존재하지 않는다면, 사람들은 또한 우리가 배우는 기술(技術)을 배우게 되지 않을 것이다. 그것은 우리의 것과 다소 다를 것이며, 심지어 알

아볼 수 없기까지 할 수도 있다.

[348] "그럼에도 불구하고 수학적 진리는 사람들이 그것을 인식하느냐 못하느냐로부터 독립적이다!"—확실히, "사람들은 2×2=4라고 믿는다"란 명제와 "2×2=4"란 명제는 같은 뜻을 지니지 않는다. 후자는 수학적 명제이다. 전자는, 하여간 그것이 뜻을 지닌다면, 가령 사람들이 그 수학적 명제에 이르렀다는 것을 뜻할 수 있다. 그 양자의 사용은 전적으로 다르다. ——그러나 그럼 "비록 모든 사람들이 2×2는 5라고 믿더라도, 그것은 그래도 4일 것이다"라는 이것은 무엇을 뜻할까?—모든 사람들이 그렇게 믿는다면 그것은 도대체 어떻게 보일까?—자, 나는 가령, 그들은 우리가 "계산하기"라고 부르지 않을 어떤 다른 계산법이나 기술(技術)을 갖고 있다고 상상할 수 있을 것이다. 그러나 그것은 잘못된 것일까? (왕의 대관식은 잘못된 것인가? 우리와는 다른 존재에게 그것은 대단히 이상하게 보일 수 있을 것이다.)

[349] 수학은 물론 어떤 뜻에서는 하나의 학설이다. 그러나 그것은 그럼에도 불구하고 또한 행위이기도 하다. 그리고 '잘못된 동작들'은 오직 예외로서만 존재할 수 있다. 왜냐하면 만일 우리가 지금 그렇게 부르는 것이 규칙이 된다면, 그것들을 잘못된 동작이라고 하는 놀이는 그와 동시에 폐기될 것이기 때문이다.

[350] "우리는 모두 같은 구구법을 배운다." 이는 물론 우리의 학교에서의 산수 교육에 관한 하나의 소견일 수 있을 것이다. 그러나 그것은 또한 구구법의 개념에 관한 하나의 확인일 수도 있을 것이다. ("일반적으로 경마에서 말들은 가능한 한 빨리 달린다.")

[351] 색맹이 존재하며, 그것을 확인하는 수단이 존재한다. 정상으로 판정된 사람들의 색채 진술들에는 일반적으로 충분한 일치가 지배한다. 이것이 색채 진술들의 개념을 특징짓는다.

[352] 이러한 일치는, 감정 표명이 진정인지 진정이 아닌지 하는 물음에는 일반적으로 존재하지 않는다.

[353] 나는 그가 위장하고 있지 않다고 확신, 또 확신한다. 그러나 제삼자는 그렇지 않다. 내가 그를 언제나 납득시킬 수 있는가? 그리고 내가 그렇게 할 수 없다면, 그렇다면 그는 생각이나 관찰에서 잘못을 범하고 있는가?

[354] "당신은 정말 아무것도 이해 못하는군!"—우리가 분명히 진정이라고 인식하고 있는 것을 어떤 사람이 의심할 때, 그러나 우리가 아무것도 증명할 수 없을 때, —우리들은 그렇게 말한다.

[355] 감정 표현의 진정성에 관해 '전문가적' 판단이 존재하는가?—여기에도 또한 '더 나은' 판단을 하는 사람들과 '더 못한' 판단을 하는 사람들이 존재한다.

일반적으로, 사람 보는 안목이 더 뛰어난 사람의 판단으로부터 더 올바른 진단들이 나올 것이다.

우리들은 사람 보는 안목을 배울 수 있는가? 그렇다; 어떤 사람들은 그것을 배울 수 있다. 그러나 수업 과정을 통해서가 아니라, '경험'을 통해서. —다른 사람이 거기서 우리들의 선생일 수 있는가? 물론이다. 그는 때때로 우리들에게 올바른 암시를 준다. ——여기서 '배운다'는 것과 '가르친다'는 것은 그런 식이다. ——우리들이 습득하는 것은 기술(技術)이 아니다; 우리들은 올바른 판단들을 배운다. 규칙들도 존재하지만, 그것들이 체계를 이루고 있지는 않으며, 오직 유경험자만이 그것들을 올바로 적용할 수 있다. 계산 규칙들과는 비슷하지가 않다.

[356] 여기서 가장 어려운 것은 그 불확정성을 올바로, 그리고 변조하지 않고 표현해 내는 것이다.

[357] "표현의 진정성은 증명될 수 없다; 그것은 느껴야 한다."—물론 그럴 것이다, ——그러나 이제 이러한 진정성의 인식과 더불어 무엇이 더 일어나는가? 어떤 사람이 "이건 정말로 사랑에 불타는 마음이 말할 수 있는 겁니다"[36]라고 말한다면,—그리고 그가 다른 한 사람도 역시 그와 같은 생각이 들게 한다면,—그것은 그 이상의 어떤 결과들을 갖는가? 또는 그것은 더 이상의 어떠한 결과도 갖지 않으며, 그 놀이는 한 사람이 맛보는 것을 다른 사람은 맛보지 못하는 것으로 끝나는가?

물론 결과들이 존재한다. 그러나 그것들은 산만한 종류의 것들이다. 경험, 그러니까 다양한 관찰이 그것들을 가르쳐 줄 수 있다; 그리고 그것들도 역시 일반적으로 정식화될 수는 없고, 단지 드문드문 있는 경우에만 어떤 올바른, 성과 있는 판단을 내리고 성과 있는 연관을 확인할 수 있다. 그리고 가장 일반적인 소견들은 기껏해야 체계의 파편처럼 보이는 것을 산출할 수 있을 뿐이다.

[358] 물론 우리들은 어떤 사람이 이러이러한 심리 상태에 있다는 것, 예컨

36 (옮긴이주) 《철학적 탐구》의 프랑스어 번역본에 따르면, 이 말은 몰리에르의 《인간 혐오자》(*Le Misanthrope*), 1막 2장에 나오는 말이라고 한다.

대 그가 위장하고 있지 않다는 것을 증거를 통해 확신할 수 있다. 그러나 여기에는 '계량 불가능한' 증거도 존재한다.

[359] 문제는 이것이다. 즉, 계량 불가능한 증거는 무엇을 성취하는가?[37]

어떤 물질의 화학적 구조(내적인 것)에 대해 계량 불가능한 증거가 존재한다고 생각해 보라; 그럼에도 불구하고 이제 그것은 모종의 계량 가능한 결과들을 통해 증거로서 실증되어야 할 것이다.

(계량 불가능한 증거가 어떤 사람에게, 이 그림은 진짜 ……임을 확신하게 만들 수 있을 것이다. 그러나 이것은 문서 기록상으로도 옳은 것으로 실증될 수 있다.)

[360] 계량 불가능한 증거에는 시선의 미묘함, 몸짓의 미묘함, 어조의 미묘함이 포함된다.

나는 진정한 사랑의 시선을 인식하고, 그것을 위장된 시선과 구별할 수도 있을 것이다. (그리고 물론 여기에는 나의 판단에 대한 '계량 가능한' 확증이 존재할 수 있다.) 그러나 나는 그 차이를 기술하는 일에는 전혀 무능할 수도 있다. 그리고 이는 그 일을 위한 낱말들이 내가 아는 언어들에 없기 때문이 아니다. 그렇다면 왜 나는 단순히 새로운 낱말들을 도입하지 않는가?—— 만일 내가 대단히 재능 있는 화가라면, 내가 그림들 속에서 진정한 시선과 꾸며댄 시선을 묘사하는 것도 생각할 수 있을 것이다.

[361] 자문해 보라: 사람은 어떻게 어떤 것에 대한 '혜안(慧眼)[38]'을 얻는 법을

37 (옮긴이주) 비트겐슈타인의 《심리철학에 관한 최후 저술》 I권 §924에는 이 물음에 이어 "무슨 권리로 우리들은 계량 불가능한 증거를 '증거'라고 부르는가?"라는 물음이 더 있다. 다음 단락의 연관성은 이 삭제된 물음을 더할 때 더 분명해질 수 있을 것이다.

배우는가? 그리고 그러한 혜안은 어떻게 사용되는가?

[362] 위장은 물론 어떤 사람이 예컨대 자신의 고통을 표명하면서도 고통은 없음의 특별한 경우일 뿐이다. 무릇 이런 일이 가능하여도, 도대체 왜 거기서 위장이—삶의 고리에서의 이 매우 특별한 무늬가—언제나 발생해야 한단 말인가?[39]

[363] 위장할 수 있기 전에 어린아이는 많은 것을 배워야 한다. (개는 꾸며댈 수 없다. 그러나 개는 또한 솔직할 수도 없다.)

[364] 그렇다, "이 사람은 자신이 위장하고 있다고 믿는다"라고 우리가 말할 경우가 생길 수 있을 것이다.

---

38 (옮긴이 주) 원말은 (보통 '시선', '눈길'을 뜻하는) 'Blick'으로, 여기서는 사람의 됨됨이나 어떤 것의 진정성 유무 같은 것에 대한 통찰력을 말한다.

39 (옮긴이주) 여기서 (삶의) '고리'로 번역된 원말 'Band'는 '띠/끈/리본', '고리/테/바퀴', '굴레/질곡/유대/인연' 등의 의미를 지닌다. 비트겐슈타인의 《쪽지》 §568에서는 위장이 삶이라는 융단 위의 늘 완전하지 않고 다양하게 변하는 무늬로 이야기된다. (앞의 [2]에서는 '고뇌'도 그렇게 이야기된다.)

xii

[365] 개념의 형성이 자연의 사실들로부터 설명될 수 있다면, 자연에서 문법의 기초를 이루는 것이 문법 대신에 우리의 관심사가 되어야 하지 않을까? ——개념들과 매우 일반적인 자연 사실들의 대응도 물론 우리의 관심사이다. (그 일반성 때문에 대부분 우리 눈에 띄지 않는 그런 자연 사실들.) 그러나 이제 우리의 관심은 개념 형성의 이러한 가능한 원인들로 되돌아가지 않는다; 우리는 자연과학을 하고 있지 않다; 또한 자연사를 하고 있는 것도 아니다—왜냐하면 우리는 실로 자연사적인 것을 우리의 목적들을 위해 창작해 낼 수도 있기 때문이다.

[366] 내 말은, 만일 이러이러한 자연 사실들이 달리 되어 있다면 사람들은 다른 개념들을 가지리라는 (가설적인 뜻에서의) 말이 아니다. 내 말은 오히려 이런 것이다. 즉, 어떤 개념들이 단적으로 올바른 것이라고 믿는 사람, 다른 개념들을 가진 사람은 우리가 통찰하는 어떤 것을 통찰하지 못할 거라고 믿는 사람,—그는 매우 일반적인 어떤 자연 사실들을 우리에게 익숙해진 것과 다르게 상상해 보는 것이 좋을 것이며, 그러면 그는 우리에게 익숙한 개념의 형성들과는 다른 개념 형성들을 이해할 수 있게 될 것이라는 것이다.

[367] 하나의 개념을 하나의 화법(畵法)과 비교하라. 도대체 우리의 화법마저도 자의적인가? 우리가 임의로 어떤 하나를 고를 수 있는가? (예컨대, 이집

트인의 화법.) 또는 여기서 문제되는 것은 단지 미추(美醜)일 뿐인가?

xiii

[368] 내가—요컨대 기억에 의해서—"반시간 전에 그는 여기 있었다"라고 말한다면, 이는 현재적 체험의 기술(記述)이 아니다.

기억 체험들은 기억함의 동반물들이다.

[369] 기억함은 체험 내용을 갖고 있지 않다. ——그럼에도 불구하고 이는 내성(內省)에 의해 인식될 수 있지 않은가? 바로 내성이, 내가 어떤 내용을 기대하고 찾을 때 거기 아무것도 없다는 것을 보여 주지 않는가? ——그렇지만 내성은 그것을 단지 경우에 따라서만 보여 줄 수 있을 것이다. 그리고 그럼에도 불구하고 내성은 "기억하다"란 낱말이 무엇을 의미하는지, 그러니까 어디에서 내용을 찾을 수 있을지를 보여 주지 않는다!

나는 기억의 내용이란 관념을 단지 심리학적 개념들의 비교를 통해서 얻는다. 그것은 두 놀이를 비교하는 것과 비슷하다. (축구에는 골문이 있으나, 피구에는 없다.)

[370] 다음과 같은 상황이 생각될 수 있을까? 즉: 어떤 사람이 생애 처음으로 어떤 것을 기억하고서는, "그렇다, 이제 나는 '기억함'이 무엇인지, 기억한다는 게 어떤 느낌이 드는 건지 알겠다"라고 말한다. —이 느낌이 '기억함'이라는 것을 그는 어떻게 아는가? 비교하라: "그렇다, 이제 나는 '얼얼하다'는 게 무엇인지 알겠다!" (그는 가령 처음으로 전기 충격을 받았다.) —— 그것이 기

억함이라는 것을 그는 그것이 과거의 것에 의해서 야기되었기 때문에 아는가? 그런데 무엇이 과거의 것인지를 그는 어떻게 아는가? 어쨌든 사람은 기억을 함으로써 과거라는 개념을 배운다.

그리고 기억한다는 게 어떤 느낌이 드는 것인지를 그는 미래에 어떻게 다시 알게 되는가?

(이에 반해서 우리들은 아마 "옛날 옛날 한옛날에"라는 느낌에 관해 이야기할 수 있을 것이다. 왜냐하면 어떤 옛날이야기들의 일부를 이루는 어떤 어조, 몸짓이 있기 때문이다.)

xiv

[371] 심리학의 혼란과 황량함은 심리학이 "젊은 학문"[40]이라는 점으로는 설명될 수 없다; 심리학의 상태는 예컨대 초창기의 물리학의 상태와 비교될 수 없다. (오히려 수학의 어떤 분과와 비교될 수 있다. 집합론.) 왜냐하면 심리학에는 실험적 방법들 및 개념의 혼란이 존재하기 때문이다. (집합론의 경우에 개념의 혼란 및 증명 방법들이 존재하는 것처럼 말이다.)

실험적 방법의 존재는 우리로 하여금, 우리는 우리를 괴롭히는 문제들로부터 벗어날 수단을 가지고 있다고 믿도록 만든다; 비록 문제와 방법은 서로 비껴 지나가 버리지만 말이다.

[372] 심리학에 대한 우리의 탐구와 전적으로 유사한 탐구가 수학에 대해서 가능하다. 그것은 심리학에 대한 우리의 탐구가 심리학적 탐구가 아닌 것과 마찬가지로 수학적 탐구가 아니다. 그 탐구에서는 계산은 하지 않는다. 그러므로 그것은 예컨대 수리 논리학이 아니다. 그것은 '수학의 기초'에 관한 탐구라는 이름을 얻을 수 있을 것이다.

40 (옮긴이주) W. 쾰러, 《형태 심리학》 2장("Psychology as a Young Science") 참조.

부록

1. 초판 편집자들의 말

2. 《철학적 탐구》의 구조

❋

초판 편집자들의 말

이 책에서 제1부로 되어 있는 것은 1945년에 완결되어 있었다. 제2부는 1946년과 1949년 사이에 집필되었다. 만일 비트겐슈타인 자신이 이 책을 출판했다면, 그는 제1부의 마지막 30여 쪽의 상당 부분[1]을 폐기하고, 그 대신 제2부의 내용을— 또 다른 자료를 추가하여—넣었을 것이다.

원고의 도처에서 우리는 개별적 낱말들과 구절들의 서로 다른 독해 중 어느 쪽을 택해야 할지 결단을 내려야 했다. 그러나 우리의 선택은 결코 뜻을 건드리지는 않았다.

일부 쪽 하단에 그어진 선 아래에 인쇄된 단락들은 비트겐슈타인이 그의 다른 글들에서 잘라내어 해당되는 쪽에—그것들이 어디에 속하는지는 더 정

---

1 (옮긴이주) 구체적으로는 I부 §491 이하를 가리킨다.

확히 말하지 않은 채—삽입한 쪽지들[2]에 적혀 있던 것들이다.

이중괄호 속의 말들은 이 책 또는 그의 다른 글들 속에 있는 소견들에 대한 비트겐슈타인의 언급이다. 우리는 그의 이 다른 글들도 나중에 출판되기를 희망한다.

제2부의 마지막 단편을 현재의 위치에 배열한 것은 우리 편집자들에게 책임이 있다.

1952년
G. E. M. 앤스콤
R. 리스

2 (옮긴이주) 개정4판은 이 쪽지들을 박스 표시하고 위치도 특정했다. (본 번역서에서는 이 쪽지들은 '□' 표시 아래에 두었다.)

✻

《철학적 탐구》의 구조

I부의 구조

가) P. M. S. 해커(& G. P. 베이커)의 분류[1]

§§1~27(a): 아우구스티누스 식의 언어관
§§27(b)~64: 명명에 대한 오해들: 지시적 정의, 논리적 고유명사, 단순한 것과 견본들, 그리고 분석
§§65~88: 가족 유사성, 뜻의 확정성, 그리고 본질의 추구

---

1 P. M. S. Hacker, *An Analytical Commentary on the Philosophical Investigations*, 4 vols(1&2 vols. with G. P. Baker) (Oxford: Blackwell, 1980~1996). (Vol. 1. *Wittgenstein: Understanding and Meaning*(2nd. ed., 2005); Vol. 2. *Wittgenstein: Rules, Grammar and Necessity*(2nd. ed., 2009); Vol. 3. *Wittgenstein: Meaning and Mind*; Vol. 4. *Wittgenstein: Mind and Will.*)

§§89～133: 철학

§§134～142: 명제의 일반적 형식

§§143～184: 이해와 능력

§§185～242: 규칙 따르기

§§243～315: 사적 언어 논증

§§316～362: 사고(思考)

§§363～397: 상상

§§398～411: 자아와 자기 지시

§§412～427: 의식

§§428～465: 지향성: 언어와 실재의 조화

§§466～490: 경험에 의한 정당화

§§491～570: 의미의 내재성과 뜻의 한계

§§571～610: 정신적 상태와 과정들

§§611～628: 의지

§§629～660: 의도/의향(意向)과 자신의 의도를 기억해 냄

§§661～693: 어떤 것을 뜻함

나) E. M. 랑게의 분류[2]

I. §§1～88: 언어, 이름, 그리고 뜻의 확정성

   1. §§1～32: 개념과 개념 연관들

   2. §§33～64: 이름, 뜻의 확정성, 그리고 분석

---

2 E. M. Lange, *Ludwig Wittgenstein: Philosophische Untersuchungen*, Paderborn: Schöningh, 1998.

3. §§65~88: 가족 유사성, 언어놀이의 다원성, 그리고 언어의 본질에 관한 물음

II. §§89~132: 언어와 철학 — 《논고》 대 《탐구》

1. §§89~107: (철학에 대한) 《논고》의 착상에서의 착오들
2. §§108~122: 《논고》에서 옳은 것과 그른 것 간의 구별로부터의 추론들
3. §§123~129: 수정된 철학관의 주요 명제들
4. §§130~132: 언어의 쓰임에 관한 앎에서의 질서 수립을 위한 비교 대상으로서 이상의 역할

III. §§133~242: '규칙을 따르다'와 규칙 따르기에 관한 착각들

1. §§134~142: 일반적 명제 형식에 대한 비판, '참'과 명제의 걸맞음, 그리고 명제 그림 이론의 착각
2. §§143~184: 규칙 따르기
3. §§185~242: 규칙에 관한 착각들 — 규칙이 그 자신의 적용을 강요/보증하는 듯한

IV. §§243~315: 사적 언어의 불가능성과 감각의 표현들

1. §§243~255: 예비적 고찰들
2. §§256~280: 사적 언어 불가능성 증명의 첫 번째 길(§258)
3. §§281~315: '내면적인 것'에 관한 통상의 언어에 대한 보충 기술, 근본적 사적 언어의 가능성에 대한 반박의 두 번째 길(§293), 그리고 내면적인 것에 관한 언어의 기술적 특질들에서의 근본적 사밀성이란 착각의 기초들

V. §§316~427: 사유, 상상/표상, 의식 — '내적 과정들'과 내면적인 것이란 그림

1. §§316~362: 사유

2. §§363~397: 상상함과 표상

3. §§398~427: '내면세계'로서의 상상과 의식

VI. §§428(416)~525: 사고/상상의 지향성과 기대의 예에서의 문장들; 사유나 언어의 결정적인 일반 목적이 아니라 문법의 자율성; 명제의 그림 이론에 대한 최종적 비판

1. §§428~465: 사고와 상상의 지향성에 대한 예로서의 '기대'

2. §§466~490: 사고의 지향성은 사유와 사고의 일반 목적이란 개념에 이르지 않는다.

3. §§491~502: 언어 역시 하나의 결정적인 일반 목적을 지니지 않는다. 문법은 자율적이다.

4. §§503~517: 자율적 문법 규칙들에 따르는 언어 사용은 뜻을 부여하는 '내적' 뜻함에 의한 동반을 필요로 하지 않는다.

5. §§518~525: 언어 사용은 또한 그것의 가능성에 대해 예전 《논고》의 사유 방식에서의 그림이론과 같이 일반적인 설명을 필요로 하지 않는다.

VII. §§526(522)~599: 친숙함과 이해, 뜻함, 그리고 어떤 것의 의미

1. §§526~535: 그림들과 음악 주제의 이해는 어떤 것에 대한 이해와 뜻함에 관해 지금까지 주제화되지 않은, 묘사 수단들과의 동화(同化), 친숙성에 기초하는 한 측면을 밝혀 준다.

2. §§536~546: 이해와 뜻함의 이 '관상학적' 측면은 또한 심리학적 표현의 이해에 대해서도 특징적이다.

3. §§547~557: 그러나 부정의 예가 보여 주듯이, 그것은 내적인 정신 활동에 있지 않다.

4. §§558~570: 또한 낱말(예: 'sein/ist/ist nicht')의 다중 의미도 내적인 정신 활동으로가 아니라 언어놀이의 규칙들로 환원될 수 있다.

5. §§571~580: 심리학적 낱말들의 의미는 내적 상태나 과정이나 활동들에 대한 지칭에 의거하는 것이 아니라 언어놀이의 규칙들에 의거한다. 그것들은 비록 체험들을 표현하지만, 어떤 맥락 속에 있는 사람의 행동에 관여한다.
6. §§581~586: 심리학적 상태들은 상황적이고 역사적인 맥락들에 깊이 새겨져 있다.
7. §§587~593: 또한 체험을 표현하는 경우에도 심리학적 표현들의 사용은 상태들과 과정들의 내적 지각이란 뜻에서의 내성에 의거하지 않는다.
8. §§594~599: 묘사 수단의 친숙함이나 동화(同化)는 친숙한 느낌들의 기초이지만, 이것들이 언제나 현존해야 하는 것은 아니며, 일반적 설명의 목적을 위해 실체화되어서는 안 된다.

VIII. §§599(595)~693: 친숙함의 느낌; 의욕, 의도(의 기억), 그리고 뜻함

1. §§599~610: 친숙함의 느낌, 재인식, 그리고 '특정한 느낌'이란 착각
2. §§611~632: 친숙한 '내적 경험'으로서의 의욕과 '정신 활동'으로서의 의욕과 관련된 철학적 문제들
3. §§633~662: 내적인 정신 활동들(과정들)이란 착각의 기초로서의 의도와 의도에 대한 기억의 표현
4. §§663~693: '정신 활동'으로서의 뜻함

II부의 구조[3]

i : 감정들

3 G. Hallet, *A Companion to Wittgenstein's Philosophical Investigations* (Ithaca, 1977) 참조.

ii : 마음속의 순간적 의미들

iii : 표상들의 지시체

iv : 영혼에 대한 믿음

v : 심리학은 무엇을 다루는가

vi : 느낌들은 의미들이 아니다

vii : 꿈

viii : 운동감각

ix : 감정의 표현들

x : 무어(Moore)의 역설

xi : 상(相)을 봄과 이차적 의미([§§86~300]); 완전한 폐쇄라는 그림([§§301~364])

xii : 규약주의와 본질주의 사이의 중간 길

xiii : 기억하기는 경험 내용을 지니지 않는다

xiv : 심리학과 수학에서의 개념적 혼란

II부 xi의 구조[4]

A. 시각적인 것

1. 문제의 제시 (§§[111]~[115])
2. 상(相)의 번쩍 떠오름 — 그림-대상 — 지속적 상 보기(……로서 바라봄) (§§[116]~[128])
3. 상 전환—과학적 설명들의 비판 (§§[129]~[136])

---

4 E. M. Lange, 앞의 책 참조. (절 번호들은 개정4판에 맞춰 조정했다.) 랑게는 이 xi절 전체에 "상(相) 보기를 철학적 탐구의 모형으로서 다룸"이라는 제목을 달고 있으며, 다음 A-B-C의 분류 다음에 "D. 철학적인 것"이라는 제목 하에 xi절 전체의 철학적 함의에 대한 해설을 덧붙이고 있다.

4. 봄과 생각 사이에서 (§§[137]~[145])
5. 본다는 체험의 기준들 (§§[146]~[161])
6. 상 보기와 그림들에 대한 태도(반응) I (삼각형, 공) (§§[162]~[172])
7. 상 보기와 그림들에 대한 반응 II (6각형, 계단들, 얼굴의 윤곽도, 화살에 꿰뚫린 동물) (§§[173]~[200])
8. 상들의 종류 (§§[201]~[224])
9. 표현 현상들(음악적; 심리학적)과 상들; 지속적 상 보기의 자립성 문제 (§§[225]~[246])
10. 상 보기, 생각, 표상(§§[247]~[256])

B. 언어적인 것
11. 상맹(相盲) (§§[257]~[267])
12. 의미 체험 (§§[268]~[278])
13. 뜻함, 의도, 생각 (§§[279]~[293])
14. 낱말들의 관상 (§§[294]~[300])

C. 심리학적인 것
15. '내적인 말'과 '숨겨진 내면' (§§[301]~[308])
16. 심리학적 동사들의 일인칭 직설법 현재 (§§[309]~[315])
17. 고백과 '숨겨진 내면' (§§[316]~[327])
18. 심리학적 확실성과 수학적 확실성; 판단들에서의 일치 (§§[328]~[338])
19. 심리학적 판단력 (§§[339]~[364])

*

비트겐슈타인 연보

1889년 4월 26일 저녁 8시 30분, 합스부르크 제국의 수도였던 오스트리아의 빈에서 출생하다. 루트비히 요제프 요한(Ludwig Josef Johann)이란 이름으로 세례를 받다. 집안은 외할머니를 제외하고는 모두 유태계였으나, 부계(父系)는 개신교로 개종했고 어머니는 가톨릭을 믿었다. 아버지 카를(Karl)은 자수성가하여 철강 재벌이 된 사업가였고, 어머니 레오폴디네(Leopoldine)는 음악 후원자이자 그 자신도 재능 있는 피아니스트였다. 루트비히는 5남 3녀의 막내였다.

1903년 가을에 린츠 국립실업고등학교에 입학하다. (같은 학교에 그와 동갑인 히틀러가 1년 후에 입학한다.) 그때까지는 아버지의 교육 방침에 따라 학교에 다니지 않고 여러 명의 가정교사에게 개인 교수를 받았다. 고등학교 시절, 급우들과 잘 어울리지 못했으며 성적도 종교 과목을 제외하고는 좋지 않았다. 이 시절에 카를 크라우스의 풍자적 잡지인 《횃불》, 쇼펜하우어의 《의지와 표상으로서의 세계》, 바이닝거의 《성과 성격》, 헤르츠의 《역학 원론》, 볼츠만의 《대중적 저술들》 등을 읽은 것으로 알려져 있다.

1904년 음악에 재능이 있었으나 아버지와의 갈등으로 집을 나갔던 맏형 한스(Hans)가 1902년 미국 체사피크 만에서 실종(자살로 추정됨)된 데 이어, 연극에 관심이 있던 셋째 형 루돌프(Rudolf)가 베를린에서 청산염을 마시고 자살하다.

1906년 가을. 고등학교 졸업과 함께 기계공학 공부를 위해 지금의 베를린 공대의 전신인 베를린-샤를로텐부르크 기술전문대학에 등록하다. (원래는 빈에서 볼츠만에게 물리학을 공부하려 했으나 이 해 여름 볼츠만이 자살하는 바람에 계획을 변경했다.) 이 시절부터 철학 노트를 작성하기 시작한 것으로 알려져 있다.

1908년 봄. 아버지의 권고에 따라 영국의 맨체스터 대학으로 유학 떠나다. 연을 이용한 항공학 실험들을 하다가, 가을에 기계공학부 연구생으로 등록하여 비행기 제트엔진과 프로펠러 제작을 연구하다. (그 연구 결과는 1911년 8월에 특허를 취득한다. 그리고 이 연구에 나타난 엔진 방식은 약 30년 후 헬리콥터 개발로 이어진다.) 동시에, 연구와 관련된 수학 문제들, 특히 수학 기초의 문제들에 점점 더 강한 흥미를 가지게 되어, 러셀의 《수학의 원리들》과 프레게의 《산수의 근본 법칙》을 읽게 되다.

1911년 여름. 나름대로의 철학적 구상을 가지고 예나의 프레게를 방문하다. 아마도 이때 프레게의 권유로, 가을 이후에는 러셀과 함께 공부하기 위해 (맨체스터 대학에 등록된 상태에서) 케임브리지 대학으로 옮기다. 러셀의 강의를 청강하며 그와 논리-철학적인 문제들을 토론하기 시작하다. 첫 학기가 끝난 후, 자신이 철학적 재능이 있는지를 고민하던 비트겐슈타인은 러셀에게 판단을 요청했고, 러셀은 방학 동안 글을 써서 제출해볼 것을 요구한다. 러셀은 제출된 논문의 첫 문장에서 비트겐슈타인의 천재성을 확신하고, 그에게 철학자의 길을 가도록 권한다.

1912년 2월에 케임브리지 대학교 트리니티 칼리지에 정식 입학하다. 러셀 외에도 무어 등의 강의를 들었고, 제임스의 《종교적 경험의 다양성》을 읽다. 또 러셀과 함께 《수학 원리》를 쓴 화이트헤드, 경제학자 케인즈, 그리고 나중에 《논리-철학 논고》를 헌정하게 되는 친구 핀센트를 알게 되다. 케임브리지 대학 도덕학 클럽의 멤버가 되어 활동하고, 11월에는 '사도들'이라는 모임의 회원으로 뽑히다. 12월에 도덕학 클럽에서 "철학이란 무엇인가?"라는 주제로 발표하고, 빈으로 돌아가는 길에 예나에 있는 프레게를 방문하다.

1913년 1월. 부친이 사망하다. 그리고 막대한 유산을 상속받다. 3월. 코피의 《논리의 과학》에 대한 비판적 서평을 《케임브리지 리뷰》에 기고하다. 이후 프레게의 《산수의 근본 법칙》의 부분들을 주르댕과 함께 번역하다. (이 번역은 후자의 이름만을 번역자로 하여 나중에 《모니스트》지에 발표되었다.) 9월. 방해받지 않고 논리학을 연구할 수 있는 곳을 찾기 위해 핀센트와 함께 노르웨이를 방문하다. 10월초. 노르웨이로 이주하기 전 러셀과 핀센트를 각각 만나 그동안의 연구를 구술하다. (이것의 속기본과 타자본이 나중에 《노트북 1914~1916》의 부록인 '논리학 노트'로 출판된다.) 10월 말. 노르웨이의 베르겐 근처 작은 마을로 이주하다.

1914년 3월 29일~4월 14일. 노르웨이의 비트겐슈타인을 방문한 당시 지도교수 무어에게 그동안 작업한 '논리학'의 핵심 내용을 구술하다. (무어가 받아 적은 내용은 《노트북》의 두 번째 부록으로 출판된다.) 비트겐슈타인은 자신의 글 '논리학'으로 학사 학위를 취득할 수 있기를 바랐으나, 통상적인 논문형식을 갖추지 않으면 안 된다는 규정이 존재함을 알리는 무어의 편지에 감정적으로 대응하고 학사학위를 포기하다. (이 일로 둘의 우정은 금이 가고 15년 동안 회복되지 못한다.) 6월. 빈에 돌아와 있던 중 1차 대전 발발하다. 7월. 당시로서는 거액인 10만 크로네를 재능이 있으나 가난한 오스트리아의 예술가들에게 지원할 것을

《점화(點火)》지 편집인 루트비히 폰 피커에게 일임하여 기부하다. (수혜자는 트라클, 릴케, 달라고, 코코슈카 등이었다.) 8월. 자원입대하여 크라카우의 한 초계정에서 복무하다. 《논리-철학 논고》를 위한 노트 작성을 시작하다. 한 서점에서 발견한 단 한 권의 책인 톨스토이의 《성경》에 매혹되어 늘 품고 다니다. 그 외 니체의 《안티크리스트》를 구입해 읽다. 12월. 크라카우 요새 포병공창 사무소에서 복무하다.

1915년 7월. 포병대 정비소에서 일어난 폭발사고로 가벼운 부상을 입다. 8월 소속 부대 이동으로, 르보프 근처 소콜에 있는 포병공창 열차에서 복무하다. 《논고》 작업 계속하다.

1916 3월 초. 최전선에 보내달라는 본인의 계속된 희망에 따라 러시아 쪽 갈리치아 전선에 착탄관측병으로 배치되다. 여러 번 훈장을 받은 끝에 9월에는 하사로 진급하다. 곧이어 올뮈츠 포병사관학교에 입교하다. 여기서 로스의 제자인 건축가 엥겔만을 알게 되다.

1917년 1월. 소위로 연대 복귀하다. 7월. 전투에서의 뛰어난 공로로 훈장을 받다.

1918년 2월. 중위로 진급하다. 3월. 이탈리아 전선으로 이동하여, 아시아고에서 전투하다. 5월. 영국에서 핀센트가 비행기 사고로 사망하다. 7월. 이전 달 전투에서의 공로로 훈장을 받다. 그 이후 두 달 동안의 휴가 중 《논리-철학 논고》의 최종 원고를 완성하다. 9월 말. 전선으로 귀환하다. 10월. 둘째 형 쿠르트(Kurt)가 전선에서 자살하다. 11월 초. 이탈리아군의 포로가 되다.

1919년 6월. 포로수용소 생활 중, 《논고》의 원고 사본을 러셀과 프레게에게 보내다. 8월. 포로 석방으로 빈의 집으로 귀환하다. 9월. 자신이 상속받은 막대한 재산 전부를 포기하고 첫째 누이와 둘째 누이, 그리고 전쟁에서 오른팔을 잃은 막내 형 파울(Paul)에게 양도하다. (파울은 피아니스트였는데, 그를 위해 M. 라벨이 '왼손을 위한 피아노협주곡을 써준다.) 교사가 되기 위해 교원 양성소에 등록하다. 12월. 헤이그에서 러셀과 만나 《논고》에 대해서 설명하다. 러셀은 출판에 어려움을 겪고 있는 이 작품에 서론을 써주기로 하다.

1920년 7월. 교원 양성소 졸업하다. 4월에 받은 러셀의 서론에 결국 실망하고 자신의 작품에 싣기를 거부하는 바람에, 《논고》의 출판이 무산되다. 이후 비트겐슈타인은 출판 문제를 러셀에게 위임하다. 8월. 빈 근처의 한 수도원에서 보조 정원사로 일하다. 9월. 오스트리아 동북부에 있는 시골 마을 트라텐바흐의 초등학교 교사로 부임하다.

1921년 여름. 노르웨이로 여행하다. 11월. 오스트발트가 편집자로 있는 잡지 《자연철학 연보》의 최종호에 《논리-철학 논고》가 교정이 매우 불충분한 상태로, 러셀의 서론과 함께 출판되다.

1922년 8월. 인스부르크에서 러셀과 만나 《논고》 등에 관해 논의하다. 둘의 우정에 금이 가다. 가을. 잠시 하스바흐를 거쳐 역시 작은 시골마을인 푸흐베르크로 근무지를 옮기다. 영국의 케건 폴 출판사에서 《논리-철학 논고》의 독영 대역본이 무어가 제안한 라틴어 제목 "*Tractatus Logico-Philosophicus*"로 출판되다.

1923년 9월. 《논고》의 영어 번역 작업에서 실질적 역할을 한 당시 케임브리지 대학생 램지가 푸흐베르크의 비트겐슈타인을 방문하다. 둘이 《논고》를 같이 읽으며 대화하다.

1924년 3~10월. 케임브리지 대학의 교수로 예정된 램지가 빈에 머물면서 정기적으로 푸흐베르크의 비트겐슈타인을 방문하다. 9월. 오터탈이란 마을로 근무지를 이동하다. 12월. 빈 대학의 교수 슐리크가 만남을 원하는 편지를 보내다.

1925년 4월. 《초등학교 낱말사전》을 위한 서문을 작성하다. (비트겐슈타인이 교사가 된 이후 학생들과 함께 작업한 이 사전은 1926년에 빈에서 출판된다.) 7월. 프레게가 사망하다. 8월. 영국을 방문하여 케인즈 등을 만나다.

1926년 4월. 한 학생을 체벌한 사건으로 인해 스스로 교사직을 포기하다. 휘

텔도르프의 수도원 보조 정원사로 일하다. 6월. 모친이 사망하다. 가을. 막내 누이 마르가레테(Margarethe)를 위한 집의 건축에 엥겔만과 함께 공동 작업하게 되다.

1927년 2월. 슐리크와 처음 만나다. 이후 바이스만, 카르납, 파이글 등 빈 학단의 일부 회원들과도 접촉하다. 철학적 성찰을 다시 시작하다. 그리고 틈틈이, 골턴에 의해 고안된 합성사진의 방법을 실험하다.

1928년 3월. 수학의 기초에 관한 브라우어의 강연들을 듣고 철학에 몰두할 새로운 자극을 얻다. 가을. 누이의 집을 완성하다. (이 집은 현재 "비트겐슈타인 하우스"로 불리며, 1970년대에 빈의 문화재로 지정되었다.)

1929년 1월. 공부를 계속하기 위해 케임브리지로 돌아가다. 2월. 약 300쪽 짜리 대형 노트 18권을 구입해 철학적 사유들을 써넣기 시작하다. (이 일은 1940년까지 계속되며, 그 기록들은 현재 15권으로 기획되어 《빈 판본》(*Wiener Ausgabe*)으로 출판되고 있다.) 6월. 《논고》의 영역본을 학위논문으로 하여 박사 학위를 취득하고, 연구를 위한 장학금을 받다. 7월. "논리적 형식에 관한 몇 가지 소견"이 《아리스토텔레스 학회보》에 발표되다. (《논고》를 제외하면 비트겐슈타인 생전에 출판된 유일한 글인 이 논문은 영국 철학자들의 연례 합동 모임에서의 발표를 위해 제출되었으나, 이 논문에 만족하지 못한 비트겐슈타인은 실제 모임에서는 수학에서의 일반성과 무한성이라는 다른 주제로 발표하였다.) 이탈리아 출신의 경제학자 스라파와 알게 되어 정기적으로 토론을 하게 되다. 11월. 케임브리지의 이교도 협회에서 윤리학에 관한 강의를 하다. (이 강의는 비트겐슈타인의 유일한 대중적 강의로, 사후에 '윤리학에 관한 강의'로 출판된다.) 크리스마스 이후 빈의 슐리크를 만나 자신의 생각들을 구술하다. (이것과 그 이후 비트겐슈타인이 빈을 방문할 때 슐리크와 바이스만에게 구술한 견해들이 바이스만에 의해 기록되어 비트겐슈타인 사후에 《비트겐슈타인과 빈 학단》으로 출판된다.)

1930년	1월. 램지가 26세의 나이로 요절하다. 케임브리지에서 철학 강의 시작하다. 아울러 언어, 논리, 수학의 문제들에 관한 세미나 진행하다. 무어가 회장인 도덕학 클럽의 모임에도 다시 참여하여, "타자의 마음의 존재에 관한 증거"라는 짧은 논문을 발표하다. 12월. 그동안의 작업을 토대로 봄에 제출한 《철학적 소견들》을 근거로 5년 기한의 연구교수로 선출되다.
1931~32년	강의와 세미나, 그리고 나중에 《철학적 문법》 등으로 출판되는 원고의 작성과 수정 작업을 수행하다. (이때까지의 강의 기록들은 사후 편집되어 《비트겐슈타인의 강의: 케임브리지, 1930~1932》로 출판된다.)
1933~34년	《청색 책》과 《갈색 책》을 학생들에게 강의 대용으로 구술하다. 또 그동안의 작업을 바탕으로 이른바 《큰 타자원고》를 작성하다. (이 원고의 수정된 부분과 수정되지 않은 일부로부터 《철학적 문법》이 구성된다. 《큰 타자원고》는 최근에 따로 출판되었다.)
1935년	가을. 연구교수 기간 만료 이후의 일자리를 알아보기 위해 소련을 방문하다. 레닌그라드 대학, 카잔 대학, 모스크바 대학에서의 철학 강의를 제의받았으나, 노동자로 살아가기를 원했던 비트겐슈타인은 포기하고 되돌아오다. 철학적 심리학에 관한 최초의 세미나를 하다. 이 해의 강의를 위해 '사적 체험'과 '감각 자료'에 관한 강의를 위한 노트들을 작성하다. (1933년부터의 강의 기록들은 사후 편집되어 《비트겐슈타인의 강의: 케임브리지, 1933~1935》로 출판된다.)
1936	연구교수 기간 만료 후 더블린을 방문하다. 이 기간(6월) 중 슐리크가 사망했다는 소식을 듣다. 8월. 노르웨이에 있는 자신의 오두막집으로 가서 수개월 동안 머물다. 이 기간 중 《갈색 책》을 독일어로 개작하다 포기하고, 《철학적 탐구》에 착수하여 대략 지금의 1~188절에 해당하는 부분을 집필하다.
1937년	케임브리지, 빈 등을 거쳐 8월에 다시 노르웨이의 집으로 돌아가 《수학의 기초에 관한 소견들》의 일부, "원인과 결과" 등이 포함된 철학적

작업을 계속하다.

1938년 3월. 오스트리아가 나치 독일에 합병됨으로 인해 독일 국민이 되기를 거부하고 영국 국적을 신청하다. 《수학의 기초에 관한 소견》과 《철학적 탐구》 등의 작업을 계속하다. 여름. 미학과 종교적 믿음에 관한 강의들을 하다. (이 강의들은 그 후의 관련 강의들과 대화들과 합쳐져 사후에 《미학, 심리학, 종교적 믿음에 관한 강의와 대화》로 출판된다.) 9월. 《철학적 탐구》의 초기 형태를 독영 대역으로 케임브리지 대학 출판부에서 출판하기로 했으나, 몇 가지 문제로 출판을 보류하다. 10월. 무어의 퇴임으로 공석이 될 교수직에 지원하다.

1939년 2월. 무어의 자리를 이어받아 케임브리지 대학 철학교수가 되다. 4월. 영국 시민권을 얻다. 6월. 여권이 나오자 유태 혈통으로 곤란에 처한 가족들의 문제를 해결하기 위해 빈, 베를린, 뉴욕으로 동분서주하다. (결국 비트겐슈타인 가족의 재산이 문제를 해결한다.) 이 해에 3학기에 걸쳐 수학의 기초에 관한 강의를 하다. (이 강의 기록은 사후 편집되어 《수학 기초에 관한 비트겐슈타인의 강의: 케임브리지, 1939》로 출판된다.) 10월부터 《철학적 탐구》에 관한 세미나를 하다.

1940년 2월. 도덕학 클럽과 수학협회에서 논문 발표와 강의. 가을. 《철학적 탐구》에 관한 세미나.

1941년 10월. 비트겐슈타인의 인생에 큰 의미가 있었던 제자이자 친구인 스키너가 병사하다. 11월부터 런던의 가이 병원에서 잡역부를 거쳐 실험실 조수로 일하다. (그는 2차 대전 발발 이후 줄곧, 학교에서 가르치는 일 말고 전쟁과 관련된 의미 있는 노동을 하고 싶어 했다.) 이때부터 1944년까지 교수로서의 정규 강의는 중단하고 주말에 케임브리지에서 사적인 세미나만 계속하다.

1942년 4월. 담석 제거 수술을 받다.

1943년 4월 이후 뉴캐슬의 병원 의학연구실로 옮겨 일하다. 9월. 《철학적 탐구》를 《논리-철학 논고》와 합쳐 출판하려고 하다. (이 계획은 케임브리지 대학 출판사에서 승인받지만, 《논고》를 발행한 케건 폴 출판사와의 저작권 문제로 결국 실행되지 못한다.)

1944년 2월. 케임브리지로 돌아가다. 3~9월. 스완시에 있는 제자이자 친구인 리스의 집에서 대부분 보내며 《철학적 탐구》를 다듬다. (지금의 《탐구》 189~421절이 추가되었다.) 10월. 케임브리지 대학 교수로 복귀하다. 11월. 무어에 이어 도덕학 클럽의 회장이 되다.

1945년 1월. 《철학적 탐구》의 머리말을 새로 쓰다. 그리고 이 해에 현재 《철학적 탐구》의 421~693절을 이루는 부분을 추가하여 I부를 완성하다. 또 심리학의 철학에 관한 2시간짜리 세미나를 매주 2회 진행하고, 사후 《심리학의 철학에 관한 소견》 I권으로 출판되는 타자 원고들을 작성하다.

1946년 심리철학에 관한 고찰들을 계속하며 사후 《심리학의 철학에 관한 소견》 II권으로 출판되는 내용들을 작성하기 시작하다. 아울러 수학 기초에 관한 세미나와 심리학의 철학에 관한 세미나를 진행하다. (후자의 세미나는 사후에 《철학적 심리학에 관한 비트겐슈타인의 강의 1946~47》로 출판된다.) 10월. 철학적 문제의 존재 여부를 놓고 도덕학 클럽에서 포퍼와 충돌하다. 11월. 도덕학 클럽에서 "철학이란 무엇인가?"에 관해 강의하다. 이 해에 벤 리처즈라는 의대 학부생에게 사랑을 느끼다.

1947년 5월. 옥스퍼드의 조웨트학회에서 초청받아 토론하다. 여름. 이전부터 염증을 내던 교수직(특히 영국에서의 교수직)을 그만두고 《탐구》의 완성에 전념하기로 결심하다. 종전 후 처음으로 오스트리아를 방문하다. 10월. 사직서를 제출하다. (사직서는 12월에 수리된다.) 12월. 아일랜드에서의 1년 반 동안의 체류를 시작하다.

1948년 아일랜드의 외진 시골에서 절대적 고독 속에서 생활하며 철학에 몰두하다. 9월. 암에 걸린 큰누이 헤르미네(Hermine)를 만나기 위해 빈을 방문하다. 10월. 케임브리지에서 그동안 아일랜드에서 작업한 원고들을 구술하다. 11월. 더블린에 머물며 사후《심리학의 철학에 관한 마지막 글》로 출판되는 글들을 쓰다. 12월. 유언장을 작성하다.

1949년 4월. 임종이 가까운 큰누이를 보기 위해 빈을 방문하다. 7월. 제자이자 친구인 맬컴의 오래전부터의 초청으로 미국을 방문하다. 확실성에 관한 토론과 대화들을 나누다. 이 기간 동안 심한 병을 앓다. 10월. 영국으로 되돌아가 전립선암으로 진단받다. 12월. 크리스마스 무렵에 빈의 가족들을 방문하다. 이 해에《철학적 탐구》II부 최종판에 해당하는 내용을 구술해 타자 원고를 만들다.

1950년 1월. 괴테의 색채론을 읽고 사후《색채에 관하여》의 일부로 출판되는 소견들을 쓰다. 2월. 큰누이가 숨지다. 3월. 영국으로 돌아와 런던에 머물다. 4월 초에 케임브리지에서 제자이자 그의 후임자인 폰 브리크트의 집에 머물다가, 4월 말부터는 옥스퍼드에 있는 제자 앤스콤의 집으로 옮겨 머물다. 여름. 확실성의 문제에 관한 고찰을 재개하다. 10월. 벤 리처즈와 몇 주간 노르웨이를 여행하다. 11월. 케임브리지에 있는 주치의 베반 박사의 집으로 거처를 옮기다. 12월. 크리스마스를 빈의 가족들과 함께 보내다.

1951년 1월. 옥스퍼드에서 리스를 유언집행관으로 하고, 리스, 앤스콤, 폰 브리크트를 문헌관리자로 하는 새 유언장을 작성하다. 2월 8일 이후 케임브리지의 베반 박사 집에서 지내며 색채의 문제와 확실성의 문제에 관하여 작업하다. 4월 27일에《확실성에 관하여》의 마지막 부분을 쓰고 다음 날 의식을 잃다. 4월 29일 아침에 사망하다. 5월 1일. 케임브리지의 성(聖) 자일즈 교회 묘지에 묻히다.

찾아보기

(아라비아 숫자만으로 된 것은 I에서의 절 번호를, 꺽쇠괄호 안의 숫자는 II에서의 절 번호를 나타낸다.)

ㄱ

가능성, 가능한 20, 90, 126, 132, 193~194, 253, 448, 520~521, 566
가르치다, 가르침: [→배우다]
고통 행동을, 고통을 가장하도록, "치통"을— 244, 250, 257
(낱말/말의) 사용/쓰임을—31, 53, 190, 556; [61]
놀이를—70
선 따르기를—232
수열의 형성을—693
예들과 실습에 의한—208
읽기를—162, 375
"자기 자신에게 말하다"란 표현을—361~362, 375
지시적—6, 9, 49, 51
"참"과 "거짓"의 적용에 의해—137
"함께 속한다"는—[220~221]
훈육으로서의—5
가리키다, 보여 주다:
—, 언어놀이의 일부 669~671
기억이 나에게—648
놀이를—70
어떤 것을—8~9, 28, 33~37, 43, 71, 208, 275, 429, 590, 669
주의/귀 기울임으로써—275, 671
화살표가—454가상 112, 270, 354; [54]
가설, —적 [→가정] 23, 82, 109, 156, 325; [249, 274, 306, 366]
가정 22; [87~88, 106~107]
가족, 가족 유사성 67, 77, 108, 164, 179, 236
가치 119
각의 3등분 334, 463
간접적 수단 71
갈고리십자 420
감각/감정: [→느낌, 고통]
—과 언어/문법/철학 290, 293, 304, 314, 352, 400
—과 의도/주의 등등 582, 621, 624~626, 646~647, 669, 672
—과 표현/행동/환경 281, 288, 312, 583; [4~6, 47, 56, 58~59, 66, 201,

230~231, 264, 214, 330]
—의 기술 24, 290, 582
—의 명명 244, 256~258, 261, 268, 270, 273~274
사물/돌의—284
사적인—243, 246, 248, 251, 256~258, 260~261, 270, 272~274, 293, 298, 411
특징적—151, 159~160, 169, 173, 177~178
감각 자료, 감각 인상 354~355, 366, 401, 486; [34, 60~1, 90, 269]
감전되다 409
감정 표명/표현 [352, 355]
강요, —하다 140, 231
같은, 같음: [→동일성] 215~216, 223, 225~226, 254, 290, 330, 350, 376~378, 382, 565 ~566; [125,257]
개 250, 357, 650; [1, 363]
개념: [→초-개념]
—과 놀이 [48]
—과 영역 71
—들의 분류 517
—은 뇌리에서 떠나지 않는다 [191]
—을 가르치다/배우다 208, 384; [218, 221, 355]
—을 분석하다 383
—을 연장하다 67
—을 화법과 비교 [367]
—의 경계 68~71, 77
—의 범위 68
—의 변경 [224, 231]
—이란 매체, 도구 177, 569~570
"고통"의—384
근친적 —들 68, 76; [199, 223, 254, 302, 333]
낱말의 적용으로서의—96, 383, 532; [165]
"내적인 그림"/"내적인 말"의—[133, 301~303, 306]
논리합으로서의—67, 68
놀이의—68~70, 75
"명령" —의 목적 345
명제의—135
"속셈"의—385
심리학적 —들의 비교 [371]
이해의—532
진리의—136
개념 규정 [191]
개념의 형성 [365]
개념의 혼란 [371]
'개별자들' 46
개연성, 개연적 158, 482, 484, 539
개혁 132
객관적 254, 340
거울 285
거위 [314]
거짓된/잘못(된) 79, 112, 136~137, 241, 246, 288, 345, 429, 448, 515
거짓말, —하다 249, 668; [318]
건물(물)/건축/구조 2, 8, 92, 118
걷다 25, 107
걸맞다 136~139, 182, 216, 339, 409, 537, 572; [50~51, 270]

검사, —하다 265; [94, 344]
검증 272, 353; [249]
격정 110
격투 시합 66
견본 1, 8, 16, 50, 53, 56, 72~74, 293
견해 38, 366, 573
결과, 따르다/따라 나오다: [→귀결]
규칙/법칙을—54, 125, 199, 201~202, 217, 219, 222, 232, 235, 240
논리적/실천적(으로)—28, 268, 481, 486; [68, 176, 192, 253, 257, 341~342, 357]
결론/추론, 추론하다 97, 194, 312, 325, 453, 486, 599; [125]
결심 588~589, 631~632
결정/결단 [→기준, 판결, 구별] 53, 186; [338]
결정체 97, 107~108
결합/연결, —하다 [→연상, 연합시키다, 연관/맥락] 1, 6, 8, 20, 38, 50, 55, 58, 158, 169~170, 176~177, 251, 269~270, 647, 681~684, 689
겸손한 28
겹치다 66~67
경향의 체험 591
경험: [→경험적]
—과 사유 가능성 109
—과 사람 보는 안목 [355]
—에 의한 정당화 478, 480, 485, 495, 617
—으로부터 독립적 59, 92, 97, 144, 147, 194, 249, 315, 325, 354, 417
의욕도—611
직접적—[117]
현재적 —과 철학 436
경험 개념 [115]
경험 명제 85, 251, 295, 360; [222]
경험 사실 197, 418, 466
경험적/경험상 [→경험] 74, 79, 89, 109, 179, 195, 484
계량 불가능한 [358~360]
계사 [→“(이)다”]
계산 방식 138
계산(법), —하다 [→속셈] 23, 28, 81, 136, 233~236, 449, 466, 559, 565, 569; [165, 221, 277, 291, 304~305, 323, 341~342, 344, 348]
계속하다/계속해 나가다/계속해 나갈 줄 알다 145~146, 151, 154~155, 157, 179, 323, 633~634; [300]
계획 653
고개를 흔듦 41~42
고뇌 [2~4, 67~68]
고백 [318~9]
고양이 647
고유명사 [→이름, 명칭, 사람 이름] 41
고찰 방식 [→바라보다, 상] 47, 308, 656
고통 [→두통, 치통] 421
—에 관한 의심 246, 288
—에의 주의와 —을 뜻함 665~668, 674, 678, 682
“—”의 의미/사용/명명 26, 244, 257, 263, 271, 283, 288~289, 293, 300, 315, 403, 448~449; [3]

나의 (사적인)—246, 251, 253, 289, 293, 295~296, 310~311, 363, 403~408
다른 사람의—253, 293, 302~303, 350~351, 391~392, 402, 408; [314]
손/무생물 등의—282~284, 286, 351, 359, 391, 411, 626
고통 감각/감정 154, 246, 312; [58~59, 66, 68; [241]
고통 개념 282, 384
고통 행동 142, 244, 246, 250, 281, 300, 302~304, 317, 391~392; [30, 324]
고통의 반점 312
고통의 표명/표출/표현 244~245, 257, 310, 317; [84, 362]
고향 116
곡조 154, 184, 333; [280]
골드바흐의 명제 578
곱셈 366
공, 공놀이 66, 83
공기 저항 130
공식 [→표현, 대수학적] 151~152, 154, 179, 183, 189~190, 320
공중누각 118
공통성, 공통적 65~67, 71~73, 97, 172, 206, 531
공포 [6]
공허 107, 131
과거의 480~481, 656; [89, 370]
과정: [→정신적 —, 동반 —, 작용, 내부]
—과 의도 636~638
—으로서의 명명 38, 665
—으로서의 사유/해석/뜻함 34~35, 148, 330, 332, 335, 339, 394, 427, 438, 453, 507, 547~548, 661, 675, 691
—으로서의 앎 148
—으로서의 "입방체 그림의 적용" 140
'내적 —'과 외적 기준들 580
독특한 —으로서의 읽기 165, 167~168
머릿속에 떠오른 색을 고르는—239
물리적/심리적—158, 376, 412, 427, 571; [322]
신비적—38
이상한/신비적—38, 196, 363
이해의—152~154, 321; [36]
일순간의—638
특이한 —으로서의 읽기 165, 167~168
과제 91
과학/학문, —적 79, 81, 89, 109, 392; [371]
관념 103, 166, 187~188, 283, 304~305, 348, 420, 556; [369]
관념주의자 402
관련, —되다 10, 243~244, 273~274; [7]
관례 198, 199, 556
관상 235, 568; [238]
관습 198~199, 205, 337; [168]
관심(사)/흥미, —를 끌다 108~109, 118, 126, 166, 390, 412, 466, 570, 680; [27, 36, 114~115, 365]
관용적 [→일상(통상)적] 91
관찰, —자, —하다 54, 82, 169, 316, 327, 417, 571, 659; [67~69, 76, 86, 313]
괴테 [51]
교량 267, 364

교육, —하다 [→훈련, 가르치다] 6, 27, 54, 156, 208, 233, 283, 441, 467; [148, 168, 221, 350]
구별, -하다 13, 22, 54, 137, 156, 166~167, 189, 208, 330, 339, 406, 476, 515, 564, 604; [118, 161, 212, 279, 304, 320, 360]
구성, —하다 75, 81, 98, 149, 366
구성 요소 [→단순한, 요소, 복합체] 47, 59, 136
구술 156, 162
구체적인 것 97
권리, —를 주다 22, 154~155, 179, 200, 280, 557; [346]
권투 선수 22
궤도 218
귀 기울임 669, 671
귀결 486; [291, 319]
귀납, —적 135, 324~325
규약 355
규제 130
규칙: [→놀이 규칙]
공중에 떠 있는—380
"—" 224~225
—과 귀결 238
—과 예외, 특수한 경우 142, 227, 292, 692
—과 의심 84~85, 240
—과 장기놀이 197, 205
—과 해석 85~86, 198, 201, 653
—들에 자승자박 당하다 125
—들을 가르치다/배우다 31, 162, 165
—을 따르다 82, 125, 199, 202, 206, 217~219, 222, 227, 232, 235, 237
—의 요점 567
—의 인상 259
—의 입 228
—의 적용/사용 84, 86, 218, 221, 380
—의 힘/강요/모호함 100, 102, 210, 231, 234
도구로서의—54
문법/언어/언어놀이의—53, 80~82, 136, 259, 292, 497, 556, 558
본질적 —들 564
규칙 목록 54
규칙 체계 133; [355]
규칙성, 규칙적 163, 166, 169, 207~208, 237, 630
그 자체로 58
그림/(심)상: [→표상, 기억 심상, 초-초상]
감정의—300, 439
—과 그 대상 297, 515, 518
—과 기술 291, 368; [10, 18, 55, 61]
—과 사용 22, 139~141, 349, 374, 422~427, 524, 556; [55]
—과 상징 194
—와 철학 295, 520
—으로서의 몸짓 433
—을 이해하다 526
—의 상(相) 139, 173; [129, 135, 162, 166, 179, 185, 189, 211, 215, 217]
—의 승인 144
사건의 —548
스스로를 말하고 있는—523

언어와 —, 세계의—59, 96, 115, 167, 171, 251, 305, 335, 337, 349, 352, 449, 520, 522, 556, 573, 658; [54~55]
일람표 속의—62, 86
일련의 —들 144, 193~194
정신적/내적/사적 —, —과 표상 6, 37, 59, 73, 139~141, 144, 222, 239, 265~266, 280, 294, 301, 323, 352, 367, 389, 397~398, 402, 490, 604~605, 607, 635, 651, 663; [17~18, 23~26, 133]
행동의 —으로서의 명령 519
희미한/근친적/교차하는—70~72, 73, 76~77, 191, 291, 548
그림-대상 [119]
그림자 194, 339, 448
그물 66, 106
근거/정당화, 근거를 대다/뒷받침하다 [→이유] 124, 169, 217, 320, 482; [6]
근질근질함 646
근친 관계, 근친적 38, 47, 64~68, 76, 81, 108, 150, 167, 224~225, 527, 630; [155, 199, 223, 227, 234, 254, 260, 287, 302, 333]
글(자)/문자/자모 [→읽다] 4, 86, 108, 157, 159~160, 364, 491; [203, 234]
기계 156~157, 193~194, 270~271, 291, 359~360, 364, 491, 613, 618; [20]
기계 장치/기제/메커니즘 6, 156~157, 170, 270, 495, 559, 613, 689
기관/기구/장치 149, 270, 494
기관차 12
기능, —하다 2, 5, 11, 17, 21~22, 27, 88, 92~93, 260, 274, 280, 304, 340, 556, 559
기대:
—는 문법상으로는 하나의 상태 572
—와 상황/환경 581~583
—와 충족 326, 442, 444~445, 465
—의 대상에 대한 두려움 472
—의 동작 586
—의 종류 577
—의 표현/표출 208, 452~453, 574, 576, 582
충족되지 않은 것으로서의—438~439
기도, —하다 23; [81]
기량 66
기름진/기름기 없는 [274~275]
기분 24, 26
기쁨 142
기술(記述):
그림의—139
—과 문법/언어 사용 124, 383, 486, 496
—과 사고 335
—과 외침 244; [82~83]
—과 정의 69~70, 75, 79, 665
—과 행동 487, 627
—은 공간상의 배치에 관한 묘사 [70]
—의 종류 24, 171, 291
도구로서의—291
분위기/상황/환경/과정/상태의—24, 154, 175, 179~180, 216, 577, 585, 588, 609, 638, 662, 665; [319]

상/감각 인상/지각의—486, 509, 610, 626; [117, 121, 129, 139, 142, 153, 156, 160, 169, 172~173, 184, 186~187, 213, 215]
설명/표상 대신—109; [18]
섬세한 것들의—106, 436
신화적/상징적—219, 221
얼굴 표정의—285
이해의—322
전체/복합체의—49, 53, 60
참된—55; [319]
체험/느낌/심리 상태/표상의—155, 180, 290, 294, 367~368, 386, 398, 402; [10, 30, 63, 72, 79, 82, 85, 90, 117, 156, 360, 368]
기술(技術):
—과 관습 199, 205, 337
—의 숙달/학습 150, 199, 232, 692; [222, 347, 355]
놀이의—125, 205, 337
쓸모없는—520
사람 보는 안목은 —이 아니다 [355]
예언의—630
적용—262, 557
기억, —하다/—해 내다: 35, 53, 56~57, 140, 165~166, 175, 177, 184, 253, 271, 305~306, 342, 379, 544, 601, 604, 634~635, 645~646, 648, 651, 660~661; [52, 214, 268, 341, 344]
—과 철학, 언어 127, 649
기억함과 기억 체험 [368~370]
기억함의 내용 [369]
농아의—342
올바른—56, 265
기억 반응 343
기억 심상 56, 166
기억 체험 [368]
기억 현상 342; [53]
기전기 409
기준:
걸맞음의—182
고통의—315, 350~351
—과 징후들 354
—의 기준 146, 182, 269
'내적 과정'에 대한 외적—580
능력/할 수 있음의—185, 238, 385; [36]
독백의—344, 376
동일성의—253, 288, 290, 322, 377, 404
뜻함의—190, 692
봄(見)의—[236]
심리 상태에 대한—149, 572~573
올바른 기억/추측/재인식의 —56, 258, 625, 633; [318]
이해의 —으로서의 사용 또는 이미지 141, 146
일처리(操作)에 능숙함의—[180]
읽고 있음의—159~160, 164
자명성의—238
잘못의—51
진실성이라는—[319~320]
체험/느낌의—509, 542; [146, 236]
표상의 색깔에 대한—239, 377; [60]
기초, 근본적 87, 89, 125
기하학 [162, 180]

기호: **[→문자, 글자, 명제 기호, 읽기]**
감각에 대한—258, 260~261
—를 뜻하다/이해하다 102, 190, 433, 503~504
—와 사용 51, 53, 82, 136, 198, 432~433
—의 분석 64
—의 표상과—자체 66
낱말과 문장에 대한—49
본래적—105
일련의 —들 143
임의의 다른 —로 대체될 수 있는 167, 508
길 203, 525, 534
길이 208~209, 251, 430; [338]
깊은, 깊이 89, 97, 111, 167, 209, 387, 583, 594, 664; [241]
꽃 53
꾸며대다 [→위장하다] 250; [360, 363]
꿈, —꾸다 160, 358, 448; [52~53, 219, 320]
꿰뚫어 보다 90, 92

ㄴ

나, —의 116, 246, 251, 253, 290, 398, 402~411, 514; [56, 59~60, 86~91, 95~99, 101~107]
나무, 나뭇가지 47, 55, 418
낙서 175
난로 350
낯선 32, 200, 206~207, 282, 385, 554, 577; [158, 263, 294, 325]
낯익은 166~167; [142, 294]
낱말/말: **[→적용, 사용, 의미, 문법, 언어의 자리, 적합한 —]**
—사용을 가르치다/배우다 1, 6, 9, 35, 49
—과 뜻함/상상함 35, 382, 449
—과 문장 19~20, 49; [7~9, 37]
—과 의미/대상 1, 19, 30, 49, 120, 139, 544~545
—들은 장기의 말들과 유사 108
—들을 가지고 일을 처리하다 449
—들의 '영혼' 530
—들이 결여되어 있다 610
—에 대한 애착 [294]
—은 또한 행동이다 546
—을 이해하다 6, 29, 139, 264, 269; [40]
—을 정당화 없이 사용하다 289
—의 분위기/성격/느낌 542~ 545; [35, 42]
—의 사용/쓰임 1, 30, 34, 90, 116, 133, 139, 191, 196~197, 264, 345, 370, 378, 383, 556; [7, 9, 14~15, 35, 40]
—의 장(場) [297]
—이 오다 165~166; [296]
논리학/철학/일상생활에서의 "—" 38, 105, 108, 116, 120, 133
적합한—139, 171
낱말 결합 499~500
낱말 모습 167, 169
낱말 설명 35, 262, 268, 370
낱말 언어 16

낱말 종류 1, 17, 23
낱말 체험 [234, 262, 271~273, 299]
낱말들에 대한 느낌 [39~44]
낱말로 된 그림 [267]
내부, 내적인 24, 173~174, 256, 305, 344, 348, 361, 376, 380, 398, 423, 580, 659; [36, 308, 316, 318]
내성 413, 551, 587, 677; [369]
내적 관계 [247]
냄비 282, 297
노래 부르다 22, 332~333
노통 39, 44
논리 대수 167
《논리-철학 논고》 머리말, 23, 46, 97, 114
논리적:
—결과/필연 140, 437, 481
—고찰/물음 89; [4]
—곡예 412
—구성 366
—문장 구조 102
—순환 208
—제약 220
—합 68
—과 심리학적 140; [330]
—과 인과적/생리적 220; [330]
'—으로 가능한' 398, 520~521; [310]
논리(학):
'규범학'으로서의—81
—를 폐지하는 듯 보이다 108, 242
—의 정확성/순수성/엄격성 101~102, 105, 107~108
—의 개념 머리말
—의 승화 38, 89
—의 추론 486
'더 원시적인'—554
사유의 본질로서의—97
수리/기호—124, 134, 167
표현들/언어의—345
논리학자 23, 81, 377
논제 128
놀라게 하다 326
놀람/놀라움 628; [152, 183]
놀이: [→장기, 언어놀이]
낱말 체험의—[271~273]
—가 무엇인지를 알다 75, 78
—들은 우리의 자연사에 속한다 25
—들의 유사성/가족 61, 66~68
"—"란 낱말을 가진 언어놀이 68, 71
—를 발명하다 204, 492
—를 배우다 31, 54
"—"를 설명하다 3, 68~70, 75
—에 본질적/비본질적 409, 562~564, 566~568
—에서의 잘못된 동작들 345; [349]
—와 언어놀이 42, 47, 49~51, 53, 57, 60, 64, 441; [40, 48, 79, 205, 273]
—의 개념은 한계가 희미하다 68, 70~71, 100
—의 뜻 282
언어와 —와의 유사성 7, 81, 83, 108, 125, 135, 182, 341, 562, 565
놀이 규칙 3, 54, 68, 82~84, 100, 108, 125, 197, 200, 205, 564, 567; [349]
놀이 행동 54, 200; [349]

놀이터 172
놓아 342, 348
높은, 높이/키 279, 670; [338]
뇌 149, 156, 158, 427
눈 56~57
눈먼 [→**맹목**] 100, 281, 416, 424; [232, 257~258]
눈에 띄다 129; [239~240, 244, 334, 341, 365]
느끼다(……로서) 535; [241, 305, 357]
느낌/감정: [→**체험, 고통**]
결부의—640
—과 관심 [66]
—과 의미/말의 진실성 544~ 545
—들과 기억 651
—들을 실체화하다 598
—에의 주의 263, 283
—의 기술 [63~66]
당신-자신-속을-가리킴의—275
더 깊은 이해의—209
명제/유창하게 구사하는 언어— 542, 578, 595
신뢰/확신의—578~579, 607
언어놀이의 해석으로서의—656
영향/인도됨의—157, 169~170, 234
움직임의—624~625
의도/미움 등의—588, 642, 645
충족/불충족의—439, 460
친숙(하지 않음)의—596
능동적 47
능력 [→**할 수 있다**] 25
능숙 [180, 222]

ㄷ

다색성 47
다양성 10, 23~24, 38
다의적 28
단순한, 단순성 4, 39, 45~48, 59, 97, 129~130
대관식 584; [348]
대답 380, 503, 509
대상 1, 33, 46, 58, 116, 253, 283, 293, 373~374, 398, 401, 412, 476, 518; [34, 67, 70~71, 111, 129, 134, 139, 141, 158, 178~179, 197, 209, 214]
대수(학) 179, 692
대응하다 20, 39~40, 51, 53, 55, 60, 366
대조 20, 22
대척자 351
대충 71, 88, 157
덤 442
도구 11, 14~17, 23, 41~42, 50, 53~54, 88, 291, 360, 421, 492, 569; [330]
도깨비 94
도시 18; [268, 270]
도식, —적 73~74, 86, 134, 141, 163
도출 146, 162~164
도해(圖解)/하다 [→**삽화**] 134, 139; [279]
도형 208; [117~121, 151~ 156, 166, 173, 179~180, 186, 193, 205, 212, 215~ 218, 222, 236, 256~257]
독단주의 131
독립적 265
독백적으로[→혼잣말, —하다/자기 자신에게

말하다] 243
독서 기계 156~157
독일 말투 597
돈/화폐 120, 268, 584
돌 283~284, 288, 390, 418
동기 [333~334, 336~337]
동물 25, 495, 647; [1, 55, 119~120, 138, 142, 180, 184, 187, 216, 314]
동반, —하다:
감정/느낌의—173, 595, 646; [43, 47]
곁눈질의—690
—되는 몸짓/동작 673; [47, 296, 302]
—적 과정 34, 152~153, 321, 330, 332; [76, 291~292]
의도와 행동의—여부 [280, 299]
정신적 태도와 낱말의—여부 673
동시성 176
동의하다 [→일치] 128
동일률 216; [311]
동일성, 동일한: [→같음] 216, 253~254, 288, 290, 322, 404; [125, 257, 311]
동일한 것 552
동작/수(手) 22, 33, 49, 345; [349]
동작 주체 620, 631
동정 287, 302
동화 282
두려움 142, 472~473, 476, 480, 537, 650; [5, 72~79, 82~83, 85]
두통 314
들어맞다 216; [164, 266]
들음 165, 169; [178, 228, 264]
"등등" 208, 229
등호 558, 561; [9]
딱딱함 626
딱정벌레 293
"때문" 176~177, 487
떠받치다 79, 87
뜻, 뜻이 있는: [→의미]
같은—20, 61, 183, 282, 556, 685; [224, 348]
결점이 없는—98
—과 뜻함/사유 339, 357~358, 511
—과 목적 426, 492
—과 무의미 39~40, 282
—과 사용 20, 117, 278, 349, 421~422; [89]
—과 상황 183, 282, 412, 557; [105]
—과 이미지 352, 422, 426, 449
—을 지니다 40, 47, 50, 138, 157, 227, 246, 253, 257, 366, 398, 453, 499
—의 분석 39, 60; [37, 348]
—의 이해 156, 219, 363, 513
문장/명제의—20, 39~40, 44, 58, 79, 98~99, 117, 138, 197, 352, 395, 421, 502, 544; [9~10, 21]
물음/대답의—47, 380; [52~53]
어떤 —으로 이해하다 71
언어의 한계와—499~500
뜻(이) 없는 [→무의미] 71, 157, 247, 358, 361, 408, 500; [9, 80, 122, 310]
뜻하다/뜻함:
—과 과정 또는 상태/정신적 활동 35, 661, 691; [291]
—과 낱말 의미/체험 [261, 271~273,

279, 299]
—과 말함 19, 334, 507, 509~510, 592, 657, 665, 668, 675~676, 689
—과 명제의 문법/언어 353, 358, 398, 666, 677
—과 사유/상상 22, 35, 60, 95, 511, 686~687, 691~693
—과 이해 81, 87, 102, 504, 513, 540
—과 주의/이미지 70, 663, 666~667, 674, 677~680
—과 환경/맥락 557, 686
—에 의해 실재를 선취/예측하다 188, 190, 334, 438
—의 개념 81, 125
색깔을—276~277
수열을—147, 186~190, 693
실제의—60, 674
표현/명제/낱말을—19~20, 22, 35, 81, 186, 607; [9, 13, 15]

ㄹ

램지 머리말, 81
램프 62, 97
러시아어 20, 159
러셀 46, 79
루터 589

ㅁ

마법 109
마음: [→**영혼**, **정신**] 6, 37, 149, 295, 454, 648, 651~652, 676; [11~12, 15]
—**속에(서)** 6, 37, 295, 652
—**의 상태** 149, 662
마찰 107, 130
막다른 골목 436
막대(기) 251, 552, 626; [338]
만일에-느낌 [39~44]
만족/충족, —**시키다** [→**충족되지 않은**] 88~89, 120, 438~440, 460
말/경마 [350]
말하다 [→**독백/혼잣말**] 25, 32, 58, 75, 78, 282, 318, 327~330, 338, 341, 344, 347~348, 357; [128, 246, 271, 281, 371, 318, 327]
매체 [→**수단**] 102, 177
맹목 [→**눈먼**] [257~258]
머리(마음)에 떠오르다 51, 59, 70, 81, 139~141, 152, 154, 165~167, 179, 184, 335, 506, 607; [14, 17]
먹다 25, 339
메모 260
명령:
—과 그 분석 60~62
—과 보고 19, 21
—과 색 견본 8, 53
—과 수행 62, 74, 86, 186, 189, 206, 345, 431, 433, 458~461, 506
—과 행동 460, 487
—을 뜻함 186, 188
—을 주다 199, 503
—의 뜻 498
자기 자신에게 —을 주다 243, 630

행동의 그림으로서의—519

명료성, 명료한/분명한 30, 47, 62, 81, 133, 142, 314, 316, 318; [313, 338]

명명, —하다 6~7, 15, 26~28, 30~31, 37~39, 46~47, 49, 53, 244, 275, 410

명목주의(자) 383

명사 1

명암 72

명제/문장: [→진술, 비-문장]

그림으로서의—520, 522

논리학에서의—105

—과 뜻/상황/맥락 98~99, 117, 138, 154, 183, 358, 395, 408, 412, 421, 448, 502, 508, 511~513, 527, 592, 595, 633; [8, 15, 37, 74]

—과 복합체 48; [37]

—는 가족 108

—는 이상한 어떤 것 93~94, 195

—들의 귀납적 계열 135

—를 사유/뜻/상상/발화/말하다 19, 22, 81, 317, 332, 336~337, 395~396, 501, 531, 574

—를/을 이해하다 199, 395~396, 525, 527, 531, 652

—를 적용하다 278, 348, 435, 449, 525; [9, 14]

—와 사태/감각 인상들/현실 96~97, 134, 486, 520

—와/과 부정 251, 447, 554

—의 목적 216, 317

—의 본질/성격 92, 116, 120, 493

—이 메커니즘인 듯이 559

문법적/철학적—85, 251, 295, 353, 458

생략된—19

수학적—[348]

일상적인, 모호한—98

참 또는 거짓인—136~137, 225, 353, 448

퇴화된—19

명제 개념 134~135

명제 기호 94

명제 도식 134

명제 변항 134

명제(문장) 형식 21, 65, 114, 134, 136~137, 337

명칭 1, 30, 41, 270, 293

명확한/불명확한 71, 76~77, 113, 143

모국어 156

모사 366, 386; [158, 342]

모세 79, 87

모순 58, 125, 201, 283; [95]

모스 부호 167

모음 [177, 278]

모형 141, 156; [135]

모호함, 모호한 [→불명확한] 98, 100~101

목적 88

개념의—69, 345, 385

고통을 명명함의—257

규칙의—567

기술의—109, 609

낱말들의—5~6, 8, 565~566

—과 철학 127, 132

문법의—497

문장의—317, 416, 489, 501, 657

본질적/비본질적—62
언어의—304, 363, 492, 496, 501
이미지의—607
이정표의—87
행위의—[290]
몰이해 122
몸 391; [23]
몸가짐 321
몸짓 1, 44~45, 174, 208, 288, 310, 330, 433~434, 528~529, 550, 556, 610, 666, 673; [6, 26, 44, 180, 209, 289, 296, 360, 370]
몸짓 언어 348
몽블랑 78; [338]
묘사, —하다 50, 122, 280, 435; [146~147]
묘사 가능성 397
묘사 방식/묘사 형식 104, 122, 158
무 304
무관(계)한 293, 636
무늬 [2, 362]
무리 [→분위기, 후광] [35]
무어 [87, 95, 98, 105]
무시간적 [→파괴 불가능한] 58
무의미/헛소리, —한 39~40, 79, 119, 134, 246, 252, 282, 448, 464, 512, 524; [19, 309]
무의식적 149, 171; [282]
무익한/쓸모없는 216, 397~398, 520
무한한 147, 208, 218, 229, 426
문 84, 97, 99
문법: [→언어 규범]
낱말/표현의—35, 150, 165, 182, 187, 199, 257, 293, 339, 350, 492, 657, 660, 693; [93, 106]
명제의—353
—규칙들 496~497, 558, 562
—과 논리적 가능성 520
—에서 기준과 징후들 사이의 동요 354
—에서 한 낱말의 자리 29
—으로서의 신학 373
—의 기초를 이루는 자연 사실들 [365]
—의 한 전형 20
—이 없는 소리-동작들 528
본질은 —에서 표현된다 371
우리 —의 그림 같은 묘사 295
우리에게 질기게 달라붙으려는—304
일목 요연성이 결여된 우리의—122
표층/심층—664
한 방울의— [315]
문법적, 문법에 관한:
—고찰 572~573
—구별/차이 149, 339; [62]
—농담 111
—문장 251, 458
—주석/고찰/물음 47, 90, 199, 232, 392, 401, 574
—착각 110, 187
—허구 307
—형식/문장 형식 21; [93]
문자 [→알파벳, 글(자)] 4, 8, 48, 137, 160, 166, 169~170
문장 구성/구조 102, 134, 664
문장 맥락 38, 49
문장 종류 23, 27

문장-기(基) 22
문장의 소리 134
문제: [→해결하다]
깊은—111
—와 방법 [371]
수학의—124, 334
철학적—109~111, 123, 125, 133, 308, 314, 693
물리학, —적 [→과정] 58, 108, 410, 569, 571; [34, 161, 316, 322, 338, 371]
물음, 묻다:
무의미한/불명료한—157, 189
—과 설명 87, 516
—과 앎 89
—과 언어, 문법적—47, 120, 137
—과 주장, 등등 21~25
—을 이해하다 517
—을 적용하다 411
심리학적—377
이름을—6, 30~31
철학적—47, 120, 133, 255
물질 명사 28
물질적 120
미개인 194
미끌미끌한 284
미래 461, 480~481, 629; [29, 98, 370]
미로 203
미리 결정하다 188~190, 193, 437
미소 짓다 539, 583; [5, 149~150]
미신 35, 49, 110; [175]
미터자 50
미학 77; [178]
믿음, 믿다:
개가—[1]
"—" [86~107]
—과 감각/고통 260, 303, 310; [19]
—과 내성 587
—과 사유 574~575; [339]
—은 영혼/정신/마음의 상태 589; [78, 90, 102]
—은 충족되어 있지 않다 438~439
—을 위한 근거 481
사건의 제일성에 대한—472~473, 477
안다/믿는다/위장하고 있다고—138, 260; [364]
진술/명제를—366, 578; [348]

ㅂ

바깥 103
바라보다/응시/주시하다 144, 340, 412, 669; [201, 237, 242, 245]
바퀴 271
반대 251
반응, —하다 [→기억의 반작용] 6, 157, 185, 198, 206, 495; [119]
—과 소망/의도/감각 657, 659; [231]
살아 있는 것과 죽은 것에 대한—284
설명과—145
원초적—[289]
정상적인/이상한—143, 288
화학적—56~57
반점 216, 443, 446
받아들여져야 하는 것 [→주어진 것] [345]

발견 119, 122, 124~126, 133; [300, 336]
발라드 342
발명, —하다 122, 126, 204, 262, 492
발언 [→표명] 152, 231, 571, 631, 657; [7, 10, 28, 76, 105, 224]
발음하다 5~6, 16, 37~8, 50, 156, 160, 162, 165~166, 169, 557
발판 240
방법 48, 133, 366; [221, 243, 337~338, 371]
방법론 [338]
방울 [315]
방위 28
방향 85, 476, 525, 534
배우다/학습하다:
감각을—246, 535
규칙들을—31, 86, 162
놀이를—31
—와 할 수 있다 385
사용을—9, 26, 28, 35, 179, 328, 340, 376; [346]
언어를—9, 26, 32, 207, 338, 441, 495
의미를—77, 244, 361, 384~386, 590; [250, 303, 338]
훈련에 의해—86
배중률 352
배후/배경 102; [218]
번역하다/옮기다 200, 243, 265, 335, 342, 449, 459, 597; [7]
범례 [→본보기] 50~51, 55, 57, 215, 300, 385
범주 [132]
법칙 [→형성 규칙, 규칙, 수열] 147~148, 151
베토벤 [51]
벤젠 [54]
벽면 장식 돌림띠 217
변형 420
보고 [→전달]
보다/봄: [→바라보다]
공통적인 것을—72
—의 상태 [250]
—의 생리학적인 기준 [236]
사태가 어떻게 되어 있는지—79
어떤 것으로—74; [185, 189, 203]
보라! 66, 144, 284; [160, 256]
보일러 466, 469
보조 작도 [318]
복사/사본 162; [111, 131, 135, 147, 156, 184]
복합적 39, 45~49, 59~60
복합체 [→복합적] 48~49, 53
본래(원래)의/제대로 된 6, 39, 91, 105, 108, 129, 164, 334, 620, 649; [160]
본보기 [→범례] 20, 131, 191~192, 302, 385; [133]
본질:
가리킨다는 것의—239
—은 문법에서 표현된다 371, 373
—은 숨겨져 있다/아니다 92, 164, 371
부정의—547
사물(들)의—89, 113, 116
사유의 —로서의 논리(학) 97, 105
상상의—370

언어의—1, 46, 65, 92, 97, 113
본질적:
—과 비본질적 62, 561~564; [7]
—인 것은 목적 62
—인 것을 예들 속에서 추측하다 210
(언어)놀이의 —인 것 65, 562~568; [7]
인도됨/읽기의 체험에서 —인 것 168, 173, 176, 178
부끄러워하다 643~644
부당성 [→정당화] 131
부부부 35
부분 47, 59~60, 65, 68
부정, —하다 251, 305~306, 443, 447~448, 547~551, 554~557
부지불식간의 [→수의적] 168
부차적인 79
분류 17; [202]
분석, —하다 39, 60~61, 63~64, 90~92, 383, 392~393, 413; [188]
분위기 [→무리, 안개, 후광] 117, 165, 173, 213, 594, 607; [35, 42, 50]
분절된 [280]
분필선 85, 88
불 472~474, 480
불규칙적인 143, 163
불명확한 [→모호한] 71, 76~77, 99
불안, —하게 하다 111~112, 125
불합리한/황당무계한 286; [314]
불확실함 97
불확정성, 불확정적 99; [356]
붉은/붉은색:
—반점 443, 446
—을 인식하다 380~381
"—"을 정의/설명/이해하다 28, 87, 239, 273, 429
"—이 존재한다" 57~58
색 일람표에서의—1, 53
정신/상상에서의—51, 377, 386, 443, 514
붉은색-감각 272~273
브레이크 6
비, —가 오다 22, 35, 354, 356, 540; [89, 105, 107, 109]
비-육체적 [→정신적] 339
비길 데 없이 독특한 93, 95~96, 110, 188, 194
비교 대상 130~131
비교, —하다 [→유사성/유추] 73, 77, 81, 104, 308, 322, 400, 522, 527; [127, 136, 226, 257, 280, 295, 338, 344, 369]
비난 88
비문 [109]
비유 112; [26]
비정상 [→변종] [259]
비존립, 비존재 50
빈도 142~143
빈틈 87
빗자루 60
빙판 107
빛 83, 90, 109, 130
빠시앙스 66, 248

ㅅ

사건 90, 441, 465, 482, 484, 548
사고/생각: [→사유]
번개 같은—318~320
—는 불가사의하지 않다 428
—들의 연관 640
—를 추측하기 [321~322, 328]
—없이 하는 말 318, 341
—와 명제/문장 574, 633
—와 소망 437
—와 정신적 과정 332; [292, 319]
—와 현실/행동 429~430, 490, 642, 645
—의 메아리 [235]
—의 색조들 [339]
상이한 문장들에 공통적인—531
(언어의 목적으로서의) —의 표현 304, 317~320, 335, 342, 501
철학적—299
사고 실험 265~267
사고의 범위 [313]
사람 이름 [→고유명사, 이름] 27~28
사람/인간, 인간적 1, 6, 194, 206, 281, 283, 288, 360, 393, 418, 420, 430, 466~467
사람 보는 안목 [355]
사물 [→대상] 49~50, 89, 104, 113, 284, 293
사실 89, 94~95, 113, 291~292, 295, 354, 402, 418, 461, 465, 471, 497, 654, 680; [365~366]
사용/쓰임 [→적용, 이용, 기능, 역할, 실천]
같은 낱말의 —과 동일성 565
개념의—316
견본으로서—73~74
규칙의—221
그림의—352, 427
낱말 —의 기술 383
낱말/이름/표현의—1, 6~7, 10, 34~35, 44, 47, 58, 68, 79, 81~82, 90, 116~117, 121~122, 126, 136, 156, 180, 262, 288, 293, 337, 345, 423, 441, 486, 489; [111, 133, 249, 263, 265, 273~274, 276, 346]
낱말들/기호들의—6, 61, 97, 133, 225, 305, 383, 397
낱말들의 —과 놀이의 비교 7, 81, 182
말의 —의 명료한 규정 142
명제 변항으로서의 명제의—134
모든 기술 각각이 —되지는 않는다 520
문장의—20, 416
범례의—55
—방식(의 종류) 10, 23, 38
—방식의 다양성 21, 23, 164, 189, 191, 664, 676
—과 의미/뜻 30, 41, 43, 138~139, 197, 270~271, 278, 282, 421, 514, 520, 532, 556, 560~561; [7, 14~15, 35, 40, 55, 89, 274, 303, 348]
—에서 기호는 산다 432
—을 가르치다/배우다 9, 26, 29, 31, 49, 51, 53, 179, 190, 208, 224, 247, 257, 433, 556; [61, 250, 346]
—의 전체가 현재적 191, 195~197

—의 정당화/유래 261, 289~290, 378;
[86]
—의 표층 문법 664
사적인—243
실천적 —에서의 오해 132
언어의—1; [1, 52, 55]
언어의—7, 51, 124, 491
예들의—71
이차적—282
일람표의—86
일상적/낮은—97, 116~117, 426
일상적/정상적—246, 351, 412, 508;
[106]
혜안의—[361]
사유/생각, —하다: [→사고]
사람은 왜 —하는가? 466~470
(관찰 가능한) 과정으로서의—316~318,
327~328, 427~428, 551; [319, 322]
—될 수 있다 84, 95~97, 143~144,
511, 548
—와 동물/기계/의자 25, 359~361
—와 믿음/뜻함 22, 81, 574~575,
692~693
—와 봄 66; [139~140, 144, 185, 240,
242, 242]
—와 언어/말/세계 32, 92, 96~97, 110,
327~332, 335~336, 339, 342, 392;
[292]
—와 해석 [248]
—의 기체론적 파악 109
원초적 사유 방식으로부터의 연역으로서
의—597
현상으로서의/개념으로서의—383
사자 [327]
사적, —으로:
규칙을 —으로 따르다 202, 380
뜻함은—어떤 것? 358
—감각/표상 243, 246~248, 251,
272, 274, 280, 294, 311
—계획 653
—낱말 설명 262, 268
—대상 [214]
—언어 243, 256, 259, 261, 269, 275
사전 265
사진 71, 486; [59, 90, 171, 197~198,
252]
사태 299, 520
산수 233, 692; [350]
살아 있는 것 284
삶/생명:
이야기/기호/표현의—339, 432, 592;
[224]
일상적/인간—105, 108, 156, 583; [195,
362]
삶의 융단 [2]
삶의 형태 19, 23, 241; [1, 345]
삼색기 64
삽 217
삽화 [→도해] 295, 663; [116, 264]
상(像)/심상 [→그림]
상(相)/측면: [→현상 형식, 특징]
사물들의—129
삼각형의—[162, 167, 211, 222]
—과 상상 [254~256]

—과 한 낱말의 의미 [234]
—의 인지/번쩍 떠오름 129; [113, 118, 140, 152~153, 207, 209, 237, 247]
—의 '불변적인 봄' [118]
얼굴의—536
입방체 도식의—[116, 135, 173, 219, 236, 258]
"조직의 —" [220]
토끼-오리 머리의—[118, 120, 125, 128, 137, 152, 201, 208, 217,]
상관자 96
상기하다 89~90, 335, 475, 514
상맹(相盲) [257~260]
상상/표상:
고통의—300~302, 311, 315, 391~393
기호에 관한—105, 366
(낱)말이 —들로 이끌다 351, 382
—속에서 (말하다/행하다) 168, 265~267, 344, 386; [246, 305]
—언어 512
—과 명제/문장의 이해 395~396, 449
—과 사유 [50~51]
—과 이미지 59, 141, 280, 300~301, 367, 389; [17~18, 23]
—과 현실 386, 388~389, 393, 443, 518; [17~18]
—들을 비교하다 443
—의 개념과 상의 개념 [217, 254, 256]
—의 본질 370, 382
신성에 관한—346
"운동하는 —" [18]
상상 가능성 395, 397, 517
상상력 251; [217, 254]
상상/표상하다:
명령이 수행된 상태를—451
반대를—251
—그리고 흉내내다 450
"어떤 것을 —"와 "뜻하다" 35
상의 전환 [129~130, 135, 152, 166, 179]
상이성/차이점 76; [335]
상인 1, 8
상자 293, 425; [116~117, 205~206, 219]
상징, 상징적 193, 219, 221; [232]
상태: [→영혼, 심리 상태]
—로서의 봄(見) [248, 250]
—로서의 이해/앎 146, 148~149
수학/심리학의—125; [371]
심리 —의 문법/기준 149, 572~573
정신적 —의 파악 불가능성 608
상황: [→환경, 연관/맥락] 49, 166, 172, 216, 337, 417, 448, 581, 591~592, 645, 662; [135, 156, 166, 300]
가리킴의—35
낱말 사용의—48, 140, 156, 164, 385, 411, 419, 441, 539; [273]
느낌들의—[39, 41, 68]
무관한—33, 636
문장 사용/뜻의—117, 183, 282, 349, 607, 634; [105]
사유/상상/뜻함의—328, 394, 557
이해의—29, 154~155, 179; [23]
일상적—539; [20]
상황 증거 488
새로운 것 [237, 335]

색/색깔/색채: [→붉은색, 파란색]
감각 인상에서의 —과 형태 [60, 131, 134]
—에 대한 주의/주목 33, 275~277; [243]
—을 가리키다 33, 35~36, 275
—을 명명하다/부르다 26, 64, 72~73, 238~239, 275~276; [346]
—의 견본 1, 8, 16, 50~51, 56~57, 72~73
—의 상상 386, 388
—의 존재 58
"—"이란 낱말 29; [346]
요소로서의—47~48, 64
색 이름 28~30, 57, 64; [346]
색 사각형 47~48, 51, 53, 64
색깔 인상 275~278
색맹 [351]
색채 반점 76, 216; [252]
색채 판단 [346]
생략된 문장 19~20
생리학, —적 376, 632; [177, 183, 232, 236, 306]
생물, 살아 있는 사람 357, 420, 430, 454
서양 바둑 562
석재 2, 8, 10, 20, 21, 86
선을 그어 지우다 [→부정] 548
선입견 108~109, 131, 340
선천적(a priori) 97, 158, 251, 617; [309]
선택, 고르다 139, 219, 239; [265, 294~295]
설명, —하다: [→정의]
더 깊은—209
사고/낱말의—179, 208, 239, 268, 288, 410, 444, 533, 598; [65]
—과 기술/확인 109, 496, 654~655
—과 모형 149, 156, 425
—과 훈육 5
언어에 관한—120
예들에 의한—69~73, 75, 208~210
원소에 관한—46
"의미"의—560
정신적/비-육체적 과정들에 관한—303, 339, 350, 598; [272]
정확한/최종적—1, 3, 28, 29, 82, 86~88, 145, 210, 217, 654~655; [238]
지시적—6, 27~34, 38, 45, 49, 362, 380, 429, 444
철학/문법은 —하지 않는다 126, 496
형식 때문에 요구되는—217
섬유 67
성격:
낱말의—[38]
얼굴/미소의—[150]
성공 320, 324
성향 149; [102]
세계 96~97, 125, 205, 342
세계관 122
세례 38
세부 사항들 51~52, 635~636
세피아 30, 50
소, 암소 120, 449; [314]
소견 **머리말**, 16, 142, 251, 415, 574, 591, 690; [118, 151, 221, 236, 350, 357]
소리/울림 [→억양] 31, 233, 261, 545;

[261]
소망, —하다 35, 437~441, 461, 546, 548, 614~616, 656
소묘: [→그림/이미지, 복사, 입방체 그림]
모형/계획으로서의—23, 70, 141, 425, 653
무의미한 —들 512
—를 이해/사용하다 [173~196]
—에 의해 사람을 뜻/인식하다 386, 691; [18]
—와 낱말/명제와의 비교 139, 396
소유물 머리말
소지자 40~41, 43~45, 55, 283
—의 부재 41~44, 55
소크라테스 46, 518
속성 1, 50, 108; [247]
속셈/머릿속에서의 계산 364, 366, 369, 385~386; [277, 302, 304]
속이다, 속임수 159, 638, 641
손 143, 268, 279; [312]
손가락 617; [56~57, 61]
수 10, 21, 26, 28~29, 33, 35, 67~68, 135, 284, 339; [165, 239]
수단 50, 57, 71, 109, 182, 329
수동적 47
수리 논리학 [372]
수수께끼 23, 168; [251, 321, 325]
수열/(계)열: 143, 145~146, 151, 185, 214, 226, 320
낱말들/수/기호들의—143, 145~146, 151, 157, 161, 185, 214, 218, 226, 228~229, 692~693
명제들/개념들의—96, 135
무한—218, 229, 426
—을 계속하다 145~146, 179, 185, 208, 211~214, 324
—을 이해하다 143, 152
—의 도출/전개/법칙 143, 146~147, 151, 692
수의 종류들 67~68
수의적 [→부지불식간의] 613, 614, 616, 627~629
수표/어음 383, 449
수학: [→수, 허수, 파이(π)]
—과 철학 124~125, 254
—에서의 어지러운 느낌 [224]
—은 하나의 학설이자 행위 [349]
—의 기초 머리말, 370
—의 변화들 23
—의 어떤 분과 [371]
수학자:
—들 간에 논쟁되지 않는 것 240; [341, 343]
인도의—144
수학적:
—문제들/해결들/명제들 334, 463, 516~517, 544; [348]
—확신/확실성 578; [330, 332, 341~343]
수행/성취하다 60~61; [257, 359]
숙달하다 20, 31, 33, 145, 150, 185, 199, 338, 508, 692; [1, 106, 222, 224, 325]
순간 139, 151, 638, 642, 645
순수성, 순수한, 순수화하다 94, 100, 105,

107~108
술어, 서술하다 104, 134, 136
숨 151, 432
숨겨진 60, 91, 102, 126, 129, 153, 164, 435; [152, 301, 307~308, 317, 322~324]
숫자/수사 1, 8~10, 28
숭고한 89
슈베르트 [270]
슐레밀 339
스라파 머리말
슬픔, ―의 무늬 [1,2]
승리 66
승화, -시키다 38, 94
시 531, 533; [264]
시각 상 47; [253]
시각 인상 354; [131~132, 134, 136, 173, 175, 211, 247,]
시각 체험 [117, 138~141, 146, 153, 156, 188~190]
시각적 방 398~400
시간 측정 88
시간 88~90, 108, 138, 196, 350, 607~608; [58, 70, 185, 239, 241, 279]
시계/시 88, 161, 266, 350~351, 363, 607
시민적 [→일상적, 통상적] 79, 125
시선 [159~160, 200, 236, 289, 360]
시작 22, 157, 193, 290
시점 [7, 285~286]
시체 284
식물 70
식이 요법 593
신, 신성 234, 342, 346, 352, 426; [284, 342]
신비한 38
신음하다 404, 406~407; [30]
신중함 174
신학 [→종교] 373
신호 180; [293]
신화적 221
실 67
실루엣 [180]
실습 208
실연 459
실재 [→현실] 47, 101, 428, 562
실재주의자 402
실제로/실제의 116, 124, 142
실천, 실천적 [→적용, 사용] 7, 21, 51, 54, 197, 202, 268, 411
실체화하다 598
실험, ―적 23, 169; [32, 79, 291, 371]
심급 230
심리 기관 149
심리 상태:
다른 사람의―[340, 358]
―에서 의도를 읽다 653
―와 문장 652
―의 기술 180, 577, 585, 588; [29, 72, 79, 85]
심리(학)적 140, 149, 153~154, 157, 167, 205, 254, 303, 308, 321, 332, 363, 377, 427, 454, 589, 609; [32, 41, 202, 236, 268, 309, 330, 332, 369]
심리학, ―자 571, 577; [28, 32, 114, 282,

371~372]
심상 166, 251; [10~11, 13]
심상 체험 [10]
쓰레기 [160]
쓰이다 14, 62, 87
쓰임 [→사용/쓰임]
쓸데없는 22, 52

ㅇ

아델하이트 365
"아래" 351
아우구스티누스 1~4, 32, 89~90, 436, 618
아침 신문 265
아티초크 164
악보 22, 156, 162
악순환 [343]
안개 [→분위기, 무리] 5;
안경 103
알다/앎/지식: 151
내가 이해하는지/할 수 있는지— 138, 348, 375, 388
놀이가 무엇인지를—75
누가 고통스러운지—404, 408; [311]
묻기 위해/이해하기 위해—30, 33; [337]
—과 기술 378; [56~57]
—와 뜻하다 187, 274, 398, 504, 679
—와 말하다 75, 78, 142
—와 믿다 138, 481, 587
—와 보다 450; [192]
—와 행하다/의도하다 433, 441, 487, 505
—은 하나의 정신 상태 149
"—"의 문법 150, 247; [57]
—이라는 이상한 현상 363
어떤 색깔을 골라야 할지—239
"오직 나/그만이 …… 안다" 156, 159, 246, 274, 293, 295, 303, 315, 378, 504; [328, 333]
우리가 알지 못하는 것을 신은—426; [342]
"이제 나는 안다" 147, 151, 179, 184, 409; [236]
알파벳 [→에이비시, 문자] 137, 160, 162, 165
암석 217
암시 [124, 127, 180, 290, 355]
애도, 슬픔 [81, 227~228]
앨범 머리말
앵무새 344, 346
약정 41
'양에서 질로의' 이행 284
어떤 것으로 간주함 [199]
어리석은 340, 351
어린아이 5~8, 27, 32, 137, 282, 420; [119, 148, 161, 205~206, 215, 221, 234, 363]
어법 40, 335, 400
어순 336~337
어조/억양 21, 578, 582; [74, 98, 100, 209, 264, 280, 296, 305, 339, 360, 370]
언어: [→문법, 모국어, 언어의 자리]
공동의—261

놀이와 —와의 유사성 7, 81, 83
사적인—243, 245, 269, 275, 358
세계의 그림으로서의—96~97, 446
—내에서 사람들은 일치한다 241~242, 355
—는 비길 데 없이 독특한 어떤 것 110
—는 사유의 수단 329, 384
—는 하나의 도구이다 569
"—"는 하나의 가족 19, 23, 108, 304, 528~530
—는 하나의 미로이다 203
—를 발명하다 491~492
—를 배우다 26, 32, 384
—를 숙달하다 20, 33, 338, 508; [1]
—에서 기대와 충족은 맞닿는다 445
—와 견본/범례 16, 50, 55~56
—와 규칙성 207
—와 문장(이해) 20, 199
—와 사유/뜻함 35, 329~330, 341
—와 삶의 형태 19, 23
—와 실천 7, 51
—와 의사소통의 체계 3
—와 이해 54, 527
—와 철학 109, 116, 124
—와 체험 243, 256, 659
—의 기능 5, 17, 304
—의 목적 304, 363, 491~492, 496~497, 501
—의 본질 1, 65, 92, 97, 556
—의 사용과 교육 7
—의 새로운 유형들 23
—의 수단 53
—의 오해 90, 111, 115, 120
—의 자리 29, 31, 257
—의 작용 109
—의 토대 118
—의 한계 499~500
—의 현상들 108
우리 —의 옷 [335]
일상적/실제의/완전한—19, 81, 98, 107, 120, 124, 130, 132, 402, 436, 494
표상—512
언어 규범 [→문법] [315]
언어 논리 93
언어 사용 58
언어 형식 111~112, 132
언어놀이: [→원초적 언어]
거짓말도 하나의—249
낱말/문장과—22, 77, 96, 136, 195
"놀이"라는 낱말을 가진—71
보고라는—[94]
비교 대상으로서의—130
새로운 것은 언제나 하나의 —이다 [335]
"—" 7, 23
—속에서의 이름 41~42, 44, 55, 57
—들 간의 관계 [34]
—들의 예 2, 8, 21, 27, 48~51, 53, 60, 64, 86, 143, 556, 630, 632; [52, 94, 273, 287, 289, 334]
—로서의 꿈 이야기 [52]
—를 기술하라! 486, 654
—에 대해 본질적인 65, 142, 669
—에서의 동작 49, 96
—와 감각 270, 288, 290, 293, 300

—와 역할 50, 53, 156
—의 가족/근친성 53, 64~65, 179, 630
—의 규칙 53
—의 기술 337
—의 다양성/상이성 23~24, 61, 195, 261, 291; [34, 287, 335, 340]
—의 시작/끝 290; [161, 289]
—의 전제 49; [32~33]
우리 —의 무대로서의 상황 179
원초적—7, 146; [161]
일차적인 것으로서의—654~656
전달한다는—363
정상적—142, 288
언표하다 59~60, 71, 75, 242, 320, 330, 334, 337, 371; [23, 318, 321]
얼굴 [→관상] 171, 228, 409, 536~537, 583, 606; [17, 38, 50, 111~113, 119, 124, 143, 150, 158, 186, 198, 225, 227, 238~239, 244, 257, 264, 270, 294]
얼굴 표정 [→표정] 24, 173, 285, 311, 536; [150, 227, 231~232, 244]
엄격성 108
에이비시(ABC) [→알파벳] 148~149
"여기에" 410, 514
역사 637, 638, 644
역설 95, 182, 201, 304, 412, 421; [87, 98]
역할 [→자리] 30, 50, 53, 100, 156, 182, 251, 391, 393, 395, 530, 557, 563; [195]
연관/맥락: [→상황, 환경, 결합]
머리에 떠오름과 말함의—179
문법에서의—122, 686
문장의, 낱말의—525, 652; [35, 38~39, 41, 47, 74~75, 79]
인과적—89, 198, 613, 631
연극 23, 365, 393; [32]
연상, —적 결합 6, 53; [268, 274]
연쇄 85, 326
연합시키다 256, 508
영감 232
영역 71, 88, 90
영향, —을 끼치다 [→인도되다, 원인, 결합] 169~177, 484, 491, 493, 495
영혼/마음: [→신]
가리킴은 —의 마술이 아니다 454
'낱말의'—530
뜻할 적에 —이 미리 비상하다 188
—앞에 서다 [11~12]
—의 상태 149, 573, 589, 662; [90, 102]
—의 정서 676
육체와—283, 357, 391, 422, 424; [22, 23, 25]
이상한 존재로서의—196
예 71, 75, 77, 79, 133, 135, 208~210, 593
예시(例示)[→예] 71
예언, —하다 [→미리 결정된] 21, 461, 629~632; [98]
예외 142; [349]
오다 165~166; [296]
오도하다 63, 73, 93, 187, 192, 213, 291, 317, 356, 482, 640
오락 42

오류, —를 범하다 [→미신] 51, 56, 110, 140, 270, 288, 328; [318]
오목 66
오해 48, 71, 81, 87, 90~91, 93, 100, 109, 111, 120, 132, 300, 314
올바른/올바로 145, 157, 241, 258, 265~266, 269~270, 280, 288~289, 386, 515, 556
옮겨 쓰기 163
옷, —차림 164, 195, 426; [335]
와해 [9, 16]
완전한 18, 88, 98, 100, 133; [202]
왕 씨 [15]
왕 말/궁 31, 35, 136, 563, 567
왜 468, 471
외국인 20
외면적인 것 164
외침, 외치다 27, 244, 543; [73, 82~83, 126, 138~139, 145, 293]
"외통수로 몰다" 316
요구 107, 217
요소 [→원소] 48~51, 53, 59
요점 62, 142, 564, 567
욕구 89, 108
용기, 용감한 536~537
용모 [→특징] 67
용어법 132
우두머리 419
우연 442
우주 401
우회로 426
운 66
운동/움직임/동작:
가리키는—71, 178; [47]
문법적—401
수의적—628~629
절대적/상대적—138
운동감각적 [56~62, 66]
운동하는 표상 [18]
원 34
원본 77, 162, 177, 237
원소 46, 48
원인: [→영향]
두려움의 대상과— 476
—또는 정당화 217
—과 동기 [336]
—과 확신 142, 324~325
—으로서의 예언 632
—은 우리의 관심사가 아니다 466; [114, 170, 365]
원자들 47
원초적/원시적 2, 5, 7, 25, 146, 339, 554, 597; [161, 289]
원하다/의욕하다/하고 싶어 하다 [→의지] 19, 338, 611~619, 621, 635~638, 645, 659~660; [7, 93]
원현상 654
위 351
위장, —하다 [→꾸며대다] 249, 652; [353, 358, 360, 362~364]
유사성/유추: [→근친성] 9, 11, 75, 83, 90, 140, 494, 613, 669
상상/그림/현실의—386, 389; [133, 134, 244]

상황들/과정들의—172, 444
얼굴/도형의—[111~113, 127, 154, 227, 239~240, 249, 257]
—과 비유사성 130
—들의 그물 66~67, 69
유사한, 유사하게 만들다 10, 50
유아주의, —자 24, 402~403
유용/이용 120, 312, 351, 466
유한한 147
유형들 23
유혹 254, 277, 288, 345; [214]
육각형 [180, 184~186, 189, 194]
육체 36, 283, 286, 421
윤리학 77
윤무놀이 66
은어 [263]
은유 [→"전의된" 의미] 356, 439
은행 [262~263, 279]
음악 [→소리, 곡조, 노래 부르다, 어조] 341, 523, 527, 529, 531, 535~536; [44~49, 178, 209~210, 226, 254]
음영 254; [180, 192, 210]
의견/의사(意思) 186, 241, 438, 480, 572~573, 639; [22]
의도: [→동기]
규칙과—205
'무의식적'—[282]
—작용 197
—는 상황 속에 새겨져 있다 337, 592, 635
—와 감각/느낌/체험 588, 591~592, 646; [229]
—와 행동/예언 644; [98, 328~329]
—의 기억 635~636, 648, 653, 656, 660
—의 본질 174, 247
—의 추측 172, 210; [328]
—의 표현 641, 647, 658
철학적—275
의미:
낱말/표현의—19, 49, 55, 57~58, 120, 138~139, 247, 269, 508, 544, 556; [261~267, 303]
문장의 —(뜻)와 낱말들 138, 540; [9, 15, 37]
부정의—555~556
상이한—140, 444, 528, 532, 534, 555~561
소리들의 (음악에서의)—529
심상/그림으로서의—139, 323, 329; [10~11, 265]
외침과 웃음 속의—543
—는 관상/얼굴 568; [294]
—를 설명하다/가르치다/배우다 77, 244, 247, 361~362, 560, 590; [250]
—와 느낌 544~545
—와 사물/대상/소지자 1~2, 39~45, 55, 120
—와 사용 30, 43, 80, 138~139, 197, 556, 561; [250, 273~274]
—와 심리적인 것 454
—와 이해 117, 138~139, 269, 322; [11]
—와 해석 198, 652
—의 개념 2, 5, 40
"—의 설명" 43, 142, 560, 563

—의 음영 254, 444
—의 전시 [16]
이름의—39~43, 45, 55, 79
일반적—(중요성) 89, 93, 122
일상적—[274]
일차적/이차적—[275~278]
전의된— [278]
정신에 의해 주어지는—[54]
의미 체험 [10, 35, 37, 234, 261]
의미체 559
의사소통 3, 22, 143, 242, 491
의식:
나의 —에 주의를 기울이다 412
—상태 149, 421
—속에서 일어나다 156; [298]
—과 두뇌 과정 412
—을 가지고 있는 390, 416~420
의식적/의식하는: [→무의식적]
사물을—[241~242]
—활동 148, 156, 159
의심:
고통/내적 이야기에 관한—246, 288, 303; [64, 307]
규칙은 —을 열어 두고 있다 84~85, 142
—과 확신/증명 87, 679; [330]
—을 생각할 수 있음은 —이 아니다 84, 213, 652; [33]
의자 47, 59~60, 80, 356, 361, 486
의지 [→원하다/의욕하다] 169, 174, 176, 611~619, 632
의향/지향 [→의도] 197, 205, 659; [35]
"이것" 38~39, 45, 253, 398, 410; [111, 222]
"(이)다" 20, 35, 558; [8]
이론 109
이름/명사: [→명칭, 명명, 고유명사, 색 이름]
감각들의—256~257
"이것"은 —이 아니다 38~39, 45, 410
—과 명명된 것/대상/소지자 37, 46, 49~50, 55, 244
—들과 그림들의 일람표 62
—을 발명하다 27
—의 의미 39~43, 57~59, 79, 87, 244
지시적으로 정의된—28, 38
철학에서 "—"의 사용 116
이름표 15, 26
이상적 81, 88, 98, 100~101, 103, 105, 107
이상한 33, 38, 49, 93, 194~197, 242, 288, 342, 352, 363, 409, 412, 428, 534, 624; [3, 164, 223, 269]
이야기/소설, —하다 23, 25, 27, 327, 491, 524, 607, 652, 687~690; [52, 80, 264]
이용 [→사용, 적용] 43, 328, 435
이유/근거 89, 118, 169, 211~212, 324~326, 475~484, 607; [268, 326]
이정표 85, 87
"이제 나는 그걸 안다!" 151
이중 십자가 [212, 215, 217, 257]
이차적 282; [276, 278]
이해, —하다:
갑자기—151, 155, 319, 321
낱말/기호/이름의—30, 87, 102, 138,

139, 257, 261, 264, 269, 356
명령/물음을—431, 433, 451, 505, 517
문장/명제/언어를—54, 81, 92, 125, 199, 243, 355, 513, 525, 527, 531, 652; [317]
분위기로서의—609
사람의—[325]
상태로서의—146, 149, 652
설명의—73, 209, 288
수열의 법칙을—143, 147, 152
시/음악적 주제의—527, 531, 533; [210]
이미 우리 눈앞에 명백한 것을 —하고자 한다 89
—를 가지고 보다 31, 155, 652
—를 전달하다 122, 533
—에 관한 기억 660
—의 개념/문법 머리말, 150, 532
—의 관념이 냄새를 풍기다 348
—의 기술/그림/소묘 368, 526
—의 기준 146, 182, 269, 416, 423
—의 매체 속에 숨겨져 있는 102
—의 체험/내적 과정 153, 155, 322; [36]
이행 단계 161, 187~190, 219, 284; [83]
인과 관계 169~170
인과적 89, 198, 220, 613; [183]
인도받다 [→영향] 170, 172~173, 175, 177~178
인물/인격 404~406, 410, 413
인상 259, 276~277, 280, 368, 600; [157, 160]
인상주의적 368
인식, —하다/알아보다 149, 378~381, 388; [145]
인종 28
인형 27, 282, 360; [119]
일거에 [→갑자기] 138~139, 191, 197, 318~319
일람표 1, 23, 53, 62, 73, 86, 162~163, 173, 265
일목요연, —한, —하게 보다/조망하다 5, 92, 122, 125, 352, 422
일반적/공통적 [→공통적] 61, 73~74, 89, 104, 114, 134, 141, 165, 261; [341, 346, 351, 357, 365~366]
일반화하다 293
일상 언어 81
일상적/통상적: [→정상적, 친밀한, 관용적, 자연적] 106, 116, 120, 129, 134, 235, 436; [161, 335]
—(보통) 사람 173
—사물들이 돌아가는 바 94
—언어/명제/삶 19~20, 60, 98, 105, 108, 132, 156, 171, 318, 402, 412, 417~421, 436, 494, 527; [20, 106]
—인 것 600
일어나다 20, 89, 363, 446, 472, 481
일으키다 611, 613
일의적 [→정확한] 79, 426
일차적인 656
일치, —하다 [→동의하다] 134, 139, 224, 234, 241~242, 352, 386, 429, 442, 465, 492, 538, 594; [346~347, 351~352]
일하다 132, 348

일하지 않고 놀다 [→헛돌다] 38
읽다 22, 86, 156~173, 375
입방체 그림/도식 74, 139~141; [218~219, 258]
입체적/공간적 108; [148, 158, 171, 173~174, 179~180, 218, 241, 252~253]
'입체적 봄'의 변종들 [171]
잎사귀 (형태) 73~74

ㅈ

자동 피아노 157
자동기계 420; [19~21]
자동적 166, 169
자리 29, 31, 257
자명성, 자명한 95, 238, 260, 524; [93, 169, 253]
자세 [225]
자승자박 당하다 125
자아 [→나] 413; [105]
자연/본성 89, 114, 472, 556; [365~366]
자연 발생 52
자연 필연성 372
자연과학 81, 392; [365]
자연발생적 275; [335]
자연법칙 54, 325, 492
자연사 25, 415; [365]
자연수열/기본수열 143, 185
자연스러움, 자연적 256, 595~596, 647
자의적 372, 497, 508, 520, 530; [367]
작곡 233
작업 109, 156
작용 [→행동, 활동, 과정] 22, 27, 38, 149, 159, 193, 197, 609
잘못/실수 51, 54, 143, 189; [161, 184, 315, 338, 348~349, 353]
"잠자다" 47
장(場) [297]
장기(체스) 31, 33, 47~49, 66, 108, 136, 197, 199~200, 205, 316, 337, 365, 563; [4, 36]
장기 류(類)의 놀이 3, 31, 66
장기의 말 35
장미 514~515; [314]
장소 208, 410; [58, 66]
장식 행렬 208, 211
장식(품) 108, 270
재스트로 [118]
재인식하다 35, 167, 258, 270, 566, 602~604, 625; [47, 143~144]
저울 142, 259
저주하다 23, 677, 680~681
적나라함 349
적용: [→기능, 사용, 실천]
규칙/법칙의—54, 84, 147~148, 201, 218, 292, 380; [355]
그림/견본의—73, 140~141, 349, 374, 422~425, 454; [222, 227]
낱말/명제 기호의—68, 84, 96, 100, 262, 264, 340, 349, 351, 383, 532, 557
대수학적 표현의—146~148
명제/문장의—134, 520
물음의—411

수 개념의—[165]
완전한 언어의—120
—과 이해 146
적합한/적절한 138, 171
전달/보고, —하다: [→정보] 19, 23, 585~586
관습으로서의—199, 207, 525
사적인 것의—280, 295~296, 298, 348, 363, 416, 659; [5, 73, 81, 176, 298]
상/현상/지각의—571; [128, 215]
수열 속의 어떤 한 수를—193
—과 이해 533, 636; [8, 321]
—와 그림 22, 280, 295, 522~523
—의 사용/목적 35, 525, 657, 676; [20]
—이라는 언어놀이 363
전래된 [169]
'전문가적' 판단 [355]
전제 [31~34]
전통 [325]
전화를 걸다 670
정당화/정당성: [→근거, 기준] 486
경험/성공/행동에 의한—320, 323~324, 485
—와 사유 방식 325
표현/언어놀이/낱말 사용의—289, 378, 404; [126, 161, 171, 181]
행동의—182, 217, 460
정동(情動) 676
정보 356
정상적 [→일상적, 통상적, 관용적] 87, 141~143, 246, 288; [312, 351]
정신: [→마음] 36, 51, 156, 179, 184, 204, 337~338, 366, 524, 573, 648; [54]
말의—648
—속에서 51, 73, 76, 179, 205, 333~334, 337, 363, 366
—은 낱말에 의미를 줄 수 있는…… [54]
정신분석적 [268]
정신적: [→심리적] 25, 36, 56~57, 156~157, 306, 308, 363, 366, 452, 547, 592, 608, 665, 673, 689, 693
—과정 306, 308, 363, 366, 452
—눈 56~57
—능력 25
—메커니즘 689
—태도 673
—활동 36, 156, 547, 592, 665, 693
정의: [→명명, 설명, 확정]
규칙들에 의한 놀이의—205
미학 또는 윤리학에서의—77
이름들/색명의—28~30, 33, 38, 79, 239
—와 낱말들의 적용 69, 182
—와 사실/기술 354, 665
—와 의사소통 242
—와 정확성 69~70, 75, 77
지시적—6, 28~30, 33, 38, 258
정확성, 정확한: 58, 69~70, 88, 91; [142, 150]
젖먹이 249
제도 199, 337, 380, 540, 584
제복 426
제약/조건 220; [216, 223, 264]
제임스 342, 413, 610; [299]
조각그림 맞추기 [131, 321]

조사자 206, 243
조직 [131, 134, 136, 220]
조화 412
존립 50
존재, ―하다 41, 50, 58, 79, 116, 265; [313]
종교 [23]
종류 23~24; [7, 220, 330]
좋은/선 77, 304
"죄다" [8, 261]
주관적 265, 269; [340]
주교 365
주사위놀이 70
주석 232
주어/주체 134, 137, 398, 618
주어진 것 [→받아들여져야 하는 것] 23; [345]
주의, ―깊음 6, 33~34, 145, 156, 173, 258, 263, 268, 275, 277, 321, 405, 411~413, 417, 666~669, 674
주장 21~24, 131, 402, 444, 447; [88~89, 90, 95, 97~98, 101~102, 106, 110]
주장 기호 22
주제 523, 527, 531, 533; [209~210, 254]
죽은 것 284
준비, ―하다 26, 31, 49, 120, 257
중간 고리 122, 161
중간 존재 94
중단되다 133, 143~144
중요성 118, 122; [192, 288]
쥐 52
증거 488, 638, 641; [358~360]
증명 (방식) 310, 517; [303, 354, 371]
증언 386, 594
증여하다 268
지각, ―하다 156, 417, 453; [121, 128~130, 137~139, 226, 233, 247, 254]
지구 351; [313]
지렛대 6, 170
지성 109, 119, 346
지시적:
―가르침 6, 8~9, 49, 51
―대명사 44
―몸짓 44~45
―설명6, 27~28, 30, 32, 34, 38, 362, 380
―정의 28~30, 33, 38
지점 71
지칭, ―하다 1, 10, 13, 15, 34, 39~40, 46, 51, 55~56, 59, 64, 68, 122, 178, 273~274, 293, 398
지향 [→의향/지향]
직관, ―하다 144, 177, 186, 213~214, 659
직관 방식 144
직무 [→사용] 304, 561; [23, 30, 82]
직선의 '분할' 48
진공 81
진단 [→예언] [355]
진리 함수 136
진리(성)/참/진실, 참인 [→올바른] 97, 136~137, 225, 282, 315, 437, 447, 544, 594; [319~320]
진리치 22
진술, ―하다 50, 90, 134, 511

진실성 [320]
진정한, 진정성 [190, 352, 354~360]
진화 [55]
질병 255, 593
질서, - 잡다, (정리) 정돈하다 92, 97~98, 105, 132, 348; [151]
집합론 412, 426; [371]
징후 354
징표 54, 134, 160, 166; [58]

ㅊ

차원 [35, 165]
차이 1, 21, 33, 132, 143, 149, 156, 166, 169~170, 220, 232, 284, 304, 311, 339, 361, 412, 446, 548, 556, 569, 626, 666, 677; [62, 111, 151, 230, 286, 295, 297, 330, 336, 340, 346, 360]
차이점 76, 290, 556, 630; [137, 335]
착각 80, 96~97, 110; [218, 268]
찾다 462~463, 578, 685
책상 79, 97
척도/잣대 69, 131; [94]
천문학자 [323]
철자법 121, 167
철학:
논리/수리—108, 254
제2차의—121
"—" 121, 126
—과 모순 125
—과 언어 규범/문법 81, 109, 119, 124; [315]
—에서 52, 81, 352, 393, 520
—에서의 목적 309
—을 쉬게 해 주다 133
—의 논증/진술/명제/논제/ 성과 85, 90, 119, 128, 352, 520, 599
—의 방법 133
—의 원재료 254
철학자 38, 116, 127, 255, 413, 514; [309]
철학적:
—개념 2
—깊이 111
—물음/문제 38, 47, 109, 123, 125, 133, 308, 314, 411
—미신 49
—사고 299
—소견들 머리말
—의도 275
—질병 593
철학하다/철학하기 11, 15, 38, 131, 194, 254, 261, 274, 295, 303, 348, 592, 598
—를 그만 두다 133
—의 막다른 골목 436
체계, 체계적 3, 143, 145~146, 152, 154~155, 325; [355, 357]
체험, —하다:
낱말 의미와 심상의—[10, 14, 35, 37, 234, 261~267, 271~274]
내적 —들 243, 256, 645; [35, 37]
동반적/특징적—35, 155, 157, 165, 171~177, 179, 322, 325, 591; [43, 271, 279, 368~369]
언어적인 것은 —이 아닌가? 649

—들에 의한 설명 655
—들의 비교 322, 350, 509
체험 개념 [223]
체험 내용 [369]
초-개념 97
초-질서 97
초-초상 389
초-표현 192
초등학교 351
초상화 [199~200]
초점 113
최면 상태 420
최상급 192
최종적/마지막 29, 87, 91, 230
추론 126
추상 97
추측, —하다 23, 32~33, 36, 210, 266, 340, 438, 652; [308, 318, 321~322, 328]
축구 [369]
충동 109
충족 442, 444~445
충족되지 않은 438~440
측량 267
측정, —하다 23, 50, 242, 328, 330, 508; [338]
치료법 133, 255
치즈 142
치통 257, 311~312, 665; [223]
친숙한(함) 109, 156, 273, 596
칭찬 88

ㅋ

카드놀이 66
캐럴 13; [151]
쾰러 [180]
클라리넷 78
키릴 문자 159, 162

ㅌ

탐구 머리말, 90, 129, 632; [257, 301, 338, 372]
태도 310, 417, 441, 495, 575, 588, 645~646, 672~673; [22, 103, 119, 193]
태양 350~351
테니스 66, 68
테두리가 희미한 개념 71
테아이테토스 46, 48, 518
토끼-오리 머리 [118, 120, 125~128, 137, 152, 201, 208, 215~217]
토론 128
톱니바퀴 136
통일(체) [→전체] 108, 171
통찰 109, 186
투영 [→모사] 139, 141
투쟁 109
특수성 [7, 16]
'특유한 것' [335]
특징 66~67, 168; [27]
특징적: [→특징]
언어놀이의—현상 [273]
이름에 —인 것 38

인쇄된 행들을 보는 것은—167
—감정/느낌/체험 35, 159, 165, 588, 607
—표출/표현/과정/행동 54, 142, 152, 154, 175, 231, 321, 653; [2]
특징적 표시 545, 578

ㅍ

파괴하다, 파괴 가능한/불가능한 50, 55~59, 118
파도 194
파란(색) 33, 72~73, 275
파리 284, 309
파악 불가능한 608
파악, —하다 20, 28~29, 195, 401; [7~8]
파이(π) 208, 352, 516
파편 [357]
판결 [→결정, 기준] 56
판단, —하다 242; [297, 309, 346, 355, 357, 360]
팔 433, 612, 614, 616, 621~627
패러데이 104
패러디 585
폐쇄 68; [316]
표면 92
표명/표출 [→발언], —하다 149, 152, 208 231, 245, 256~257, 301~302, 310, 440~441, 571, 579, 582, 585, 596, 632, 656~657; [96, 98, 210, 352, 362]
표상 [→상상]
표상 세계 402
표상 피아노 6
표시 229, 271, 279, 321, 368
표시기 [162]
표정 [→얼굴 표정] 21, 537
표준 미터 50
표층 문법 664
표현/표정: [→표출, (얼굴) 표정]
감각/감정의—142, 244, 288, 317; [79, 81, 355]
규칙의—53
기대/믿음의—288, 452~453, 465, 574; [32, 339]
느낌/감정의—545; [355]
대수학적—146~147
사고의—317~318, 335; [139, 283]
앎의—75
얼굴/소리/동작의—165, 171, 173, 178, 332, 606; [139, 227]
의도/동기의—647
체험/지각의—[135, 138~141]
특징적—142, 165
—들의 논리 345
—으로서 분절되지 않은 소리 261; [70]
—으로서의 명제 137
—의 사용 61, 117, 179
—의 의미/뜻 19~20, 58, 322, 329, 333~335, 526
표현 방식 93, 100, 194, 339, 402, 426, 482
표현 형식 90~91, 94, 356, 398, 402, 426
풍경(화, —스케치) 머리말, 398; [138, 160]

프랑스(어)의 208, 336
프레게 22, 49, 71
플라톤 48, 518
피구 [369]
피아노 666, 678, 682
필요로 하다 71, 96
필요한/불필요한 69, 88
필적 [1]

ㅎ

하나 552
하소연하다 [84~85]
학교, 학생 143~145, 156~157, 162, 362; [8, 222, 350]
학설 349
학습 능력 143~144
한결같음/제일성 167, 472
한계(극단적) 경우 49, 385, 420
한계, 경계(선) 68~71, 76~77, 79, 84, 88, 99, 119, 143, 145, 163, 499
할 수 있다 [→능력] 31, 84, 150~151, 157, 181~183, 194, 213, 385, 388, 497; [128, 222~224, 312]
합 68
합금 171
합동 [127, 154]
항소할 수 없는 56
해결, —하다/풀다 91, 109, 125, 133, 140, 351~352
해석, —하다 [→고찰 방식] 28, 34, 85, 160, 198, 201, 210, 213, 506, 536, 539, 634, 637~638, 652~653, 656
해야/(이)어야 한다 66, 81, 101, 131, 437
행동, —거지 54, 157, 193, 244, 246, 250, 269, 281, 283, 288, 300, 302, 304, 307, 344, 357, 393, 486, 571, 579, 591, 631; [27~30, 32, 96, 102, 105, 180, 192, 210, 298, 300]
—의 특징들 [27]
행위, —하다: [→행동(거지), 행하다, 활동] 1, 6~7, 23, 36, 54, 198, 200~201, 206~207, 211~212, 232, 237, 243, 323, 330, 420, 459~460, 486~487, 489, 505, 519, 534, 546, 557, 586, 613, 615~616, 627, 631~632, 638, 642, 653; [7, 32, 79, 248, 280, 299, 302, 329, 339, 349]
해석은 하나의 —이다 [248]
—와 규칙 198~201, 232
—와 맥락 [7, 79]
—와 명령 23, 487, 505, 519
—와 언어 207, 330, 486, 556
—와 예언/수의적— 613~616, 631~632; [98, 329]
—와 의도/사고/내적인 말 36, 232, 490, 642; [280, 302]
—와 확신 [339]
—의 목적 [290]
—의 정당화 217
행위 방식 201, 206, 420, 489
행태주의, —자 307~308
(행)하다 62, 226, 228, 332, 505, 620, 644
향기 610

허구 22, 166, 307
허깨비 108
허수 [89, 165]
허영심 머리말
헛돌다 [→일 없이 놀다] 88, 132, 507
현기증/어지러운 느낌 412; [224]
현미경 645~646
현상 형식 [→상, 특징적, 특징] 178
현상/겉모습 11, 90, 108, 176, 325, 363, 383, 385, 436, 583, 620; [86]
현실, 실제적 [→실재] 59, 131, 134, 188, 194, 352, 364~366, 386, 429, 438, 518
혈압(계) 270
형성 규칙 [→규칙, 법칙] 143
형식/형태/모습 [→표현 형식, 언어/문장 형식, 나뭇잎 형태]
명제의 일반—65, 114, 134, 136
문제의—92, 123
(비-)분석된—60~61, 63
언어의 —들 93, 111~112
장기 알의—31
—와 색, 등등 21, 26, 33~36, 48
형식적 108
형이상학적 58, 116
형태 31, 73
혹 119
혼란 16, 38, 132, 149, 153~154, 693; [133, 301]
혼잣말, —하다/자기 자신에게 말하다 32, 156, 243, 260, 328, 344, 346~348, 357, 361, 375, 658; [246, 283, 308, 316, 325]
화법(畵法) 401; [168, 180, 367]
화살 86, 163, 454; [162, 180, 184, 193]
화성인 139
화신 [158]
화학적 56~57; [359]
확신(감), 확실성, 확신시키다, 확신하는 87, 158, 184, 197, 246, 263, 287, 320, 324~325, 333, 342, 474, 481, 578~579, 607, 625, 633, 679, 681; [19, 100 268, 326, 330~332, 339~343, 353]
확정, 확립하다 [→정의] 88, 125
환경/주위 [→상황] 216, 250, 412, 539~540, 583~584; [218]
환상 311, 362
활동 1, 6~7, 23, 36, 156, 207, 243, 547, 665, 693; [303]
황량함 [371]
효과 28, 145, 498
후광 [→분위기] 97
후두(의 움직임) 376; [301, 305, 308, 316]
훈련 5~6, 27, 86, 157~158, 189, 198, 206, 223, 441, 630; [70]
훤히 알다 (길을) 123, 203, 664; [180]
흉내 내다 285, 450; [120, 149~150, 238, 244, 296]
흥미 없는 136
희망 545, 574, 583~585; [1, 78]
희미한 71, 77
힘 48

비트겐슈타인 선집 4

철학적 탐구

초판 1쇄 펴낸날 | 2006년 5월 1일
개정 1판 1쇄 펴낸날 | 2019년 4월 5일
개정 1판 4쇄 펴낸날 | 2024년 2월 22일

지은이 루트비히 비트겐슈타인
옮긴이 이영철

펴낸이 김준성
펴낸곳 책세상
등록 1975년 5월 21일 제2017-000226호
주소 서울시 마포구 동교로23길 27, 3층(03992)
전화 02-704-1251
팩스 02-719-1258
이메일 editor@chaeksesang.com
광고·제휴 문의 creator@chaeksesang.com
홈페이지 chaeksesang.com
페이스북 /chaeksesang **트위터** @chaeksesang
인스타그램 @chaeksesang **네이버포스트** bkworldpub

ISBN 979-11-5931-355-4 04100
979-11-5931-476-6 (세트)

*잘못되거나 파손된 책은 구입하신 서점에서 교환해드립니다.
*책값은 뒤표지에 있습니다.